사회복지서비스의 특성과
이용자재정지원

사회복지서비스의 특성과
이용자재정지원

초판 1쇄 발행 2010년 6월 30일

지은이 | 지은구 · 김은정
펴낸이 | 박정희

기획편집 | 권혁기, 이주연, 최미현, 양송희
마케팅 | 김범수, 이광택
관리 | 유승호, 양소연, 김성은
디자인 | 하주연, 강미영
웹서비스 | 이지은, 양지현

펴낸곳 | 사회복지전문출판 나눔의집
등록번호 | 제25100-1998-000031호
등록일자 | 1998년 7월 30일

서울시 구로구 구로3동 222-7 코오롱디지털타워빌란트 1차 703호
대표전화 | 02-2103-2480 팩스 | 02-2103-2488
홈페이지 | www.ncbook.co.kr / www.issuensight.com

ISBN: 978-89-5810-211-3(93330)

사회복지서비스의 특성과 이용자재정지원

지은구 · 김은정

사회복지 전문출판 나눔의 집

머리말

2007년 이후 우리나라 사회복지서비스사업 특징은 정부가 주인-대리인 관계를 유지하며 비영리법인 중심으로 재정을 지원하여 서비스를 제공하는 제공자재정지원방식에서 이용자의 선택권 강화와 시장에서 서비스 기관 간의 경쟁을 유발하는 이용자재정지원방식으로 방향을 전환하였다는 점이다. 이용자재정지원방식으로 사회복지서비스 공급방식을 전환하기 위해서는 사회복지서비스사업이 이용자재정지원방식에 적합한 서비스 내용(서비스 특성)인지, 이용자 성격은 어떠한지, 사회복지서비스의 재화적 성격이 이용자재정지원방식에 적합한지를 분석하는 것이 기본 전제이다. 만약 서비스 특성과 이용자 성격을 고려한 서비스가 경쟁시장에서 공급이 가능하다면 정부는 서비스 제공을 위한 전제조건으로 이용자재정지원방식의 기본적 문제점인 소비 불균형과 이용자선별 문제가 발생하지 않도록 각종 규제나 관리방안을 적절하게 제시하여야 한다. 하지만 우리나라의 경우 서비스 성격이나 서비스의 재화적 성격 그리고 이용자 특성에 대한 고려나 평가가 되지 않는 상태에서 대부분의 사회복지서비스영역에서 이용자재정지원방식을 도입하고 있는 실정이며 관리나 규제를 위한 기본적인 전제조건도 확립하지 않은 채 사업을 진행하고 있다.

본 책은 본격적으로 사회복지서비스 특징과 이용자재정지원방식을 다룬다. 국가직접제공방식을 제외하면 사회복지서비스의 재정지원방식은 크게 제공자재정지원방식과 이용자재정지원방식으로 나뉜다. 두 방식 모두 사회복지 민영화 또는 복지혼합과 밀접한 연관이 있다. 본 책이 다루는 영역은 민영화나 복지혼합의 영역이 아니라 민영화에 따른 서비스 제공방식으로서 이용자재정지원방식의 내용과 형식 그리고 유형에 대한 고찰이며, 나아가 현재 우리나라에서 이용자재정지원방식으로 제공되고 있는 사회복지서비스사업에 대한 분석이다. 특히, 돌봄서비스를 주로 제공하는 노인복지서비스, 장애인복지서비스, 보육서비스를 중심으로 사업에 대한 내용분석을 시도하였다. 사회복지서비스사업 분석은 객관적인 기준이 있어야 가능하기 때문에 복지국가가 사회복지서비스를 제공하는 이유와 원칙을 기준으로 설정하고, 이 원칙에 근거하여 사회복지서비스를 분석하였다. 또한 시장에서 이용자재정지원방식으로 사회복지서비스를 교환하는 측면을 이해하기 위해 사회복지서비스의 재화적 성격을 분석하였다. 그동안 사회복지서비스의 재화적 성격에 대한 연구는 활성화되지 못하였지만 사회복지서비스의 재화적 구분에 대한 연구는 사회복지서비스 시장과 서비스의 재화적 특징을 이해하기 위해 무엇보다도 중요한 영역이라고 할 수 있다.

본 책의 구성은 다음과 같다. 제2장에서는 사회복지서비스의 재화적 성격을 구분하기 위해 사회복지서비스 특징을 분석하였고, 제3장에서는 사회복지서비스 분석을 위한 분석모델 또는 분석기준을 다루었으며 제4장에서는 이용자재정지원방식의 특징을 고려한 사회복지서비스 분석기준을 제시하였다. 제5장에서는 이용자재정지원방식의 정책적 틀과 주요 쟁점을 고찰하였으며 제6장에서는 현재 우리나라에서 제공하고 있는 사회복지서비스를 재정

지원방식에 따라 유형화하였다. 제7, 8, 9장에서는 사회복지서비스를 돌봄
서비스를 중심으로 하여 노인복지서비스, 장애인복지서비스 그리고 보육서
비스를 중심으로 분석하였다. 제5장과 제9장은 본교의 김은정 교수가 집필
하였으며 본교 박사과정의 정효미 선생이 모든 연구 작업의 정리와 뒷마무리
를 도와주었다. 본 책이 그동안 미진하였던 사회복지서비스영역의 연구에 많
은 도움이 되었으면 하는 바람을 갖는다. 책의 출간을 흔쾌히 허락하여 주신
나눔의집 출판사에게도 깊은 감사를 드린다.

2010년 6월 지은구

차례

그림 차례

제1장 서론

제1절 연구[1] 목적

    사회복지서비스의 중요성이 등장한 결정적인 요인으로 새로운 사회문제의 등장과 확대 및 재생산을 지목한다. 특히 사회복지서비스는 소위 새로운 사회문제 또는 신사회적 위협의 등장과 밀접한 연관이 있다. Taylor-Gooby(2004)는 저출산, 고령화, 양극화, 근로빈곤층 등의 새로운 사회위협(또는 위험)이 후기복지국가 발전에 큰 장애요소가 될 것이라고 주장하였다. 특히 새로운 사회위협 중 인구고령화는 노인인구에 대한 의료비지출의 증대, 노인부양비의 증대, 노인생계보장비의 증대 등 사회적 비용social-cost의 증대를 의미한다. 저출산은 노동인구 감소와 국가재정의 근간이 되는 세금 축소를 가져오고, 가족 해체는 이에 대한 국가적 대응으로 사회비용의 증대

---

1 본 연구는 2009년 계명대학교 비사연구기금으로 이루어졌음.

를 의미하여 복지국가 발전에 심각한 장애요소가 된다. 결국, 새로운 사회적 위협에 대한 국가적 대응이 후기복지국가 발전의 기본 토대로서 작동하는 것이야말로 현 복지국가가 해결해야 하는 많은 사회정책 순위 중 가장 시급한 일이다. Rosener(2003)는 사회복지프로그램이 존재하는 가장 결정적인 이유, 즉 사회복지프로그램이 해결해야 하는 가장 중요한 사회문제로 첫째, 실업, 둘째 질병, 셋째 장애, 넷째 은퇴와 연관된 소득상실, 다섯째 고령화, 여섯째 돌봄care에 대한 욕구 등을 강조하였다. Ascoli와 Ranci(2002)는 사회복지서비스에 대한 욕구가 증대하는 이유, 즉 사회복지서비스가 발달할 수밖에 없는 이유로 첫째, 불안정한 노동조건이 증대하였다는 점, 둘째 국민의 욕구가 현금혜택보다 돌봄서비스care services를 통해서 해결된다는 점, 셋째 서비스 대상자가 사회소외계층에서 사회문제에 영향을 받는 보편적 국민으로 확대하고 있다는 점 등을 지적하였다.

결국, 위와 같은 문제들로 사회보험이 새로운 사회적 욕구를 모두 해결할 수 없다는 점을 부각하면서 사회복지서비스는 복지국가를 구축하고 발전하기 위한 정부의 주요 서비스 영역이 되었다. 최근 우리나라도 노령화, 저출산 등 신사회적 위험과 더불어 그동안 소외 시 되었던 노인, 아동, 장애인 등을 위한 돌봄서비스에 대한 욕구증대 등으로 국가차원의 대응을 활발히 논의하고 있으며 보다 적극적인 차원에서는 2007년부터 돌봄서비스를 제공하는 사회복지서비스사업을 본격적으로 시행하였다는 점이다.

우리나라 사회복지서비스사업 특징은 정부가 진행하였던 제공자재정지원방식에서 이용자 선택권 강화와 시장에서 기관 간의 경쟁을 유발하는 이용자재정지원방식으로 방향을 전환하였다.

그동안 한국사회에서 이용자재정지원방식에 대한 체계적인 연구는 이루어지고 있지 않았다. 이는 대부분의 사회복지서비스가 국가재정을 지원받은 민간비영리기관 주도로 유지되었고, 이를 대체해야 할 만한 특별한 문제점이 제기되지 않았기 때문이다. 무엇보다도 전체 총량에서 사회복지서비스가 절대적으로 부족하여 서비스 확대에 더 많은 역량을 투입해왔을 뿐 서비스재정 지원방식의 연구에는 그다지 많은 노력을 기울이지 않은 이유이기도 하다.

또한 사회복지서비스의 재화적 특성에 대한 연구 또는 논의 역시 이루어지고 있지 않고 있다. 최근 사회복지서비스사업의 활성화와 함께 제공되고 있는 돌봄, 요양, 간병서비스 등은 모두 사적재 특성이 있지만, 이용자재정 지원방식으로 이용자가 사회복지서비스를 시장에서 구입할 수 있다는 점에서 사회복지서비스는 사회적 목적을 실현하기 위하여 제공되는 가치재 성격을 띠는 공공재이면서 시장을 통해서 구입할 수 있는 사적재의 특성을 동시에 가지고 있다. 하지만 사회복지서비스는 완전한 경쟁과 배제가 동시에 발생하는 순수사적재가 아니라 외부효과와 공적 목적을 위해 제공되는 비순수사적재의 특성이 있다. 이 책에서 다루는 연구주제와 관련된 질문은 다음과 같다.

첫째, 사회복지서비스의 재화적 성격은 무엇인가?

둘째, 사회복지서비스를 재정 지원하는 이용자재정지원방식은 무엇이며 구체적으로 어떠한 유형이 존재하는가?

셋째, 사회복지서비스를 제공하는 이유는 무엇이며 어떠한 원칙에서 서비스를 제공하여야 하는가?

넷째, 사회복지서비스 자체의 특성과 서비스를 제공받는 이용자 성격은 어떠하며, 사회복지서비스를 제공하기 위한 전제조건은 무엇인가?

다섯째, 우리나라 사회복지서비스사업들은 서비스 자체 특성과 이용자 성격 그리고 사회복지서비스 전제조건들을 고려하여 제공하고 있는가?

제2절 연구 방법과 연구 흐름

이 책의 주제는 사회복지서비스의 재화적 성격과 이용자재정방식 분석이

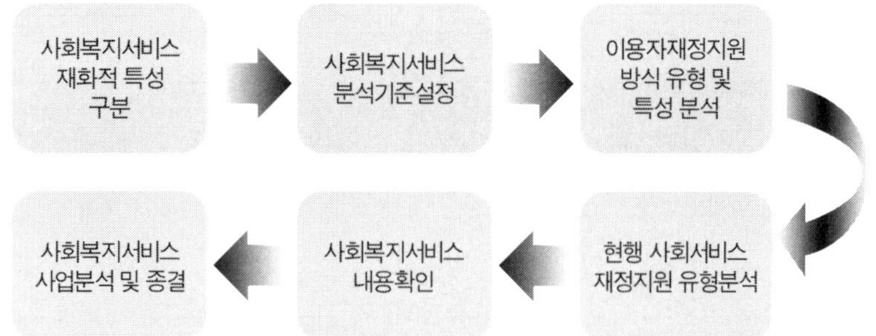

다. 문헌조사와 정부에서 발표한 사회지표를 통해 사회복지서비스 재정지원방식의 분석기준을 설정하였고 다양한 이용자재정지원방식을 소개하였다. 또한 본 연구의 주제는 이론이나 가설에 대한 검증이라기보다 현상에 대한 분석을 강조하기 때문에 양적 방법보다는 질적 방법을 사용하여 분석하였다.

이 책의 구성은 다음과 같다. 제2장에서는 사회복지서비스를 분석하기 위한 분석모델 또는 분석기준을 다루었으며, 제3장에서는 사회복지서비스의 재화적 성격을 구분하기 위하여 사회복지서비스의 특성을 분석하였다. 제4장에서는 이용자재정지원방식의 특징을 고려한 사회복지서비스 분석기준을 제시하였다. 제5장에서는 이용자재정지원방식의 내용과 유형 그리고 특징을 고찰하였으며 제6장에서는 현재 제공되고 있는 사회복지서비스를 재정지원방식에 따라 유형화하였다. 제7, 8, 9장에서는 사회복지서비스를 돌봄서비스를 중심으로 하여 노인복지서비스, 장애인복지서비스 그리고 보육서비스를 중심으로 분석하였으며 그리고 마지막 제10장에서는 이용자재정지원방식으로 사회복지서비스가 제공되는 데 필요한 정책적 수정방안들을 다루었다. 제1, 2, 3, 4, 6, 7, 8, 10장은 지은구가 5장과 9장은 김은정이 각각 집필하였다.

제2장 사회복지서비스의 성격

제1절 개관

사회복지서비스는 자유경쟁시장에서도 교환이 가능한 상품인가? 국가가 사회복지서비스의 공급과 교환에 어느 정도 개입하여야 하는가? 또는 사회복지서비스는 민간시장의 역할에 전적으로 의존하여 제공하는 것이 바람직한 것인가? 이러한 질문들에 대한 대답은 사회복지서비스의 재화적 성격을 분석해야지만 답할 수 있다. 사회복지서비스가 순수사적재이고 사회복지서비스 교환은 개인이 선택할 수 있고, 경쟁이 가능한 시장에서 교환이 가능한 순수공공재라고 한다면 국가가 전적으로 사회복지서비스 생산과 공급을 담당해야 한다. 만약 사회복지서비스가 순수사적재도 아니고 순수공공재도 아니라고 한다면 교환 조건은 더욱 까다로워진다. 특히 이용자재정지원 방식으로 사회복지서비스를 공급하는 경우 사회복지서비스는 성격상 개인의 선택권을 강조하고 경쟁이 가능한 동시에 국가 개입으로 소비 불균형이 일어나지 않고, 이용자가 서비스 기관으로부터 차별을 받지 않는 곳에서 사회복지서비스를 교환하는 것은 매우 중요하다.

기본적으로 사회복지서비스는 국가가 기획하고, 제공하는 공공서비스의 성격을 내포하고 있다. 이는 복지국가의 전제조건이나 설립목적 자체가 사회적 위험을 예방하여 국민의 삶을 향상하는 데 있고, 이를 위한 구체적인 행동체계 또는 행동방안으로써 사회복지서비스를 제공한다. 하지만 사회복지서비스는 재화적 특성에 있어 사적재와 공공재 성격을 동시에 내포하고 있는 가치재다. 이는 사회복지서비스가 순수사적재인 경우라도 국가가 공급을 전적으로 책임진다든지 또는 국가가 재정을 투입하여 국민의 안정적인 삶을 보장하는 가치재로서 구분된다는 것을 의미한다.

사회복지서비스는 국가가 생산하고 제공하는 공공재 성격의 사회복지서비스로부터 국가가 공급만을 책임지는 사적재 성격을 갖는 사회복지서비스까지 다양한 유형의 사회복지서비스 또는 재화가 존재한다. 따라서 다양한 유형의 사회복지서비스 특성을 이해하고 구분하기 위해서는 공공재 성격을 이해하여야 한다. 사회복지서비스는 공공재, 가치재, 사회재로도 불리는데, 다양한 이름으로 불리는 사회복지서비스의 재화적 성격을 이해하는 것이 본 장의 목적이라고 할 수 있다. 사회복지서비스의 재화적 성격을 이해하면 이용자재정원방식으로 서비스를 공급한다고 하더라도 사회복지서비스 전달 과정에서 국가 책임을 강화해야 하는 이유를 설명할 수 있다. 본 장에서 사회복지서비스의 재화적 성격을 분석하는 가장 중요한 이유는 이용자재정지원방식으로 서비스를 제공하려면 내부시장이 존재하여야 하고 내부시장이 작동하기 위해서는 사회복지서비스 성격상 시장에 대한 국가의 적극적 개입이 필요함으로 국가책임 강화의 근거를 밝히기 위해서다.

본 장에서는 사회복지서비스 특성을 이해하기 위해 먼저 공공재 개념 및 특성을 파악하고 사적재와 공공재를 구분하여 설명하였으며 나아가 사회복지서비스의 가치재적 성격을 설명하였다. 또한 가치재로서의 사회복지서비스를

시장에서 교환하기 위한 전제조건과 일반상품과의 차이점 그리고 사회복지
서비스의 교환 장소로서 고려될 수 있는 준시장(내부시장)에 대해 살펴보자.

제2절 공공재와 서비스

1. 재화의 구별 기준

경제학은 대부분 사적재와 공공재의 구별을 재화의 배제, 경쟁 또는 소비
등에서 찾으려는 경향이 있다. 즉 배제하지 않고 경쟁이 없는 재화나 서비스
를 공공재로 정의하였다. 하지만 과거와 달리 배제와 경쟁이 공공재의 필요
충분조건은 아니다. 이는 배제성이 있는 재화도 공공재에 포함되는 것들이
있으며 경쟁이 존재하는 공공재도 있기 때문이다. 즉 배제와 경쟁을 공공재
와 사적재를 구분하는 기준점으로 적용하는 것은 적당하지 않으며 이는 사
적재와 공공재의 개념이 시간 흐름에 따라 변화하였음을 의미한다. 더 이상
재화를 사적재와 공공재로 구분하는 것은 의미가 없음을 의미한다. 결국,
사회에서 교환이 가능한 모든 재화는 사적재와 공공재라는 성격으로 이분
법적으로 구분하기보다는 재화의 다양성을 인정하면서 재화의 특성을 반영
하는 방식으로 새롭게 범주하고 있다. 재화와 서비스의 성격을 구분하는 기
준으로 앞서 제시한 배제와 경쟁 이외에도 경쟁과 비슷한 의미가 있는 소비
그리고 소유권 여부도 재화와 서비스 특성을 구분하는 기준으로 제시하고
있는데 이들 기준을 살펴보면 다음과 같다.

1) 배제

배제와 경쟁은 재화의 성격을 구분하는 가장 대표적인 기준이다. 일반적

으로 재화와 서비스는 판매 조건을 부합해야지만 판매자와 구매자 사이에서 교환이 이루어진다. 판매 조건은 가격이 대표적이다. 즉 가격이 합당한 수준이면 교환이 이루어지며, 이는 시장의 기본적인 거래조건이라고 할 수 있다. 재화의 **배제성**은 **교환에서 구매자를 배제하는 것**을 의미하는 것으로 특정 재화나 서비스는 교환의 기본 조건인 가격 지불능력을 기준으로 구매자를 배제한다. 즉 구매능력이 없는 구매자는 교환에서 배제되며 재화를 획득할 수 없음을 의미한다. 원칙적으로 사적재는 배제의 원칙이 철저히 지켜진다고 할 수 있으며 공공재 경우는 구매능력에 상관없이 재화 교환에서 구매자를 차별하지 않으므로 배제가 적용되지 않는다. 결국 배제는 교환에 있어 교환의 조건 즉 가격 수준에 많은 영향을 받으며 구매자의 구매능력이 배제 수준을 결정짓는다고 할 수 있다.

자본주의 사회에서 살아가기 위해서 모든 인간은 재화와 서비스를 필요로 한다. 하지만 모든 인간이 재화를 교환할 수 있는 능력이 있는 것은 아니다. 재화가 삶의 유지에 필수적인 경우 재화를 구매할 수 없는 인간은 삶을 유지할 수 없으며, 시장에서의 교환은 구매능력(교환능력)이 없는 자들을 배제하는 결과를 초래하게 된다. 결국, 국가는 특정 재화에 공공성격을 부여하고, 공공성격을 부여받은 재화는 시장에서 배제된 구매자들이 재화와 서비스를 교환하며 살아갈 수 있도록 하여 기본적인 삶의 유지가 가능하게 한다. 예를 들어 건강보험은 모든 국민의 건강한 삶을 유지하는 데 매우 기본적인 서비스다. 만약 건강보험서비스를 국가가 보편적으로 제공하지 않고 국민 개개인이 건강보험서비스를 시장에서 구매한다면 구매능력이 없는 국민은 건강보험서비스라는 재화로부터 배제당하고, 이 경우 국민은 심각한 피해를 입는다. 때문에 국가는 건강보험서비스를 모든 국민이 구매할 수 있도록 재화에 공공적 성격을 부여하였다고 볼 수 있다.

한편 배제적 성격을 띠지 않는 재화가 존재할 수 있다. 전통적으로 국가가 등대서비스를 제공한다고 했을 때 모든 연안의 선박에 등대서비스를 제공한다. 국가는 국민에게서 세금을 걷으며 세금으로 모든 국민이 불편 없이 편안한 삶을 유지하는 데 책임이 있다. 이처럼 공공재는 국민의 안정적인 삶을 유지하는 성격을 갖는다. 대부분의 사회적 기반시설들이 기본적으로 모두 공공재 성격을 띤다. 하지만 배제성이 없다고 해서 모두 공공재는 아니다. 예를 들어 바다에 있는 고기들은 모든 어부들이 고기를 잡을 수 있지만 바다의 고기들을 공공재라고 하지는 않는다. 또한 특정 재화는 배제성이 있지만, 공공재 성격을 띠는 경우도 있다. 예를 들어 지역방송의 경우 그 지역사람들은 모두 지역방송을 시청할 수 있지만 그 지역을 벗어난 다른 지역사람들은 특정 지역방송을 시청할 수 없다. 즉 경인방송의 경우 대구지역주민들은 경인방송을 시청할 수가 없다. 이는 Pigou(1920)와 Knight(1924)가 강조하였던 문제로서 그들은 교통체증에 대한 예를 통해 이 문제에 접근하였다. 만약 교통체증을 해소하기 위해 정부가 새로운 도로를 건설하고 통행료를 징수한다면 통행료를 지불해서라도 교통체증을 피하기 위해 새로운 길을 사용하는 사람이 있을 것이며 그렇지 않고 이전의 도로를 사용하는 사람도 있을 것이다. 통행료 징수, 즉 구매력을 기본으로 하는 소비의 배제성이 새로운 도로의 공공재 성격을 완전히 사적재로 바꾸지는 못하는데, 이는 도로 건설이 기본적으로 국가가 국민에게 제공하는 기본적인 서비스이기 때문이다(지은구, 2006).

2) 경쟁

경쟁은 재화의 성격을 구분하는 또 다른 기준이며 일부 학자들은 경쟁과 소비consumption를 같은 의미로 사용하기도 한다.[2] 재화가 경쟁으로만 소비된다면 경쟁의 속성을 갖는 재화나 서비스는 모든 사람이 언제든지 구매할 수

---

2 Savas(2000)는 경쟁이라는 기준보다 소비라는 기준을 이용한 대표적인 학자이다.

없다. 만약 **어떤 재화를 소비한다고 해도 재화가 다른 사람들이 소비할 수 있을 정도로 충분**하다면 재화는 경쟁적 속성을 내포하지 않으며 이 경우 교환의 조건은 단순히 구매능력에만 의존한다. 양질의 저하 없이 어떤 재화는 모든 사람들이 소비할 수 있지만 특정한 재화나 서비스는 오직 한 사람에게만 소비를 허용한다. 즉 한 사람이 소비하게 되면 양질이 저하되어 다른 사람이 소비할 수 없는 재화의 경우 그 재화를 소비하기 위해서 경쟁을 하게 된다. 즉 한 사람의 소비가 다른 사람의 소비를 제한하는 성격이 바로 재화의 경쟁이다.

예를 들어 생선가게에 하나의 생선이 있으면 생선은 한 사람에게 구매되며 이발소에서 한 사람의 이발사는 한 사람의 머리만을 손질하게 되지 동시에 많은 사람의 머리를 손보지 못한다. 하지만 라디오 방송의 경우 한 사람이 청취를 한다고 해서 방송이 다른 사람의 청취를 방해하지 않으며 동시에 많은 사람들이 같은 방송을 청취할 수 있다. 이는 공영 TV방송도 마찬가지다. 즉 라디오나 TV방송은 많은 사람이 집단적으로 소비하여도 소비에 경쟁이 없는 재화의 성격을 갖는다. 국방이나 경찰서비스 또한 경쟁이 없는 서비스이다. 한 어부가 해군으로부터 보호를 받는다고 해서 다른 어부가 보호를 받지 못하는 것이 아니라 모든 어부들은 해군으로부터 동일한 보호를 받는다.

따라서 TV나 라디오방송, 국방이나 경찰서비스 등은 모두 집단적으로 소비가 가능한 기본적으로 경쟁이 없는 서비스로서 공공재 성격을 띠는 재화라고 할 수 있다. 하지만 모든 공공재가 완전히 경쟁이 없는 것은 아니다. 예를 들어 국가가 국민의 삶을 향상하기 위해 조성한 공원은 모든 사람들이 경쟁 없이 공원을 이용할 수 있는 공공재 성격을 띠지만, 완전히 경쟁이 없는 것은 아니다. 만약 공원의 수용능력을 초과하는 경우 공원은 더 이상 사람들의 입장을 허락하지 못하게 된다. 도로도 마찬가지로 도로에 차가 너무 많아 차가 더 이상 진입하지 못하는 경우 도로는 기본적으로 경쟁이 없는 재화이지만 특정 경우 경쟁이 존재한다.

Savas(2000)는 공공재를 배제와 소비로 분류하였는데 소비란 경쟁과 비슷한 의미로서 소비에 있어 경쟁이 있는가와 경쟁이 없는가를 구분하여, 경쟁이 없는 경우는 집합적 소비로, 경쟁이 있는 경우는 개인적 소비로 정의하였다. 즉 한 사람이 하는 소비와 여러 사람이 하는 소비, 즉 소비를 개인 소비individual goods와 집단 소비joint consumption goods로 구분하였다. 한 사람이 소비하여 다른 사람이 사용할 것이 없는 경우는 개인 소비이며, 다른 사람이 함께 소비할 수 있는 경우는 집단 소비가 된다. 결국 **개인 소비의 개념은 나의 소비가 다른 사람의 소비에 영향을 주는 경우이고, 집단 소비는 나의 소비가 다른 사람의 소비에 영향을 주지 않는 경우**라고 할 수 있다.

3) 소유권

McNutt(1996)은 공공재와 사적재를 구별하는 기준으로 첫째, 사적재는 소비에 있어 경쟁적이고 배제적인 두 측면을 모두 충족하며 둘째, 사적재는 소유권을 인정하고 공공재는 소유권을 인정하지 않는다는 점을 강조하여 소유권의 유무를 기준으로 제시하였다. 자본주의 시장경쟁체제에서 공공재는 특히 소유권 또는 재산권property rights을 인정하지 않는 것을 특징으로 한다. 따라서 **소유권을 인정한다** 함은 공공재와 사적재를 구분할 수 있는 가장 큰 기준점이 될 수 있다. 결국, 사유권을 인정하지 않는 재화와 서비스는 모두 공공재로 분류할 수 있는데 특히 McNutt은 소유권을 인정하지 않는 정부가 제공하는 공공재는 비경쟁적인 그리고 비배제적인 두 성격 중에 한쪽만 충족한다면 공공재로서 구분할 수 있음을 강조하였다.

결론적으로 McNutt의 입장에서 보면 공공재와 사적재의 가장 큰 차이점은 소유권의 유무이며 사적재는 지불능력이 있는 사람에게만 판매되기 때문에 배제적이고, 가격체계의 영향을 받기 때문에 경쟁적이라는 점이 특징이라고 할 수 있다.

2. 공공재와 사적재의 구분

소비는 기본적으로 경쟁과 같은 맥락에서 이해될 수 있고 소유권의 유무는 재화의 성격뿐만 아니라 자본주의 경제학의 기본적 토대이다. 소유권을 인정하는 공공재 성격의 재화가 존재한다는 점에서 재화의 성격을 구분하는 기본적인 기준은 배제와 경쟁 또는 소비라고 할 수 있다. 공공재는 현대 자본주의사회에서 다양한 유형을 띠며 국가가 제공하는 각종 공공재를 배제와 경쟁을 기준으로 사적재와 비교하여 유형화하면 〈표 2-1〉과 같다.

사적재를 제외하고 공동재와 요금재 그리고 공공재는 정도의 차이는 있지만 모두 공공재 성격을 가지고 있는 재화라고 할 수 있다. 〈표 2-1〉에서 유형화한 각각의 재화 특성을 설명하면 다음과 같다(지은구, 2006; Trugen, 2005).

첫째, 순수공공재: 순수공공재는 소비에 있어 경쟁이 없으면 배제도 일어나지 않는 재화와 서비스이다. 즉 순수공공재는 소비에 있어 배제가 없고, 집단적으로 소비가 일어나는 재화를 의미한다. 일반적으로 경제학자들이 강조하는 공공재는 비경쟁적 그리고 비배제적인 재화나 서비스를 의미하는

〈표 2-1〉 **경쟁과 배제를 기준으로 한 재화의 유형**

	배 제	**비배제**
경 쟁	**순수사적재** 시장에서 구입할 수 있는 재화나 서비스 예를 들어 각종 음료수나 옷 등	**공동재**(common goods)또는 **경쟁공공재** 예를 들어 바다 속에 있는 고기, 공기나 물
비경쟁	**요금재**(또는 클럽공공재) 예를 들어 케이블TV나 유료도로 등	**순수공공재** 예를 들어 국방, 등대 등

* 자료: Trugen(2005: 176)과 McNutt(1996: 181)을 참고하여 작성.

데 이를 Samuelson(1954)은 순수공공재라고 불렀다. 따라서 순수공공재는 소비에 있어서 비경쟁적 -누구나 경쟁 없이 소비할 수 있어야 하고- 이어야 하고 그리고 비배제적 -혜택으로부터 배제되는 사람이 없어야 한다- 인 공공재로서의 독특한 성격을 띠는 공공재를 일컫는다. 순수공공재의 성격을 띠는 재화나 서비스로서 가장 많이 경제학자들이 제시하는 것은 등대와 국방서비스이다. 등대나 국방서비스는 대표적인 순수공공재로서 국민이면 누구나 혜택을 받기 때문에 경쟁적이지 않고 배제적이지도 않다. 또한 사법체계, 환경보호, 라디오 주파수, 그리고 불꽃놀이 등도 여기에 속한다. 공공재는 많은 사람이 동시에 사용할 수 있으며 집단적으로 소비가 일어난다. 순수공공재를 위해 지불하지 않았다고 해서 지불하지 않은 사람들을 배제하는 것은 현실적으로 불가능하다.

둘째, 공동재(또는 경쟁공공재): 공동재는 경쟁은 있고 배제가 없는 공공재를 의미함으로 경쟁공동재라고도 불린다. 즉 공동재는 소비에 있어 배제가 없고 경쟁이 있는 재화를 의미한다. 따라서 공동재는 보편적으로 모든 사람이 즐길 수 있는 재화나 서비스가 아니며 소비가 개인적으로 일어난다는 점, 즉 소비가 경쟁적이라는 점에서 공공재와 성격이 다르다고 할 수 있다. 예를 들어 바다에 있는 고기는 소비에 있어 경쟁적인데 이는 한 사람에게만 고기가 잡히면 그 고기는 다른 사람에게서 또 다시 잡힐 수가 없기 때문에 결국 한 사람의 사용으로 다른 사람의 사용을 제한한다.

셋째, 요금재(또는 클럽공공재): 소비에 있어 경쟁은 없지만 배제가 있는 공공재를 의미한다. 요금재는 특정 자격이 있는 회원에게만 서비스를 제공한다는 점에서 클럽공공재라고도 불린다. 예를 들어 유료 도로나 유료 다리 그리고 케이블 TV 등은 요금을 지불한 사람은 누구나 소비에 있어 경쟁 없이 사용할 수 있지만 요금을 지불하지 않은 집단이나 개인은 소비에서 배제된다. 요금재는 요금을 지불함으로써 사적재의 특성이 있지만 개인적으로 소비가 일어나지 않고 요금을 지불한 모든 집단은 경쟁 없이 서비스를 사용할 수 있다는 점에서 순수사적재가 아니다. 요금재는 소비가 집단적으로 일어나므로, 소비에 경쟁이 없어 공공재 특성이 있지만 요금을 지불한 특정 국민만이 소비할 수 있어 배재적인 성격을 동시에 가지고 있다. 즉 사적재 특성이 있는 재화라고 할 수 있다. 만약 요금재가 요금을 받지 않고 국민 모두에게 서비스를 제공한다면 공공적 성격이 보다 강화되는 지역공공재라고 구분할 수 있다.

넷째, 순수사적재: 순수사적재는 소비에 있어 경쟁과 배제가 있는 재화와 서비스를 의미한다. 음식과 옷 등이 대표적인 사적재이다. 즉 캔 음료수는 한 사람이 마시게 되면 동일한 캔 음료수를 다른 사람이 마시는 것이 불가능하기 때문에 경쟁적이며 또한 지불하지 않은 사람은 캔 음료수를 마실 수 없기 때문에 배제적이다. 시장에서 구입하는 상품은 대체로 사적재이다. 즉 사적재는 시장에 적합한 재화라고 할 수 있다.

위의 예에서 살펴본 바와 같이 기본적으로 공공재는 경쟁과 배제가 없는 재화나 서비스를 의미하지만 배제나 경쟁이 완전히 존재하지 않는다고 할 수 없다. 결국, 배제와 경쟁으로 재화의 성격을 구분하는 것, 즉 단순히 사적재와 공공재로 재화를 구분하는 것은 현실적으로 불가능하다고 할 수 있다. 재화와 서비스를 구분하는 기준인 경쟁과 배제를 적용하여 〈표 2-1〉에서 구분한 공동재, 요금재, 순수공공재, 순수사적재를 보다 세밀하게 구분하여 보자.

제3절 재화와 서비스의 구분

공공재는 사적재와 달리 소비에서 경쟁이 없고 배제되는 사람이 없다는 것이 특징이다. 하지만 위에서 살펴본 바와 같이 공공재의 성격에 따라 일부 공공재는 경쟁적이기도 하며, 일부 공공재는 배제적이기도 하다(McNutt,

1996). 공공재 성격에 따라 Samuelson(1954)은 공공재와 순수공공재pure-public goods를 구별하였으며, Buchanan(1965)과 Olson(1965) 등은 공공재를 지역공공재, 순수공공재 그리고 공공재 등으로 나누기도 하였다. 특히 Buchanan(1965)은 순수공공재와 지역공공재local public goods, community goods, club-goods의 구분을 강조하여 공공재의 배제성에 대한 경계를 인정하였다. 그에 따르면 지역 라디오 방송 등은 그 지역에 사는 사람들만 방송을 청취하므로 배제성을 인정하는 공공재로 규정하였다. Trugen(2005)은 공공재를 순수공공재, 집합적 소비재 그리고 사회재social goods 등으로 분류하였다. Savas(2000)는 재화를 개인재individual goods, 공동재common-pool goods, 집합재collective goods, 요금재tool goods로 분류하였다. 학자들은 대부분 공공재와 사적재의 분류 기준으로 배제와 경쟁을 사용하였다. 학자마다 같은 의미가 있는 재화에 다른 이름을 부여한 경우가 종종 있으므로 지금까지 학자들이 제시한 다양한 재화를 정리하면 다음과 같다.

1. 공공재의 유형

공공재는 공공부문에서 제공하는 재화와 서비스를 의미하는데 공공재는 공공부문에서 생산하는 것이 아니라 공공부문에서 제공하는 것을 의미한다. 반드시 생산이 공공에서 이루어지지 않아도 **공공부문에서 제공하는 재화와 서비스는 공공재**를 의미한다(Ulbrich, 2003; Holcombe, 1996; Heikkila, 2000; Musgrave, 1986). 이는 결국 고전적 의미로서 앞서 언급하였던 공공재 정의를 살펴보면 배제와 경쟁이라는 것은 소비에서 배제와 경쟁을 강조함을 의미하는 것으로써 생산에서 배제와 경쟁을 의미하는 것은 아님을 의미한다. 이는 공급을 중심으로 공공재를 구분하면 사적재에 해당되고 공공부문에서 제공하면 공공재가 됨을 의미하는 것으로써 학자들이 제시한 가장 대표적인 재화가 공공주택이다(Stiglitz, 2000; Musgrave, 1999;

Buchanan, 1970). 예를 들어 민간건설업체가 주택을 건설하였지만 국가가 공공목적으로 건설한 민간주택을 구매하여 특정 집단에만(특히 저소득층) 제공한다면 민간주택은 공공주택이 되고 공공재로 구분할 수 있게 된다.

일반적으로 공공재를 구별하는 기준은 배제와 경쟁의 정도 차이이며, 소비에서 경쟁과 배제가 없으면 공공재라고 할 수 있다. 자본주의가 발전하면서 공공재의 기본적인 성격을 뛰어넘는 재화나 서비스가 등장하였는데, 바로 요금재나 공동재와 같은 비순수공공재이다. 재화나 서비스를 포함하여 비순수공공재로 구별할 수 있는 공공재는 국제공공재, 국내공공재, 지역공공재, 배제가 가능한 공공재(클럽공공재나 요금재), 혼잡공공재congestible public goods, 혼합공공재mixed public goods 등으로 구별된다(Trugen, 2005). 결국 현대사회에서 공공재는 순수공공재와 비순수(불순)공공재로 구별된다고 할 수 있다.

이와 같은 다양한 공공재의 분화는 결국 배제와 경쟁이 100% 발생하지 않는 의미에서 공공재의 정도에 따라 변형되고 결국 완전한 배제와 경쟁이 일어나지 않는 공공재에서도 어느 정도의 배제와 경쟁을 허락하는 공공재가 등장하게 되었음을 의미하는 것이다. 순수공공재를 포함하여 비순수공공재의 다양한 유형들을 살펴보자.

1) 국제공공재

국제공공재international public goods는 지리적인 영역의 구분 없이 전 영역을 포괄하는 순수공공재를 의미한다. Stiglitz(2000)에 따르면 국제공공재는 지식, 환경, 경제적 안정이나 국제안전 등을 포함한다. 지식은 가장 경쟁적이지 않은 재화이며 누구나 접근하여 활용할 수 있으며 배제도 없다. 예를 들어 총체적 품질관리(TQM)나 Gantt차트 등과 같은 지식과 기술은 경쟁적이지 않고 배제적이지 않으며 지역에 상관없이 원한다면 누구나 활용할 수 있는 지식이다.

2) 국가공공재

국가공공재도 순수공공재의 하나로서 특정한 국가 영역 안에서만 사용할 수 있지만, 그 국가에 속한 사람이라면 누구나 배제 없이 사용할 수 있는 재화를 의미한다. 예를 들어 국방서비스나 법률서비스 등은 모두 국가공공재로서 개별 국가의 특색에 맞게 서비스를 유지하고 있다(Stiglitz, 2000). 국가공공재는 비경쟁적이며 비배제적으로 국가의 구성원이면 누구나 서비스를 제공받을 수 있다.

3) 지역공공재

지역공공재local public goods 역시 순수공공재의 한 유형이지만 순수공공재와는 다르게 특정 지역에만 국한되므로 재화가 비경쟁적이고 비배제적이다. 따라서 완전히 배재가 없는 순수공공재와는 다르게 특정 지역 사람에게만 국한된다는 의미에서 어느 정도의 배제성을 인정하는 재화이다. 즉 국가 전역에서 통용하는 국가공공재와는 다르게 지역공공재는 특정 지역에서만 사용한다. 예를 들어 불꽃놀이는 기본적으로 배제적이지도 않으며 비경쟁적이지만 불꽃놀이를 즐기려면 불꽃놀이를 벌이는 지역으로 가야한다. 하지만 국민기초생활보장제도에서 제공하는 생계급여서비스는 특정 지역에 있는 주민들에게만 공급을 제한하는 지역공공재가 아니고 대한민국이라는 국가 차원에서 모든 지역 주민들을 대상으로 서비스를 제공한다는 측면에서 지역공공재라기보다는 국가공공재 성격을 띤다. 결국 지역공공재는 특별한 가격지불 없이 모든 사람들에게 서비스를 제공하지만 반드시 사람들은 그 서비스를 즐길 수 있는 지역에 있든지 또는 그 지역으로 이동해야 한다는 특징이 있다.

4) 클럽공공재(요금재)

클럽공공재는 비순수공공재impure public goods로서 Bruce(2001)나 Hyman (2002) 등은 클럽공공재를 배제적 공공재excludable public goods라고 분류하였다. 예를 들어 공중파 방송에서 제공하는 쇼프로그램은 누구나 배제 없이 비경쟁적으로 시청할 수 있지만 같은 쇼프로그램을 케이블방송에서 제공한다면 케이블방송은 일정 월 회비를 지불한 시청자들에게만 시청을 허락함으로 배제적이라고 할 수 있어 케이블방송은 클럽공공재라고 분류할 수 있다. 즉 시청료를 지불한 사람은 누구나 경쟁 없이 방송을 시청할 수 있지만 전제조건은 반드시 월 회비를 지불하여야 하기 때문에 배제적이라고 할 수 있다. 클럽공공재는 **요금재**toll goods으로 불리기도 하며 이는 요금재와 클럽공공재가 모두 경쟁적이지는 않지만, 배제적인 속성이 있기 때문이다.

지역공공재와 클럽공공재는 비슷한 속성을 지니고 있지만 클럽공공재는 비순수공공재이고 지역공공재는 순수공공재 특성이 있다는 점에서 차이가 있다. 즉 지역공공재는 특정 지역에 있는 모든 사람은 동일한 혜택을 제공받을 수 있지만 클럽공공재는 서비스를 제공받기 위해서는 지역에 살고 있다는 조건만으로는 불가능하고 그에 상응하는 대가를 지불해야지만 서비스를 제공받을 수 있다는 점이 가장 큰 차이점이라고 할 수 있다. 따라서 클럽공공재는 회원들에게만 서비스를 제공하며 지역공공재는 회원 여부에 상관없이 그 지역에 있는 모든 사람들에게 서비스를 제공한다.

5) 혼합재

혼합재congestible public goods도 비순수공공재로서 소비에 있어 경쟁이 없다. 하지만 혼합재는 너무나 많은 사람이 이용하면 혼잡해진다는 특징이 있다. 가장 대표적인 것이 무료고속도로이다. 무료고속도로는 대표적인 혼합재로서 누구나 경쟁 없이 서비스, 즉 도로를 이용할 수 있다. 하지만 너무 많은 이용자가 한 번에 도로를 이용하면 -예를 들어 출퇴근시간- 도로는 혼잡해지기 때문에 무료고속도로는 대표적인 혼합재이다.

6) 혼잡재

혼잡재mixed public goods도 비순수공공재로서 상업광고를 하는 공영방송이 대표적인 혼잡재라고 할 수 있다. 공영방송인 KBS에서 제공하는 TV프로그램은 경쟁도 없고 배제도 없는 공공성을 띠는 공공재이다. 즉 누구나 TV만 있으면 방송을 시청할 수 있고 내가 방송을 시청하는 것이 다른 사람의 방송시청을 제한하지도 않는다. 하지만 광고는 경쟁적이며 배제적인 사적재이다. 기업 입장에서 한 기업이 동일 시간의 광고시간을 선점하면 다른 기업들은 동일시간에 같은 TV프로그램에서 광고를 할 수 없다. 즉 같은 시간대를 공유할 수 없다. 또한 광고주가 광고비를 지불하지 않으면 광고를 방송할 수 없기 때문에 배제적이라고 할 수 있다. 따라서 TV의 상업광고는 시적재 성격을 띠고 있기 때문에 상업광고를 하는 TV프로그램은 시청자 입장에서는 공공재 성격을 지니고 광고주 입장에서는 사적재 성격을 동시에 지니는 혼잡재라고 할 수 있다.

2. 공공재의 특성별 유형분류

재화와 서비스의 특성에 따른 공공재 구분은 학자마다 상이한 용어를 사용하여 정리하고 있지만 구분의 기준은 배제와 경쟁이다. 배제와 경쟁을 적용하여 분류한 공공재의 다양한 유형을 정리하여 보면 〈표 2-2〉와 같다.

〈표 2-2〉 공공서비스 재화의 특성별 분류

		경쟁	배제	예
순수공공재		×	×	등대
공동재		○	×	바다에 있는 고기
국가공공재		×	×	경찰, 국방
국제공공재		×	×	여권, (국제적으로 유용한)지식
지역공공재		×	○	라디오지역방송
비순수공공재	클럽공공재 (요금재) (club)	×	○	회원에게만 제공하는 것 (member only)
	혼합공공재 (congestive)	○/×	○/×	무료고속도로
	혼잡공공재	○/×	○/×	상업광고를 하는 공영라디오나 TV 방송

〈표 2-2〉에서 구분한 것과 같이 배제와 경쟁은 공공재의 성격을 규정하는 절대적인 기준이라고 할 수 없다. 특히 현대사회에서 다양한 공공재 출현은 공공재 유형을 지속적으로 확대하였다고 할 수 있다. 특히 비순수공공재 출현은 공공재가 배제나 경쟁을 동시에 충족할 수도 있지만 모두 다 충족할 수 없음을 나타내기도 한다. 우리나라의 고속도로는 국민 편의를 위하여 국가 재정을 투입하여 설립하였지만 요금을 부과하여 배제성이 있는 요금재이지만 동시에 혼합공공재로서 원하면 누구든지 사용할 수 있는 공공재라고는 할 수 없다. 결국 공공재는 공공부문에서 제공하는 재화와 서비스로서 공공재의 구분에서는 경쟁과 배제라는 두 기준이 재화의 성격에 어느 정도 반영되어 있는가, 즉 공공재 구분에서는 경쟁과 배제의 반영 정도degree가 중요하다고 할 수 있다.

3. 공공재의 특성

1) 공공재의 특성

공공재는 개인 만족이나 이익보다는 공공의 만족을 위하여 사용하는 재화나 서비스이고 공공재를 제공하는 기관은 사적 이익을 추구하지 않기 때문에 개인적 이익을 추구하는 민간영리기관들은 공공재를 제공할 수 없어 공공재는 시장의 실패를 설명하는 한 요인이었다. 다시 말해 사적재를 시장에서 제공하는 재화나 서비스를 의미한다면 공공재는 시장에서 제공할 수 없는 재화나 서비스를 의미한다. 본래 공공재는 사적재와 달리 시장에서 제공할 수 없는 재화나 서비스이며 국가가 개입하여 제공한다. 예를 들어 소비가 지속적이지 않고 생산비용이 많이 들어가 이윤을 만들어내는 것이 어려운 재화이지만 공공의 이익을 위해 모든 국민에게 반드시 필요한 서비스인 경우 이윤과 상관없이 국가가 서비스를 생산하고 제공한다. 또한 국가가 국민에게 필요한 서비스를 제공해야만 하는 경우에 국가가 아닌 시장에서 서비스를 제공한다면 서비스 이용 편차가 발생하게 된다. 결국, 국가는 시장에 특정 재화를 공급하여 국민의 소비를 보장함으로써 국민의 기본적인 삶의 질을 보장한다.

자본주의가 발전하면서 시장 실패는 광범위하게 확대되고 있지만 실패를 예측한다는 것은 어려워 국가가 특정 재화에 대한 소비를 책임지는 현상이 일반화되고 있다. 자유경쟁시장 교환메커니즘의 특징은 최소의 정치적, 법적 방해를 가지고 자산과 정보, 기술의 분배에 의존해서 개인의 이익과 소비를 추구하는 것을 허용한다는 점이다. 시장에서 개개인들은 정치적 권위에 간섭 없이 원하는 재화를 추구하는 것이 자유롭다. 이것이 곧 소비자 주권으로서 인식되기도 한다. 그러나 일부 재화는 시장에서 통용되는 것을 제한한다. 시장에서 교환을 통해 사고파는 것이 가능하지 않는 재화의 가장 대표적인 것이 공공재라고 할 수 있다.

공공재는 개개인들의 욕구와 사회적인 권리에 기초하여 제공되지, 개인적 원함wants이나 효율성을 기반으로 제공되지 않는다는 점에 있다. Seldon(1977)은 다른 상품이나 서비스와 공공재를 구별하는 데 있어 공공재는 다음과 같은 속성이 있다고 한다.

첫째, 공공재는 개개인들에게 또는 집단에게 개별적이 아니고 집단적으로 공급한다.

둘째, 공공재는 함께 지불한다는 일반적인 합의로 제공된다. 즉 공공재는 서비스를 원하지 않는 사람들이나 서비스 혜택을 받지 않는 개인들에게 또는 그들 서로에게 강요하기 위해 자발적이고 집합적인 동의를 필요로 한다.

셋째, 비경쟁적이라는 의미에서 공공재를 사용하는 사람들이 공공재를 통해서 완전한 능력이 도달될 때까지 추가비용 없이 사용할 수 있다.

넷째, 공공재는 사용을 위해 지불하지 않는다고 해서 거절되지 않으며 지불할 필요가 없어 무임승차가 가능하다. 그리고 공공재는 시장에서와 같이 개개인들의 특수한 욕구에 맞춰 생산되지 않으며 세금을 징수하여 집합적으로 자금을 조달한다.

2) 시장에서 공공재를 제공하지 않는 이유

경제적으로 설명하면 시장에서 공공재를 제공하지 않는 이유는 공공재가 비효율적이기 때문이다. Trugen(2005)은 첫째, 공공재의 비경쟁성이 국민의 선호를 숨기게 하기 때문에 비효율적이며, 둘째 공공재는 무임승객을 만들어내기 때문에 비효율적이라고 설명한다. 공공재가 무임승객을 만들어 낸다는 무임승차론은 공공재의 비배제성 때문에 나타나며 이미 많은 보수주의 경제학자들이 공공재무용론을 강조하면서 주장했던 논리이다. 공공재가 비효율적이라는 것은 공공재 혜택을 받은 국민이 공공재의 혜택에 대해 보상이나 보답을 하여야 한다는 부담감 때문에 공공재에 대한 선호를 숨기므로 공공재 제공이 제한될 수 있다는 점에서 비효율적이라는 것을 의미한다. 한편 Eger(2005)는 첫째, **과소소비**underconsumption, 둘째 **과소공급**undersupply을 지적하였다.

일반적으로 공공재 사용은 추가비용을 수반하지 않으며 비경쟁적이다. 따라서 가격이 정해져 있지 않는 비경쟁적인 재화에 가격을 책정하면 -시장에서 교환을 위해 가격을 책정하면- 그 재화는 소비가 드물게 일어난다. 즉 비경쟁적인 재화에 가격을 책정하면 과소소비가 일어나고, 과소소비는 재화의 과소생산이라는 비효율성을 야기한다. 국민으로서 공공재는 비경쟁적이므로 누구나 원한다면 경쟁 없이 서비스를 제공받아야 하지만 서비스 이용에 이용료를 지불한다면 당연히 소비를 줄이게 될 것이고, 소비를 줄이게 되어 **과소소비**가 일어나면, 과소소비는 **과소생산**을 유발하게 된다.

또한 비경쟁적인 재화에 가격을 책정하지 않는 것도 재화를 제공하는 동기를 만들지 못 하기 때문이다. 즉 비경쟁적인 재화를 생산하는 데 일정 정도의 자금이 쓰여 진다고 했을 때 자금을 회수하지 않으면, 재화를 만드는 입장에서는 생산을 줄이게 되어 과소생산을 하게 된다. 다시 말해 공공재이지만 재화를 생산하는 데 일정 비용이 지불된다고 했을 때 생산자 입장에서 생산비용이 보장되지 않는다고 한다면 생산을 확대하기보다는 최소한의 생산만을 유지하든지 또는 생산을 줄이게 되어 **과소공급**이 발생하게 된다.

과소소비와 과소공급은 시장실패의 가장 확실한 요인이라고 할 수 있다. 서비스를 생산하고 공급하는 입장에서 과소소비와 과소공급이 발생하는 경우 생산을 축소할 수밖에 없고 이런 재화를 시장에서 교환한다는 것은 불가능하다. 따라서 공공재와 연관된 시장실패의 가장 확실한 두 요인은 과잉소비와 과잉공급이라고 이라고 할 수 있다. 결국, 경쟁이 없는 시장에서 공공재를 제공하는 경우 과소공급과 과소소비가 발생할 수 있으므로 시장에서 제공하는 것은 시장실패의 요인이 된다. 기본적으로 공공재에 추가부담을 책정하는 것은 정책적인 고려라고 할 수 없지만 **과소소비를 방지하거나 공공재 제공을 확대하기 위해서 이용료 부과나 세금 부과 또는 추가 사용에 대한 추가 부담비 등의 부과 방식을 사용할 수도 있다.** 또한 공공목적을 지닌 가치재 성격을 띠는 공공재를 시장에서 공급하고, 시장에서 추가 선택이 가능하게 하는 방식도 공공재 제공의 확대를 위하여 사용할 수 있다.

3) 공공재가 발전하는 이유

자본주의 발달 이후 역사적으로 공공재는 더욱 확대하였다고 볼 수 있다. 만약 공공재가 사회에 불필요하다고 인식하였다면 공공재는 사라졌겠지만 공공재 유형에서도 입증된 바와 같이 공공재는 다양한 성격을 띠는 재화로 더욱 발전하고 있다. 배제와 경쟁은 더 이상 공공재 성격을 구분하는 기준이라고 할 수 없으며 배제와 경쟁 기준에 상관없이 매우 다양한 공공재가 출현하여 지금에 이르렀다. 공공재가 발전하는 이유를 설명하면 다음과 같다.

첫째, 재화의 기본적인 본질 자체가 배제와 소비에 영향을 주는 기술의 발달 또는 변화 사실이 공공재 발달을 설명하는 첫 번째 이유이다. 앞서 설명한 바와 같이 공공재는 경쟁과 배제라는 고전적인 기준과 상관없이 재화의 성격을 매우 다양하게 구분하고 있다. 자본주의의 발전과 함께 지역재, 공동재, 요금재, 혼합재 등의 서비스 다양화와 그 성격이 변화하면서 발전하고 있다. 공영방송, 상업광고가 있는 공영방송, 케이블방송 등 재화의 다양한 유형 변화가 공공재 발전에 영향을 미쳤다고 할 수 있다.

둘째, 공동재common-pool goods를 보존하여야 한다는 필요성 또는 욕구 때문이다. 지구온난화와 수질이나 대기오염 또는 고래, 북극곰이나 반달곰 등과 같은 멸종동물 등의 등장은 결국 공공재의 한 유형으로서 공동재 유지 보전과 발전을 가져다주었다.

셋째, 사적재 또는 개인재가 집합적 소비를 나타내는 공공재로 전환하면서 나타났다. 이전에는 사적재였지만 국민의 세금에 기초한 국가 재정으로 재화를 제공하면서 사적재가 대거 공공재로 전환하게 되었다. 예를 들어 과거에는 개인 경비로 사용하던 서비스를 국가재정지원으로 전환하는 경우가 이에 해당하는데, 대표적인 서비스가 청소서비스라고 할 수 있다. 자기 집 앞에 버려진 쓰레기는 자기가 돈을 들여 치우게 되면 개인적 소비로서, 부담은 개인에게 전가되지만, 현재 대부분의 국가는 쓰레기 처리를 정부재정지원 또는 정부부서에서 주도적으로 수행하여 공공재적 성격을 띠게 되었다. 이와 유사하게 집합적 소비를 기본으로 하는 공공서비스가 자본주의와 함께 발전하였다(Savas, 2000).

넷째, 복지국가의 발전과 함께 다양한 영역에서 제공하는 다양한 사회복지서비스 발전 역시 공공재가 발전한 이유를 설명한다. 사회적 위험을 예방하여 국민의 기본적인 삶을 유지하기 위한 사회복지서비스는 여러 방면에서 다양한 방식으로 제공되고 있다. 국가가 공급을 책임지고 제공하는 사회복지서비스는 영리목적으로 민간기관에서 제공하는 서비스와는 달리 공공재 성격을 가지고 있다. 특히 신사회적 위험에 대한 국가 차원 대응으로 아동, 노인, 장애인의 돌봄서비스를 중요한 사회복지서비스 영역으로 인정하면서 민간기업에서 시장을 통해 제공했던 돌봄서비스가 공공재의 특성을 가지는 서비스로서 발전하게 되어 사회복지서비스영역은 매우 다양한 영역으로 분화하여 공공재의 발전을 가속하고 있다. 이는 사회적 목적 실현을 위해 제공하였기 때문에 서비스를 가치재라고도 불린다(Savas, 2000). 따라서 사회복지서비스는 공공 성격을 띠는 가치재worthy goods라고 분류할 수 있다.

결국, 자본주의 발전과 함께 다양한 재화와 서비스가 등장하였으며, 공공재도 초기자본주의 시대와는 다르게 매우 다양한 유형과 특성으로 발전하였다. 이러한 발전에는 공공재의 분화발전과 사적재의 분화발전 그리고 사회적 목적 성취를 위한 사회복지서비스의 발전 등은 모두 공공재 발전의 원인을 설명하는 요인이다. 공공재 발전의 한 요인을 제공하는 사회복지서비스에 대해 보다 구체적으로 특성을 살펴보기로 한다.

4. 사적재의 유형

사적재도 공공재와 같이 순수사적재에서 배제와 경쟁이라는 속성이 영향을 미치는 다양한 유형의 사적재로 변화하고 있다. 사적재는 순수사적재와 혼합사적재, 외부효과가 있는 사적재 그리고 공적으로 제공되는 사적재 등으로 구분할 수 있다. 사적재의 유형을 구분하여 설명하면 다음과 같다.

1) 순수사적재(또는 개인재)

순수사적재는 개인재individual goods라고도 불리며 배제가 가능하면서 개인적으로 소비에 있어 경쟁이 있는 재화를 의미한다. 시장에서 구매할 수 있는 대부분의 재화는 사적재로서 사적재가 시장에 가장 적합한 재화라고 할 수 있다. 사적재도 공공재와 마찬가지로 경쟁적이고 배재적인 기본 속성을 지닌 순수사적재외에 다양한 사적재가 있을 수 있다(Hymam, 2002; Robbins, 2005). 일반적으로 사적재는 소비에 있어 총체적으로 경쟁적이고 배제적인 재화를 의미하지만 경쟁과 배제의 두 속성이 희석되는 비순수사적재도 존재한다. 이러한 비순수사적재로는 외부효과가 있는 사적재, 혼합사적재, 공공에서 제공되는 사적재와 가장 일반적인 순수사적재 등으로 구분된다(Trugen, 2005).

2) 외부효과가 있는 사적재

사적재의 큰 단점 중 하나가 바로 외부효과라고 할 수 있다. 외부효과가 발생하게 되면 판매자와 구매자 양자 사이에 발생하는 거래에서 제3자가 비용을 부담한다든지 또는 혜택을 받는다. 거래 당사자 이외에 제3자가 혜택을 받게 되면 제3자는 아무런 경쟁 없이 혜택을 받으므로 경쟁의 기준은 사라지게 되며, 거래 당사자 이외에 제3자가 비용을 부담하게 되면 제3자를 교환에서 배제하지 않았음에도 불구하고 제3자가 비용을 부담함으로 배제의 기준은 사라지게 된다.

외부효과가 나타나는 경우 시장은 실패하게 되고 정부는 시장에 개입하게 된다. 즉 상품가격에 외부효과를 상쇄하는 가격을 반영하지 않아 제3자가 지불하는 경우가 가장 대표적인 부정적인 외부효과이다. 따라서 직접적 거래당사자가 아닌 제3자가 가격을 지불함으로써, 즉 거래에 완전한 배제 없이 제3자가 개입하기 때문에 순수사적재의 성격을 상실하게 된다. 이러한 부정적인 외부효과는 앞서 지적한 바와 같이 외부효과의 부정적인 영향력을 통제하고 부정적인 영향을 받은 사람들을 보호하기 위해 정부개입을 설명하는 한 요인이다.

3) 혼합사적재

혼합사적재는 혼합공공재와 비슷한 의미를 가지고 있지만 다른 점은 혼합사적재의 경우 기본적으로 사적재를 제공하지만 혼합공공재는 공영방송의 상업광고와 같이 사적재가 아닌 공공재를 중심으로 제공한다는 점이라고 할 수 있다. 혼합사적재 또한 외부효과가 있는 사적재로도 구분할 수 있는데 혼합사적재는 긍정적인 외부효과만을 만들어내기 때문이다. 즉 천연두 예방주사는 경쟁과 배제가 있는 사적재이지만 천연두 예방주사를 보편적으로 국민에게 제공하면 이 경우 천연두 예방주사는 경쟁과 배제가 없는 공공재가 되고 천연두 예방주사를 맞은 아동들이 더 이상 천연두가 전염되지 않으므로 예방주사는 혼합사적재가 된다.

Stiglitz(2000)는 예방주사를 가지고 사적재를 구분하였다. 그에 따르면 국가가 제공하는 사적재로서 예방주사는 모든 국민에게 보편적으로 제공됨으로 경쟁도 없고 배제도 없는 순수공공재라고 할 수 있다. 하지만 같은 예방주사라고 해도 다른 사람에게 전염되지 않는 병에 대한 예방주사, 즉 개인적으로 구매하며 구매가 다른 사람에게 전혀 영향을 주지 않고 구매당사자들의 개인적인 만족이나 복지가 증진되었다고 한다면 이 경우 예방주사는 경쟁과 배제가 있는 순수사적재라고 할 수 있다. 또한 전염병이 전 세계적으로 창궐한 경우 전염병 예방주사를 개인적으로 구매하여 접종할 수 있지만 예방주사를 맞은 사람은 다른 사람에게 전염하지 않으며, 나아가 전염병은 더 이상 예방주사의 효과로 확산되지 않아 전체 국민의 복지를 향상하는 경우는 외부효과가 있는 사적재라고 할 수 있다. 그러나 위에서 설명한 것과 같이 천연두 예방주사의 경우는 개인적으로 소비할 수 있어 경쟁적이고 배제적인 사적재이지만 국가가 국민에게 보편적으로 제공하여 배제와 경쟁이 없다고 한다면 사적재와 공공재를 혼합한 혼합사적재가 된다.

4) 공적으로 제공되는 사적재

정부가 국민에게 사적재를 제공하는 경우도 있다. 이러한 경우는 특히 사회복지서비스영역에서 일반적으로 발생할 수 있다. 예를 들어 정부가 시장에서 거래되는 일반미를 특정 국민에게 제공한다든지 또는 민간주택을 저소득계층에게만 제공한다고 했을 때, 일반미 또는 민간주택은 모두 사적재로서 경쟁적이고 배제적인 상품임에 틀림없지만, 음식이나 주택은 국민의 기본적인 삶을 유지하기 위해 반드시 필요한 재화임으로 사회적 목적을 실현하기 위하여 국가가 필요한 사람들에게 제공한다는 의미에서 사적재에 공적 개입이 실현되어 사적재의 본래 성격을 상실하게 된다. 이러한 경우 사적재는 특정 기준에 부합하는 재화를 제공함으로 사적재의 특성은 희석된다. 따라서 공적 목적으로 제공되는 사적재는 공공재의 특성을 내포하게 된다.

5. 사적재의 특성별 유형 분류

결국 공공재와 마찬가지로 경쟁과 배제가 사적재를 구분하는 절대 기준이 될 수 없다는 것을 알 수 있다. 〈표 2-3〉은 사적재를 순수사적재, 외부효과가 있는 사적재, 혼합사적재, 공적으로 제공되는 사적재를 중심으로 유형화한 것이다.

공공재와 사적재의 다양한 유형에서 순수공공재와 순수사적재를 제외하면 공공재와 사적재를 명확히 구분하는 것은 현실적으로 매우 어렵다는 것을 알 수 있다. 공적 목적을 위해서 제공되는 경우 사적재는 경쟁하고 배제하는 재화의 성격을 잃어버리게 되며 공공재도 마찬가지로 요금공공재와 지역공공재 등으로 분화되면서 경쟁과 배제라는 사적재의 특성이 나타난다. 결국 사적재와 공공재의 구분을 위한 가장 중요한 기준은 **국가가 사회적인 목적을 실현하기 위해 재화나 서비스를 제공하는가**에 크게 의존하게 되고 경쟁과 배제는 재화의 특성을 나타내는 속성으로서 지위를 상실하게 된다고 할 수 있다. 예를 들어 공공재 개념을 앞에서 정의한 바와 같이 공공부문에서 제공하는 모든 재화와 서비스로 규정한다면 사적재라고 해도 공공재

〈표 2-3〉 **사적재의 분류**

	경쟁	배제	예
순수사적재	○	○	옷, 음료수 등
외부효과가 있는 사적재	×/○	×/○	오염상품
혼합 사적재	×/○	×/○	예방주사
공적으로 제공되는 사적재	×/○	×/○	정부재정으로 제공하는 의류나 생필품

가 될 수 있다. 또한 국가가 사적재의 공급을 전적으로 제공한다면 공적 목적으로도 제공하는 사적재가 될 수 있다.

6. 공공재와 사적재의 유형 구분

배제와 경쟁이 강한 재화가 배제와 경쟁의 정도에 따라 점차 성격이 희석되고 있으므로 국가의 공급 여부가 재화를 구분하는 데 있어 매우 중요한 요인이 된다. 위에서 제시한 재화와 서비스의 다양한 유형에 근거하여 현재 제공되는 대표적인 재화들을 유형별로 구분하면 〈그림 2-1〉과 같다. 범주화의 구분은 소비와 배제이며 순수사적재부터 순수공공재까지 재화와 서비스를 유형별로 분류하였다.

〈그림 2-1〉을 보면 왼쪽 끝 윗부분은 개인재(또는 사적재)를 그리고 오른쪽 끝은 아랫부분은 집합재(또는 공공재)를 나타내며 왼쪽 끝 아랫부분은 요금재를 그리고 오른쪽 윗부분은 공동재를 나타낸다. 그리고 좌우는 배제의 가능성을 나타내 왼쪽으로 갈수록 배제가 일어날 가능성이 높음을 나타내고 오른쪽으로 갈수록 배제가 일어나지 않음을 나타낸다. 상하는 소비가 개인적으로 일어나는가 또는 집단적으로 일어나는가의 소비 정도를 나타낸다.

바다에 있는 고기나 공기는 누구나 가질 수 있어 배제가 불가능한 순수공동재이지만 소비는 개인적으로 일어난다. 바다의 고기 경우는 일단 누군가가 고기를 잡으면 그 고기는 다른 사람이 잡을 수 없으므로 소비가 개인적이라고 할 수 있다. 국방이나 공영TV는 집단적으로 소비가 일어나 경쟁이 없어도 누구나 국방서비스와 TV시청을 할 수 있어 순수공공재적 성격을 나타낸다. 건강보험은 국가가 제공하는 의료서비스로서 대한민국 국민이면 누구나 배제 없이 서비스를 제공받을 수 있지만 한 사람이 특정 의사의 진료를 받으면 동시간대에 동일한 의사에게 진료를 받을 수 없으므로 완전히 경쟁이 없는 것은 아니다. 즉 소비가 집단적으로만 일어나지는 않는다고 할 수 있다. 하지만 민간보험은 개인적 필요에 따라 보험료를 지급하는 사람들에게만 서비스가 제공되어 배제적 성격이 있는 요금재라고 할 수 있지만 특정집단이 보험을 집단적으로 가입하는 경우도 있으므로 소비는 중간 형태를 유지한다.

예방주사와 같이 국가가 국민에게 무료로 제공하는 경우는 전체 국민을 대상으로 서비스를 제공함으로 소비가 집단적으로 일어나지만 나이 등을 기준으로 특정 집단만을 대상으로 서비스를 제공하는 경우는 완전한 배제 없이는 제공되지 않는다. 예방주사는 본인에게도 유익하지만 특히 질병을 다른 사람에게 전염하는 것을 예방하므로 사회적으로 긍정적인 외부효과가 매우 큰 서비스라고 할 수 있다. 국립공원은 공간적인 한계로 모든 사람이 동시에 사용할 수 없는 혼합재적 성격이 있지만 요금이 없고 집단적으로 모든 국민이 사용할 수 있다는 측면에서 경쟁은 있지만 배제가 없는 집합재로서 비순수집합재 성격을 나타낸다. 동네 단위로 있는 작은 공원은 국립공원보다 혼합재 성격이 더욱 강하지만 그 동네 주민은 사용에 있어 배제가 없으므로 집단적 성격을 갖는 재화이다. 국민연금과 같은 사회복지서비스는 본인부담액을 일정부분 납부하고 일정기간이 지나야 서비스를 제공받음으로 배제가 있지만 수급자격을 취득하면 소비는 집단적으로 일어나 경쟁이 없는 요금공공재 성격을 나타내는 재화이다.

대학교육은 의무교육이 아니므로 개인 소비의 가능성이 높고 시험성적으로 입학이 결정되는 경우가 많아 배제적인 재화이면서 동시에 요금을 지불하는 요금재 성격을 나타낸다. 초등교육은 의무교육으로 모든 적정 연령의 아동은 교육을 받아야 하므로 배제적 성격이 약하지만 모든 국민을 대상으로 소비하는 재화가 아니므로 개인적 소비와 집단적 소비의 중간단계에 위치한다. 주차가 가능한 거리에 차를 주차하는 경우는 주차비를 징수하지 않으며 주차를 원하는 사람들의 수에 따라 경쟁이 일어날 것이므로 완전히

<그림 2-1> 다양한 재화의 배제와 소비성향

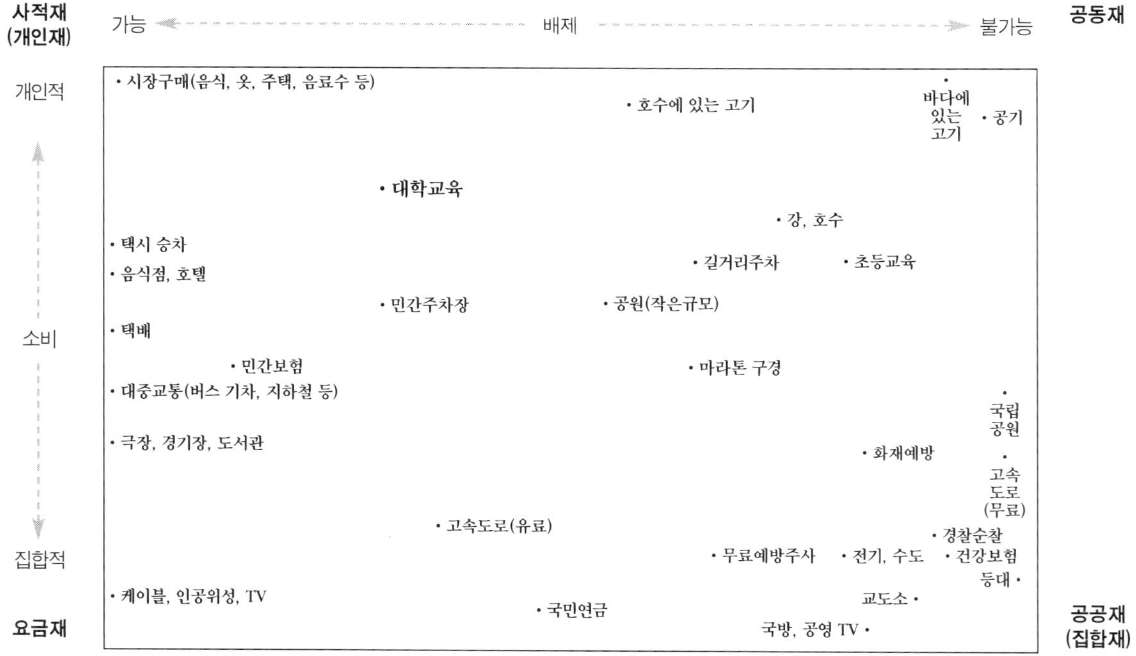

*자료: Savas(2000: 46~47)을 참고하여 작성.

배제적이지도 않고 그렇다고 배제가 없는 것도 아닌 중간 형태를 유지한다. 개인적으로 소비되지만 국민이 모두 사용할 수 있으므로 역시 소비에 있어서도 개인적 소비와 집단적 소비의 중간 형태를 유지한다. 고속도로 경우는 무료로 이용할 수 있는 고속도로와 유로로 운영되는 고속도로로 분류할 수 있는데 무료고속도로의 경우는 사용 자동차의 한계가 있으므로, 즉 경쟁이 있으므로 경쟁적 성격을 갖는 공공재 성격을 갖지만 유로고속도로의 경우는 경쟁과 함께 이용요금으로 배제함으로 공공적 성격이 무료고속도로보다는 약한 경쟁과 배제를 모두 적용하는 재화라고 분류할 수 있다.

개인적인 필요로 시장에서 구매하는 옷이나 음식, 음료수 등은 모두 개인적인 소비이며, 배제적인 성격이 강한 순수개인재라고 할 수 있다. 택시는 혼자 사용하면 개인 소비이지만 2명 이상이 사용하면 집단 소비가 되는 요금재 성격을 띤다. 버스, 기차 그리고 지하철은 요금재이지만 많은 사람이 이용하는 집단적으로 소비가 이루어지는 재화이다. 케이블방송은 순수요금재로서 소비는 집단적으로 일어나지만 케이블방송을 위해 시청료를 지불하는 사람에게만 서비스를 제공함으로 배제적 성격이 강한 재화이다. 반면 전기나 수도 등과 같은 재화는 공공재로서 공공기관에서 제공하지만, 소정의 이용료를 지불함으로써 요금재이고 누구나 요금을 지불하면 서비스를 제공함으로 소비는 집합적으로 이루어진다.

〈그림 2-1〉에서 나타난 바와 같이 재화와 서비스를 소비와 배제의 특성으로 구분하고, 재화를 공공재, 사적재, 공동재 그리고 요금재로 구분하면 모든 재화와 서비스는 배제와 소비의 정도에 따라 재화적 성격이 혼합되어 나타남을 알 수 있다. 즉 순수공공재와 순수사적재를 제외하고는 배제와 소비의 정도에 따라 혼합되어 나타난다. 결국 재화의 구분에 있어 중요한 기준은 교환이나 생산보다는 공급에 있다. 특히 국가공급이라는 기준에 소비와 배제라는 기준을 적용하여 분류하면 사적재의 경우 공급목적에 따라 공공재로도 분류될 수 있음을 알 수 있다. 국가가 공공의 목적이나 사회적 목

적을 실현하기 위하여 국민을 대상으로 재화와 서비스를 공급하고 배제와 경쟁 기준이 희석되면서 공공재 특성은 무너지게 된다. 사적재도 공공재의 영역으로 포함되고 공공재도 다양한 유형이 등장하게 된다. 결국 **비순수공공재와 비순수사적재의 구별은 국가의 공급여부와 배제와 경쟁의 정도에 따라 다르게 나타난다**고 할 수 있다.

제4절 사회복지서비스의 재화적 성격

1. 사회복지서비스의 개념

사회복지서비스의 재화적 성격을 분석하기 위해서는 먼저 사회복지서비스에 대한 개념을 명확히 정리하여야 한다. 사회구성원들의 사회복지 증진을 위해 제공하는 사회복지서비스의 성격을 이해하기 위해서는 구체적으로 사회구성원들의 기본적인 욕구 해결을 위해서 제공되는 사회복지서비스에 대한 이해가 반드시 필요하다. 즉 사회복지서비스가 무엇인지를 정의해야지만 사회복지서비스의 재화적 성격을 분석할 수 있다.

인간은 자신들의 삶을 발전하기 위해 음식이나 의류, 건강보험, 또는 주택 등과 같은 기본적인 재화와 서비스에서 삶의 직접적인 유지와는 관련이 없지만 삶의 질을 개선하기 위해 전문교육이나 기술 등을 필요로 한다. 즉 사회복지 재화와 서비스는 속성상 인간의 기본적인 삶의 유지와 직접적인 연관이 있는 재화와 서비스라고 할 수 있다.

Popple과 Leighninger(2002)는 사회복지를 최소 수준에서 사람들의 번영을 가져다주기 위해 계획된 일련의 서비스로 규정하였다. Reid(1996)는 사회복지를 사회적 위험에 처해 있는 사람들의 번영을 증진하고 인식된 사회문제에 대응하기 위한 정책이나 프로그램 개입이나 조직화된 행동으로 정의하였다. Walter Friedlander(1955)는 사회복지를 삶과 건강에 있어 만족할 만한 표준을 성취하기 위해 또는 개인과 집단을 돕기 위해 설계된 사회제도와 서비스의 조직화된 체계로 규정하였다. Martin과 Zald(1981)는 사회복지를 사회적·개인적인 기능을 최소한으로 성취할 수 있도록 욕구가 있는 사람들을 돕기 위한 시도라고 정의하였고 Wickenden(1965)은 사회복지가 사회질서의 더 활발한 작동과 인간의 번영을 위해 기본적인 사회적 욕구를 충족하기 위한 조항들을 강화하고, 보장하기 위한 서비스나 혜택, 프로그램, 그리고 법 등을 포괄한다고 하였다. 또한 Rescher(1972)는 사회복지란 육체적이고 물질적인 복지보다 더 광범위하며, 번영의 중요한 측면인 사람과의 상호관련과 가족구성원이나 친구들, 그리고 직장과 관련된 개인적인 관련까지도 포괄한다고 언급하였다.

그리고 지은구(2003)는 사회복지는 사회구성원들이 필요로 하는 욕구가 충족되는 체제를 기반으로 하는 번영을 의미한다고 하였으며, 사회복지는 사회적 차별과 배제를 조정하는 양식으로 작동함을 강조하여 사회복지 역할을 설명하였다. 여기서 체제를 기반으로 하는 번영이란 개인의 육체적이고 물질적인 복지 영역을 뛰어넘으며 인간관계 그리고 사회와의 상호관계를 강조하며 더 나아가 사회구성원의 최소한의 번영을 의미한다.

결국, 사회구성원이 필요로 하는 욕구를 충족하기 위한 번영으로서 사회복지는 보다 구체적으로 다음과 같이 정의할 수 있다. 즉 사회복지는 사회구성원들의 번영well-being을 위해 구성원들의 기본적인 욕구를 충족하기 위한 조직화된 행동체계로서 법이나 제도 그리고 프로그램이나 서비스 등을 포함한다. 따라서 사회복지정책은 사회구성원들의 기본적인 욕구를 충족하기 위한 국가 정책을 의미하며, 사회복지서비스는 사회구성원들의 기본적인 욕구를 충족하는 서비스를 의미한다고 할 수 있다(지은구, 2006).

사회복지서비스는 사회구성원의 번영과 사회구성원들의 기본적인 욕구를 충족하기 위해 제공하는 실천적인 수단이자 도구라고 정의할 수 있다(지은구, 2006). 특히 사회복지서비스를 제공하여 국민을 사회적 위험으로 예방하고 기본적인 삶을 보장하는 것이 가장 중요한 사회 목적이라고 한다면, **사회복지서비스는 사회적 목적을 성취하기 위하여 제공하는 서비스라고** 규정할 수 있다. 따라서 **사회구성원들 개개인에게 영향을 주는 사회적 위험을 예방하고 모든 구성원들이 기본적인 삶과 보다 안전한 삶을 유지하기 위해 공공부문에서 제공하는 모든 서비스는** 사회복지서비스영역에 포함할 수 있어 사회복지서비스의 종류는 매우 다양하며 범위 또한 매우 포괄적임을 알 수 있다. 결국 사회복지서비스를 정의하는 데 있어 사회복지서비스는 국가가 제공한다는 점 그리고 사회적 목적을 실현하기 위해 제공한다는 점이 매우 중요하다고 할 수 있다.

2. 사회복지서비스의 공공재적 성격

사람들은 개인적으로 원하는 것들을 시장에서 구매함으로써 구체적인 상품을 획득하지만 사회문제에 영향을 받는 사회구성원의 욕구는 시장에 있는 상품이나 서비스뿐만 아니라 공공재 성격을 띠는 사회적 상품으로서 사회복지 상품이나 서비스로 해결하게 된다.[3] 예를 들어 같은 일반상품이라고 해도 국가가 제공한다면 그 상품은 일반상품이 아니라 공공재 성격을 나타내는 사회복지재화가 된다. 즉 시장에서 개인적인 부담능력에 따라 구입할 수 있는 신발이라는 재화가 국가 재정지출로 사회구성원들에게 제공한다면 같은 신발이라고 해도 그 신발은 공공재 성격을 내포하게 된다. 이는 시장이 재화와 서비스를 생산하고 소비하는 영역을 제공하는 유일한 메커니즘이 아니라는 점을 의미한다.

자본주의 사회에서 대부분의 사람이 시장에서 상품을 매매하고 구입하며

---

[3] 본 연구에서는 제공되는 모든 사회복지 재화와 서비스를 편의상 사회복지서비스로 일원화하여 부르기로 한다.

그들의 만족을 충족하는 수단으로 시장을 이용하고 있지만 정부나 또는 다른 정치적 체제에서 제공하는 재화나 서비스들은 시장이 아니라 국가가 생산과 분배를 조정하기도 한다. 시장이 제공하고, 소비하지 않는 대표적인 재화나 서비스는 사적재와 구별하여 공공재라고 부른다. 국가가 제공하는 서비스로서 교육 또는 사회복지서비스 등을 모두 공공재에 포함할 수 있지만 모든 사회복지서비스가 공공재인 것은 아니다. 즉 정도에 따라 공공재의 성격을 강하게 내포하는 재화가 있는가 하면 그렇지 못한 재화도 있다.

Caporaso와 Levine(1992)에 따르면 시장에서 개인의 부담능력에 따라 사고파는 것이 가능하지 않는 재화 또는 그것에 저항하는 재화나 서비스는 크게 세 가지가 있는데 그들에 따르면 공공 성격의 사회복지서비스는 세 번째 분류에 속한다.

첫 번째는 우정, 사랑, 존경과 같이 사고파는 것은 재화의 기쁨을 침해하는 것이다. 미소를 돈을 주고 사고 사랑을 시장에서 돈을 주고 산다는 것은 아무리 우리가 자본주의 시장경제체제에서 살고 있다고 한다 해도 인간의 가치를 침해하므로 논리적으로 적절하지 않는 것으로 인식된다.

두 번째는 인간의 고결함과 한편으로는 친구와 가족 그리고 다른 한편으로는 경제적인 주체들 사이의 관계를 규정하는 상이한 규범과 관련된 재화 또한 시장에서의 교환은 제한적이다. 예를 들어 매춘이나 사람의 장기매매 또는 돈을 받고 유죄를 무죄라고 변론하는 변호사의 노동 등은 모두 사회의 규범과 윤리에 어긋나는 재화로서 기능한다.

세 번째는 공통의 가치 또는 집합적 제공collective provision과 연관되는 재화가 있다. 등대나 고속도로, 사회복지서비스나 교육, 의료서비스 등의 재화가 여기에 해당한다. 공공의료혜택을 예로 들어보자. 개개인들은 정부가 사회에 있는 모든 사람들이 의료혜택을 받을 수 있도록 보장하는 것을 원한다. 이 경우 시장경제에서 통용되는 재산property 또는 소유물보다는 오히려 사회체제의 한 구성원이라는 것, 즉 회원권membership이 있다는 것 또는 시민권citizenship이 있다는 것이 의료혜택을 받는 데 필요하다. 즉 의료혜택이라는 공공재 public goods 소비를 위한 결정적인 요소는 바로 그 사회구성원이냐 아니면 그렇지 않느냐이다. 이는 또 한편 사회적 배제로서 비판을 받기도 한다. 또한 공적부조를 받기 위한 재산과 소득의 자격기준이 또 하나의 배제로 기능 할 수도 있다. 따라서 사회복지서비스는 사회구성원들의 공통의 가치나 집합적 제공에 근거하는 재화이자 서비스로서 시장에서는 거래되지 않는 공공재에 포함된다.

공통의 가치나 집합적인 제공과 연관되는 사회복지서비스는 기본적으로 공공재 성격을 띠고 있다. 사회복지서비스가 공공재 성격을 띠는 것은 국가가 공공성을 위해 그리고 전체 국민의 안정적인 삶을 위해 과소공급이나 과소소비에 상관없이 사회복지서비스를 제공한다는 것을 의미한다. 공공재는 생산과도 연관되지만 공공부문에서 제공하는 재화나 서비스를 공공재라고 할 수 있기 때문에 국가가 재정을 지원하고 민간비영리기관에서 서비스를 제공한다고 해도 주인-대리인관계의 본질은 변하지 않으며, 민간비영리기관에서 서비스를 제공하지만 국가가 이를 지원하므로 공공재라고 할 수 있다. 따라서 국가재정지원으로 제공되는 서비스는 재정지원방식에 상관없이 모두 공공재라고 할 수 있다.

특히, 사회가 발전하면서 공공재에 대한 성격도 발전하여 공공재라는 범주, 즉 비경쟁성과 비배제성만으로는 재화의 성격을 구분하는 것이 모호하게 되었다. 따라서 학자마다 재화를 단순하게 사적재와 공공재로만 구분하기보다는 보다 다양한 범주로 구분한다. 하지만 분명한 사실은 사적재라고 하더라도 국가가 사회적 목적으로 재화를 배분하는 경우 그 재화는 공공재 성격을 내포하게 되며 가장 대표적인 재화가 바로 사회복지서비스라고 할 수 있다. 사회적 목적을 실현한다는 측면에서 사회복지서비스는 가치재라고 분류한다. 공공재 그리고 가치재로서의 사회복지서비스는 간접적으로 사회적 만족과 사회복지를 증진하기도 하며 직접적으로 사회구성원들의 만족과

복지를 증진하기도 한다. 공공재의 다양한 유형에 대해서 이미 서술한 바와 같이 경쟁과 배제라는 전통적인 재화는 다양한 유형으로 분화, 발전하였다. 예를 들어 국민건강보험과 같이 배제나 경쟁이 없이 보편적으로 제공하는 순수공공재 성격의 사회복지서비스도 있지만 경쟁과 배제가 있는 사회복지서비스도 존재한다.

순수공공재는 아니지만 국가가 제공하며 시장에서 가격체계에 따라 생산과 소비를 하지 않는 사회복지서비스로서 대표적인 것이 경쟁공공재와 지역공공재이다. **경쟁공공재**는 자격이나 기준 없이 모두 혜택을 받을 수 있으나 수혜인원이나 자원이 한정된 경쟁적인 공공재로서 신청을 빨리 할수록 혜택을 받을 가능성이 높고 신청을 늦게 할수록 불리한 공공재이다. 예를 든다면 총액lump-sum money으로 예산을 책정하는 사회복지서비스는 예산이 계속적으로 보충되는 것이 아니라 일정예산을 넘으면 서비스 제공이 끝난다. 즉 일정하게 제공된 예산 범위에서만 서비스를 제공하는 공공재를 의미한다. 따라서 서비스를 빨리 신청한 사람들이 늦게 서비스를 신청한 사람들의 혜택에 영향을 미친다. **지역공공재**는 국가가 제공하는 공공재이기보다는 특정 지역을 중심으로 지역주민들의 사회적 욕구충족을 위하여 공공재를 제공하는 재화나 서비스를 의미한다. 예를 들어 현재 정부가 추진하고 있는 지역 중심의 다양한 지역사회서비스투자사업들[4]은 지역에 따라 사업을 제공하고 있으며 특정 지역만을 위한 사업들을 포함하고 있어 이러한 서비스들은 모두 지역공공재 성격을 내포하고 있다고 볼 수 있다.

결국, 사회복지 재화와 서비스의 공공재 성격은 국가 재정으로 사회적 가치, 사회적 목적을 실현하기 위하여 집단적으로 제공한다는 점이며, 재화의 성격을 구분하는 배제나 경쟁은 사회복지서비스의 공공재 성격을 나타내는

---

[4] 2009년 현재 지역중심으로 제공되는 지역사회서비스투자사업은 지역선택형사업과 지역개발형사업으로 나누어지며 지역선택형사업은 두 개의 사업이 그리고 지역개발형사업은 약 300여 개의 다양한 서비스가 제공되고 있다.

결정적 기준이 될 수 없다. 다시 말해 국가가 특정 집단만을 위해 서비스를 제공할 수도 있으며 국가재정의 한계 때문에 혜택을 일시적으로 제공하는 경우도 있다. 특정 사회복지서비스는 배제적 성격을 나타내기도 하고 경쟁을 통해서 서비스를 제공하는 경우도 있을 수 있지만 기본적으로 사회복지서비스의 제공목적은 사회구성원들을 사회적 위험에서 예방하고 그들의 기본적인 삶을 보장한다는 사회적 가치의 실현 또는 사회적 목적의 성취에 있다는 점을 등한시해서는 안 될 것이다. 사회복지서비스가 가지고 있는 공공재 성격을 보다 자세히 살펴보면 다음과 같다.

1) 사회복지서비스의 클럽공공재적 성격

사회복지서비스 경우 경쟁적이지는 않지만 자격이나 기준을 적용해서 서비스를 제공하는 서비스들이 존재한다. 즉 일정한 자격이나 기준을 통과한 사람들은 누구나 경쟁이 필요 없이 혜택을 받게 된다. 따라서 자격이나 기준이 벗어나는 사람들은 공공재 혜택에서 배제되며 일반적으로 많은 복지서비스들이 이 공공재 부류에 속한다. 대표적으로는 자산조사를 하여 서비스를 제공하는 모든 사회복지서비스들은 클럽공공재 성격을 띤다고 할 수 있다. 즉 그 지역에서 생활한다는 조건만으로는 서비스를 제공받을 수 없고 특정 조건을 성립하여야만 서비스를 제공받을 수 있는 조건에서 자산조사에 기초한 서비스들은 모두 클럽공공재 성격을 띠는 것이다. 기초생활수급자들에게 제공하는 생계보호서비스는 대표적으로 클럽공공재 성격을 갖는 사회복지서비스이다.

일부 사회복지서비스는 기본적으로 요금을 부과하는 경우가 있는데 대표적인 것이 국민연금이나 건강보험이다. 국민연금의 경우 일정 액수의 본인 기여금을 반드시 납부한 경우에만 서비스를 제공받을 수 있으며 국민건강보호험도 본인부담금을 지불하여야 서비스를 제공받을 수 있다. 물론 국민

건강보험의 요금은 적은 액수이고 특정 집단(의료보호대상자)을 면제하는 특징이 있어 순수공공재 성격이 더욱 강하지만 기본적으로는 클럽공공재 또는 요금재 성격을 띤다.

2) 사회복지서비스의 지역공공재적 성격

사회복지서비스를 특정 지역주민이나 집단에게 동일한 혜택을 제공하고 특정 지역주민 또는 특정 집단구성원이라는 기준 이외는 서비스를 제공받기 위한 전제조건이 없는 경우 지역공공재 성격을 가지는 사회복지서비스라고 구분할 수 있다. 예를 들어 서울시에 산다는 것 이외에는 다른 조건이 없는 사회복지서비스는 모두 지역공공재라고 할 수 있다. 즉 특정 집단의 구성원에 소속되어 있어야 한다는 측면에서 배제는 있지만 집단구성원 모두에게 경쟁이 없는 서비스를 제공한다는 면에서 지역공공재가 된다. 예를 들어 산업재해보상보험은 소속 자격만 유지하면 누구나 경쟁 없이 서비스를 받을 수 있는 국가 차원에서의 공공재이지만 산업재해보상보험의 경우 직장에 소속되어 있는 집단특성만을 유지한다면 모든 노동자들은 산업재해 시 보상서비스를 제공받을 수 있으므로 지역공공재라고 분류할 수 있다.

3) 사회복지서비스의 경쟁공공재적 성격

경쟁공공재 또는 공동재는 자격이나 기준 없이 모두 혜택을 받을 수 있으나 혜택 인원이나 자원이 한정된 경쟁적인 공공재로서 모두 경쟁공공재 또는 공동재이다. 앞에서 설명한 것과 같이 예산 범위 내에서만 서비스를 제공하고 국가가 제공하는 공공재의 경우는 경쟁공공재 성격을 가지고 있는 사회복지서비스라고 할 수 있다. 이 경우 예산이 하락되는 한도 내에서 서비스를 빨리 신청한 사람들만이 서비스를 제공받게 되어 있어 한 사람의 소비가 다른 사람의 소비에 영향을 주어 소비는 개인적으로 일어나지만 기본적으로는 배제가 없는 서비스라고 할 수 있다. 예를 들어 서울시가 65세 이상의 주택을 소유한 노인 중 주택이 노후하여 개보수가 필요한 노인들에게 주택을 무료로 개보수서비스를 제공하고 대상자를 선착순으로 모집한다고 한다면 현물로 제공하는 사회복지서비스 경우는 경쟁공공재 성격을 띤다고 할 수 있다.

3. 사회복지서비스의 사적재적 성격

사회복지서비스의 공공재적 성격에서도 언급한 바와 같이 경쟁과 배제라는 재화적 성격을 가지고 있지만 국가가 서비스를 제공하는 경우도 존재하기 때문에 경쟁과 배제는 재화의 성격을 구분하는 절대적인 기준이 될 수 없다. 경제학적으로는 배제와 경쟁이 있는 재화는 모두 사적재로 구분하지만 공공의 목적으로 공공부문에서 제공하는 사적재는 공공재 성격을 띤다고 할 수 있고 사회복지서비스라는 재화 자체가 배제와 경쟁보다는 공급주체가 누구이고 무엇을 위해 서비스를 제공하는가가 재화의 성격을 결정하는 더욱 중요한 기준이 될 수 있다.

공공재나 사적재를 구분하지 않고 사회복지 목적을 실현하기 위해 국가가 제공하는 재화나 서비스를 모두 사회복지서비스라고 규정할 수 있다. 이를 기반으로 사회복지서비스 특성이 가치지향적이라는 점을 강조하여 가치재라고도 규정할 수 있기 때문에 가치재로서의 사회복지서비스 요소는 공공재와 사적재 특성을 모두 포함한다. 위에서 언급한 바와 같이 재화의 사적재 성격은 크게 경쟁과 배제를 들 수 있다. 따라서 사회복지서비스가 사적재 성격을 띠고 있다는 것은 사회복지서비스가 경쟁적이기도 하면서 또한 배제적 성격을 갖는다는 것을 의미한다. 즉 일반시장에서 교환되는 상품으로서 의류는 경쟁적이기도 하면서 배제적이지만 시장에서 의류를 구매할 수 없는 집단에게 제공하는 의류는 사회적 목적을 실현하는 공공재의 역할을 담당한다.

또한 앞서 설명한 것과 같이 사적재는 순수사적재를 제외하고 긍정적인 외부효과를 가진 사적재와 혼합사적재도 모두 사적재의 한 유형이라고 할 수 있다. 특히 복지외부효과를 창출한다든지 또는 국가가 특정 목적을 가지고 사적재를 공공목적으로 제공하는 경우 사회적 목적을 가진 사적재로 구분할 수 있다.

1) 외부효과가 있는 사적재로서의 사회복지서비스

복지외부효과는 사회복지서비스가 가지고 있는 중요한 특징 중의 하나이다. 사회복지서비스는 그 성격상 공공재이든 사적재이든 기본적으로 제공됨과 동시에 다른 국민에게도 긍정적인 외부효과를 가져다준다. 사회복지서비스의 복지외부효과는 서비스를 직접 제공받은 당사자 이외에 제3자의 삶에 긍정적으로 작용하는 것을 의미한다. 예를 들어보면 사회복지서비스를 제공받은 사람들은 그들 삶에 다양한 측면으로 보조를 제공받고 있으며 개인 또는 가족 문제를 해결하고 적극적으로 사회에 참여할 수 있는 여건을 확보할 수 있게 된다. 약물중독치료서비스를 제공받은 가족구성원이 약물을 중단하게 되면 보다 화목하고 건강한 가족생활을 영위할 수 있게 된다. 나아가 근로자 지원 프로그램Employment Assistance Program, EAP의 제공으로 생산력을 회복한 노동자들은 다시 생산현장에서 직접적 또는 간접적으로 노동을 통해 가치를 생산하게 된다. 이는 외부효과의 긍정적 측면이 복지외부효과로 나타남을 의미하게 되며 결국 복지외부효과가 경제적 발전과 성장 그리고 복지사회의 발전과 확대에 기초를 제공한다. 원조프로그램에서 약물중독치료서비스나 근로자들에게 제공하는 서비스는 모두 사적재로서 시장에서 제공하는 경우 경쟁과 배제가 있지만 긍정적인 외부효과, 즉 복지외부효과를 나타내는 사적재이고 정부가 공급하는 경우는 사적재 성격을 갖는 혼합공공재 성격을 나타나게 된다.

2) 공적으로 제공되는 사적재로서의 사회복지서비스

공공부문에서 제공하는 사적재는 재화의 기본 성격은 사적재이지만 사회적 목적이나 사회적 가치를 실현하기 위해서 제공되기 때문에 공공재 성격을 띠는 사적재라고 할 수 있다. 국가에서 지원받은 특정 상표의 일반미를 종합복지관에서 저소득층에게 무료로 제공한다고 했을 때 특정 상표의 일반미는 분명히 사적재이지만 특정 목적으로 국가가 공급함으로 저소득층의 구성원들은 경쟁 없이 제공받을 수 있어 사적재로서의 성격을 상실하게 되며 국가가 제공하므로 공적 성격을 갖는 사적재가 된다.

특히 사회서비스사업으로 제공되는 장애인활동보조서비스나 노인돌봄서비스 등은 중증장애인이라는 집단 특성이나 65세 이상의 일정점수 이상의 노인부양점수에 있는 노인집단을 대상으로 서비스를 제공하는 사업들로 모두 지역공공재 성격이 강한 사회복지서비스라고 할 수 있지만 민간 돌봄기관에서 제공하는 사적재이기 때문에 공적 성격을 지닌 사적재라고 분류할 수 있다.

4. 사회복지서비스의 가치재적 성격

사회복지서비스는 사회적 가치를 실현하기 위해 제공되는 재화이기 때문에 종종 가치재worthy goods라고 불린다. **소비자의 지불능력과 상관없이 사회적 판단이나 사회적 결정에 따라 소비되는 서비스는 가치재**라고 할 수 있다(Savas, 2000). 음식이나 교육, 대중교통 등의 서비스를 사회적 결정에 의해서 제공하는 경우나 대부분의 사회복지서비스는 가치재로 분류할 수 있다. 즉 사회적 목적으로 제공하는 가치재적 성격을 띠는 사적재의 대표적인 것이 사회복지서비스이다. 이는 사회복지서비스의 일차적인 수혜대상자가 대부분 소비능력을 갖추지 못한 사회소외계층이기 때문이며 소비가 삶의 질이나 사회경제적인 안정과 연관되는 경우는 불평등과 불균형 등을 일으키게 되므로 국가 차원에서 서비스를 제공하게 된다.

물론 공공부문에서 서비스를 직접 공급하는 경우 그리고 국가재정으로 대리기관에서 서비스를 간접적으로 공급하는 경우는 당연히 사회복지서비스의 공공재 성격을 의미하지만 음식이나 의류, 주택 등과 같이 사적재라도 국가가 소비를 결정하면 재화의 성격이 가치재 성격으로 전환되어 넓은 의미에서 보면 가치재 범위에 포함된다고 볼 수 있다. 가치재는 국가가 직접 모든 국민에게 또는 특정 집단의 자격을 가진 성원들에게 제공한다.

결국 배제가 있고 소비도 개인적이기 때문에 사적재와 요금재 성격을 나타내는 재화라고 해도 국가가 특정 개인(또는 집단)에게 제공하므로 가치재는 사적재나 요금재와는 성격이 다르다고 할 수 있다. 또한 모든 사람이 가치재를 소비하면 긍정적인 외부효과를 가질 수 있고 배제 없이 서비스를 제공받을 수 있으므로 가치재는 집합재 또는 공동재 성격을 갖는다고 할 수 있다. 가치재 성격을 갖는 사회복지서비스는 지불능력이나 지불의지와는 상관없이 국민의 건강과 소득 그리고 주거를 보장하고, 직업훈련이나 고용프로그램으로 노동시장의 불안전성을 해소하는 등 국민의 삶의 질을 개선하고, 향상하는 것이다. 교육이나 예방주사 같은 경우도 가치재 성격을 갖는다고 볼 수 있는데 이는 교육이나 예방주사가 전체 사회에 혜택을 가져다주기 때문에 소비가 집합적으로 이루어져야 하고, 특정 나이에서는 의무적으로 서비스를 제공하기 때문이다.

가치재로서 사회복지서비스의 제공은 국가직접제공방식, 서비스 기관을 통한 제공자제공방식 그리고 서비스 이용자에게 재정을 직접 지원하여 이용자가 서비스를 선택할 수 있는 이용자제공방식으로 분류할 수 있다. 어떤 방식이든 간에 소비능력 유무에 상관없이 서비스를 제공해야 하는 가치재로서 사회복지서비스 특성에 분배적 정의나 형평성의 가치가 내재되어 있다고 할 수 있다.

5. 사회복지서비스의 구분

1) 사회복지서비스의 특성

사회복지서비스는 가치재이면서 공공재로서의 속성을 지닌 재화이자 서비스이기도 하지만 공공재와 사적재에 대한 구분에서 살펴본 바와 같이 배제와 경쟁이라는 속성을 완전히 유지하는 재화는 아니라고 할 수 있다. 특히 사적재도 사회복지서비스로서 활용할 수 있기 때문에 사회복지서비스는 성격상 공공 성격을 강하게 내포하고 있지만 서비스 자체가 순수공공재라고는 할 수 없어 학자들은 사회복지서비스를 가치재worthy goods로 구분하기도 한다. 따라서 **사회복지서비스는 사회적 목적을 실현하기 위한 공공 성격을 갖는 가치재**라고 정의할 수 있다. 여기서 가치는 사회적 가치를 의미한다. 즉 사회복지서비스를 가치재로 구분하는 것은 사회복지서비스는 시장의 가치보다는 사회적 가치를 보다 우선시함을 의미한다. 따라서 사회복지서비스의 특성을 파악하기 위해서는 **시장의 가치와 사회적 가치**에 대한 명확한 이해가 필수적이다.

시장은 일반적으로 특정한 재화와 서비스의 교환 목적으로 판매자와 구매자가 모여 설립한 사회적 기구 또는 장치라고 할 수 있다. 이러한 시장에 대한 정의는 시장이 교환을 목적으로 하는 사회적 제도 또는 기구라는 것을 강조하는 것이다. 따라서 시장의 기본 개념을 이용한다면 사회복지 재화와 서비스 교환이란 시장에서 판매자와 구매자 사이에서 사회복지서비스 교환이 일어나고, 소유권이 이전되는 것이라고 할 수 있다. 하지만 상품의 단순한 교환관계나 소유관계만을 강조하게 되면 사회복지서비스가 무엇을 위해 누가 생산하는지 그리고 누구를 위해 생산하는지 나아가 어떤 사람이 복지서비스를 필요로 하는지 등 교환관계나 소유관계 이면에 숨어 있는 생산과 소비의 사회적 관계는 모두 등한시하는 결과를 초래하게 된다. 자본주의에서 시장은 판매자와 구매자 사이에서 재화의 단순한 교환 이상의 의미를 내포하고 있다. 자본주의에서 시장은 판매자와 구매자가 서로 이익을 실현하는 격전장이라고 할 수 있고, 주로 구매자보다는 판매자 중심이며 나아가 부의 집적과 집중을 실현하는 실천 장으로서의 역할을 수행한다. 또한 자신의 이익을 실현할 수 없는 사람들을 의도적으로 배제하는 사회적 차별을 만들어 낸다. 즉 **시장의 가치는 교환관계에서 구매능력 실현 또는 소유권 이전이라는 것**을 의미한다. 결국, 시장에서 재화와 서비스를 교환한다는 것은 구매자의 구매능력 실현과 이를 통한 소유권 이전이라는 것을 의미한다.

하지만 사회복지서비스는 자본주의 사장경제가 만들어낸 불평등과 사회배제를 조정하는 사회 가치재 또는 공공재 성격을 강하게 띤, **사회적 생산**social product이라고 할 수 있어 단순한 교환관계나 소유관계만을 강조할 수 없는 측면이 있다. 지은구(2006)는 사회복지서비스를 사회적 배제와 차별을 조정하는 조정기구로 정의하였는데, 이러한 정의는 곧 사회복지서비스가 속성상 시장에서 교환되고 상품에 대한 책임과 권한이 단순히 사람에서 사람으로 이전되는 것 또는 재화의 소유권을 이전하는 구매능력 실현만이 중요한 것은 아니기 때문이다. 사회복지서비스는 그 성격상 생산과 소비, 분배의 불평등과 불균형을 시정하여 사회적 가치를 실현하는 재화이자 서비스로 인식하는 것이 중요하다. 따라서 사회복지서비스 교환은 누가 서비스를 필요로 하며 왜 서비스를 필요로 하는지에 대한 인과관계분석을 기본으로 하여 어떤 방식으로 서비스를 제공할 것인가 등을 고려하기 때문에 교환 관계에서 사회적·인간적 관계를 매우 중요시한다는 특징이 있다. 또한 누가 왜 서비스를 필요로 하는지를 분석하면서 어떠한 요인으로 욕구가 증대됐고, 욕구를 증대하는 사회적 요인이 무엇인지를 분석하기 때문에 사회적 인과관계 분석은 사회복지서비스의 제공에 있어서 필요하다.

결국 사회복지서비스 교환 조건은 시장교환의 조건과 같이 단순히 구매 능력을 보존하는 것과는 달리 서비스가 필요한 사람들의 욕구를 분석하고 욕구를 충족하기 위한 해결방안을 구체적으로 파악하여 제공함으로써 구 매능력을 교환 조건으로 하는 시장의 교환과는 기본적으로 차이가 있다고 할 수 있다. 또한 단순한 서비스 교환이 일어나고 교환 이후에는 어떠한 상 황이 일어나는지 아무런 관심이 없는 시장의 교환이라기보다는 구매동기와 구매 이후의 변화에 관심을 갖는 목적의식이 있는 교환이라고 할 수 있다. 즉 사회적 가치 실현을 위해 시장에서 배제되는 사회구성원들을 위하여 나아가 모든 사회구성원들의 삶의 질을 보장하고 안정된 삶을 유지하기 위한 사회 적 생산물로서 사회복지서비스를 제공하는 것이다.

사회복지서비스가 사회적 가치재라라는 것은 결국 생산과 공급 전 과정 에 대한 국가의 개입과 통제가 불가피함을 의미한다고 할 수 있다. 이는 국 가가 사회복지서비스의 생산과 공급을 기획하고 실현함으로써 모든 사회구 성원들의 실질적인 삶의 조건을 향상하는 데 복지국가가 존립하는 일차적 목적이기 때문이다. 사회복지서비스의 생산과 공급 전 과정 그리고 교환 과 정과 교환 주체들에 대한 숙고가 반드시 필요하다고 볼 수 있으며 사회적 가치를 실현한다는 측면이 있다. 즉 시장에서 교환할 수 있는 단순한 사적 재가 아닌 공공 성격을 띠는 가치재로서 사회복지서비스를 시장에서 교환하 고, 교환 당사자인 사회구성원들의 삶의 질을 보장하며 보다 인간적인 삶으 로 발전하는 것이 중요하다고 할 수 있다. 보다 구체적으로 사회복지서비스 가 갖는 재화적 특성을 살펴보면 다음과 같다.

(1) 사회적 목적을 실현하는 사회복지서비스

사회복지서비스는 사회적 목적을 실현하기 위하여 제공되며, 경쟁과 배제라는 기준의 적용 여부와 상관없이 사회복지서비스는 국민의 삶의 질을 향상하는 사적재나 공공재 등 모두 사회복지재화에 포함될 수 있다.

(2) 외부효과를 갖는 사회복지서비스

사회복지서비스는 긍정적인 외부효과를 창출한다는 특성이 있다. 긍정적 외부효과는 사회적 외부효과social externality라고도 불린다. 사적재를 외부효과가 있는 사적재로 유형화하는 것과 같이 사회복지서비스는 외부효과를 만들어내지만 이 외부효과는 일반 사적재와 다르게 대부분 긍정적 외부효과로서 사회복지서비스 제공으로 서비스를 제공받는 당사자의 행복을 증진하고 동시에 대다수 국민의 만족을 향상할 수 있다. 이러한 사회복지서비스의 긍정적인 외부효과는 복지외부효과라고 불린다.

(3) 유형, 무형의 사회복지서비스

사회복지서비스는 인간을 대상으로 제공하는 교육, 의료 서비스 등과 같이 서비스 자체가 전문적인 기술이나 상담 등의 무형 서비스와 음식이나 생활비 같은 생계보호서비스나 시설보호 등의 유형 서비스가 모두 사회복지서비스에 포함된다. 사회복지영역에서는 크게 사회복지서비스를 현금과 현물 서비스로 구분하며 상담 등과 같은 무형서비스들은 모두 현물서비스에 포함된다.

사회복지서비스를 가장 기본적으로 사적재 특성과 공공재 특성으로 분류하고 사회적 가치의 실현과 복지외부효과 등의 특성을 포함하여 분류하면 〈표 2-4〉와 같다.

〈표 2-4〉에서 설명한 바와 같이 사회복지서비스는 공공재 성격, 사적재 성격 그리고 가치재 성격을 동시에 가지고 있는 서비스이다. 경쟁이 있고 때로는 배제도 있는 사적재이지만 공적 목적으로 제공되는 경우 또는 외부효과를 창출하는 경우 모두 비순수사적재 특성이 있는 사회복지서비스이다. 또한 공공재 특성이 있는 경우에도 경쟁과 배제가 있을 수 있어 비순수공공재적 성격이며 사회적 판단이나 사회적 결정에 따라 소비를 결정하는 경우에는 가치재 성격을 나타내며 비순수사적재와 비순수공공재 등은 모두 이 분야에 포함된다. 결국 순수공공재와 순수사적재를 제외하면 모든 비순수사적재와 비순수공공재는 경쟁과 배제가 있지만 사적재 성격과 공공재 성격을 띠는 가치재로서 사회복지서비스를 구분할 수 있다.

〈표 2-4〉 **사회복지서비스의 재화적 성격**

사회복지서비스의 재화적 성격		유형분류
공공재적 성격	국가가 공공성 확보를 위하여 제공한다는 특성	· 국가공공재 · 지역공공재 · 클럽공공재 · 요금공공재
	시장에서는 이윤을 창출할 수 없는 서비스가 많아 시장에서 제공하였을 경우 서비스 과소소비와 과소공급이 발생할 가능성이 있어 국가가 개입하여 서비스를 제공한다는 특성	· 국가공공재 · 지역공공재
사적재적 성격	· 교환당사자 이외에의 많은 사람들에게 긍정적인 외부효과를 창출하는 서비스 · 사회적 목적(불평등 완화나 위험 예방 또는 축소 등과 같은)을 실현하기 위하여 제공하는 서비스	· 복지외부효과가 있는 사적재 · 공적으로 제공되는 사적재
가치채적 성격	소비자의 지불능력과 상관없이 사회적 판단이나 사회적 결정에 따라 소비가 이루어지는 서비스	순수사적재와 순수공공재를 제외한 비순수공공재와 비순수사적재

2) 사회복지서비스의 유형

사회복지서비스는 내용과 그 용도에 따라 순수공공재나 경쟁공공재에
포함되기도 하고 지역공공재로 분류하기도 하며 사적재 또한 국민의 기본적
인 삶을 보전하기 위해 사회복지서비스를 제공하는 경우도 있어 사회복지서
비스 유형은 매우 광범위한 스펙트럼을 갖는다. 사회복지서비스 중에서 **공
공재**의 성격을 갖는 서비스는 보편성의 원칙으로 모든 국민에게 제공하는
대부분의 사회복지서비스를 포함하는 데 대표적으로 건강보험을 들 수 있
다. 건강보험서비스는 누구나 배제 없이 가입할 수 있으며 경쟁 없이 서비스
를 제공받는다. 그리고 **지역공공재**로는 거시적인 측면에서 대상자의 자격
을 제한하는 국민기초생활보장법에 의해 제공되는 기초소득보장이나 국민
연금 그리고 고용보험에 의해 제공되는 실업급여, 산업재해보상법에 의해 제
공되는 산재보험급여 등이 있고 미시적인 측면에서는 지역복지관에서 자격
기준을 갖춘 대상자들에게 제공하는 사회프로그램 서비스 대부분이 지역공
공재에 포함된다고 할 수 있다. 그리고 **경쟁공공재**는 보건복지서비스로서
지역복지관에서 선착순으로 제공하는 무료예방접종이나 종합복지관에서
제공하는 무료컴퓨터교실 등의 각종 교육, 문화여가프로그램 등의 서비스
가 있을 수 있다. 무료예방접종 등과 같은 서비스는 인원 또는 예산이 제한
적이어서 서비스는 공공 성격을 띠지만 서비스를 제공받기 위해서는 경쟁이
필요한 서비스라고 할 수 있다.

일반적으로 사회복지서비스는 지역공공재 성격과 경쟁공공재 성격을 동
시에 내포하는 서비스도 존재하는데 서비스를 무료로 선착순으로 제공하지
만 서비스를 제공받기 위해서는 일정 나이 기준이나 소득 기준을 갖는 경우
의 프로그램 등이 여기에 속한다. 예를 들어 일정 나이 이상의 노인들에게 무
료로 제공하는 인원 제한의 문화교실이나 저소득 실업자들에게 제공하는 직
업자활이나 자활기술프로그램 등은 모두 여기에 해당되는 서비스라고 할

수 있다. **사적재** 또한 사회복지서비스로도 제공된다. 예를 들어 시장에서 구입할 수 있는 쌀이 저소득가구에게 제공했을 때 쌀은 시장에서 교환되기 때문에 엄밀하게 보면 사적재이지만 쌀을 구매할 수 없는 집단에게 사회적 목적으로 공급하기 때문에 공공 성격을 띠는 가치재로서 구분할 수 있다. 예를 들어 바우처를 이용하여 돌봄서비스를 제공받는다고 했을 때 돌봄서비스는 시장에서도 구매할 수 있지만 국가가 바우처를 특정 집단에게 제공하는 경우 돌봄서비스는 사회적 가치를 실현하는 가치재라고 할 수 있어 바우처는 가치재를 실현하는 도구로서 작용한다.

사회복지의 3대 분야인 사회보험, 공적부조 그리고 사회복지서비스영역에서 제공하는 사회복지서비스의 특성에 대해서 자세히 살펴보기로 한다.

제5절 현행 사회복지서비스의 특성별 분류

사회복지영역에서 제공하는 서비스를 총칭하여 사회복지서비스라고 부를 수 있지만 기본적으로 사회복지영역을 크게 사회보험과 공적부조 그리고 사회복지서비스영역으로 구분한다. 따라서 사회복지서비스를 사회복지서비스영역으로 이해하기보다 사회복지영역에서 제공하는 모든 서비스를 사회복지서비스라고 전제한다면 크게 현금서비스와 현물서비스로 구분할 수 있다. 모든 사회복지영역에서 현금서비스와 현물서비스를 혼용하여 제공하고 있으며, 영역별 사회복지서비스의 특성을 살펴보면 다음과 같다.

1. 사회보험

사회보험영역에서 사회복지서비스는 주로 국민연금과 같은 현금서비스와 건강보험과 같은 현물서비스가 주종을 이룬다. 건강보험의 경우 제공되는 서비스는 의료서비스가 주종이며, 국민연금 경우는 국민의 노후소득을 보장하는 것이 제도 목적이므로 현금서비스가 대표적이다. 고용보험은 현금급여인 실업급여와 함께 적극적인 노동시장 정책을 위해 일자리창출, 직업훈련이나 교육 등과 같은 현물서비스를 제공하기도 한다. 산재보험의 경우는 재해에 따른 소득보장이 주된 목적이므로 현금서비스가 주종을 이루며 노인장기요양보험과 같은 경우는 의료서비스와 돌봄서비스 등의 현물서비스가 주종을 이룬다.

2. 공적부조

우리나라 공적부조제도는 대표적으로 국민기초생활보장법에 의해 수급권자에게 제공하는 현금서비스와 의료보호법에 의해서 제공되는 의료서비스로 크게 이원화된다. 2008년부터 제공하는 기초노령연금은 연령과 자산기준이 충족되면 현금서비스를 제공하는 기초소득의 성격을 띠는 공적부조이다.

3. 사회복지서비스

사회복지서비스영역에서 제공하는 서비스 역시 현금서비스와 현물서비스로 구분할 수 있다. 특히 현물서비스는 욕구가 있는 개별 국민을 대상으로 한 돌봄서비스care service가 대표적이다. 하지만 돌봄서비스 이외에도 개별상담 및 집단상담, 사례관리 등과 같은 전문적인 서비스 그리고 국민에게 필요한 사적재를 제공하는 현물서비스도 일부 포함된다. 현금서비스로는 장애인자녀교육비나 장애인자립자금 그리고 장애인의료비 등이 있다. 특히 최근에 바우처사업에서 제공하는 전자바우처는 명확한 현금은 아니지만 이용자가 지정한 액수만큼 서비스를 이용할 권리가 있으므로 현금처럼 사용할 수 있다.

4. 사회복지서비스의 유형

사회복지서비스는 정도의 차이는 있지만 국가 재정으로 지원한다는 특징이 있는 가치재이다. 국민기초생활보장제도에 의해서 제공되는 **생계급여서비스**는 대표적인 현금서비스이지만 자산조사를 기초해 자격을 심사하여 서비스를 제공함으로 배제성을 띠고 있고 국가가 서비스 자격에 해당되면 누구에게나 서비스를 제공함으로 소비에 있어 경쟁이 없는 공공재이면서 지역에 국한하지 않으므로 국가공공재 성격을 띤다. **장애수당** 역시 지역에 국한하지 않고 국가가 장애등급 판정을 받은 장애인에게만 현금급여를 제공함으로 배제성이 있지만, 일단 장애등급 판정을 받으면 소비에 경쟁이 없이 누구나 일정한 현금서비스를 제공받음으로 국가공공재 성격을 나타낸다. 국민연금의 현금서비스 역시 자신이 지불한 기여금으로 급여를 받으므로 배제성이 있는 서비스로서 요금재 성격을 갖지만 국가가 연금가입자에게는 특정 금액의 연금을 지불하는 것으로써 소비에 경쟁이 없는 국가공공재 성격을 갖는다.

우리나라에서 제공하는 기초노령연금은 외국에서 제공하는 기초소득basic-income과는 차이가 있다. 예를 들어 프랑스에서 제공하는 기초소득은 자격기준 없이 모든 국민에게 일정액의 급여를 제공하는 것으로써 경쟁과 배제가 없는 순수공공재 성격을 강하게 내포한다. 하지만 우리나라의 기초소득인 기초노령연금은 자산조사를 거친 노인으로 대상을 제한하고 있어 배제성을 갖고 국가공공재 성격을 띠는 현금서비스이다. 고용보험에 의해 제공되는 실업급여 그리고 산업재해보상법에 의해 제공되는 산재보험급여 등은 현금서비스이지만 직장에 소속되어 있어야 서비스를 제공받을 수 있으므로 배제가 있는 클럽공공재 성격을 띤다.

현물서비스로서 가장 대표적인 것이 건강보험의 의료서비스이다. 의료서비스는 지역에 한정하지 않고 누구에게나 동일한 의료서비스를 제공하는 국가공공재이지만 소정의 기여금을 납부하지 않으면 서비스를 중단함으로 배재적 성격이 있는 클럽공공재, 즉 요금을 지불한 집단에만 서비스를 제공하는 요금재라고 할 수 있다.

사회서비스사업 중 하나인 지역사회서비스투자사업의 아동학습지원서비스나 지역종합사회복지관에서 제공하는 도시락배달서비스는 모두 현물서비스로서 아동학습지원서비스는 아동학습능력 향상을 위한 학습지원 및 정서함양서비스를 제공하고 도시락배달서비스는 가정에 고립된 노인이나 장애인에게 식사를 가정으로 배달하여 주는 현물서비스이다. 학습지원과 도시락배달서비스는 사적재 성격이 있지만 특정 지역의 주민들에게 사회적 목적 -예를 들어 도시락배달서비스의 경우 고독감 제거 및 최소 영양상태 유지- 을 위해 제공하는 서비스로서 지역공공재와 사적재의 특징이 있고, 가치재 성격을 담고 있다. 정서적 지지서비스 역시 민간 심리상담소에서 제공하는 사적재이지만 지역공공재 성격과 특정 사회적 목적 -자존감 및 사회성향상- 을 실현하기 위해 제공한다는 측면에서 역시 가치재 성격을 나타내는 사적재로 구분할 수 있다. 특히 학습지원서비스나 정서적 지지서비스는 서비스대상자뿐만 아니라 대상자 가족 나아가 지역사회에게도 긍정적인 외부효과를 가져다주는 사적재라고 할 수 있다.

보육서비스는 대표적인 대인 돌봄서비스personal care service로서 국가가 제공하는 대표적인 공공재 성격을 나타내는 서비스이다. 즉 보육서비스는 지역에 구분 없이 전체 국민을 대상으로 보육서비스가 필요한 모든 가정에 제공하는 국가공공재이지만 보육료는 소득에 따라 차등 지원되므로 배제성이 있는 요금재이다. 거동이 불편한 장애인이나 노인에게 제공하는 이동목욕서비스 경우 민간에서 제공하는 이동목욕서비스가 존재하지 않으므로 시장에서 구입할 수 없는 공공재 성격을 갖는 서비스이다. 즉 이동목욕서비스를 민간에서 제공하는 경우 서비스 단가가 맞지 않아 -서비스 이용자 수의 부족에 비해 노동 강도가 높고 이용시설의 단가가 높음- 국가가 제공하는 서비스로서 예산과 목욕 차량 등에 제한이 있어 원하는 모든 사람이 서비스를 제공받을 수 없는 경쟁적 성격이고 특정 지역에만 서비스가 이루어지므로 지역공공재이다.

노인돌봄서비스사업이나 중증장애인활동보조사업, 산모신생아돌보미사업 그리고 가사간병서비스 등 대표적인 서비스인 돌봄서비스는 사적재 성격을 나타내는 서비스이지만 국가가 돌봄의 사회적 책임에 따른 국가 책임 강화 등을 실현하기 위하여 제공하는 긍정적 외부효과가 매우 큰 사적재이며 국가가 제공하는 국가공공재이고 사회적 목적이 있는 사적재이다. 하지만 예산이 제한적임으로 경쟁적 성격을 갖는 국가공공재라고 할 수 있고 본인부담금이 있는 경우 요금재에 속한다. 〈표 2-5〉는 현재 제공하고 있는 대표적인 사회복지서비스를 특성에 따라 유형별로 구분한 것이다.

〈표 2-5〉에서 보는 바와 같이 특정 사회복지서비스는 민간시장에서 공급되지 않아 순수공공재적 성격을 띠지만 특정 집단에게만 서비스를 제공하여 배제성을 지닌 지역공공재 성격을 나타내며 일부 서비스는 요금을 징수하므로 요금공공재 또는 클럽공공재의 성격을 나타낸다. 또한 시장에서 교환하는 사적재이지만 국가가 재정을 공급하므로, 사회적 목적을 가진 사적재라고 분류할 수 있다. 또한 국가 재정의 한계로 특정 사회복지서비스는 집단구성원 사이에서 경쟁이 존재한다. 특히 대부분 사적재로서 제공되는 사회복지서비스는 복지외부효과라는 긍정적인 외부효과를 창출한다. 결국 비순수사적재와 비순수공공재 성격을 나타내는 사회복지서비스는 공급주체와는 상관없이 국가가 창출하는 가치재라고 분류할 수 있다. 또한 국가가 이용자재정지원방식으로 제공하는 서비스는 많은 경우 시장에서 이루어지는 사적재이지만, 국가가 특정한 사회적 목적이나 가치를 유지하기 위해 기본적으로 국가 재정을 제공한다는 점에서 배제와 경쟁의 성격이 있는 가치재라고 할 수 있다.

유형	종류	배제	경쟁	서비스성격	재화구분
현금	생계급여	○ (자산조사)	×	집단적 소비이며 일정기준 이하인 경우 집단적으로 서비스를 제공받음	국가공공재(또는 클럽공공재)
	장애수당	○ (장애등급)	×	장애등급에 따라 집단적으로 서비스를 제공받음	국가공공재
	국민연금	○ (기여금을 부담한 국민에게 서비스 제공)	×	기여금을 납부한 국민은 집단적으로 서비스를 받으므로 요금재적 성격을 갖지만 국가가 서비스 제공의 주체임	집합공공재적 성격을 띠지만 국가공공재
	실업급여 (고용보험)	직장에 소속	×	직장에 소속되어 있는 국민은 직장을 잃었을 경우 모두 서비스를 제공받으므로 서비스 혜택 자격에서 배제성이 있음	클럽공공재
	산재보험급여	직장에 소속	×	직장에 소속되어 있는 국민은 산업현장에서 재해를 당한 경우 모두 서비스를 받으므로 서비스 혜택 자격에서 배제성이 있음	클럽공공재
	기초소득	×	×	모든 국민에게 배제와 경쟁 없이 서비스를 제공하는 보편적인 서비스	집합공공재
현물	도시락 배달서비스	○ (자격심사)	×	자격이 있는 특정 집단에게 서비스 제공하며 지역에 따라 경쟁과 배제라는 서비스 성격을 유지함	외부효과가 있는 사적재/사회적 목적으로 제공하는 사적재/지역공공재경쟁공공재
	아동학습지원 서비스(투자사업의 아동인지능력향상서비스)	○ (자격심사)	○ (예산이 제한되어 있음)	기본적으로는 사적재이지만 사회적 목적으로 서비스를 제공하며 본인부담금이 있어 혼잡공공재적 성격을 띠고 경쟁과 배제가 있음	외부효과가 있는 사적재/사회적(공공) 목적으로 제공하는 사적재
	건강보험	○ (기여금을 부담한 국민에게 서비스 제공)	×	기본적으로 아무런 제한 없이 모든 국민에게 보편적으로 서비스를 제공하는 보편적인 서비스이지만 기여금이라는 기준이 있어 요금재 성격을 띠는 국가공공재	국가공공재 또는 요금재
	정서적 지지서비스	○ (자격심사)	○ (예산이 제한되어 있음)	필요한 모든 국민에게 제공하는 서비스가 아니며 제한된 예산으로 제한된 국민에게만 서비스를 제공. 긍정적 외부효과가 있는 사적재이며 사회적 목적으로 제공하는 경우 가치재 성격을 띰	외부효과가 있는 사적재/사회적 목적으로 제공하는 사적재
	보육서비스	○ (자격심사)	×	어린이집 등에서 제공하는 보육서비스는 저소득층 아동에게는 보육료를 지급하여 요금재 성격을 띠지만 기본적으로는 사회적 목적을 지니며 긍정적 외부효과가 있는 사적재	지역공공재 또는 사회적 목적이 있는 가치재 또는 요금재
	이동 목욕서비스	○ (자격심사)	○ (예산과 이동차량 등 제한되어 있음)	서비스 가격이 높고 이윤창출 가능성이 낮아 사적재로 제공될 가능성이 낮으며 필요한 국민에게는 반드시 제공해야 하는 공공재 성격을 지님	지역공공재
	돌봄서비스	○ (자격심사)	○ (제한된 예산으로 소비에 제한 있음)	· 노인, 장애인, 산모 등 이용자와 제공인력 간의 대면관계가 중요함 · 돌봄서비스는 성격상 민간에서 제공할 수도 있으며 국가에서 직접 제공할 수도 있음 · 지역에서 제공하는 경우도 있으며 국가에서 단일한 서비스를 제공하는 경우도 있어 국가공공재와 지역공공재 성격을 띰 · 민간영리기관에서 제공하는 경우 외부효과가 있는 사적재로 규정할 수 있음	국가공공재/지역공공재/외부효과가 있는 사적재/공적 목적으로 제공되는 사적재/ 요금재

제6절 사회복지서비스와 시장

1. 사회복지서비스와 시장의 관계

시장은 일반적으로 특정 재화와 서비스 교환을 목적으로 판매자와 구매자가 모여 설립한 기구 또는 장치라고 할 수 있다(Gregory & Ruffin, 1994). 따라서 시장의 일반적인 정의에 기초하여 시장을 단순히 교환을 위한 기구라고 한다면 어떠한 재화나 서비스의 교환이 가능하다. 하지만 자본주의에서 시장은 자유경쟁시장을 의미하며 배제와 경쟁이 시장을 지배하는 가치로서 중요시된다. 자유경쟁시장에서 사회복지서비스를 구매능력이 없는 또는 판매능력이 없는 사람은 당연히 시장에서 배제된다.

자유경쟁시장의 전제조건은 첫째, 상품가격이 일정해야 하고 둘째, 가격과 상품의 질에 대한 완벽한 정보를 공유하여야 하며 셋째, 기본적으로 일정 수 이상의 판매자와 구매자가 있어야 하고 넷째, 한 사람의 구매자나 판매자가 가격을 바꿀 만큼 충분하게 사거나 팔지 않아야 한다. 즉 독점을 허용하지 말아야 한다. 그리고 마지막으로 다섯째, 대체상품이 있어야 한다(Gregory & Ruffin, 1994; 지은구, 2006). 자유경쟁시장의 주요 특징은 판매자와 구매자가 경쟁에 직면하는 것에 있다. 경쟁은 어떤 사람도 가격에 영향을 줄 정도의 힘을 갖지 않음을 나타낸다. 따라서 자유경쟁시장은 어떤 사람이나 집단도 가격을 통제할 수 없음을 특징으로 하며 이것이 시장경쟁이라 불린다(Albelda, Drago, & Shulman, 1997). 배제와 경쟁을 기본적 가치로 하는 자유경쟁시장은 일반적으로 위의 조건을 구비해야 하지만 역사적으로 위의 조건을 구비한 완벽한 자유경쟁시장은 존재하지 않았으며 자유경쟁시장은 이상적으로만 가능하고 현실적으로는 실패를 반복하고 있다.

경제학적으로 시장실패는 자원이 균형적으로 할당되지 않을 때 발생한다. 자유경쟁시장이 실패하는 이유는 첫째, 시장이 성공하기 위해서는 다양한 수의 많은 시장이 존재하여야 하는데 시장의 수가 적다든지, 둘째 시장에서 생산자와 소비자가 경쟁적으로 활동하여야 하는데 비경쟁적인 독과점이 일어난다든지, 셋째 시장이 성공하기 위해서는 균형이 존재하여야 하는데 정보 불균형 등으로 균형이 존재하지 않게 되면 결국 시장은 실패한다(Ld-yard, 1991). 또한 판매자와 구매자 이외에 제3자에게 혜택과 비용이 돌아가 외부효과가 나타나는 경우 그리고 시장 이외에서 사회복지서비스를 공급하는 경우, 즉 국가가 공공재를 제공하는 경우 역시 시장실패의 요인이다. 시장에서 자원을 균형적으로 할당하지 않으므로 국가가 특정 자원을 공급하면 국민이 균형적으로 소비를 할 수 있게 된다. 자유경쟁시장이 역동적이고 안정적으로 움직이기 위한 시장의 성공조건들을 다 갖추는 것은 현실적으로 불가능하다고 할 수 있다.

자유경쟁시장의 특징은 단순히 재화와 서비스의 생산과 교환에만 관심이 있다는 점이다. 즉 누가 생산하고 왜 생산하는지에 대한 해답은 자원을 가진 사람이 자신의 이윤창출을 목적으로 생산한다는 것이며 또한 누가 교환하는가는 교환능력이 있는 사람이 자신들의 만족을 추구하기 위해 교환한다는 점이다. 따라서 자유경쟁시장에서 교환의 참여자가 누구인가는 중요하지 않으며 교환할 **재화나 서비스 그리고 경제적 능력을 보유하고 있는가?**만이 중요한 점이 된다.

시장이 다수 존재하지 않는 경우나 대체상품을 포함하여 재화나 서비스가 다수 존재하지 않는 경우 경쟁은 발생하지 않으며 독과점이 발생하고 교환가격은 균형을 상실할 가능성이 매우 높다. 또 시장에 참여하는 판매자와 구매자 간에 생산적 그리고 경제적 부담능력이 차이가 있다면 시장에서 배제되는 사람들이 많이 생겨나게 되고 이는 소비 불균형을 일으키는 가장 큰 요인으로 작동하게 된다. 시장에 참여하는 이유가 단순히 개인적인 만족이라면 배제와 경쟁으로 인한 손해도 개인적으로 감수할 수밖에 없다.

자유경쟁시장에서도 사회복지서비스 교환이 가능한가? 자유경쟁시장에서 사회복지서비스를 교환하면 배제와 경쟁이 동시에 발생할 수 있고 교환의 목적이 개인의 이윤 창출에 기여한다. 사회복지서비스를 생산하고 공급하는 가장 큰 이유는 개인적인 이익 또는 만족이 아니다. 사회복지서비스는 앞에서 정의한 것과 같이 사회구성원들을 사회적 위험으로 예방하고 그들의 기본적인 삶의 질을 보존한다는 사회적 가치의 실현 또는 사회적 목적을 성취하기 위해 제공하는 공공재 성격을 내포하고 있는 가치재이다. 따라서 사적 이익을 창출하는 순수사적재로서 자유경쟁시장에서 교환하는 경우에 발생하는 **소비 불균형과 이용자선별**을 극복하기 위한 **사회적 생산과 사회적 교환을** 강조하는 재화와 서비스로서의 성격이 사회복지서비스의 기본 성격이므로 사회복지서비스는 시장에서 교환이 가능한 재화라고 할 수 있지만 시장은 자유경쟁시장이 아니며 자유경쟁시장에서의 교환은 일어날 수 없다. 이는 사회복지서비스와 일반상품과의 차이에서도 이해할 수 있다.

2. 사회복지서비스와 일반상품과의 차이

사회복지서비스와 일반서비스의 가장 큰 차이점은 첫째, 사회복지서비스는 개인적 이윤만을 창출하기 위해 생산 및 공급을 하지 않는다는 것이고 일반서비스는 개인적 이윤을 창출한다는 데 있으며 둘째, 사회복지서비스는 순수사적재와 달리 경쟁과 배제를 통해 소비 불균형을 만들어내지 않는다는 점이다.

사회복지서비스는 국민의 사회적 권리 보장과 사회적 가치 실현이라는 사회적 동기를 실현하기 위해 제공하지, 개인적인 만족이나 이윤창출 동기를 실현하기 위해 제공하지는 않는다. 사회복지서비스가 이윤을 생성하는가 아니면 이윤을 생성하지 않는가는 생산 주체에 의해 결정된다. 즉 이윤을 추구하는 민간단체가 사회복지서비스의 생산과 분배를 책임지고 있다면 사회복지서비스는 상품으로서 시장경쟁체제에 놓여 있다는 것을 의미한다. 이는 곧 사회복지서비스가 소비 불균형을 만들 수 있는 사적재라는 것을 의미하며 복지상품은 일반상품과 같이 시장체제에서 경쟁과 배제라는 측면에서 분석된다. 사회복지서비스는 재화적 성격상 시장에서 배제된 사람들의 소비를 증진하는 데 있고, 소비의 불균형으로 나타날 수 있는 위험요소들을 반드시 수정, 보완하여야 한다.

국가나 이윤을 추구하지 않는 민간단체에서 사회복지서비스 생산과 분배가 이루어진다면 사회복지서비스는 이윤을 추구하지 않는 가치재나 공공재의 특성이 있다. 사회복지서비스의 시장경쟁체제로의 편입은 곧 사회복지서비스를 이용한 이윤창출이 인정되고 개인 욕구에 따른 서비스 충족이 아니라 개인의 경제 능력에 따라 복지서비스를 선택하는, 즉 서비스를 위해 경쟁과 배제가 존재하는 공공재 성격을 갖는 사회복지서비스의 전환을 의미한다. 즉 사회복지서비스가 개인 선택 여부에 따라 개인적으로 취사가 가능해지는 상품으로서 시장에서 경쟁력을 생명으로 한다는 것을 의미하며 본인부담능력에 따라 이용자를 배제하며 가격의 높고 낮음에 따라 복지상품의 지출에 따라 혹은 복지상품의 양질을 결정한다는 것을 의미한다. 이러한 현상은 배제와 경쟁을 강조하는 사적재의 교환이 주가 되는 자유경쟁시장에서 일어나는 보편적 현상으로서 **소비 양극화**가 일어나는 주된 요인으로 작동한다.

결국, 시장에서 사회복지서비스를 편입하는 경우에 나타날 수 있는 장점은 첫째, 다양한 서비스가 출현하여 국민의 선택 폭을 넓히는 것과, 둘째 대량 생산이나 제공으로 서비스 가격이 낮아질 수 있다는 점이다. 하지만 이 경우 대량생산으로 서비스 가격하락은 곧 사회복지서비스 질의 저하를 의미할 수 있다. 단순한 소비의 개인적 만족individual utility을 추구하는 일반상품과는 달리 사회적 만족social utility을 추구하는, 즉 모든 인간의 공통적인 욕구와 인간의 본성humanity를 다루는 사회복지서비스영역에서 질이 낮은 서비스 제공은 곧 인간성 파멸이라는 사회적 동의를 인정하는 결과를 초래할 수 있다. 또한 다양한 상품의 출현으로 소비자 선택의 폭이 확대된다는 점에서도 다양한 상품의 개발과 출현이 시장에서 이루어지는 경우 이윤을 바탕으로 하기 때문에 이윤을 확보하지 않는다면 어느 기관에서도 사회복지서비스 시장에 뛰어들지 않을 것이다. 이윤 확보를 위해 사회복지서비스 가격 조정은 필연적이며 결국 사회복지 수요자의 빈익빈 부익부라는 사회문제가 확대 발전하여 자본주의시장 경제의 모순이 그대로 사회복지서비스 시장에 전이될 수 있다(지은구, 2006).

앞에서 살펴본 바와 같이 사회복지서비스는 가치재이며 공공재, 즉 공공상품 또는 공공서비스 속성이 있다. 자본주의 경제체제에 시장의 모든 거래는 상품거래라는 경제적 원리에 충실히 따르는 것으로, 이러한 관점에서 본다면 사회복지서비스는 분명히 상품이다. 하지만 복지상품은 시장에서 자발적인 교환으로 일반상품과는 달리 국가 개입이라는 조정양식을 필요로 한다는 점에서 일반상품과는 차이가 있다. 사회복지서비스의 생산과 분배는 기본적으로 국민의 욕구에 기반을 둔 복지국가의 규범적 정당성인 사회권, 분배적 정의, 사회적 연대 등과 같은 사회적 가치를 추구한다는 점에서 단순히 제공자의 이윤을 추구하는 일반상품의 생산과 분배와는 다르다고 할 수 있다.

원칙적으로 시장에서 사회복지서비스를 교환하기 위해서는 먼저 경쟁과 배제로 소비 불균형이 일어나면 안 된다는 것이 기본 원칙이다. 경쟁과 배제로 소비 불균형, 즉 정보 불균형과 이용자선별을 포함하는 일이 일어나면 그 서비스는 순수사적재이지 더 이상 사회적 가치를 실현하는 가치재가 아니기 때문이다. 사회적 가치를 실현하기 위하여 순수사적재를 제공한다면 순수사적재는 본래의 특성을 상실하며 그 순간부터 비순수사적재로 전환된다. 사회적 가치나 목적을 실현하기 위하여 국가가 공급하고, 서비스는 기관이 제공하든 아니면 국민이 직접 서비스를 선택하여 이용하든 중요한 것은 사회복지서비스는 배제와 경쟁이 없는 순수공공재 성격을 가지는 서비스에서 배제나 경쟁이 발생할 수 있는 비순수공공재나 비순수사적재의 유형으로도 제공이 가능한 가치재라는 점이다.

3. 자유경쟁시장과 준시장

일반적으로 준시장화는 공공부분의 형평성을 잃지 않으면서 자유경쟁시장의 효율성을 위한 공공부분의 제도적 구조라고 할 수 있다. 즉 소비 불균형과 이용자선별 등의 문제가 자유경쟁시장의 고전적인 문제인 소비 양극화를 야기한다. 소비 양극화는 시민사회 권리나 분배 정의 그리고 사회 연대성을 침해하여 더욱 심각한 사회문제를 만들어냄으로 자유경쟁시장의 한계를 극복하면서 형평성과 효율성이라는 두 마리의 토끼를 모두 잡을 수 있는 방안으로 고안된 것이 준시장이라고 할 수 있다. 특히 준시장은 효율성을 강화하기 위하여 시장 기제인 **선택과 경쟁**의 가치를 강조한다(윤영진 외, 2009).

전통적으로 효율성과 형평성은 상이한 경제적 그리고 사회적 가치를 의미하며 효율성은 시장을 통해서 그리고 형평성은 국가의 개입을 통해서 이루어지는 것으로 알려져 왔다. 이러한 전통적인 견해는 시장이 형평성을 파괴하기 때문에 국가가 개입하여 형평성을 유지한다는 복지국가의 이념적 틀이라고 할 수 있다. 사회복지의 준시장화는 정책적인 고려를 포함하여 부분적으로 수정되었으며, **형평성이라는 사회적 가치 또는 목적을 유지**하면서 경제적 효율성을 담보하는 것이 가능하며 이러한 가능성의 토대는 바로 내부시장internal market 또는 준시장quasi market이라는 영역에서 가능하다는 점을 강조하였다(윤영진 외, 2009).

영국의 학자인 Le Grand과 Bartlett 등은 건강보호healthcare의 제공provision과 구매purchasing를 분리하는 이분화를 강조하였으며 이러한 이분화는 바로 준시장화를 의미하는 것이었다. 영국 건강보호영역에서 준시장화는 병원들로 하여금 더 많은 환자를 확보하고 정부재정보조금을 더 많이 확보하기 위하여 낮은 비용의 서비스를 구매자에게 제공하므로 경제적인 효율성이 증대하였다는 경험적인 근거를 제공하였다. 영국 건강보호의 재정은 국민 세금이 원천이었으며 국민이 무료로 서비스를 제공받는다는 것은 준시장이 도입되기 이전과 이후가 같으며, 차이점은 병원들이 더 많은 이용자를 확보하여야 국가의 재정보조금을 더 많이 지원받을 수 있다는 점이다. 즉 국민 건강에 대한 형평성을 유지하면서 병원들은 보조금을 위해 **시장 기제인 경쟁을 도입**하였다. 1997년 노동당은 건강보호영역의 준시장화를 더욱 확대하였는데 이는 건강보호영역에서 준시장화가 의료영역에 형평성을 유지하면서 효율성을 확보하는데 어느 정도 긍정적인 영향력을 가져다주었다는 평가에 기인한다. 하지만 영국의 준시장화는 이용자선별 문제cream-skimming를 가져다주었는데 이는 더 좋은 서비스를 제공하는 의료기관에 이용자가 몰리게 되고 이 경우 의료기관은 이용자를 선별하여 서비스를 제공하는 것을 의미한다. 이것은 이용자선별이라는 문제 외에도 서비스를 제공하는 의료기관이 다양하지 않은 경우 경쟁이 나타나지 않아 효율성의 효과는 없다는 점 그리고 행정 및 관리운영비 증가를 가져다주어 이 역시 효율성에 반하는 효과를 가져다주었다는 점 등의 문제점이 나타났다.

준시장을 가장 활성화한 국가는 영국이라고 할 수 있다. 미국이나 다른 유럽 국가들은 준시장보다는 영리를 추구하는 사회서비스영역을 인정하는 시장중심민영화라고 볼 수 있다. 시장중심의 민영화는 사회적 가치가 중요하지 않으며 시장 가치인 이윤추구가 중요하다. 반면 준시장화는 시장기제인 경쟁과 선택을 강조하지만 이러한 시장기제의 도입이 형평성이라는 사회적 가치를 실현한다는 측면에서 엄밀히 구분된다고 할 수 있다. 또한 준시장의 도입은 도입을 위한 전제조건 성립 여부와 밀접한 연관이 있다. Le Grand과 Bartlett(1993)은 준시장화를 성공적으로 운용하기 위한 조건으로 다음과 같은 점들을 강조하였다.

첫째, 기관들이 경쟁할 수 있을 정도의 양질을 담보해야 하며, 정부가 적절하게 생산과 재정을 규제하고 소비자가 시장에 참여할 수 있는 시장구조가 필요하다.

둘째, 정보의 비대칭성이 없어야 한다.

셋째, 거래비용이 기존 정부의 공급비용보다 낮아야 한다.

넷째, 이용자선별이 일어나지 않아야 한다.

이들이 지적한 조건을 포함하여 **준시장화가 복지국가의 사회복지영역에서 성공하기 위해서는 반드시 다음과 같은 전제조건**이 필수적이라고 할 수 있다(윤영진 외, 2009).

첫째, 준시장화의 목적이 사회적 목적에 부합하는가?

둘째, 서비스 혜택에 있어 형평성은 유지되는가?

셋째, 경쟁을 할 수 있을 정도의 기관과 다양한 서비스들이 존재하는가?

넷째, 서비스 생산과 공급의 전 과정에 국가의 통제와 관리가 가능한가?

다섯째, 이용자들에게 정보비대칭 문제가 발생하는가?

여섯째, 이용자선별이 일어나는가?

일곱째, 준시장화가 복지재정을 축소하는 것이 아닌가?

결국 영국의 예같이 준시장화에서 사회복지서비스 제공의 효율성은 강화하였지만 이용자선별이 완전히 사라지지는 않았으므로 준시장화를 성공적으로 정착하기 위해서는 위에서 지적한 준시장화 작동의 전제조건을 확인하는 것이 반드시 필요하다.

4. 사회복지서비스와 내부시장[5]

　사회복지서비스를 시장에서 교환하는 것은 자유경쟁시장에서의 교환을 의미하기보다는 내부시장에서의 교환을 의미한다고 할 수 있다. 일반 사적재 서비스라고 해도 사회복지서비스는 성격상 국가 재정으로 지원하고 특정 사회적 위험을 예방하고, 국민의 삶의 질을 개선한다는 사회적 목적이 있는 가치재이므로 국가가 공급과정과 소비에 대한 책임을 이용자에게 전가할 수 없는 서비스영역이라고 할 수 있다. 특히 개인적인 선택과 책임 그리고 서비스 경쟁과 배제가 특징인 자유경쟁시장보다는 공공부분의 형평성을 잃지 않으면서 자유경쟁시장의 효율성을 얻기 위한 공공부분의 제도적 구조인 준시장에서 교환하는 것이 사회복지서비스 제공 목적에 더욱 부합한다고 볼 수 있다.

　공공부문의 형평성을 유지하는 것은 사회복지서비스라는 재화를 제공하여서 국민 간의 상대적인 불평등을 조성하거나 사회 양극화를 조장하지 않고 국민의 사회적 권리를 보장하고 사회 연대감이나 분배 정의 증진을 강조하는 것이다. 구매자가 개인적인 소비를 하고 소비한 것에 대해 개인이 전적으로 책임지며 판매자가 자신들의 이윤만을 창출하는 것을 목적으로 하는 자유경쟁시장은 공공 가치를 실현하기 위한 공공서비스나 사회복지서비스의 교환 장소로는 부적합하다고 할 수 있다. 사회복지서비스가 비순수사적재로의 성격을 강하게 내포하여 복지외부효과를 만들어 내고 사회적 목적을 위해 제공하고 국가 재정을 투입한다는 사실이 자유경쟁시장에서 사회복지서비스 교환의 불가능성을 지적하는 것이라고 할 수 있다(〈표 2-6〉 참조).

　시장에서 개인은 교환을 위해 지불능력을 갖추어야 한다. 하지만 자유경

〈표 2-6〉 자유경쟁시장과 내부시장에서 사회복지서비스의 교환

구분	자유경쟁시장	사회복지서비스 내부시장
재정	개인	국가
가치	경쟁과 배제	형평과 효율
목적	사적 이익추구	이익의 사회 환원 또는 사회적 목적의 실현
재화의 성격	순수사적재	비순수사적재 또는 비순수공공재
생산	시장, 개인 및 (영리)기관	국가 및 기관(비영리와 영리), 개인
공급	영리기관	비영리기관과 영리기관

쟁시장에서 지불능력은 소득이나 저축, 자산 등과 같은 개인적인 요소이지만 내부시장에서 지불능력은 국가에게 있다. 자유경쟁시장 가치는 기본적으로 경쟁과 배제이며 내부시장의 가치는 형평과 효율을 동시에 추구하는 것이며 재화의 성격을 구분하면 자유경쟁시장에서는 순수사적재를 주로 교환하고 내부시장에서는 비순수공공재를 포함하여 비순수사적재를 교환한다. 일반시장, 즉 자유경쟁시장에서 순수사적재를 내부시장에서 교환하면 비순수사적재로 전환된다. 사회복지서비스의 생산은 자유경쟁시장에서 수요와 공급이 시장법칙에 근거하지만 주로 개인적인 필요로 생산하거나 아니면 생산자의 이윤창출 동기가 일반적이다. 하지만 내부시장에서 사회복지서비스의 생산은 국민의 욕구를 기반으로 두기 때문에 국가가 생산하며 서비스를 더 많이 공급하기 위한 서비스 기관들의 노력으로도 가능하다. 따라서 사회복지서비스는 개인, 국가 그리고 기관이 생산한다고 볼 수 있다.

제7절 소결

사회복지서비스는 첫째, 모든 국민이 보편적인 삶을 영위하는 데 반드시

필요한 상품으로서 공공재 성격을 강하게 내포하고 있으며 둘째, 공공재이든 사적재이든 재화를 구분하는 기준과는 별도로 사회적 목적을 실현하기 위해 국가가 제공하는 가치재 성격을 띠고 있고 그리고 셋째, 사회복지서비스는 시장에서 소비 양극화를 시정하기 위하여 제공하기 때문에 자유경쟁시장에서 나타나는 소비 불균형을 해소하는 재화의 성격을 내포하고 있다. 내용 면에서는 시장에서 동일한 서비스를 제공해도 그 목적은 시장 치료적인 공공 성격을 강하게 내포하고 있으므로 차이가 있다고 할 수 있다. 예를 들어 시장에서 구입하는 쌀과 사회복지서비스 일환으로 저소득층에게 제공하는 쌀은 사적재이지만 그 목적과 의미는 매우 다르다고 할 수 있다. 따라서 일반시장에서 구매하여 사회복지서비스를 제공한다고 해도 사회복지서비스의 기본 성격은 변할 수 없다. 만약, 사회복지서비스의 구매를 단순히 경제적인 부담능력으로 결정하고 생산을 기관의 이윤창출을 위한 것이라면 사회복지서비스는 더 이상 가치재나 공공재로서 기능을 상실하게 되고, 완전한 순수사적재로서의 성격을 갖는다. 시장에서 선호에 따른 경제적인 부담능력만이 복지재화의 소유를 결정하게 되는 중요한 잣대로서 작용한다.

사회복지서비스는 그 성격상 경제적 부담능력이나 지위에 상관없이 국민에게 사회경제적인 형평성을 강화하기 위한 도구로서 작동하며, 사회경제적인 형평성 보장은 결국 복지국가의 발전을 위한 기본 토대이고 국민의 삶의 질을 안정적으로 유지하는 데 결정적인 역할을 담당한다. 사회복지서비스는 사적재 성격과 공공재 성격을 동시에 갖는 가치재인데, 이는 사회복지서비스는 정부가 기획하고, 제공하는 과정을 거치면서 사회에 긍정적인 복지외부효과를 만들어 내고 시장에서 배재된 사회소외계층들이 더 이상 불평등과 차별을 경험하지 않도록 사회적 생산과 사회적 소비의 역할을 수행하는 재화이자 서비스기 때문이다.

결국 사회복지서비스는 비순수사적재의 특성과 비순수공공재 성격을 동시에 갖는 재화이자 서비스 교환 장소 역시 순수사적재나 순수공공재를 제공하는 시장이나 정부기관이 아니라 사회복지서비스의 가치재 성격을 유지하고 실현할 수 있는 교환 장소가 필요하다. 만약 사회복지서비스의 사적재 성향을 강조하는 이용자재정지원방식으로 공급한다면 사회복지서비스 성격에 가장 적합한 교환 장소는 기관 간의 경쟁이 가능하지만 소비 불균형이 일어나지 않으면서 이용자 선택을 보장하고 국가 개입으로 규제와 제재가 가능한 내부시장이 가장 적합하다고 볼 수 있다. 사회복지서비스 내부시장은 국가가 생산을 결정하며 사회적 목적으로 공급하며 사회적 생산을 실현하는 장소이며 소비 불균형과 이용자선별이 일어나지 않는 교환 장소라고 할 수 있다. 따라서 국가는 복지외부효과를 창출하고 공적 목적으로 제공되는 사적재 성격 그리고 클럽공공재와 지역공공재 그리고 경쟁공공재 성격을 지닌 사회복지서비스를 이용자재정지원방식으로 제공하기 위해서는 내부시장을 육성하고 이에 적극적으로 개입하여 관리, 통제함으로써 소비 불균형과 이용자선별이 일어나지 않도록 하여야 한다.

제3장 사회복지서비스 제공원칙과 방향

제1절 개관

사회복지서비스는 어떠한 원칙으로 제공하는가?는 사회복지서비스를 제공하는 이유 또는 목적은 무엇인가라는 질문에서 그 대답을 구할 수 있다. 복지국가에서 제공하는 수많은 사회복지서비스 제공의 목적은 가장 우선적으로 복지국가 설립목적에 근거한다고 할 수 있다. 복지국가가 추구하는 가치를 실현하기 위해 가장 실천적이고 구체적인 방안으로써 사회복지서비스를 제공한다고 할 수 있다. 결국, 사회복지서비스는 복지국가의 목적을 실현하는 구체적인 도구라고 할 수 있고 사회복지서비스 제공으로 사회복지를 증진하고 복지국가는 발전한다고 할 수 있다.

구체적으로 정부가 강조하는 사회복지서비스 제공목적은 사회양극화, 근로빈곤층 양산, 보육, 저출산, 고령화 등과 같은 새로운 사회위험에 대처하는 것이며, 이 같은 사회위험을 방지하고 예방하여 모든 국민의 삶의 질을 향상 내지는 개선하는 것이 복지국가의 기본적 설립목적이라고 할 수 있다. 사회복지서비스를 제공하는 것은 복지국가 토대 구축 및 발전이며 복지국가의 규범적 정당성을 실현하기 위해서라고 할 수 있다. 또한 보다 현실적인 측면에서는 위험을 예방하여 국민의 삶의 질을 개선하고, 향상하는 것이다. 결국, 다양한 분야에서 다양한 방식으로 제공되는 사회복지서비스를 분석하기 위해서는 사회복지지서비스가 복지국가 설립목적에서 제시한 요건들을 어느 정도 유지하고, 반영하고 있는가를 분석하는 것이 중요하다고 할 수 있다.

본 연구의 기본 가정은 사회복지서비스 제공 목적이 모든 국민의 삶의 질을 개선하고자 하는 복지국가의 설립목적을 실현 또는 성취하는 것에 있다. 이러한 기본 가정하에 본 연구의 목적은 복지국가의 설립 전제조건들을 통하여 사회복지서비스를 분석하는 기본 조건들을 확인하는 것이다.

제2절 복지국가의 전제

복지국가의 전제를 가장 고전적으로 강조할 수 있는 관점 중 하나가 Marshall(1950)이 지적한 사회권이라고 할 수 있다. Marshall은 시민권이 시민적 권리civil rights - 정부나 국가권력으로 개인을 보호할 권리 - 에서 정치적 권리political rights로 그리고 정치적 권리에서 국가가 최소한의 생계를 보장하는 사회적 권리인 사회권social rights으로 발전한다고 보았다. 사회권이 바로 복지국가를 형성하는 데 있어 기본적 규범으로 자리 잡았다고 할 수 있다. 따라서 사회권을 포함하는 시민권은 복지국가의 가치로서 모든 인간은 인간다운 생활을 보장한다는 시민의 보편적 권리를 의미하는 것이라고 할 수 있다. 시민의 보편적 권리 이외에 복지국가가 성취하려는 목적 또는 복지국가가 전제하는 가치로는 분배적 정의, 사회적 연대 등을 들 수 있다.

사회적 위험 또는 사회문제에 대한 국가적 차원에서의 대응으로서 사회복지정책과 프로그램을 제공하는 것을 주된 목적으로 하는 복지국가의 정당성 또는 복지국가의 설립전제는 여러 학자들이 제시하고 있다. Daniels와 Trebilcock(2005)은 복지국가 목적을 공적 도덕성의 규제, 둘째 사회적 연대의 구축, 셋째 개인적 위험보장, 넷째 경제적 안정의 증진, 다섯째 자원의 형평한 분배 제공 등 크게 다섯 가지로 구분하였다. 그들이 강조하는 공적 도덕성의 규제란 국가가 제공하는 서비스가 도덕적 해이를 불러일으키지 않는 범위에서 제공하는 것을 의미한다.

Barr와 Whynes(1993)는 복지국가의 목적으로 첫째, 효율성, 둘째 표준적 삶의 지원, 셋째 불평등의 축소, 넷째 사회통합, 다섯째 행정적인 가능성 등을 강조하였다. 위의 요소 중에서 기본적인 삶의 유지나 불평등 축소 그리고 사회연대 등은 모두 형평성과 관련되는 덕목들이라고 할 수 있다. 행정적인 가능성이란 복지국가에서 제공하는 제도들은 이해하기 쉬워야 하며 행정비용은 가급적 적게 들어야 함을 의미하고 더불어 혜택을 남용해서는 안 된다는 점과 효율성 요소를 포함해야 한다고 지적하였다. 특히, 복지국가 목적에 효율성 요소를 포함하는 이유가 경제적인 측면에서 비용대비 혜택의 효율성을 담보하기보다는 행정비용의 절감이나 서비스 중복이나 사기 방지 등 국가 재정적 측면의 효율성을 의미한다고 볼 수 있다.

Walker(2005)는 복지국가의 목적 또는 복지국가가 사회복지프로그램을 제공하는 목적은 첫째, 빈곤경감, 둘째 소득유지와 대체, 셋째 사회통합 증진, 넷째 위험으로부터의 보호, 다섯째 재분배, 여섯째 보상, 일곱째 경제적 효율성 증진, 여덟째 행동수정 등이다. 소득유지와 대체는 빈곤구제가 소득을 유지하고 실업이나 장애상태인 경우 사회복지 혜택이 이전 소득을 대체한다는 의미이다. 빈곤경감이나 재분배, 사회통합과 위험으로부터의 보호 그리고 소득유지나 대체 등은 대부분의 학자들이 강조하는 복지국가의 목적과 동일하다고 할 수 있다. 그리고 Walker가 강조하는 행동수정은 예를 들어 출산율을 향상하기 위해 아동수당이나 가족수당과 같은 사회복지서비스를 의미하며, 이러한 서비스는 인간 행동을 수정하기 위해 설계된 서비스를 말한다. 특히 Walker는 사회복지시스템의 제공 목적은 경제적인 효율성 증진을 강조하였는데 이는 복지혜택을 통하여 경제불황에 실업자나 저소득층의 소득을 보장하면 수요가 창출되어 효율성이 증진한다는 것이다.

앞에서 제시한 복지국가 설립목적들을 성취하기 위해서 사회복지국가를 표방하는 대부분의 국가들은 다양한 사회복지 정책과 프로그램들을 제공한다. 즉 여러 학자들이 제시하는 바와 같이 복지국가가 다양한 사회복지 프로그램을 제공하는 가장 결정적인 이유는 복지국가 설립의 규범적 정당성이라고 할 수 있는 자본주의의 구조적 문제점들을 극복하고 국민의 건강하고 안정적인 삶을 보장한다는 것이다. 복지국가의 설립 목적을 효율성과 형평성의 측면에서 분류하면 복지국가의 설립목적은 시장자본주의의 문제점에 대한 대응방식이라는 측면에서 효율성보다는 형평성을 더욱 강조한다는 것을 알 수 있다. 분배적 정의(재분배), 사회통합, 소득유지나 위험보호, 불평등 축소 등은 모두 형평성의 가치라고 할 수 있다. 즉 복지국가의 설립 목적은 형평성이 가장 주된 목적이라고 할 수 있으며, 효율성은 행정관리비용이나 사회적 비용을 최소화 또는 축소 방안의 의미로 해석할 수 있다.

결국, 사회복지 정책이나 프로그램의 제공 목적이 바로 복지국가의 특성이기도 하지만 이러한 정책이나 프로그램이 결국 복지국가를 유지하기 위한 가장 중요한 정책 일 순위이기도 하다. 즉 복지국가가 제공하는 서비스나 프로그램들에 반드시 복지국가 정당성을 부여한다는 점을 의미한다. 따라서 복지국가에서 제공하는 다양한 사회복지 정책이나 서비스들은 사회적 연대성, 불평등 축소나 분배적 정의, 위험보장 등 복지국가의 규범적 정당성을 작동해야 한다. 즉 복지국가에서 제공하는 모든 사회복지정책은 사회적 연대성을 유지, 보장하고 개인의 위험을 보호하며 분배적 정의 그리고 시민의 보편적 권리 등을 실현해야 한다. 따라서 복지국가의 사회복지정책을 분석함에 있어 복지국가의 규범적 정당성이라고 할 수 있는 설립근거들이 제도나 정책을 통해서 실현되고 있는가를 면밀히 검토하는 것은 매우 중요하다고 할 수 있다.

제3절 복지국가의 규범적 정당성과 사회복지서비스 제공원칙

1. 복지국가의 규범적 정당성

복지국가의 규범적 정당성을 규정지을 수 있는 가치로는 형평성 입장에서 시민권, 연대성, 분배적 정의 등을 강조할 수 있으며 효율성의 입장에서는 관리 행정비용의 최소화나 서비스 중복 등의 방지를 지적할 수 있다. 이러한 복지국가의 규범적 정당성을 유지, 보존하는 데 국가는 다양한 사회복지 정책이나 서비스를 수행한다. 국가가 직접 사회복지서비스를 제공하든 아니면 비영리민간기관과 계약을 맺어 기관이 대리인으로서 사회복지서비스를 제공하든 또는 이용자에게 재정을 지원하여 이용자가 직접 서비스를 선택하든지에 상관없이 복지국가의 규범적 정당성을 훼손하지 않는 범위에서 사회복지서비스를 제공해야 한다. 즉 사회복지서비스의 제공은 복지국가 전제조건으로 제시하였던 형평성을 강화하기 위해 다양한 조건에 맞추어 설계하고, 진행과정에서 그 내용을 적절하게 적용하고 있는가를 검토하고 적절하지 않는 경우는 보다 바람직한 방향으로 진행할 수 있게 보완하는 것은 매우 중요한 국가적 과업이라고 할 수 있다.

결국, 복지국가의 규범적 정당성을 위해 위에서 지적한 덕목들은 현대 복지국가에서도 모두 적용한다고 할 수 있다. 특히 민영화 확대에 따른 복지 영역의 혼합화 현상과 맞물려 복지국가의 규범적 정당성은 더욱 확고하게 유지해야 한다. 이는 민영화에 따른 사회복지영역에서 민간부문의 확대가 자칫 효율성만을 강조하는 일방된 진행으로 기본적인 복지국가 규범인 형평성의 가치를 훼손할 수 있기 때문이다. 공공서비스나 사회복지서비스영역에서 민영화를 강조하는 학자들도 대부분 복지국가의 규범적 정당성을 유지하는 한도 내에서의 제도 개선이나 수정을 강조한다.

공공서비스 제공에 있어 민영화방식을 선호하였던 Savas(2000)는 국가 서비스 제공방식을 크게 11개 기준으로 분석할 수 있음을 강조하였다. 그가 비교기준으로 사용하였던 11개 기준, 즉 서비스 내용의 구체성, 생산자의 유용성(생산자 선택이 다양한가를 의미), 효율성과 효과성, 서비스의 규모, 혜택과 비용의 연계성, 이용자에 대한 응답성, 사기에 대한 감수성, 경제적 형평성, 인종적 형평성, 정부감독에 대한 응답성, 정부의 크기 등은 사회복지서비스 제공방식에 대한 비교분석을 위한 기준으로 활용할 수 있다. 여기서 생산자의 유용성은 시민의 선택권을 분석할 수 있는 기준이며 사기에 대한 민감성, 효율성 및 혜택과 비용의 연계성은 경제적 안정을 그리고 경제적 형평성, 인종적 형평성은 분배적 정의를 위한 분석기준으로 활용할 수 있다.

Daniels와 Trebilcock(2005)은 복지국가가 제공하는 사회복지프로그램 중 수요자중심모델을 중심으로 제공하는 바우처 프로그램은 복지국가의 규범적 정당성을 고려하여 첫째, 보편적 권리인가 자산조사로 선별된 사람만을 위한 서비스 제공인가?, 둘째 공급자의 자격조건(이용자가 선별능력이 없는 경우 공급자를 규제해야 한다)은 무엇인가?, 셋째 수급권의 가치(얼마만큼 혜택받을 수 있는가?), 넷째 초과청구, 추가지불 또는 본인부담금의 여부(추가비용을 위한 서비스가 존재하는가?), 다섯째, 이용자선별이 허용되는가?, 여섯째, 정보비대칭이 존재하는가? 마지막으로 시장에서 공급자들 간에 경쟁이 일어나는가? 등으로 분석하는 것을 강조하였다. 위에서 서비스 제공이 자산조사에 의존하는가 아니면 보편적으로 모든 사람에게 제공하는가와 경쟁기관의 존재여부 그리고 공급자의 자격기준은 **시민의 권리**(보편적 권리 또는 선택권)라는 복지국가의 규범을 나타내는 기준이며 정보비대칭과 이용자선별, 초과청구여부 등은 **형평성과 분배적 정의**의 분석기준이고, 수급권의 범위나 가치는 **공적 도덕성의 규제**를 분석하는 기준이 될 수 있다.

결국 복지국가의 규범적인 정당성을 유지하면서 기존 사회복지서비스를 민영화와 연관하여 분석하기 위한 기준으로 적용할 수 있는 전제조건은 아래와 같다.

첫째, 시민의 보편적 권리를 위한 기준

둘째, 사회통합(또는 연대성)을 위한 기준

셋째, 분배적 정의를 위한 기준

넷째, 경제적 안정(재정적 효율성)을 위한 기준

위의 네 기준은 복지공급의 혼합에 따라 사회복지서비스의 공급 또는 전달이 변화하여 제공자중심모델로 서비스를 제공하는 경우와 이용자중심모델로 이용자가 직접 서비스를 선택하는 경우 그리고 국가직접제공 등 모든 분야에서 사회복지서비스를 분석할 수 있는 기준이 될 수 있다.

2. 사회복지서비스 제공원칙

복지국가가 사회적 위험을 예방하기 위하여 사회보험, 공적부조와 사회복지서비스를 제공하는 데 있어서 어떠한 기준에 근거하여 서비스를 제공하여야 하는가는 이미 위에서 언급한 바와 같이 첫째, 시민의 보편적 권리, 둘째 사회통합(또는 연대성), 셋째 분배적 정의, 넷째 경제적 안정 등으로 구분할 수 있다. 위의 조건은 복지국가가 국가적 차원에서 제공하는 모든 사회복지서비스에 공통적으로 견지되는 제공원칙이라고 할 수 있으며, 이러한 원칙의 준수와 정도 차이는 결국 복지국가의 수준을 결정하는 주요한 기준이 된다.

　사회복지서비스 제공은 원칙적으로 삼원화하여 구분한다. 전통적인 복지국가 초기에는 국가가 직접 사회복지서비스를 제공하는 경우가 대부분이었지만 1970년대 이후 민영화의 영향으로 사회복지서비스영역에서는 사회복지서비스를 공급하고, 욕구가 있는 사람이 직접 서비스를 이용하는 이용자중심의 사회복지공급이 혼합화되었다. 따라서 사회복지 공급을 크게 분류하면 국가중심공급과 민간중심공급으로 구분하며, 민간중심공급을 다시 세분화하면 비영리중심공급과 영리중심공급 그리고 가족중심공급 등으로 구분할 수 있다. 〈표 3-1〉은 복지혼합에서 사회복지 공급의 구분을 나타낸다.

　민영화에 따른 복지혼합은 주로 국가중심공급이 민간중심공급 특히, 비영리기관중심의 공급으로 전환한 것을 의미한다. 전통적으로 자본주의 초기복지국가가 완전한 모습을 갖추기 전 복지서비스의 공급은 주로 가족이나 민간부분에서 자발적인 조직에서 이루어져 이미 민영화는 진행되었다고 할 수 있다. 자본주의가 확대되면서 사회문제에 대한 적극적인 책임을 강조하는 복지국가는 국가의 개입으로 사회보험 특히 소득보장과 건강보호를 중심으로 하는 사회보험이 발전하였다. 특히 가족중심과 자발적 조직중심에서 국가가 사회문제를 책임지며 적극적으로 시장에 개입한 이후 등장한 복지국가는 1930년대 경제 불안을 극복하는 데 결정적인 역할을 수행하였다. 즉 복지지출 증대로 노동력 재생산과 생산 증대는 서구 국가들이 경제 불황을 극복하는 데 도움이 되었다. 사회보험을 중심으로 하는 국가주도형 서비스를 제공하는 복지국가 발전에 균열이 생기게 된 것은 1980년대 국가의 복

〈표 3-1〉 사회복지 공급의 구분

국가중심공급	민간중심공급		
중앙정부나 지방정부가 직·간접적으로 서비스 제공	가족, 친척 또는 친구의 비공식적인 지원	자발적 조직(비영리조직)의 서비스 제공	이윤을 추구하는 조직의 서비스 제공

* 자료: 지은구(2009a: 40)에서 재인용.

지재정 증대로 보수주의학자들이 재정적인 위협을 하면서부터라고 할 수 있다. 경제 대불황이라는 시장실패를 복지재정 지출의 증대를 강조하는 복지국가의 이념적 경향은 정부실패를 강조하며 공적 부문의 비효율성을 주장하는 정치가들과 학자들에게 위협을 받았다. 이시기부터 인구고령화와 저출산이 본격적으로 시작되면서 복지국가 위기를 논의하기 시작하였으며, 사회복지 전 영역에서 시장부분의 민영화를 본격적으로 시행하였다고 할 수 있다(지은구, 2009a; 윤영진 외, 2009).

특히 민영화를 통한 복지서비스 공급은 크게 제공자중심제공과 이용자중심제공으로 이원화될 수 있다. 주인-대리인관계에서 분석하면 국가중심공급의 경우 서비스 제공의 주인은 국가이지만 제공자중심 제공에 있어 국가는 대리인을 지정하여 서비스를 제공하므로 서비스 제공의 핵심적 역할은 주로 대리인인 기관이다. 하지만 이용자중심모델에서 주인은 국가와 기관에서 욕구가 있는 이용자로 이동한다는 특징이 있다. 이용자중심모델은 서비스 수요측면을 강조하는 것으로써 서비스 생산의 주체인 국민이 직접 현금이나 바우처 또는 개인총예산제도 등으로 민간서비스를 구매할 수 있는 세금 보전 역시 민간서비스를 구매할 수 있는 것이 특징이다.

일반적으로 사적재는 세금수당이나 직접지급 또는 현금지급이나 바우처 등의 소비자보조금방식을 이용하여 시장에서 구매하지만, 시장에서서 구입하는 것이 어려운 사회복지서비스인 경우는 국가나 민간비영리조직에서 직접 서비스를 제공한다. 하지만 민영화는 모든 재화와 서비스를 경쟁과 선택의 가치가 지배하는 시장에서 교환하는 것을 포함하기 때문에 복지재화의 생산과 판매를 개인이나 집단 이익으로 실현할 수 있다.

사회복지서비스를 이용자가 직접 선택하는 이용자중심모델의 장점은 이용자 선택권이 강화되므로, 서비스 이용에서 이용자 중심성이 증가할 수 있다는 점과 서비스 기관이 더 많은 이용자를 확보하기 위한 자체적인 노력을 기울일 것이므로 국가 차원에서의 직접적인 품질관리나 통제 없이도 간접적으로 품질향상을 증가할 수 있다는 점이다. 특히 이용자 중심성, 즉 이용자 선택권이나 결정권의 확대가 이용자중심모델의 가장 큰 장점이라고 할 수 있다. 하지만 이용자중심모델의 경우 사회서비스에 대한 국가적 책임과 관리가 약화될 수 있고 이용자의 결정능력이나 서비스 특성을 무시할 수 있다는 등의 결점을 지적하였는데 구체적인 한계점은 다음과 같다. 첫째, 정보를 획득하는 데 있어 인적·물적 자원이 취약한 사회소외계층들에게 정보비대칭 문제가 발생할 수 있으며, 둘째 기관들이 이용자들을 선별하여 서비스를 제공하는 서비스 차별이 일어나 이용자 간에 양극화현상이 일어날 수 있으며, 셋째 다수의 공급기관을 형성하기 어려운 서비스나 전문성이 강한 서비스 그리고 공공성을 중시하는 서비스 등에는 효과적이지 않으며 마지막으로 거대 자본을 바탕으로 하는 거대영리 기관이 서비스를 독과점하는 경우 사회서비스 제공 목적이 사회적 가치가 중심이 되는 비영리기관은 축소하고 영리중심의 개인적 가치가 중심이 되는 영리기관으로 서비스 제공이 편향될 수 있다는 점 등이다(지은구, 2009a; Ascolil & Rancil, 2002; Savas, 2000; Le Grand & Robinson, 1984). 특히, Daniels와 Trebilcock(2005)은 이용자재정지원방식의 한 수단인 바우처방식이 개인주의, 사적 탐욕, 시장주의, 소비자주의 등의 문제점을 야기할 수 있음을 지적하였다. 따라서 기관관리 통제방안이나 적극적인 정보공개나 품질관리체계를 구축하지 않는 상태에서 오히려 이용자중심모델이 소비성이 약하고 사회소외계층에게는 불리한 점이 가장 큰 문제점이라고 할 수 있다.

이용자중심방식을 선택하든 아니면 기관이 중심이 되어 사회복지서비스를 제공하든 아니면 국가가 중심적으로 서비스를 제공하든 서비스 제공에서 복지혼합과 연관된 가장 중심적인 문제는 어떠한 방식으로 서비스를 제공하는가?라기보다는 사회복지서비스 제공의 가장 큰 목적인 사회적 위험의 예방 또는 극복을 위한 복지국가 설립 전제조건을 충족하는 것이라고 할 수 있다. 따라서 이용자중심방식으로 서비스를 제공하는 경우 이용자선별,

정보비대칭 등을 극복하고 이용자, 즉 국민에게 보다 문제해결적이며 국민 중심적인 서비스를 제공할 수 있도록 제도나 프로그램의 내용을 검토하고 수정하는 것이 복지국가 사회복지서비스 정책의 일 순위가 되어야 한다고 할 수 있다.

사회복지서비스 분석을 위한 구체적인 분석기준은 〈표3-2〉와 같다. 결론적으로 시민의 보편적 권리, 사회통합(또는 연대성), 분배적 정의, 그리고 경제적 안정이라는 복지국가 설립 가치 또는 전제조건의 4가지 기준에 근거하여 사회복지서비스를 제공할 경우 위에서 지적한 문제점이 보완되고, 정책에 반영되고 있는가를 분석하는 것이 매우 중요하다고 할 수 있다.

〈표 3-2〉 **사회복지서비스 제공의 원칙과 분석기준**

제공원칙	분석기준
시민의 보편적 권리를 위한 기준	1. 욕구가 있는 모든 시민에게 사회복지서비스를 제공하고 있는가?(사회복지서비스의 제공은 보편적인가 또는 선별적인가?) 2. 서비스나 서비스 제공기관에 대한 정보는 누구나 손쉽게 획득할 수 있는가? 3. 시민들의 사회서비스 욕구를 프로그램에 적절히 반영하고 있는가?
사회통합과 연대를 위한 기준	4. 서비스 수급과정에 낙인이 발생하지 않는가? 5. 추가청구가 존재하는가? 6. 본인부담금을 적절하게 차등 적용하고 있는가? 7. 장애 정도나 나이, 경제적 지위나 소득 또는 병의 경중에 따라 서비스를 적절히 제공하고 있는가? 8. 공급자 간 정보공유나 업무협조 등과 같은 상호협력이 잘 되고 있는가?
분배적 정의를 위한 기준	9. 저소득층을 포함하여 사회소외계층에게 우선적으로 서비스를 제공하는가? 10. 부양능력이 없는 저소득층에게는 서비스를 무료로 제공하는가? 11. 지역 간, 세대 간 재분배를 고려하는가?
경제적 안정을 위한 기준 (국가재정지출의 효율성 기준)	12. 서비스공급구조 또는 전달체계는 행정비용의 낭비를 초래하지 않는가? 13. 서비스 중복(또는 혜택)을 제거할 수 있는 방안은 존재하는가? 14. 과다청구 등의 문제를 제거할 수 있는 구체적인 구조는 있는가? 15. 공급자 간 과다경쟁이 일어나지는 않는가?

앞서 제시한 바와 같이 복지국가에서 제공하는 사회복지서비스를 분석하기 위한 분석모델로서 복지국가의 규범적 정당성을 유지하기 위한 기준을 크게 4가지로 유형화하고 각각의 분석기준에 포함되는 분석항목들을 제시하였다. 위의 분석항목들은 민영화의 정도와 상관없이 적용할 수 있는 항목들로서 이용자재정지원방식이나 공급자재정지원방식 등 구체적인 재정방식 모두에 적용할 수 있다. 위의 분석항목들을 구체적으로 살펴보자.

1) 욕구가 있는 모든 시민에게 사회복지서비스를 제공하고 있는가? (사회복지서비스의 제공은 보편적인가 또는 선별적인가?)

욕구가 있는 모든 시민에게 사회복지서비스를 제공하고 있는가를 확인하는 것은 사회복지서비스를 국민의 기본적 권리 또는 사회적 권리나 복지권으로 해석하는 것을 의미한다. 복지권은 개인적 편견이나 부당한 행동 그리고 사회정치적인 구조에서 발생하는 불평등의 인식과 대응으로서 구성될 수 있기 때문에 복지권은 불균형이나 불평등을 시정하려는 요구라고 할 수 있다(Drake, 2001; 지은구, 2006). 모든 인간은 인간답게 살 권리가 있으며 인간의 삶의 질을 보장하기 위해 국가는 그에 합당한 사회복지서비스를 제공해야 한다는 의미에서 복지권의 보장은 곧 국민의 기본적 권리의 보장을 의미한다. 결국, 복지권에 따라 사회복지서비스는 개인적인 의지나 선택으로 나타나는 것이 아니고 보편적인 욕구, 교육의 기회, 일에 대한 접근, 그리고 사회적 지위나 상태의 차이 등으로 나타나기 때문에 사회적으로 해결해야 한다고 할 수 있다.

욕구가 있는 모든 국민에게 사회복지서비스를 제공한다는 것은 서비스의 보편성을 의미하는 것이지만 복지국가는 역사적으로 모든 국민에게 서비스를 제공하는 보편성(보편주의)을 강조하기도 하지만 또 한편으로는 선별성(선별주의) 즉, 자산조사를 통해 일정 기준 이하에 있는 사람들에게만 서비스를 제공하기도 하였다. Daniels와 Trebilcock(2005)은 공적 도덕성의 규제가 복지국가의 전제조건 또는 지향하는 목적 중 하나임을 강조하면서 공적 도덕성을 측정하기 위하여 사회복지서비스가 보편적인 권리인가 자산조사에 기반을 두어 선별한 사람만을 위한 것인가를 기준으로 설정하였다. 이는 경제적 지위에 상관없이 욕구가 있는 모든 사람들에게 서비스를 보편적으로 제공하게 되면 도덕적 해이가 발생하게 되고 근로의욕이나 부의 창출에 대한 의지 등이 소멸될 수 있으므로 도덕적 해이를 방지하고 공적 도덕성을 유지하기 위한 방안으로써 자산조사를 시행한다. 하지만 또 다른 측면에서 보면 자산조사를 통하여 서비스 수급자격을 결정하는 것은 국민의 기본적인 권리를 제한하는 것으로 모든 국민은 경제적 지위와 상관없이 사회복지서비스를 차별 없이 제공받을 권리가 있다. 경제적 지위에 따른 격차는 분배적 조치로 수정할 수 있으므로 기본적인 사회복지서비스는 보편적인 권리를 우선적으로 강조해야 한다고 할 수 있다. 결국, 보편성인가 선별성인가는 제공되는 사회복지서비스의 성격에 따라 결정해야 한다고 볼 수 있다.

2) 서비스나 서비스 제공기관에 대한 정보는 누구나 손쉽게 획득할 수 있는가?

정보의 비대칭 또는 불균형은 국민의 기본적인 알 권리에 대한 심각한 손상으로 받아들여 질 수 있다. 서비스를 필요로 하는 모든 국민에게 제공하는 사회복지서비스는 기관이 민간이든 공공기관이든 간에 상관없이 충분한 정보가 있어야 한다. 서비스 제공기관이나 서비스에 대한 정보접근성의 제한은 특히 과소소비를 유발할 수 있으므로 이용자가 서비스를 결정하는 이용자중심방식의 경우에는 더욱 심각한 문제로 인식될 수 있다. 정보접근성의 제한 만큼 중요한 문제는 정보왜곡이다. 특히 재정지원방식이 이용자 중심일 경우 기관들이 제공하는 서비스나 제공인력 또는 기관 자체에 대한 정보는 이용자들이 서비스를 선택하는 데 있어 가장 중요한 요소이다. 때문에 왜곡된 정보나 불충분한 정보를 가지고 서비스를 선택하면 불이익이 결국 개인에게 가기도 하지만 막대한 사회적 지출의 증대를 야기하며 왜곡되거나 부정확한 정보 또한 사회복지서비스 전반에 대한 부정적인 외부효과를 불러일으키기 때문에 반드시 국가가 정보를 관리해야 한다.

3) 국민의 사회서비스 욕구를 프로그램에 적절히 반영하고 있는가?

국민의 사회서비스 욕구를 적절히 사정하고 그에 알맞는 서비스를 제공하는 것은 시민들의 보편적 권리를 충족하는 데 있어 중요한 요소가 된다. 국민 개개인들은 주어진 상황과 그들 자신들의 조건에 맞는 서비스를 제공받을 권리가 있으며 개별적인 욕구에 기초한 서비스 제공은 효율성을 강화하는 가장 확실한 방안이다. 즉 주어진 자원으로 서비스를 제공한다고 했을 때 서비스 효과성이나 효율성은 가장 적합한 서비스를 가장 적합한 사람에게 제공할 때 향상할 수 있다는 것을 의미한다.

4) 서비스 수급과정에 낙인이 발생하지 않는가?

낙인은 보편적 권리를 침해하는 가장 위험한 요소라고 할 수 있다. Jones(1994)는 복지 증진은 인간 존재가 격하되는 자선행위로부터 낙인을 없애는 하나의 권리로 강조하면서, 국민의 복지를 증진하는 데 낙인을 없애는 것이 중요하다고 지적하였다. 낙인은 복지에 대한 권리를 시혜나 자선으로 격하하는 요인을 제공하며 낙인을 받지 않기 위해 사회복지서비스를 외면하는 경우도 발생할 수 있으므로 사회복지서비스 제공에 있어 낙인을 조장 또는 방조하는 요소들은 서비스를 설계하는 과정에서 반드시 고려하고 제거해야 할 것이다.

5) 추가청구가 존재하는가?

추가청구는 제공받는 서비스 양질을 개인적 부담으로 확대하는 것을 의미한다. 추가청구는 사회복지서비스 이용에 있어 경제적 부담능력이 중요한 결정요인이 된다는 것을 의미하고 경제적 부담능력의 차이로 제공받는 서비스의 양질을 결정할 수 있음을 의미하여 이용자 간에 상대적 박탈감을 불러일으키는 주요 원인이 된다. 상대적 박탈감은 사회적 조화와 사회연대성을 약화하는 가장 중요한 요인으로서 사회복지서비스를 설계 시 상대적 박탈감을 불러일으키지 않도록 하는 것이 매우 중요하다고 할 수 있다. 추가청구는 개인주의적 소비를 강조하는 이용자재정지원방식으로 제공하는 사회복지서비스인 경우 더욱 문제가 될 수 있기 때문에 서비스를 설계하는 데 있어 서비스의 성격을 고려하고 이용자들의 특성을 고려하여 추가청구의 가능성 여부를 결정해야 할 것이다.

6) 본인부담금을 적절하게 차등 적용하고 있는가?

이용자에게 본인부담금을 책정하는 경우 이용자들의 경제적 상태에 따라 차등 적용하는 것이 사회적 연대감의 형성에 있어 중요하다. 저소득계층이나 사회소외계층에게는 역차별을 위해 본인부담금 없이 서비스를 제공하여야 할 것이며 경제적으로 부담능력이 있는 계층에게는 그에 걸맞는 부담금을 적용하는 것이 형평에 맞는 설계라고 할 수 있다.

7) 장애 정도나 나이, 경제적 지위나 소득 또는 병의 경중에 따라 서비스를 적절하게 제공하고 있는가?

사회복지서비스는 집단의 특성에 맞춰 서비스를 제공해야 한다. 소득이 낮은 집단에게는 서비스 제공에 따른 경제적인 부담을 고려하고, 장애 정도가 심하고 병이 중한 사람은 서비스 사용 빈도가 매우 높을 수 있으므로 보다 세심하고 더 많은 양의 서비스를 제공하는 것이 중요할 수 있다. 또한 노인에게는 노인 특성에 아동은 아동 특성에 맞는 적절한 서비스를 제공해야 한다. 또한 모든 서비스는 이용자들의 문제나 욕구를 해결할 수 있을 정도로 적절하게 제공해야 한다.

특히, 장애 정도가 심한 중증장애인의 경우나 질환의 정도가 매우 심한 중증병자인 경우에 사람의 손길이 많이 필요하며 제공인력의 노동강도 역시 매우 높아 국가가 보편적인 공적 서비스를 제공하지 않으면 서비스 이용자들에 대한 선별이 일어날 가능성이 매우 높다. 즉 이용자재정지원방식의 경우 기관들은 이용자 확보를 위해 노력하겠지만 특별한 보호나 서비스가 필요하고 노동강도가 매우 높으며 손길이 많이 필요한 이용자 경우, 다른 이용자들과 비교하여 이윤이 많이 창출되지 않는다고 판단될 때 이용자선별현상이 일어날 수 있다. 이런 현상은 특히 민간기관 중 이윤을 목적으로 서비스를 제공하는 기관에서 특히 발생할 수 있는데 이는 영리기관의 설립목적 자체가 사회적 목적 실현이 아니라 영리추구이기 때문이다. 또한 경제적 지위나 소득이 매우 낮은 이용자 역시 서비스 이용에 있어 차별을 받을 가능성이 있는데 이는 주어진 기본적인 서비스 이외에 추가서비스 구매능력이 낮은 이용자보다는 추가 구매능력이 있는 이용자들을 기관이 선호하기 때문이다. 장애 정도나 나이, 경제적 지위나 소득 또는 병의 경중에 따라 서비스를 적절하게 제공하고 있는가에 대한 기준은 서비스 양질의 적절성도 중요하지만 서비스 재정지원방식을 선택하는 중요한 기준이 된다.

8) 공급자 간 정보공유나 업무협조 등과 같은 상호협력이 잘 되고 있는가?

공급자 간 정보공유나 업무협조 등과 같은 상호협력은 지역연계를 통한 사회복지서비스 제공으로 서비스영역을 확대하는 데 있어 장점이 될 수 있다. 이용자에 대한 정보공유 등은 자원협력을 통한 사례관리 적용의 기본 토대로서 작동한다. 특히 기관과 기관 간 그리고 직원 간의 협력체계를 구축하여 서비스를 제공하기 위해서는 협력 당사자 간 신뢰와 공유된 신념 그리고 상호이해라는 구성요소를 확립해야 가능한 것이므로 사회적 자본을 형성하는 데 기반이 되는 상호협력은 사회복지서비스 제공의 바람직한 가치라고 할 수 있다.

9) 저소득층을 포함하여 우선적으로 사회소외계층에게 서비스를 제공하는가?

사회복지서비스의 일차적 대상자집단은 노인, 아동, 여성, 이민자, 저소득층을 포함하는 사회소외계층이라고 할 수 있다. 사회복지서비스 제공에 있어 서비스 대상을 사회소외계층에서 전 국민으로 확대하는 것이 옳지만 그렇지 않은 경우 서비스 대상의 표적 집단은 가장 우선적으로 사회소외계층이어야 한다. 이는 사회연대와 형평성을 보장하는 가장 기본적인 사회복지서비스 제공원칙이라고 할 수 있다.

10) 부담능력이 없는 저소득층에게는 서비스를 무료로 제공하는가?

부담능력에 따른 서비스 이용은 서비스 격차를 확대한다. 즉 비용부담능력이 있는 집단에게는 질이 좋은 서비스를 그리고 부담능력이 없는 이용자들에게는 질이 낮은 서비스를 제공하여 계층 간 수직적 재분배 격차는 더욱 벌어지게 된다. 다른 재화와 달리 사회복지서비스는 서비스 대상이 사람이기 때문에 서비스 부담능력이 서비스 이용에 기준이 되는 경우 계층 간 형평성은 크게 위협받게 된다.

11) 지역 간 재분배를 고려하는가?

수직적 재분배와 함께 중요시하는 분배원칙으로는 수평적 재분배가 있다. 수평적 재분배는 모든 국민에게 동일한 혜택을 제공하는 분배원칙이다. 지역 간 재분배는 수평적 재분배의 하위개념으로 이해할 수 있다(Walker, 2005). 대도시 지역에서 농어촌 지역으로 나아가 젊은 세대에서 노인세대로 남성에서 여성으로 재분배를 고려하는 것은 재분배나 불평등 축소 등의 가치를 사회복지서비스 제공에 중요한 요소로 고려한다는 것을 의미한다. 특정 지역으로 사회복지서비스 혜택이 편중되고 서비스가 필요한 지역에는 서비스 혜택이 없다고 한다면 분배적 입장에서 지역 간 불평등은 심화되고 사회적 연대 가치는 흐트러지게 될 것이다. 따라서 경제적으로 힘이 있는 지역이나 정치적으로 힘이 있는 지역에 서비스가 편중되지 않고 사회복지서비스가 필요한 지역에 보다 적절하게 제공될 수 있게 설계해야 한다.

12) 서비스 공급구조 또는 전달체계는 행정비용의 낭비를 초래하지 않는가?

행정비용의 적합성을 강조하는 것은 경제적 안정이나 경제적 효율성을 강조하는 것으로 이 역시 복지국가의 정당성을 위해 중요한 가치라고 할 수 있다. 복지국가 재정은 기본적으로 국민 세금에 기초하며 국가는 국민의 세금을 효율적으로 사용해야 하는 의무가 있다. 서비스를 제공하는 공급구조나 전달체계 또는 지원방식이 서비스 공급에 적합한 구조인가 또는 가장 효율적인 방식으로 공급되는가는 사회적 지출을 최소화하여 비용을 줄이기 위한 최소조건이라고 할 수 있다. 특히 이용자재정지원방식의 경우 기관이나 국가가 공급을 관리하는 것이 아니고 시장이나 이용자의 수요가 공급을 관리하여 불필요한 행정비용을 축소하는 것을 강조함으로 이용자재정지원방식이 과도한 행정비용을 초래하는 경우 재정지원방식의 변화는 불가피하다고 할 수 있다.

13) 서비스 중복을 제거할 수 있는 방안은 존재하는가?

서비스 중복은 조건이 동일한 대상자에게 유사한 서비스를 중복적으로 제공하는 것으로써 복지재정의 과다지출이 중요한 요인이 될 수 있어 경제적 효율성과 행정비용의 과다출혈을 방지하게 위해서 서비스 기관이나 부처 간 서비스 제공 영역이나 대상자 등에 대한 조정이 필요하다.

14) 과다청구 등의 문제를 제거할 수 있는 구체적인 구조가 있는가?

위에서 지적한 바와 같이 서비스 이용자들이 중복된 서비스를 제공받게 되면 서비스 비용이 증대하여 사회적 지출은 증가하게 된다. 또한 필요 없는 서비스를 신청한다든지 공급자가 제공하지 않는 서비스를 부당하게 청구한다면 비효율적인 사회적 지출의 증대를 의미하며 국민 부담은 증가하고 서비스를 필요로 하는 실제 이용자에게는 필요한 서비스 공급이 제한될 수 있다. 따라서 관리비용을 줄이는 행정적 효율성의 측면에서 복지 사기 등과 같은 이용자들의 도덕적 해이를 적절한 방식으로 관리해야 한다.

15) 제공기관 간 과다경쟁이 일어나지는 않는가?

지역사회중심적인 사회복지서비스 제공 측면에서 지역사회 제공기관 간 상호행동과 협력네트워크체계 그리고 사례관리체계 구축은 매우 중요한 사항이라고 할 수 있다. 영리기관과 비영리기관들이 이용자재정지원방식으로 시장을 형성하고 시장이 특정 한 지역에 다수 존재하게 되어 이용자 확보를 위해 경쟁한다면 믿음이나 협력을 기반으로 하는 선의의 경쟁은 기대할 수 없게 된다. 특히, 이용자재정지원방식에서 기관 간 과다경쟁은 행정비용의 과다지출과 시간이나 노력 같은 부수적인 거래비용의 지출을 불러일으키기 때문에 행정비용의 효율성을 위해서 기관 간 과다경쟁은 반드시 관리해야 하는 부분이라고 할 수 있다. 또한 기관 간 과다경쟁은 이용료의 일시적 하락을 초래할 수 있지만 이용료 하락은 곧 제공인력의 노동강도 증가나 서비스 질에 영향을 끼치게 되며 제공기관의 서비스 독점현상이 발생할 수 있기 때문에 결국 장기적인 측면에서 보면 기관 간 과다경쟁은 시장을 혼란스럽게 하며 서비스 질을 낮추고 제공인력의 노동강도를 높이는 등 부작용을 불러일으킬 수 있다.

3. 사회복지서비스 제공원칙과 이용자재정지원방식의 분석기준

1) 이용자재정지원방식의 사회복지서비스 제공기준

앞서 제시한 시민의 보편적인 원리를 위한 기준, 사회통합과 연대를 위한 기준, 분배적 정의를 위한 기준 그리고 경제적 안정 특히 국가의 재정지출 효율성을 위한 기준 등 4가지 원칙에 따른 15가지 분석기준은 민영화 정도나 재정지원방식과는 상관없이 복지국가에서 사회복지서비스를 제공하기 위해서 반드시 유지해야 하는 항목들로서 이용자재정지원방식과 공급자재정지원방식에 모두 적용할 수 있다. 하지만 이용자재정지원방식으로 서비스를 제공하는 경우 복지국가의 전제조건을 위반할 수 있는 가장 큰 문제점으로 이용자 선별 문제와 정보비대칭이라고 할 수 있어 위에서 제시된 15가지 기준 중에 정보비대칭과 이용자선별과 관련한 기준을 보다 엄격하게 적용해야 한다.

사회복지서비스 제공의 가장 핵심적인 가치인 사회적 목적의 실현, 즉 국민의 삶의 질을 개선하기 위해 복지국가의 기본 원칙들을 적용하면서 시장

도구들을 활용하기 위해서는 앞서 제시한 전제조건을 반드시 충족해야 한다. 사회적 가치를 유지하고 사회적 목적을 실현하는 데 이용자재정지원방식을 활용하면 경쟁과 선택을 강조하는 시장 도구를 주로 사용되는데, 시장 도구를 잘못 사용하면 사회통합과 형평성 그리고 분배적 정의보다 경제적 효율성만을 강조하여 복지국가의 규범적 정당성을 훼손할 가능성이 있음으로 시장 도구를 사용하기 전에 사회복지서비스사업에 대한 면밀한 검토가 필요하다. 즉 선택과 경쟁을 강조하는 시장 도구의 사용 목적이 재정 효율성을 강화하고 나아가 사회적 가치의 실현이라고 한다면 사회적 배제나 차별을 야기하지 않는 제도적 장치가 필요할 것이다.

2) 이용자재정지원방식 활용을 위한 전제조건

이용자재정지원방식 중에서 바우처방식을 적절히 운영하기 위한 전제조건은 첫째, 서비스를 소비자 선택에 맡기는 것이 적절하여야 한다는 점, 둘째 서비스를 제공할 수 있는 민간부문의 역량이 있어야 한다는 점, 셋째 서비스 이용자나 가족들이 선택할 수 있을 정도의 역량이 있어야 한다는 점, 넷째 소비자 선택방식으로 사업이나 프로그램을 전환하는 비용이 서비스 범위을 초과해서는 안 된다는 점 등이다(Dougherty & Eggers, 1996). 이용자재정지원방식으로 사회복지서비스를 제공할 때 기본 전제조건으로 이용자의 합리적인 선택능력과 선택할 수 있는 다양한 종류의 서비스가 존재하여야 한다는 점을 강조하기도 한다(지은구, 2009b; Le Grand & Robinson, 1984; Taylor-Gooby, 1998; Savas, 2000).

이용자재정지원방식의 한 도구인 바우처 활용을 위한 전제조건으로 Savas(1987, 2000)는 첫째, 소비자의 서비스 선호에서 차이가 커야 효과적이며, 둘째 소비자가 현명하게 구매를 할 수 있는 능력이 있어야 하며, 셋째 서비스 비용과 질, 구입 장소 등 시장 상황에 대한 충분한 정보를 제공해야 하고, 넷째 경쟁적인 공급자가 많고 시작비용이 낮아서 수요만 있다면 공급자가 추가로 시장진입이 가능해야 하며, 다섯째 서비스를 이용자가 쉽게 판별할 수 있어야 하며 마지막으로 서비스 가격이 비교적 저렴하여 구매가 자주 행해져야 한다는 것을 강조하였다. 바우처를 가장 많이 활용하고 있는 미국의 경우 주정부와 지방정부가 바우처의 도입조건으로 제시하고 있는 기본적인 토대는 다음과 같다(Haberkern, 2003).

첫째, 서비스 제공자 인증제도

둘째, 바우처 지급체계

셋째, 서비스 이용자들의 선택권에 대한 정보제공체계

넷째, 서비스 제공자들에 대한 비용지불체계

다섯째, 프로그램 성과에 대한 정보제공체계

앞서 지적한 것과 같이 Daniels와 Trebilcock(2005)은 바우처방식과 같은 이용자재정지원방식으로 서비스를 제공하기 위해서는 첫째, 수급자격(보편적인 수급권인가 아니면 선별적인 수급권인가의 여부), 둘째 공급자 자격, 셋째 바우처 수급권의 가치(또는 가격), 넷째 초과청구의 허용, 다섯째 이용자선별의 허용, 여섯째 정보실패, 일곱째 부적절한 공급측면 시장대응(공급탄력성)과 독점가능성 등을 제도 설계 시 반드시 고려해야 하는 것을 강조하였다. **수급자격**의 경우 서비스를 제공받는 집단이 동일한 자격의 집단이고 개개인의 선택과 자율성 그리고 개인의 선호에 대한 적절한 응답을 강조한다면 자산조사를 통하여 수급자격을 제한하는 것이 가능하다. 하지만 형평성이나 사회적 연대성을 강조하고, 반드시 서비스를 받아야 하는 의무적 집단이 있으며, 사회적 위험이 보편적으로 발생할 수 있고 서비스를 제공받는 집단의 정치적 목소리나 욕구 표현 등이 미약한 경우는 수급자격에 보편성을 부여하는 방식이 적당하다고 할 수 있다. **공급자 자격**은 서비스를 제공할 때 자격이 있는 기관을 의미하며 정부의 공급기관에 대한 사회서비스에 대한 시장진입규제를 의미한다. 완전 경쟁을 강조한다면 시장에 대한 진입규제는 사실상 무의미하지만 사회복지서비스 제공은 사회적 책임이나 사회적 목적을 강조하고, 책임 있고 경쟁력 있는 기관이 서비스를 제공하는 것을 강조하므로 정부의 시장진입규제는 필요하다. **바우처 수급권의 가치**는 바우처로 서비스를 구매할 수 있는 바우처의 가치를 의미한다. 즉 바우처가 이용자에게 제약 없이 서비스를 모두 제공할 수 있으면 바우처의 가치로서 한계상환비율은 100%가 되며 이용자가 원하는 서비스를 받기 위해 이용자가 비용을 부담한다면 부담능력이 없는 저소득층에 대한 이용자 차별이 발생하게 된다. 따라서 서비스 적용대상자의 특성에 따라 한계상환비율을 조정해야 할 것이다. **초과청구의 허용**은 이용자에게 추가적인 서비스를 제공하고 이에 대한 비용청구를 허락하는 것을 의미하며 이용자재정지원방식으로 서비스를 제공하는 경우 초과청구를 인정하면 형평성 문제를 가져와 부담능력이 있는 이용자가 더 좋은 서비스를 더 많이 제공받을 수 있다. **이용자선별**은 기관이 위험을 덜 가지고 있는 이용자나 작은 비용을 수반하는 이용자를 선별하여 기관비용을 최소화하고 더 많은 비용을 부담할 수 있는 이용자를 선별하여 그들의 이익을 최대화하는 것을 의미하므로 이용자재정지원방식의 경우 형평성의 문제를 야기하게 된다. **정보비대칭(정보실패)**은 이용자재정지원방식의 이용자 선택권을 활용하기 위한 전제조건으로서 이용자들에게 서비스 기관이나 서비스에 대한 필요한 정보가 반드시 적절한 방법으로 공개하여야 함을 의미한다. 부적절한 공급측면 **공급탄력성(시장대응)**은 수요의 변화에 따라 서비스 공급을 증가할 수 있는가를 의미하는 것으로 이 문제 역시 형평성이나 시민의 보편적인 권리와 같은 복지국가의 전제에 중요한 영향을 미치는 조건이라고 할 수 있다. 특히 정부가 국민의 서비스 욕구에 대응하기 위해 서비스 양을 확대하고 재정을 확대하려고 하지만 서비스를 제공할 공공기관이나 민간기관이 부족한 경우 역시 공급은 탄력적으로 이루어질 수 없다. 그리고 이용자재정지원방식으로 서비스를 제공하는 경우 국가가 창출하는 서비스 공급량을 제한한다면 서비스에 대한 수요가 증가한다고 하더라도 공급을 창출할 수 없고, 제한된 이용자에게만 서비스가 제공되는 문제가 발생하게 된다. Daniels와 Trebilcock(2005)가 제시한 조건을 정리하면 〈표 3-3〉과 같다.

이용자재정지원방식의 가장 큰 장점은 서비스 이용자들이 직접적으로 필요한 서비스를 선택하여 이용할 수 있다는 점이다. 특히 이용자재정지원방식은 시장메커니즘을 활용하여 서비스를 제공하기 때문에 선택과 경쟁이라는 가치를 우선시한다는 측면에서 이용자재정지원방식으로 서비스를 제공할 때 다음과 같은 점들을 반드시 고려해야 한다고 볼 수 있다.

첫째, 자기결정능력의 여부(선택권 활용여부)

둘째, 이용자선별의 가능성

셋째, 정보 불균형

넷째, 이용 가능하고 선택 가능한 다양한 기관과 서비스 존재

다섯째, 제공자재정지원방식이나 국가직접제공방식보다 효율적인 비용지출(비용효율성)

여섯째, 원하는 서비스가 원하는 만큼 제공될 수 있는가의 여부 즉, 공급탄력성

일곱째, 기관의 시장진입규제

여덟째, 바우처 가치(한계상환비율)

아홉째, 초과청구

열 번째, 수급자격

이용자재정지원방식으로 서비스를 제공하는 경우 반드시 사업이나 프로그램이 반영해야 하는 사회복지서비스 제공 원칙 또는 기준은 10가지로 정리할 수 있다. 이 기준들은 앞에서 사회복지서비스 제공의 4대 원칙에 따른 15가지 기준을 고려하여 다시 재정리할 수 있다. 즉 앞에서 제시한 15가지

<표 3-3> Daniels와 Trebilcock의 바우처사업 전제조건

전제조건	특 징
1. 수급자격	보편적 제공: 사회적 연대성, 형평성 가치 강조
	자산조사에 기초한 제공: 동일한 자격기준이 있는 집단과 개인의 자율성과 선택의 가치를 강조
2. 시장진입규제	규제: 서비스가 사회적 목적 실현에 있고 공공 성격을 가지고 있으면서 이용자들의 삶의 질에 직접적인 영향을 미쳐 반드시 필요한 서비스인 경우. 사회적 책임성을 강조하며 서비스의 지속성과 안정성을 강조하고, 이용자의 상태 변화를 지속적으로 관리 점검하는 서비스 경우
	탈규제: 서비스가 사적재로서 소비가 일회적이고 계속적으로 소비가 일어나지 않으며 보조적인 서비스 제공이 필요 없는 경우
3. 한계상환비율	100%: 비용 제한 없이 서비스를 제공하여야 하는 저소득층이나 사회소외계층
	100% 이하: 소득 수준별 한계상환비율을 적용하여 소득이 높은 경우, 즉 더 높은 비용을 부담하는 것이 가능한 대상자집단인 경우 바우처의 한계상환비율을 낮추는 것이 가능
4. 초과청구	허용: 비용 부담능력이 있는 경우, 즉 서비스의 소득수준이 평균이상 특정집단인 경우를 허용하여도 이용자선별이 일어날 가능성이 적은 경우
	불가: 형평성과 사회적 연대 그리고 시민적 권리를 강조한다면 초과청구가 이용자선별을 가지고 올 수 있음으로 적용 불가
5. 이용자선별	이용자선별은 이용자재지원방식으로 서비스를 제공하면서 제공기관의 시장진입 규제가 없는 경우, 초과청구가 가능한 경우 등 발생할 수 있으며 형평성, 보편적인 시민 권리를 제한하는 문제임으로 반드시 규제가 필요한 조건임
6. 정보실패	정보비대칭은 대상자집단이 사회소외계층인 경우 더욱 심하게 발생할 가능성이 있으며 기관의 사회적 책임의식이 부족한 영리기관이 시장에 진입하는 경우 발생하는 문제로서 반드시 규제와 감독이 필요한 조건임
7. 공급탄력성	공급탄력성은 욕구에 대한 대응 그리고 시민의 사회복지서비스에 대한 권리를 강조하는 조건으로서 서비스 공급은 욕구에 대비하여 적극적으로 응답하여야 하며 탄력적으로 공급되지 않는 경우 형평성에 큰 문제가 발생함

기준은 모든 사회복지서비스사업에 보편적으로 적용한 분석기준일 수 있지만 이용자재정지원방식의 사회복지서비스사업을 분석하기 위해서는 위에서 제시한 10가지의 조건을 고려하는 것이 중요함으로 사회복지서비스 제공의 전제조건과 이용자재정지원방식의 서비스 제공조건을 고려하여 이용자재정지원방식으로 사회복지서비스를 제공하는 경우 복지국가의 사회복지서비

스 제공원칙에 부합하기 위해서 반드시 설계에 반영해야 한다. 이용자재정지원방식으로 제공하는 사회복지서비스사업 분석기준이 되는 조건은 〈표 3-4〉와 같이 정리할 수 있다.

복지국가의 정당성을 훼손하지 않으면서 또는 복지국가의 설립 전제조건을 유지하면서 이용자의 선택권이나 자율성을 강조하는 이용자재정지원방식을 고려한다면 국가는 반드시 이용자재정지원방식의 전제조건을 확인하고 사업설계 시 복지국가의 정당성을 위배하지 않는 범위에서 〈표 3-4〉에서 제시한 10가지 분석기준에 따른 12가지 질문을 확인하는 것이 중요하다.

서비스 내용이나 서비스 기관에 대한 정보를 누구나 손쉽게 획득할 수 있는가에 대한 질문은 정보공개에 대한 보편적인 권리를 의미하며 정보 불균형을 극복하기 위한 최소한의 기준이 될 수 있으며 모든 대상자가 서비스를 공급받을 수 있는가에 대한 질문은 모든 국민이 욕구하는 서비스를 제공받을 수 있는가를 확인하는 질문으로서 서비스 수요에 따른 공급탄력성을 측정하는 기준이 된다. 대상자들이 선택권을 활용할 수 있을 정도의 자기결정능력이 있는가에 대한 질문은 국민이 선택권을 활용할 수 있을 정도의 인지능력이 있는가를 확인하는 질문으로서 인지능력 부재로 서비스에 대한 선택능력이 없는 이용자인 경우 이용재정지원방식보다는 기관이나 국가가 직접 서비스를 제공하는 방식이 올바른 서비스 방식이라고 할 수 있겠다. 서비스 수급과정에 낙인이 발생하지 않는가에 대한 질문은 시민의 보편적인 권리로서 서비스 혜택을 판단하는 기준이므로 소득이나 자산조사와 같은 기준을 적용하여 특정 집단에게만 서비스를 제공하면 낙인이 발생할 가능성이 있으며 특히 바우처는 사용하는 사람과 사용하지 않는 사람의 구별이 명확함으로 사회적 연대성을 훼손하는 도구가 될 수 있다.

추가청구가 존재하는가와 본인부담금을 적절하게 차등 적용하고 있는가에 대한 질문은 초과청구 문제를 측정하는 기준으로서 이용자재정지원방식의 가장 큰 결점 중 하나로 이용자의 추가 구매능력에 따른 서비스 양질의

<표 3-4> 이용자재정지원방식과 사회복지서비스 제공의 전제조건

복지국가 사회복지 서비스 제공기준(원칙)	이용자재정지원방식 전제조건	이용자재정지원방식 분석질문의 예
시민의 보편적 권리를 위한 기준	1. 정보실패	서비스나 서비스 기관에 대한 정보는 누구나 손쉽게 획득할 수 있는가?
	2. 공급탄력성	대상자들이 원하는 서비스를 공급할 수 있는가?
	3. 자기결정능력 (선택권활용여부)	대상자들이 선택권을 활용할 수 있을 정도의 자기결정능력이 있는가?
사회통합과 연대를 위한 기준	4. 수급자격	욕구가 있는 모든 사람들에게 서비스를 보편적으로 제공하고 있는가?(또는 서비스 수급과정에 낙인이 발생하지 않는가?)
	5. 초과청구	추가청구가 존재하는가?
		본인부담금을 적절하게 차등 적용하는가?
	6. 이용자선별	장애 정도나 나이, 경제적 지위나 소득 또는 병의 경중에 따라 이용자선별이 일어나고 있는가?
	7. 시장진입규제	서비스 제공 목적이 기관의 이윤창출에 있는가?
	8. 다양한 서비스의 존재	선택 가능한 다양한 기관과 서비스가 존재하는가?
분배적 정의를 위한 기준	9. 한계상환비율	부담능력이 없는 저소득층에게는 서비스를 무료로 제공하는가?
경제적 안정을 위한 기준 (국가재정지출의 효율성 기준)	10. 비용효율성	서비스 공급구조 또는 전달체계는 행정비용의 낭비를 초래하지 않는가?
		서비스 중복(또는 혜택)을 제거할 수 있는 방안은 존재하는가?

결정을 의미하기 때문에 중요한 기준이 된다. 장애 정도나 나이, 경제적 지위나 소득 또는 병의 경중에 따라 이용자선별이 일어나고 있는가에 대한 질문 역시 이용자재정지원방식의 가장 큰 결점 중 하나로 이용자선별 문제를 측정하는 기준으로서, 장애 정도나 나이 또는 소득이나 병의 경중에 따른 수발노동의 양질의 차이가 이용자들을 선별하는 기준으로 작용하지 않게 하는

것이 이용자재정지원방식의 사업에서는 중요하다고 할 수 있다. 서비스 제공목적이 기관의 이윤창출에 있는가에 대한 질문은 사회적 가치 구현을 목적으로 하는 기업과 단지 이윤만을 추구하는 기업과의 차이가 사회복지서비스의 양과 질 그리고 서비스 돌봄노동자들의 노동의 양과 질을 결정하는 중요한 지렛대가 된다. 결국 시장진입규제의 여부와 강도는 이용자들이 제공받는 서비스와 돌봄노동자들의 노동조건을 결정짓는 중요한 지침이 된다. 선택 가능한 다양한 기관과 서비스가 존재하는가에 대한 질문은 이용자가 선택할 수 있는 기관과 서비스의 존재여부를 측정하는 기준으로서 이용자재정지원방식으로 제공되는 서비스 효과 정도를 결정짓는 중요한 지침이 된다.

부담능력이 없는 저소득층에게 서비스를 무료로 제공하고 있는가에 대한 질문은 서비스 이용자에게 비용 제한 없이 서비스를 제공하고 있는가를 측정하는 기준으로서 이용자가 비용부담 없이 서비스를 제공받게 된다면 능력이 있는 이용자에게 비용을 부담하고 혜택은 부담능력이 없는 국민에게 돌아간다고 할 수 있으므로 수직적 분배효과를 나타낸다. 또한 부담능력이 있는 이용자에게는 한계상환비율이 100%인 혜택을 제공하기보다는 100% 이하인 혜택을 제공하여 추가적인 혜택에 대해서는 비용을 부담하게 하는 것이 적절하다고 할 수 있다. 서비스 공급구조 또는 전달체계가 행정비용의 낭비를 초래하지 않는가와 서비스 중복을 제거할 수 있는 방안은 존재하는가에 대한 질문은 행정비용의 축소를 의미하며 효율성을 측정하는 기준이다.

4. 이용자재정지원방식 사회서비스 제공의 전제조건

우리나라의 현재 사회서비스 제공방식은 이용자재정지원방식이며 수단으로는 전자바우처가 활용되고 있음으로 위에서 제시하였던 10가지의 이용자재정지원방식 서비스 전제조건을 적용하여 현재의 사회서비스사업을 분석할 수 있다. 사회서비스 사업분석을 위한 전제조건으로 사업목적을 성취하기 위하여 반드시 고려해야 하는 정책적 과제를 조건별로 제시하면 다음과 같다.

1) 이용자의 자기결정능력

사회복지서비스가 필요한 사람은 대부분 사회문제에 영향을 받고 문제해결에 대한 욕구가 있는 사람이라고 했을 때 그들은 필요한 재화와 서비스에 대해 스스로 결정하여 스스로 판단할 수 있을 정도의 합리적인 상황에 놓여 있지 않다고 할 수 있다. 또한 그럴만한 선택을 할 수 있는 정보도 가지고 있지 못한 경우가 허다하다. 한부모가정을 이루고 있는 세대주나 아동 그리고 청소년, 근로빈곤층, 저소득층 가족성원, 노동능력이 없는 노인이나 여성, 장애인 등 사회적 보호막이 필요한 사회적 욕구를 지닌 이들 대부분은 스스로 판단할 수 있을 정도의 능력이나 정보 등이 부족하여 일반 사람들과는 달리 특별한 사회적 대응을 필요로 하는 사람들이다. 이러한 사람들과 일반 사람들이 동등하게 시장에서 필요한 재화를 구매한다고 한다면 여유롭게 시장에서 판매자나 재화의 정보를 따져가면서 누가 더 질 좋고 값싼 재화를 구매할 가능성이 높겠는가에 대한 정답은 이미 나와 있다고 할 수 있겠다.

따라서 스스로 결정하는 것이 어렵고 스스로 판단하고 결정하는 경우 이익보다는 손실이 클 것 같은 집단에 대해서는 국가가 그들이 필요한 재화를 분배하는, 즉 사회적 보호를 통해서 일정 정도의 재화와 서비스를 일반 사람들과 같이 사용할 수 있도록 하는 방법이 필요한 것이다. 결국 사회복지서비스의 전달은 대상자의 다양성에 따라 결정될 수 있는데 스스로 판단하고 스스로 결정한 것에 대해 스스로 책임질 수 있을 정도의 합리성을 가진 보편적인 인간에 대한 보편적인 사회서비스에 대한 분배는 시장에서도 전달 가능하지만, 기본적으로 정보의 왜곡과 스스로 결정할 수 있는 능력이 없거나 스스로 결정할 경우 자신에게 불리한 결정을 내릴 수 있는 집단들에 대한 사회서비스의 전달은 국가적 차원에서 이루어지는 것이 합리적인 방안이라고 할 수 있다. 따라서 특정 소외계층을 주요 이용대상으로 하고 있는 독거노인이나 장애노인 그리고 중증장애인 등을 위한 서비스는 제공자중심서비스나 국가직접서비스로 사업을 추진하는 것이 바람직하다.

2) 이용자선별 방지 방안

이용자선별은 이용자재정지원방식으로 서비스를 공급하는 경우 가장 우려하는 문제 중 하나로서 정부의 강력한 정책 제한이 반드시 필요한 부분이라고 할 수 있다. 특히 이용자재정지원방식으로 서비스를 제공하는 경우 국가의 서비스 전반에 대한 관리감독은 제한적일 수밖에 없으므로 이용자선별은 언제, 어디서나 일어날 수 있다. 특히, 이용자재정지원방식의 사업에서는 장애 정도나 나이 또는 소득이나 병의 경중에 따른 수발노동의 양질의 차이가 이용자를 선별하는 기준으로 적용하지 않는 것이 중요하다고 할 수 있다. 수요자방식인 바우처는 필연적으로 이용자선별을 야기함으로 정부는 이용자선별이 일어나지 않도록 관리적 측면을 강화해야 한다. 이용자선별은 이용자재지원방식으로 서비스를 제공하면서 기관의 시장진입규제가 없는 경우와 초과청구가 가능한 경우 등에서 발생할 수 있으므로 시장에 대한 진입규제정책과 초과청구 규제정책 등은 모두 중요한 정책이라고 할 수 있다. 또한 시설입소 이용자들에게 나타나는 이용자선별 문제를 방지하기 위한 이용자 권익보호를 위한 지침과 법적 규제방안 등은 반드시 필요하며 특히 이용자의 개별 욕구를 지속적으로 관리하는 사례관리방안은 현행 사회서비스사업의 단점을 보완할 수 있다.

3) 정보 불균형(정보비대칭) 해소

정보 불균형은 이용자선별과 함께 이용자재정지원방식으로 서비스를 공급하는 경우 가장 우려되는 문제 중 하나이다. 현재 우리나라에서 사회서비스를 제공받는 일차적 집단은 주로 사회소외계층(중증장애인이나 절대적 빈곤층 등)이며 이 부류에 속하는 사람들은 제한된 정보력을 가지고 있다. 바우처가 강조하는 다양한 선택기준에 따라 원하는 서비스를 선택할 수 있다는 것은 다양한 선택기준에 대한 정보가 있어야 한다는 것을 전제로 한다. 하지만 다양한 상품과 선택기준 등에 대한 충분한 정보가 부족한 경우 이용자 선택권은 상당 부분 제한을 받을 수밖에 없게 된다. 정보비대칭 문제를 해결하기 위해서는 중앙통제적 정보관리시스템의 구축은 필수적이며 정보비공개나 정보조작 등과 같은 정보비대칭 문제를 야기하는 행위를 사전에 방지할 수 있는 법적 근거를 반드시 확보해야 한다.

4) 이용 가능하고 선택 가능한 다양한 기관

이용 가능하고 선택 가능한 다양한 기관의 존재여부는 이용자재정지원방식의 장점 중 하나로서 이용자의 선택권 확보나 자율성 증대를 결정짓는 중요한 측정기준이 된다. 기관이나 서비스의 변화 없이는 이용자의 선택권 확대는 일어나지 않는다. 이용자들의 선택권 확대는 기관의 다양화, 즉 국가 직접기관, 비영리기관, 영리기관들 중에서 선택하는 것이 가장 바람직하다고 했을 때 기관의 변화를 위한 국가 지원은 필수적이라고 할 수 있다. 특히 사회적 목적의 실현을 추구하는 사회적 기업의 사회서비스영역으로 진입을 허용하는 제도적인 장치도 필요하다.

현행 사회서비스영역에서 이용자들의 선택권 확보는 산모신생아돌보미사업과 지역사회서비스투자지원사업의 일부 서비스(특히 아동인지능력개발사업)를 제외하고는 이루어지지 않다고 보는 것이 정확하다. 산모신생아돌보미사업이나 아동인지능력개발사업의 경우는 국가가 직접 서비스를 제공하는 국공립기관은 전무하며 대부분 민간기관이 서비스영역을 구축해놓고 있는 분야이다. 만약 정부가 국가직접제공이나 기관보조금방식의 결점을 찾는다고 한다면 먼저 이용자재정지원방식의 제공기관이나 해당 서비스를 다양하게 선택할 수 있는 개선방안을 정책 일 순위로 놓아야 한다.

5) 비용효율성

경제적 측면에서 비용효율성은 이용자재정지원방식의 가장 강력한 지원토대이다. 이용자재정지원방식을 강조하는 학자나 정책 결정가들은 대부분 이용자재정지원방식이 재정지출의 극대화가 가능한 정책수단이라고 강조한다. 즉 국가가 직접 서비스를 공급하는 경우나 기관에게 재정을 지원하여 공급을 책임지는 방안보다 국가의 관리감독 비용을 축소하여 더 많은 국민에게 더 많은 서비스를 제공하는 것을 강조한다. 따라서 이용자재정지원방식인 전자바우처 서비스를 공급하는 경우 비용측면에서 효율적이지 않으면 재정지원방식을 이용자에게 직접 제공하는 방식의 장점은 사라지게 된다. 따라서 비용이 많이 들어가는 정책수단을 지양하고 비용효율성이 높은 정책수단을 채택하는 것이 재정적 효율성을 강화하는 방안이라고 한다면, 이용자재정방식으로 사회복지서비스 전달체계를 개편하는 가장 큰 장점은 바로 재정적 측면에서 비용효율성이 크다는 이유 때문이다. 하지만 현행 전자바우처 지불방식은 기존 기관보조금방식보다 비용적 측면에서 효율적이지 못하다는 문제점들이 지적되고 있어 이에 대한 정책적 개선이 시급한 것으로 나타나고 있다(지은구, 2009a; 2009b).

현행 전자바우처는 종이바우처나 묵시적 바우처 보다 거래비용이 많이 들어가기 때문에 바우처 유형의 변화를 모색하여야 한다. 특히 바우처가 직접적으로 이용자들에게 지불되므로 비용효율성을 증대할 수 있지만 높은 거래비용[6]은 오히려 경쟁효과를 반감하게 된다. 즉 서비스 공급자와 이용자 간에 서비스 계약이 불분명한 경우 오히려 거래비용은 높아져 효율성이 반감될 수 있다. 이용자들은 기관이 서비스를 제공하는 경우 불필요한 시간 낭비 없이 기관에 가서 서비스를 제공받으면 되지만 이용자들이 모든 선택을 결정하는 경우 거래가격은 상승할 수밖에 없다. 특히 전자바우처의 경우 카드발급신청을 위한 시간비용의 증대, 카드제작비용, 월 카드사용비용 지불, 단말기 구입비용과 월 단말기 사용비 지급 등의 요소가 효율성을 떨어트리는 원인으로 지적된다. 단말기와 함께 선택될 수 있는 동글이의 경우는 동글이 칩을 장착할 수 있는 핸드폰이 제한되어 있어 이 역시 추가 구매비용과 시간비용이 높다. 결국, 비용효율성을 강화하기 위해서는 전자카드 사용을 제한하고 다양한 지불방식을 선택할 수 있는 것이 중요할 수 있다. 즉 서비스의 특성과 이용자의 특성을 고려하여 선택 가능한 다양한 지불방식을 제공하는 것이 중요하다. 모든 사회서비스영역에서 전자바우처를 획일적으로 사용하는 것은 중요한 정책적인 오류일 수 있다.

6) 공급탄력성

이용자재정지원방식의 가장 큰 장점은 정부가 서비스 공급을 탄력적으로 제공할 수 있다는 점이다. 공급탄력성은 이용자재정지원방식(현행 전자바우처)사업의 효과를 측정할 수 있는 중요한 기준 중 하나이다. 공급탄력성은 정부의 사회복지서비스 공급의 대책 정도를 의미하는 정책적인 결정을 포함

---

6 거래비용은 조사정보비용(상품을 가장 싼 가격으로 구매할 수 있는 곳이 어디인가 등을 결정하는 데 초래하는 비용을 의미), 협상비용(거래를 하기 위해 필요한 동의나 협정 등을 위해 들어가는 비용을 의미), 경비강화비용(계약에 있는 동의한 내용에 상응하는 행동을 하는지 확인하는 데 들어가는 비용을 의미) 등으로 구성된다.

한다. 사회복지서비스에 대한 국민 수요가 증가한다는 현실에 기초하여 사회서비스에 대한 공급을 결정해야 한다. 국민의 수요 또는 욕구에 기초하지 않는 공급은 결국 제한된 서비스 이용과 서비스 역차별을 낳게 하고 사회적 형평성과 연대성에도 심각한 해를 끼칠 수 있다. 따라서 정부는 사회복지서비스를 제공함에 있어 반드시 국민의 욕구를 충족할 수 있을 정도의 서비스 양을 고려해야 한다.

정부가 서비스 양을 확대하고 사회복지서비스사업에 대한 재정투자를 확대한다고 해도 서비스 공급을 책임지는 공공기관이나 민간기관이 부족한 경우에는 공급이 탄력적으로 확대되지 않는다. 이용자재정지원방식은 국가가 서비스를 직접 제공하는 것이 아니고 선택된 기관에서 서비스를 제공하므로 공급을 탄력적으로 운용할 수 있는 공공 및 민간기관들이 부족한 경우, 즉 서비스 인프라가 구축되어 있지 않는 경우 국가는 사회복지서비스 제공에 앞서 서비스 전달체계의 토대를 구축하는 것이 가장 중요한 정책 일 순위가 된다.

7) 기관의 시장진입규제

사회서비스 제공목적이 기관 이윤창출에 있는가에 대한 질문은 기업의 사회적 책임감과 사회적 목적 실현 등과 같은 사회적 가치의 구현을 목적으로 하는 비영리조직이나 사회적 기업, 단지 이윤만을 추구하는 기업과는 차이가 있다. 이러한 차이는 이용자선별을 일으키는 중요한 원인이기 때문에 국가의 시장진입규제정책은 이용자들이 제공받는 서비스와 돌봄노동자들의 노동조건을 결정하는 중요한 지침이 된다.

시장진입규제는 시장 과잉공급의 경우와 과소공급의 경우 다 필요하다고 볼 수 있다. 사회복지서비스 시장에서의 과잉공급은 무차별적인 경쟁을 불러일으키는 결정적인 원인이 되며 기관들이 시장에서 살아남기 위한 각종 편법을 사용하기도 한다. 특히 영리기관의 무차별적인 시장진입은 시장에서 살아남기 위한 서비스 단가 경쟁으로 서비스 품질저하 그리고 서비스 제공인력에 대한 저임금을 고착하는 요인으로 작동한다. 현행 사회서비스사업은 개인사업자나 영리기관들도 사업에 참여할 수 있지만 이들에 대한 규제는 거의 이루어지지 않는다고 할 수 있다. 사회서비스영역은 인간의 가치를 다루는 서비스영역으로서 인간에 대한 존엄을 가치로 하며 사람과 사람 사이의 관계지향적인 사업영역이다. 따라서 국가는 사회서비스 시장에 사회적 목적이나 사회적 가치를 위배하고 영리만을 추구하는 영리기업의 진입을 차단하는 규제장치를 마련할 필요가 있다. 현실적인 방안은 개인사업자는 서비스 진입을 규제하고 기관의 경우는 비영리기관과 사회적 기업만 시장진입을 허용하는 것이 방안이 될 수 있다.

또한 제공기관 과소공급의 경우는 소수기관의 서비스 독점으로 서비스를 필요로 하는 이용자에 대한 차별을 고착하며, 서비스 선택권과 자기결정권 확대 등과 같은 이용자중심주의의 장점이 전혀 현실화되지 않는 결정적인 요인을 제공한다. 따라서 사업영역에 민간비영리기관이나 사회적 기업이 존재하지 않는 경우는 영리기업의 독점적 지위로 서비스산업 전반에 왜곡이 일어날 가능성이 있으므로 제공자지원방식으로 서비스를 제공하든지 또는 국가가 서비스 기관을 설립하여 이용자의 선택권 확대를 추진하는 것도 한 방안이다. 특히, 특정 기관의 독점적 사업운영은 사업의 효과성 확대와 이용자선택권 확보에 큰 장애가 되므로 특정기관의 사업독점을 탈피하는 다양한 사업주체의 참여를 위한 정책적인 고려가 필요하다.

모든 사회서비스 품질을 통일하는 것도 대안이 될 수 있지만 이 경우 서비스 품질을 통일할 수 없는 사회서비스인 경우 정책적인 효과는 거의 나타나지 않는다. 따라서 사회서비스의 성격에 따라 상이한 정책을 고려할 수 있다.

8) 한계상환비율

이용자가 비용부담 없이 서비스를 제공받을 수 있고 경제적으로 능력이 있는 국민에게 비용을 부담하게 하면 서비스 혜택은 부담능력이 없는 국민에게 돌아간다고 할 수 있으므로 수직적 재분배효과가 나타난다. 또한 부담능력이 있는 이용자에게는 한계상환비율이 100%인 혜택을 제공하기보다는 100% 이하인 혜택을 제공하여 추가적인 비용을 부담하게 하는 것이 적절하다고 할 수 있다. 하지만 현행 사회서비스사업은 저소득층이나 사회소외계층들이 비용부담 없이 서비스를 제공받을 수 없고, 제한된 서비스만을 제공받고 있다. 저소득층이나 사회소외계층들에게는 서비스를 비용부담 없이 사용할 수 있게 본인부담금을 감면하고 본인부담능력이 있는 서비스대상 집단에게는 본인부담을 보다 현실적으로 상향조정하는 것이 필요하다.

9) 초과청구

초과청구 문제도 정보 불균형이나 이용자선별과 함께 이용자재정지원방식으로 서비스를 공급하는 경우 가장 우선적으로 고려해야 하는 문제 중 하나이다. 초과청구는 이용자들 사이에 상대적 박탈감을 일으켜 사회연대성을 해할 수 있으며, 기관들의 입장에서는 이용자를 선별하는 기준으로 작동하며 이용자 차별의 가장 큰 원인이 될 수 있으므로 바우처를 활용하는 국가들은 초과청구를 엄격히 관리하고 있다. 따라서 서비스가 보편적으로 누구에게나 필요한 서비스이고 공공성격의 서비스인 경우 그리고 서비스 연계가 반드시 필요한 경우는 초과청구를 엄격하게 제한해야 한다. 특히 본인부담금을 활용하는 경우 저소득층은 무료로 서비스를 제공받고 대상자의 범위가 넓은 서비스는 전적으로 본인부담금을 소득과 연동해야 한다. 또한 서비스 기관에서 추가구매를 강요하는 경우는 법적인 규제가 필요하다.

10) 수급자격: 수급자격 완화를 통한 대상보편화

현재 정부가 제공하는 사회서비스사업의 이용자 선정조건은 소득에 기초한다. 즉 서비스를 보편적으로 제공하는 것이 아니라 자산조사를 한 후에 제공한다. 자산조사에 기초한 서비스 제공은 이용자에게 낙인을 가져다줄 수 있다. 따라서 수급자격을 소득조사로만 한정하면 서비스의 보편적 제공은 불가능하며 필요한 욕구가 있는 국민에게 사회복지서비스를 제공해야 한다는 복지권 확대와 이를 통해 사회복지서비스 제공목적이 실현되지 않을 가능성이 높아진다. 결국, 수급자격이 필요한 서비스와 수급자격의 적합성보다는 국민에게 반드시 필요한 사회복지서비스를 구분하는 것이 중요하며 모든 국민에게 필요한 서비스인 경우는 자산조사에 기초해 수급자격을 제한하는 것보다는 모든 국민이 서비스를 제공받는 보편적인 서비스로 전환하여야 한다.

특히, 수급조건을 자산조사에 기반을 둔 서비스 제공이라고 하더라도 수급조건을 충족하는 모든 서비스 잠재적 이용자에게 서비스를 공급해야 한다. 이 경우 공급탄력성의 가장 확실한 예보자는 **사전 수요조사**라고 할 수 있다. 사전 수요조사로 공급을 수행하기 위해서는 정부의 사회복지서비스 예산 책정에 있어 순응주의 예산책정을 지양하고 사전 수요조사를 통해 어떠한 서비스가 어느 정도 필요한가를 고려하고 예산을 책정하는 것이 가장 바람직한 방안이 될 수 있으며 서비스 진행과정에 대한 철저한 관리감독으로 새로운 수요에 적절하게 대응하는 것이 중요하다. 이를 위해 각 지역별 사회복지서비스 관리감독기구는 반드시 필요한 체계라고 할 수 있다.

또한 현행 사회서비스사업의 이용자는 대부분 사회소외계층으로서 전자바우처카드를 사용해 서비스를 제공받을 수 있다는 측면에서 낙인화를 방지할 수 있으므로, 지불방식의 다변화도 필요하다. 예를 들어, 직접지불방식은 낙인화를 없애면서 개인의 선택권을 증대하고 자율성을 보장하는 더욱 강력한 도구가 될 수 있다.

제4절 소결

사회복지서비스 제도나 프로그램을 시행함에 앞서 프로그램이나 제도 자체가 갖는 특성을 파악하는 것은 매우 중요하다. 복지국가에서 제공하는 사회복지서비스 특성이란 복지국가의 설립목적이나 복지국가의 규범적 정당성을 확보하고, 유지하는 것이라고 할 수 있다. 현 시대에 복지국가의 규범적 정당성은 바로 신사회적 위험을 포함하고, 복지국가의 근간을 위협하는 사회문제에 대한 사회적 대응을 반드시 고수하는 원칙으로서 시민의 보편적 권리, 사회통합, 분배적 정의, 경제적 효율성 등을 들 수 있다. 복지국가에서 제공하는 모든 사회복지서비스는 앞서 제시한 복지국가의 네 가지 설립원칙에 준수해야 한다. 사회복지서비스는 국가가 직접 제공하든 기관과 국가의 주인-대리인관계로 성립되든지 또는 이용자가 직접 서비스를 선택하는 이용자재정지원방식으로 제공되든 간에 위의 전제조건에 일치하는 범위 안에서 서비스를 제공해야 한다. 특히 위의 4가지 원칙에 근거하여 이용자재정지원방식으로 서비스를 제공하는 경우 반드시 국가가 고려해야 하는 전제조건은 첫째, 자기결정능력, 둘째 이용자선별의 가능성, 셋째 정보불균형, 넷째 이용 가능하고 선택 가능한 다양한 기관과 서비스, 다섯째 비용 효율성, 여섯째 공급탄력성, 일곱째 시장진입규제, 여덟째 한계상환비율, 아홉째 초과청구, 열 번째, 수급자격 등을 들 수 있다.

신사회적 위험을 포함하는 복지국가의 근간을 위협하는 사회문제에 대한 사회적 대응으로서 사회복지서비스를 제공하기 위해서는 사회복지서비스를 제공하기 위한 전제조건을 확인하고, 전제조건이나 시회복지 가치가 복지국가에서 제공하는 프로그램 안에 적절히 반영하여 설계하는 것은 매우 중요하다고 할 수 있다. 사회복지서비스 제공의 전제조건에 상응하는 시민의 보편적 권리, 사회통합, 분배적 정의, 경제적 효율성 등과 같은 가치를 프로그램에 반영하지 않는 경우 프로그램의 설계를 수정하고 내용을 개선하여 복지국가의 규범적 정당성을 반영하는 노력이 필요하다고 할 수 있다. 결국 위와 같은 가치를 사회복지서비스에 적절히 반영하고 있다면 사실 누가 사회복지서비스를 공급하는가?, 즉 국가가 직접 제공하는가, 기관이 제공하는가, 또는 이용자가 직접 선택하는 재정지원방식의 선택문제는 좁혀질 수 있다. 다시 말해 공급방식이나 전달체계 또는 재정지원방식의 유형은 어떤 방식으로 누구에게 서비스를 제공하는가를 포함하는 설계상의 문제로 좁혀진다. 나아가 사회복지영역에서 민영화를 반영하는 다양한 사회복지서비스 전달양식의 장·단점을 보다 체계적이고 구체적으로 분석할 수 있을 것이다. 다음 장에서는 사회복지서비스의 재화적 성격과 이용자재정지원방식과의 관계를 보다 자세히 살펴보기로 한다.

제4장 이용자재정지원방식의 사회복지서비스 분석

제1절 개관

사회복지서비스를 제공하기 위한 재정지원방식은 민영화의 영향 특히, 국가 재정지출의 효율성과 이용자의 권리향상에 따른 자기결정권과 선택권의 확대요구 등에 따라 점차 국가가 직접 서비스의 생산과 공급을 책임지는 국가주도형모델에서 국가가 대리인의 역할을 강화하는 방식으로 방향이 전환되고 있다. 특히, 재정지원방식에서 제공자재정지원방식과 이용자재정지원방식의 다양한 도구나 방안을 보다 적극적으로 도입하는 추세이다. 이용자재정지원방식으로 사회복지서비스를 제공하기 위해서는 〈제3장〉에서 다루었던 사회복지서비스의 재화적 성격뿐만 아니라 사회복지서비스 자체의 특성 그리고 이용자 성격을 동시에 고려해야 한다. 또한 〈제2장〉에서 다루었던 사회복지서비스 제공에 필요한 전제조건도 반드시 고려해야 한다.

본 장에서는 제공자재정지원방식과 이용자재정지원방식의 특징을 살펴보고 현재 우리나라 사회복지영역에서 제공하는 모든 혜택이나 서비스를 사회복지서비스로 총칭하여 사회보험, 공적보조 그리고 사회복지서비스영역에서 대표적으로 제공하는 서비스의 재화적 성격을 구분하기로 한다. 특히 2007년부터 정부가 선택한 바우처 지불방식은 대표적인 이용자재정지원방식의 도구로서 사회복지서비스를 이용자재정지원방식으로 제공하는 경우 사회복지서비스의 재화적 성격과 이용자재정지원방식과는 어떠한 관계가 있는지를 분석하는 것이 본 장의 일차적인 목적이라고 할 수 있다. 또한 본 장에서는 이용자재정지원방식으로 제공 가능한 서비스 자체의 특성과 이용자 성격을 명확히 구분하고 사회복지서비스 제공의 전제조건을 적용할 수 있는 사회복지서비스의 분석기준 틀을 제시할 것이다.

제2절 재정지원방식

1. 재정지원방식의 분류: 제공자재정지원방식과 이용자재정지원방식

제공자재정지원방식과 이용자재정지원방식의 분류는 사회복지영역의 민영화와 밀접한 연관이 있는데 이는 민영화와 함께 재정지원방식이 분화했기 때문이다. **민영화는 공공부분에서 민간부분으로 사회복지서비스 공급의 책임을 전이하는 것**(Ascolil & Rancil, 2002) 또는 **정부생산에서 민간생산으로 생산의 배열을 조정하는 것**(Savas, 2000)이라고 간략하게 정의할 수 있다. 따라서 민영화는 정부가 생산과 공급을 전적으로 책임지는 제공자재정지원방식은 생산과 공급을 민간기관에게 전이하는 것이라고 할 수 있고 이론적 근거는 주인과 대리인관계에 근거한다. 사회복지영역에서 초기 민영화시기에는 국가직접제공에서 민간비영리기관에게 대리인 자격을 부여하여 서비스를 민간비영리기관이 주도하는 것이 대체적인 분위기였지만 민영화의 확대와 함께 일부 국가는 사회복지영역에서 재정지원방식을 크게 제공자에게 재정을 지원하는 방식에서 국민에게 재정을 직접 지원하는 이용자재정지원방식으로 전환하고 있다.

민영화를 통해서 국가가 사회복지서비스를 전달하는 모델로는 일반적으로 크게 두 방식이 존재하며 첫 번째는 제공자중심모델이고, 두 번째는 수요자중심모델이다(Ascolil & Rancil, 2002). 수요자중심모델은 수요측면을 강조하는 것으로서 국민이 직접 현금이나 바우처를 사용해 민간서비스를 구매할 수 있게 유도하며 세금 보전 역시 민간서비스를 구매하여 서비스 수요를 창출한다. 수요자중심모델에 따른 재정지원방식은 흔히 이용자재정지원방식이라 불린다. 이용자재정지원의 도구로 사용되는 방식은 직접지불direct payment, 개인총예산individual budget, 바우처, 각종 수당이나 세금감면 등이 거론된다. 제공자중심모델은 서비스 공급을 강조하는 민영화방식으로서 민간조직(특히 비영리 사회복지조직)이 서비스가 필요한 사람에게 직접 서비스를 제공하는 것을 의미하며 도구로는 계약이나 국고보조금 등을 활용한다. 제공자중심모델에 따른 재정지원방식은 제공자재정지원방식이라고 불린다(지은구, 2009a). 〈표 4-1〉은 이용자재정지원방식과 제공자재정지원방식을 비교한 것이다.

〈표 4-1〉에서 비교한 것과 같이 이용자재정지원방식과 제공자재정지원방식은 모두 장점과 단점을 내포하고 있다. 민영화에 따른 재정지원방식 변화의 결정적인 이유는 복지국가의 재정적 위기에 따른 효율성 강화라는 측면에서 설명할 수 있지만 특정 국가의 처해진 상황, 즉 정치, 사회, 문화, 경제적 상황에 따라 다양한 재정지원방식을 함께 활용하고 있다고 볼 수 있다. 민영화방식에 재정지원방식이 주를 이루는 미국이 있는 반면 국가가 직접 사회복지서비스를 공급하는 스웨덴과 같이 국가주도형 재정지원방식을 선호하기도 한다. 우리나라의 경우는 대부분 민간비영리 중심의 제공자지원방식이 핵심이었지만 2007년 사회서비스사업의 개시와 함께 이용자재정지

원방식을 본격적으로 도입하기 시작하였다.

이용자재정지원방식을 사용하여 특정 서비스를 제공하는 경우 이용자중

〈표 4-1〉 이용자재정지원방식과 제공자재정지원방식 비교

구분	이용자재정지원방식	제공자재정지원방식
도구	바우처와 세금감면(tax allowance)이나 개인 총예산 그리고 각종 수당이나 직접지불 등	계약, 비영리기관에 대한 세금혜택, 공개입찰, 민과 관의 협력체계(PPP[7] 또는 PSPP[8]) 등
강조	서비스수요: 수요창출	서비스공급: 공급창출
전제	· 선택할 수 있는 서비스와 제공기관이 다수 존재한다. · 이용자가 자기결정능력이 있다. · 재정적 효율성을 개선한다.	· 비영리사회복지조직이 지식과 기술적 측면에서 정부조직보다 앞선 서비스를 제공한다. · 욕구에 근거하여 서비스를 안정적이고 책임 있게 제공한다.
장점	· 서비스 운영관리비 측면에서 재정적 효율성을 강화할 수 있다. · 이용자의 선택권을 강화하므로, 이용자 중심성이 증가할 수 있다. · 이용자를 확보하기 위한 서비스 공급기관의 품질향상 노력이 증가할 수 있다.	· 지식과 기술적이 측면에서 공적 조직이 가지고 있는 관료적 한계를 극복하고 서비스를 보다 효과적으로 제공할 수 있다. · 국민의 새로운 욕구에 보다 빠르게 대응할 수 있으며 새로운 프로그램을 개발하고 제공하기에 적합할 수 있다. · 개별적인 욕구에 맞춰 안정적이고 책임 있는 서비스를 공급할 수 있다.
단점	· 정보비대칭으로 사회취약계층에 대한 사회서비스 제공에 한계가 있을 수 있다. · 공적복지의 국가책임에 대한 도덕적 해이가 발생할 수 있다. · 거대자본을 바탕으로 하는 거대영리 기관이 서비스를 독점하는 경향이 일어날 수 있다. · 서비스 제공기관들이 이용자들을 선별하여 서비스 차별과 이용자 간에 소비 불균형이 일어날 수 있다. · 다수의 공급기관을 형성하기 어려운 서비스나 전문성이 강한 서비스 그리고 이윤을 창출하지 않는 서비스분야에서는 효과적이지 않을 수 있다. · 적극적인 정보공개나 품질관리체계를 구축하지 않은 상태에서는 오히려 취약계층에게 불리할 수 있다.	· 서비스를 독점하는 조직의 경우는 서비스 제공에 있어 매너리즘과 도덕적 해이가 발생할 수 있다. · 서비스 이용자들은 서비스 이용에 있어 중복서비스를 제공받을 가능성이 있다. · 더 많은 재원을 확보하기 위한 제공기관 간의 부적절한 로비 등의 부작용이 발생할 수 있다. · 한 기관이 다수의 서비스를 공급하는 경우 기관이 거대해져 서비스 독점이 일어나고 권력을 남용하는 경우가 발생할 수 있다.

* 자료: 지은구(2009a: 44) 재수정.

---

7 phblic-private partnership(민-관협력).
8 phblic-social-private partnership(민-사-관협력): 민관협력과 민사협력에 대한 구체적인 내용은 윤영진 외(2009)를 참조할 것.

심성과 선택권을 강화할 수 있지만 지속적이고 안정적인 서비스를 제공하여 이용자 개개인이 갖는 서비스 이용성과_{outcome} 사례를 관리하기는 어렵다. 기관들 사이에 다루기 어려운 이용자나 이용 가능성이 적은 이용자들에 대한 이용자선별이 일어나 서비스 역차별의 가능성이 존재한다. 정보접근성이 약한 사회소외계층의 이용자는 정보 불균형으로 서비스 제공에 있어 역차별을 받을 수 있으며 경제적 부담능력에 따라 서비스를 선택하는 경우 소비 불균형이 발생할 가능성이 매우 크다고 할 수 있다. 하지만 국가가 정보 불균형이나 이용자선별 그리고 소비 불균형을 해소할 수 있는 분명한 관리통제체계를 구축하고 있다면 재정적인 효율성을 강화할 수 있으며 이용자 권리를 향상하여 국민의 복지체감도를 증대할 수 있다.

제공자재정지원방식을 사용하여 특정 사회복지서비스를 제공하는 경우 우수한 지식과 기술력을 갖춘 기관들이 서비스를 안정적으로 제공할 수 있으며, 국민의 복지욕구를 보다 신속하게 사정하여 새로운 프로그램 개발에 적극적으로 반영할 수 있고 서비스 제공기관은 국민의 개별적인 특성을 고려하여 차별적인 서비스를 제공할 수 있어 책임성을 증대할 수 있다. 하지만 제공자재정지원방식은 기관의 서비스 독점을 인정하고 서비스에 대한 관리책임을 민간으로 이양하는 것으로써 정부 재정이 법인이나 민간기관장의 개인적 용도로 이용할 수 있고 서비스 중복 제공 및 서비스 과다사용 등 불필요한 사용이 문제점으로 나타날 수 있다.

이용자재정지원방식과 제공자재정지원방식 중 **어떠한 방식을 선택하여 재정을 지원할 것인가**에 대한 문제는 이용자 중심성을 중시하여 서비스의 수요를 강화할 것인가 아니면 서비스의 안정적 공급을 중시할 것인가라는 기본 전제에 대한 숙고가 반드시 필요하다는 것을 의미한다. 보다 중요한 것은 이용자 속성을 인지하고 서비스 특성을 파악하여 이용자재정지원방식이 가능한 서비스와 이용자를 구분하여 재정지원방식을 결정해야 한다. 또한 각 재정지원방식이 갖는 단점을 극복할 수 있는 국가적 차원에서 대비책을 반드시 갖추고 있어야 한다.

2. 사회복지서비스의 재화적 특성과 이용자재정지원방식

이용자재정지원방식으로 사회복지서비스를 제공한다고 해서 사회복지서비스의 재화적 성격이 바뀌는 것은 아니다. 이용자재정지원방식의 특징은 이용자의 입장에서 보았을 때 선택권의 확대라고 할 수 있다. 즉 사회복지서비스의 재화적 성격은 그대로 간직한 채 교환 관계에 있어 서비스를 필요로 하는 이용자 선택권이 향상되는 측면만을 강조한다. 즉 사회복지서비스의 성격은 그대로인 채 **교환 방법만이 변화한다**는 것을 의미한다. 예를 들어 국가가 사회복지서비스를 제공하는 경우 이용자가 재화나 서비스를 직접 제공받기 때문에 서비스 선택권이 제한되며, 서비스 제공자가 사회복지서비스를 제공하는 경우도 이용자는 기관에서 제공하는 서비스만을 이용하기 때문에 교환의 주체라기보다는 객체라고 할 수 있다.

하지만 재정지원방식이 이용자재정지원방식으로 변화하면 사회복지서비스의 주체는 바로 이용자가 된다. 이용자는 직접지불방식이나 바우처, 각종 수당 또는 세금감면 등으로 국가에서 재원을 지급받고 시장에서 원하는 서비스를 구매한다. 여기서 서비스는 이용자의 삶의 질을 개선하기 위해 제공되기 때문에 재화의 특성인 사회적 가치를 그대로 유지한다. 즉 국가는 이용자에게 재원을 공급함에 있어서 사회적 목적을 실현하는 것이 우선이므로 사회복지서비스 공급을 통해 이용자들은 삶의 질이 개선되지만, 사회복지서비스의 교환은 시장 -정확하게는 사회적 가치재가 교환되는 사회복지서비스 내부시장- 에서 이용자 선택으로 이루어진다. 예를 들어 국가는 현금수당이나 바우처 같은 직접지불방식으로 이용자들에게 재원을 지급한다. 그리고 재원은 반드시 특정 목적에 사용해야 하며 이용자들은 그들에게 필요한 서비스를 구매하는 데 자신의 영향력을 행사하여 서비스를 선택하고, 선택한

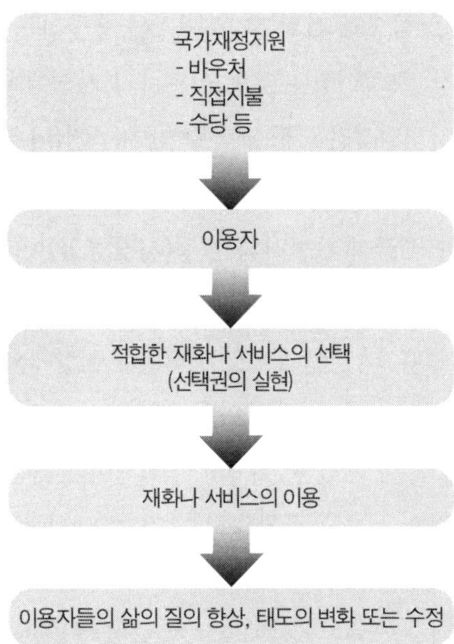

서비스로 욕구를 해결하고 사회에서 인간다운 삶을 유지한다(〈그림 4-1〉 참조).

결국, 사회복지서비스 제공에 있어 이용자재정지원방식은 서비스 교환의 주체가 국가나 서비스 제공기관에서 이용자에게로 변화한다는 측면만이 다를 뿐 사회복지서비스의 성격은 국가가 직접 제공하는 경우 그리고 기관이 직접 제공하는 경우가 같다고 할 수 있다. 예를 들어 국가는 모든 국민에게 바우처를 지급하는 것이 아니며 지급조건에 맞는 사회구성원들을 선별하여 재정을 지급하는데 여기서 선별 기준은 결국 소외나 사회적 차별 또는 배제가 일 순위라고 할 수 있다. 또한 국가가 모든 국민에게 수당을 지급한다고 하더라도 수당의 지급 목적은 사회적 통합이나 삶의 질 개선 등과 같은 사회적 목적을 실현하려는 의도로 지급한 것이기 때문에 준시장에서 특정 재화나 서비스를 구매한다고 하더라도 선택된 재화는 사회복지서비스의 성격을 그대로 유지하게 된다.

이용자재정지원방식으로 사회복지서비스를 제공하는 경우와 기관이 제공하는 경우의 가장 큰 차이점은 첫째, 이용자가 자신에게 필요한 서비스를 스스로 선택하여 자기결정권을 향상할 수 있다는 점**(이용자 중심성 향상)**, 둘째 국민이 서비스의 수요를 창출할 수 있다는 점**(수요창출)** 그리고 셋째, 준경쟁시장을 통한 공급이 가능하다는 점**(시장공급)**이다. 수요와 공급측면에서 보면 수요는 국가재정 공급으로 국민이 창출할 수 있으며 공급은 시장에서 창출할 수 있다. 국민이 필요한 서비스를 시장에서 사적재로 교환하는 경우 국민은 이용자재정지원방식으로 지원된 보조금으로 직접 시장에서 필요한 서비스를 구매할 수 있다. 이 경우 선택권이 확대될 수 있으며 선택한 사적재는 국가 재정으로 수요를 창출하는 것이기 때문에 기본적으로 사회복지서비스 성격을 지니게 되는 가치재이다. 이러한 사회적 목적을 가진 가치재를 교환하는 시장은 자유경쟁시장과는 달리 소비 불균형과 이용자 차별을 방지하기 위하여 국가 개입 정도가 높아 자유경쟁시장과 구분하여 **준시장**이라고 할 수 있다.

시장에서 필요한 사회복지서비스를 교환하면 사회복지서비스는 기본적으로 가치재이지만 교환은 구매자와 판매자 사이에 그리고 구매자 사이에서 불균형을 초래하므로 서비스 소비에 있어서 불균형이 나타날 수 있다. **소비 불균형**은 구매자와 판매자 사이에는 정보비대칭으로 그리고 구매자 사이에는 구매능력 차이로 나타나며 이용자재정지원방식으로 서비스를 제공할 경우 문제점을 극복할 수 있으므로, 소비 불균형을 해결하는 것이 가장 큰 숙제이다.

국가재정을 바우처방식이든 직접지불방식이든 이용자재정지원방식으로 제공하면 이용자들은 직접 서비스를 선택할 수 있고 기관들은 이용자의 선택 여부에 따라 서비스 공급량을 결정하게 된다. 선택을 많이 받는, 즉 이용자가 많은 서비스 기관은 시장에서 살아남을 수 있으며 선택이 적은 기관 내지는 선택을 받지 못하는 기관은 원칙적으로 시장에서 퇴출된다. 순수사적 재를 교환하는 시장의 특성상 기관은 경쟁과 배제의 기준을 모두 적용할 수 있으므로 결국 소비 불균형과 함께 이용자선별이 시장교환에서 나타나는 중요한 문제점으로 등장하게 된다.

따라서 이용자재정지원방식으로 사회복지서비스를 제공하는 경우 이용자선별이나 소비 불균형이 발생하지 않게 정부는 시장에 개입하여 다양한 기관에서 서비스 공급이 가능하도록 서비스 제공의 다양성을 확보해야 한다. 이용자가 경제적 부담능력 등의 이유로 차별받지 않게 제도적 규제를 설정하여야 하며, 정보비대칭이 일어나지 않게 정보관리체계를 구축하고 최소한의 서비스 품질을 공급할 수 있는 기준을 설정하여 운영하는 것이 매우 중요하다. 결국 국가가 선택권 확대와 재정지출 효율화를 위하여 이용자재정지원방식으로 서비스를 제공하기로 결정하였다면 시장이 수요와 공급의 균형가격을 찾으면서 안정적으로 유지하고, 소비 불균형과 이용자선별 문제를 사전에 방지하는 관리통제체계를 구축하므로 시장에 대한 개입의 폭이 넓을 수밖에 없다. 결국 사회복지서비스 교환이 일어나는 시장은 사회복지서비스의 재화적 성격을 보장하는 교환을 의미하기 때문에 일반 자유경쟁시장과는 그 성격이 다르다고 할 수 있다.

3. 이용자재정지원방식 사회복지서비스 특성

이용자재정지원방식으로 사회복지서비스를 제공하는 경우 사회복지서비스의 특성을 재화의 성격, 재화의 유형, 서비스 혜택을 위한 교환도구, 서비스 교환 장소 그리고 수요와 공급을 기준으로 분류하여 살펴보면 〈표 4-2〉와 같다.

기본적으로 사회복지서비스의 재화적 성격은 국가가 특정 사회적 가치를 실현하기 위해 공급하는 가치재라는 점이며 재화 유형은 대표적으로 비순수

<표 4-2> 이용자재정지원방식의 사회복지서비스 특성

재화의 성격	재화의 유형	서비스 교환도구	서비스 교환장소	수요	공급
가치재	1. 비순수사적재 · 외부효과가 있는 사적재 · 공적으로 제공하는 사적재 2. 비순수공공재 · 국가공공재 · 지역공공재 · 경쟁공공재 · 클럽공공재 · 요금공공재	· 직접지불 · 개인총예산 · 바우처 등	내부시장(준시장)	이용자가 수요를 창출하고 국가는 수요를 파악	국가와 내부시장 혼합 · 국가 재정 지출을 통해 국가가 공급을 창출 · 기관의 시장진입을 통해 시장이 공급을 창출

공공재와 비순수사적재로 구분할 수 있다. 또한 서비스 교환을 위한 지불방식은 이용자재정지원방식이므로 바우처나 직접지불 또는 개인총예산방식을 사용할 수 있으며 서비스 교환은 이용자의 선택권을 실현할 수 있는 내부시장에서 이루어진다. 이용자재정지원방식 특성상 서비스 수요는 이용자 스스로 창출하며 공급은 국가와 시장이 혼합하여 제공한다는 특징이 있다. 즉 국가는 재정을 지원하고 재정을 지원받은 기관은 이용자들을 확보하기 위하여 시장에 진입하여 서비스 공급을 창출한다.

4. 이용자재정지원방식 사회복지서비스 내부시장의 특성

1) 이용자재정지원방식과 사회복지서비스 내부시장

이용자재정지원방식으로 이용자가 시장에서 선택권을 행사하여 자신에게 맞는 서비스를 선택하면 사회복지서비스영역에서 시장을 형성한다. 시장에서 자신에게 가장 적합한 서비스를 선택할 수 있기 때문에 시장은 이용자들의 욕구를 충족하는 교환의 장이 된다. 하지만 순수사적재를 교환하는 일반시장과는 달리 사회복지서비스 상품은 비순수사적재로서 공적 목적으로 서비스를 제공하고 복지외부효과를 창출하는 가치재 성격을 가지고 있어 완전히 경쟁적이지도 않으며 완전히 배제적이지도 않는 상품을 교환하는 내부(준)시장을 형성한다. 사회복지서비스 내부시장은 경쟁과 선택권 확보가 중심 가치이므로 공공부문에서 재정을 공급하여 서비스를 제공하는 비영리기관뿐만 아니라 민간영리기관도 참여가 가능하다.

하지만 내부시장에서 교환하는 상품으로서 사회복지서비스는 국가 재정으로 생산되는 서비스이고 서비스 자체가 복지외부효과와 공적 목적을 실현하는 비순수사적재이면서 가치재적 성격이 있어 서비스 교환에 있어 국가가 내부시장에 개입하는 정도는 일반시장보다 더욱 강하다고 할 수 있다. 특히 국가와 시장에 개입되어 있는 제공기관들 사이의 **협력**과 **조정**은 시장에 참여하는 국민의 욕구를 해결하고 일반시장에서 나타나는 소비 불균형이나 이용자선별 현상이 일어나지 않는 최소한의 장치라고 할 수 있다. 이는 국민의 사회적 권리와 분배적 정의 그리고 사회적 연대감 형성 및 재정적 효율성 제고를 위해 제공하는 사회복지서비스 본래의 제공목적이 시장이 내포하는 시장실패 또는 시장불균형의 이유로 훼손될 수 있기 때문에 협력과 조정은 필요한 장치이자 메커니즘이라고 할 수 있다. 따라서 내부시장 참여주체(서비스 기관과 이용자)들 사이에 그리고 국가와 시장에 참여하는 주체들 사이에 협력과 조정은 필수적인 방식이며 서비스 교환에 있어 사회복지서비스 내부시장이 갖는 특수한 방식이 된다.

이용자재정지원방식으로 사회복지서비스를 제공하는데 국가와 시장은 수행하는 역할이 각기 다르다. 수요적 측면에서 국가는 어떤 서비스가 얼마만큼 필요할 것인지를 서비스 제공 이전에 수요를 파악하여 서비스의 효과성과 효율성을 증대하고 시장은 수요에 맞는 서비스를 제공해야 한다. 공급적 측면에서 국가는 서비스에 대한 욕구를 충족할 수 있을 정도의 서비스 양을 공급하여야 하며 이를 위해 충분한 재정을 확보하고 있어야 서비스 과소공급에 따른 상대적 불균형 및 불평등이 제거되며 형평성과 연대성의 가치를 보전할 수 있다.

시장은 국민의 다양한 욕구에 맞추어 서비스를 제공해야 시장에서의 생존이 가능하기 때문에 서비스의 개발과 제공을 책임져야 하며 과소공급에 따른 시장실패를 극복할 수 있다.

2) 사회복지서비스 내부시장의 전제조건

사회복지서비스를 내부시장에서 제공하고 국민은 다양한 서비스와 기관을 내부시장에서 선택할 수 있다면 이용자재정지원방식의 가장 중요한 장점인 국민의 선택권확대효과를 향상할 수 있으며, 비용적 측면에서는 적당한 경쟁이 기관이나 서비스 품질을 향상할 수 있어 효율성을 향상할 수 있다. 이러한 점에서 이용자재정지원방식으로 서비스를 제공하는 경우 다양한 수의 기관과 서비스는 성공적 운영을 위한 필수조건이 된다. 만약 선택할 수 있는 다양한 수의 기관이나 서비스가 존재하지 않는다면 이용자의 선택권 확대는 불가능하며 주어진 서비스만을 제공받게 되어 이용자재정지원방식의 주된 장점은 사라지게 된다.

일반적으로 사회복지서비스영역은 다른 산업부분과는 달리 단기간에 이익을 창출한다든지 많은 이익을 창출하는 산업분야라고 할 수 없다. 사회복지서비스 대상은 일차적으로 사회소외계층이며 서비스를 일반대중에게 보편화하고 있다 하더라도 특정 분야를 제외하고는 이용자가 급속하게 늘어날 수 있는 분야라고는 보기 어렵다. 따라서 이용자의 소비를 어느 정도 예측할 수 있으며 이용자의 소비능력도 제한적이고 국가 공급량도 정해져 있어 이익만을 창출하는 일반기업이 사회복지서비스분야에 진출하는 것은 상대적으로 어렵다고 할 수 있다. 또한 경쟁기반이 취약함으로 거대자본을 가진 기관의 서비스 독과점은 일반시장에서보다 훨씬 용이할 수 있다.

　따라서 국가가 이용자재정지원방식으로 서비스를 제공하려고 한다면 다수의 기관이 서비스를 제공할 수 있는 물적·제도적 기반을 마련해야 한다. 기관이 부족하다면 기관설립을 적극적으로 지원하여야 하며 최소한의 이익을 보장할 수 있는 관리운영비도 지원해야 내부시장이 작동할 수 있다. 국민의 선택권확대효과 실현은 국가가 직접 서비스를 제공하는 기관과 비영리기관 그리고 민간기관 등으로 구성되어 있는 사회복지서비스 시장에서 자신의 이익에 부합하는, 즉 자신에게 가장 적합한 기관과 서비스를 직접 선택할 수 있도록 실질적인 선택권 확대를 실현해야 한다. 결국, 사회복지서비스 내부시장이 국민의 자기결정권 실현과 비용효과성을 확대하는 방향으로 작동하기 위해서는 국가가 이를 관리해야 한다.

3) 사회복지서비스 내부시장의 생산과 공급

　이용자재정지원방식의 생산적 측면에서 본다면 국가는 서비스를 직접 생산하는 주체가 아니고 서비스의 생산을 보조하는 보조적 역할을 수행하므로 단순히 생산적 시각으로 서비스를 얼마나 생산할 것이지를 고려하는 것이 아니라 어떤 서비스가 왜 필요한지 그리고 서비스에 기본적인 내용들이 잘 부합하는지 서비스 내용과 표준적인 서비스의 질을 담보하고 있는지 등과 같은 서비스 내용을 엄밀히 사정하여야 한다. 시장은 생산적 측면에서 단순히 생산된 상품을 교환하는 교환의 역할만을 수행할 가능성이 있기 때문에 생산이나 교환만을 중요시할 것이 아니라 누가 왜 교환에 참여하는지 등을 파악하는 노력이 필요하다고 할 수 있다. 또한 시장에 진입하여 서비스를 제공하는 기관들은 일정수준 이상의 서비스 질을 담보하고 지속적으로 서비스 생산체계를 구축하는 것이 중요한데 이를 위해서는 기관들 사이의 협력과 조정은 필수적이라고 할 수 있다. 이는 일반시장과는 달리 사회복지서비스 내부시장은 단순히 생산된 서비스를 교환하는 역할만을 수행할 수 없기 때문이고 서비스 자체가 비순수사적재로서 복지외부효과를 창출하고 특정 사회적 목적을 실현한다는 가치를 포함하고 있기 때문이다.

소비적 측면에서 국가는 이용자 간의 경제적 부담능력이나 부적절한 기준 등에 따라 불균형이 일어나지 않게 적절한 관리나 규제가 필요하며, 이용자선별을 사전에 차단할 수 있는 제도적인 틀을 공고히 하여야 한다. 이용자재정지원방식으로 서비스를 제공하여 소비 불균형과 이용자선별이 시장에서 나타나는 경우 시민의 보편적인 권리와 사회적 연대성 그리고 분배적 정의 등 복지국가의 규범적 정당성을 심각히 훼손할 가능성이 있으므로 소비 불균형이 발생하지 않게 국가는 모든 서비스와 기관에 대한 정보를 철저히 공개하여야 하며 경제적 부담에 따른 소비 불균형을 줄이기 위하여 본인부담금을 소득과 연동하여 책정해야 한다. 추가서비스에 따른 추가부담도 소득과 연동하고, 제공한 서비스 이외에 추가서비스가 필요하지만 경제적인 부담능력이 없는 경우에는 전액 국가가 책임져야 할 것이다. 특히 추가부담과 추가서비스는 서비스 형평성 문제를 일으켜 상대적 불평등을 심화하고 사회적 연대에 심각한 해를 끼칠 수 있는 요인이므로 서비스 개시 이전에 이용자의 경제적 부담능력과 서비스 수요 정도를 파악하여야 한다.

특히, 이용자들이 해결하고자 하는 문제나 병의 경중, 지리적 위치, 또는 인종이나 문화적 차이, 경제적 능력 그리고 노동의 부담에 따라 이용자들을 차별하지 않는 강력한 규제지침을 마련하고 관리하여야 한다. 일반 시장에서 사회복지시비스를 교환한다고 하더라도 서비스 자체의 가치재 특성으로서 순수사적재와는 다른 성격이 있다. 따라서 시장은 소비 측면에서 서비스 단가 부담으로 이용자 간에 소비 불균형이나 과소소비가 일어나지 않도록 제공기간 사이에 협력과 조정이 필요하다. 특히 이용자들의 특성을 고려한 가격책정이 필요하다.

〈표 4-3〉은 사회복지서비스 시장에서 이용자재정지원방식으로 서비스를 제공하고, 교환했을 때 국가와 사회복지서비스 내부시장의 역할을 정리

구분	국가의 역할	내부시장의 역할 (제공기관의 역할)
수요	국민의 사회복지서비스 수요 파악	국민의 수요에 맞는 서비스 개발
공급	서비스 제공의 적절성을 위한 충분한 재정확보 및 지원(공급탄력성확보)	· 과소공급이 일어나지 않고 이용자들의 욕구를 해결할 수 있는 다양한 서비스의 제공 · 과다공급을 막기 위한 협력과 조정
생산	· 국가는 간접생산: 사회복지서비스의 생산에 있어 국가가 직접적인 서비스를 생산하는 것이 아님 · 표준화된 서비스 생산 여부와 적절한 품질이 보장된 서비스 생산에 대한 관리 및 통제 · 서비스의 과소생산과 서비스의 질이 떨어지는 부적절한 생산을 막기 위해 기관의 무분별한 시장진입에 대한 지침(또는 규제)마련	· 생산된 서비스와 교환의 주체들 사이의 관계 파악 · 과소생산과 서비스 질 개선을 위한 협력과 조정
소비	· 정보 불균형을 포함한 소비 불균형에 대한 규제 및 관리(소득에 따른 본인부담금 차등지원 및 초과청구 규제 등) · 이용자선별을 방지하기 위한 기관 규제 및 관리	과소소비가 일어나지 않는 서비스 적정가격 설정

한 것이다.

제3절 이용자재정지원방식 사회복지서비스 분석기준

1. 서비스 특성과 이용자 성격

사회복지서비스를 이용자재정지원방식으로 제공하는 경우, 〈제3장〉에서 제시하였던 사회복지서비스 제공의 전제조건을 반드시 사업에 반영한다는 원칙과 함께 고려할 수 있는 것이 두 가지가 있다. 첫 번째는 서비스 이용자의 성격에 따라 재정지원방식을 결정해야 한다는 점이고, 두 번째는 서비스 자체 특성에 따라 재정지원방식을 결정해야 한다는 점이다. 즉 직접지불이나 바우처 등과 같은 이용자재정지원방식을 도입하고 시행하기 위해서는 이용자 성격과 서비스 특성을 보다 면밀히 파악하여 제기될 수 있는 이용자 선별이나 정보비대칭을 포함하는 소비 불균형 등과 같은 문제점들이 발생하지 않게 하는 것이 정책실행의 우선순위라고 할 수 있다.

제공되는 서비스의 특성을 파악하여 이용자의 선택권 실현과 국가가 추구하는 사회적 가치 실현을 위해 이용자재정지원방식으로 서비스를 제공하는 것이 가능하지만 이용자의 선택권 확보보다는 공공성 확보가 더 중요한 서비스, 선택권을 행사할 여건을 조성하지 못한 서비스 그리고 개별성, 지속성이나 안정성이 더욱 중요한 서비스 등의 경우는 이용자재정지원방식보다는 국가직접제공이나 제공자재정지원방식이 더욱 효과적일 수 있다.

서비스 특성을 구체적으로 살펴보면 서비스 수요를 표준화하여 공급기관이 다수 존재할 가능성이 희박한 서비스나 사회적 가치를 실현하기 위해 제공되는 서비스는 공공성 확보가 더 중요하며 주어진 서비스에 기반을 두어 추가서비스 이용이 가능한 기초서비스의 경우 선택권 확보보다는 접근성에 대한 보장이 정책적으로 우선되어야 한다. 즉 추가서비스의 경우는 이용자가 스스로 판단하여 필요하다면 선택권을 행사하는 것이 가능하지만 기본적인 삶과 직접적으로 연관되는 기초적인 서비스 경우에는 국민 누구나 서비스에 대한 접근이 가능하도록 서비스를 제공하는 것이 더욱 중요하다고 할 수 있다.

하지만 서비스 내용을 표준화하기 쉽고 품질평가가 용이한 서비스를 다양한 서비스 기관이 경쟁적으로 서비스를 제공할 때에는 이용자가 양질의 서비스를 향유할 수 있는 가능성이 크므로 이용자재정지원방식이 효과적일 수 있다. 그러나 이용자가 서비스 질을 평가하기 어려운 전문적인 영역이나 잘못된 선택이 장기적으로 이용자에게 큰 문제를 야기할 수 있는 영역의 경우는 이용자재정지원방식으로 서비스를 선택하는 것이 오히려 이들에게 부정적인 영향을 미칠 수 있다(윤영진 외, 2009). 이용자재정지원방식으로 사회복지서비스를 제공할 때 서비스가 표준화되어 있어 이용자가 품질을 평가하기 용이한 서비스의 경우 그리고 사기나 남용이 발생 가능성이 적은 서비스는 구매빈도가 잦으며, 서비스 교체 시 부대비용이 낮은 서비스는 이용자재정지원방식으로 서비스를 제공할 때 이용자의 선택권을 유지하면서 경쟁효과가 일어날 수 있다.

또한 이용자 성격을 고려하여 첫째, 독립성과 자기결정권 확대가 가능한 이용자, 둘째 서비스 선택권을 실질적으로 활용할 수 있는 이용자 그리고 마지막으로 서비스 정보접근성이 용이한 이용자는 선택권확대효과가 있을 수 있지만 위와 같은 조건이 성립되지 않는 경우는 정보이용에 있어 접근성이 약하고 자기결정권이 없는 이용자의 경우는 제공자재정지원방식이나 국가주도형방식으로 사회복지서비스를 제공하는 것이 바람직하다고 할 수 있다.

이용자 성격과 서비스 특성 외에 이용자재정지원방식으로 서비스를 제공하는 경우 전제조건으로 제시한 것이 이용자가 선택할 수 있을 정도의 다양한 수의 기관과 서비스가 존재해야 한다는 점도 중요한 고려사항이다 (Dougherty & Eggers, 1996). 이용자가 선택할 수 있는 다양한 수의 기관이나 서비스가 존재하지 않는다면 이용자 선택은 무의미하기 때문에 다양한 수의 기관이나 서비스 수는 이용자재정지원방식의 기본 전제조건이라고 할 수 있다. 〈제2장〉에서 제시하였던 이용자재정지원방식으로 서비스를 제공하는 경우 고려되는 10가지 전제조건에서 이용자 성격을 반영하는 자기결정권을 제외하면 **사회복지서비스 제공 전제조건**으로 제시할 수 있는 것은 첫째, 선택 가능한 기관과 서비스의 수, 둘째 정보공개, 셋째 이용자선별 규제, 넷째 탄력적인 서비스 공급, 다섯째 기관의 시장진입규제, 여섯째 본인부담금 차등지원과 초과청구 제한, 일곱째 비용효율성, 여덟째 한계상환비율, 아홉째 수급자격을 들 수 있다. 사회복지서비스 특성과 이용자 성격 그리고 서비스 제공의 전제조건을 고려하여 분석기준을 정리하면 〈표 4-4〉와 같다.

결국 현대복지국가에서 사회복지서비스사업의 제공원칙인 보편적 권리, 사회통합과 연대, 분배적 정의 그리고 국가재정 지출의 효율성을 사회복지서비스사업에 구체적으로 적용하고 있고, 서비스 제공을 위한 전제조건과 서비스 특성 및 이용자 성격이 위의 기준들에 부합하는 사회복지서비스사업이라고 한다면 이용자재정지원방식으로 서비스를 제공하는 경우 이용자의 선택권을 보장하면서 국가재정지출의 효율성을 증대하고 사업의 효과를 높일 수 있을 것이다.

물론 서비스 전제조건과 이용자 성격 및 서비스 특성을 사회복지서비스 재정지원방식 또는 제공방식을 결정하기에 앞서 고려해야야 한다. 바우처 같은 이용자재정지원방식으로 사회복지서비스를 제공하려고 한다면 무엇보다도 서비스 전제조건의 경우 다양한 수의 기관과 소비 불균형과 이용자 선별에 대한 규제방안이 중요하다고 할 수 있고, 이용자 성격으로는 자기결정권의 여부가 중요하며 그리고 서비스 특성으로는 내용 표준화와 품질측정의 용이함 등을 들 수 있다. 특히 경제적 측면에서 이용자재정지원방식을 통한 서비스 제공이 비용효율성을 담보하지 못한다면 재정적 효율성 증대

〈표 4-4〉 이용자재정지원방식 서비스 제공 전제조건과 이용자 성격 및 서비스 특성

재정지원 방식	이용자 성격	서비스 특성	서비스 제공 전제조건
이용자재정 지원방식	1. 이용자의 독립성과 자기결정권 확대가 가능한 이용자 2. 서비스 선택권을 실질적으로 활용할 수 있는 인지능력(보호자 능력도 고려)이 있는 이용자나 이용자가족 3. 서비스 선택에 기반을 둔 정보접근성이 있는 이용자	1. 서비스 내용이 표준화되어 있어 이용자가 그 품질을 평가하기가 용이한 사회복지서비스 2. 서비스 제공과 관련하여 사기나 남용이 발생할 가능성이 적은 사회복지서비스 3. 서비스 구매빈도가 잦으며, 서비스 교체로 인한 부대 비용(경제적, 정서적인 부담 포함)이 낮은 사회복지서비스	1. 선택 가능한 수의 제공기관과 서비스 2. 비용효율성 3. 시장진입규제 4. 정보공개 5. 본인부담금차등지원과 초과청구제한 6. 공급탄력성 7. 이용자선별규제 8. 한계상환비율 9. 수급자격

라는 원칙에 어긋나는 선택이라고 할 수 있다.

〈그림 4-2〉는 사회복지서비스의 재화적 성격과 이용자 및 서비스 특성 그리고 서비스 제공조건과의 관계를 그림으로 나타낸 것이다. 사회복지서비스의 재화적 성격은 비순수사적재와 비순수공공재라는 특성이 있으며 특히 사회적 목적을 실현하기 위하여 국가 재정을 투입하는 가치재적 성격을 나타낸다. 사회적 가치재로서 사회복지서비스를 이용자재정지원방식으로 제공하는 경우 이용자의 특성과 서비스 특성을 고려하여 이용자가 독립성을 유지하며 자기결정권을 행사하고 정보접근에 있어 제한이 없는 경우 그리고 서비스 품질측정이 용이하고 표준화되어 있어 서비스의 내용을 쉽게 이해할 수 있고, 구매빈도가 잦으며 서비스 교체가 언제든지 가능하며 서비스 선택에 있어 사기나 남용이 일어날 가능성이 없는 경우, 선택 가능한 다양한 수의 기관과 서비스가 존재하는 경우, 국가가 공급탄력성을 보장하는 경우, 본인부담금 차등지원과 초과청구가 제한이 있는 경우, 기관에 대한 국가 규

〈그림 4-2〉 **사회복지서비스의 재화적 성격과 이용자 및 서비스 특성 그리고 제공조건과의 관계**

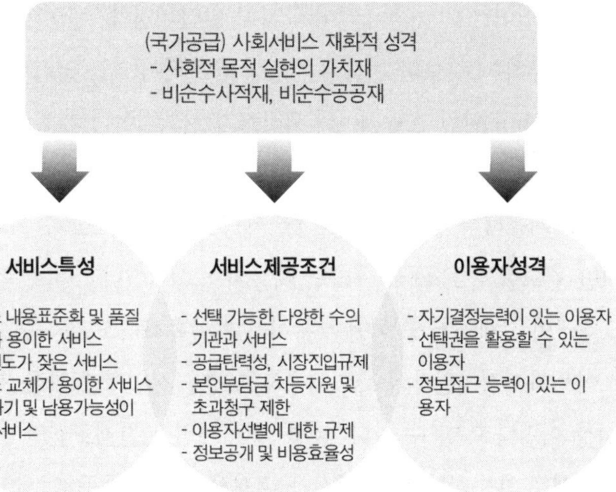

제가 있는 경우, 정보공개를 보장하는 경우, 이용자선별을 막는 법적 규제가 있는 경우 그리고 비용적인 면에서 다른 제공방식보다 이용자재정지원방식이 효율적인 경우에는 내부시장에서 사회복지서비스를 이용자재정방식의 어떤 유형으로도 제공할 수 있으며 이용자의 선택권을 강화하고 경쟁효과로서 국가재정의 효율성을 강화할 수 있다.

예를 들어 저소득 청소년들의 문화적인 욕구를 충족하여 형평성 증진을 목적으로 이용자재정지원방식의 문화바우처 서비스를 제공했을 때 바우처를 사용할 수 있는 연극이나 오페라, 뮤지컬 그리고 각종 음악공연 등은 선택 가능할 정도의 다양한 수가 전제되어 있으며, 이용자인 청소년(또는 부모)은 자신에게 적합한 공연을 선택할 수 있는 자기결정권을 가지고 있으며 각종 공연에 대한 정보도 손쉽게 취득 할 수 있고 공연을 관람한 후 공연을 손쉽게 평가할 수 있다. 공연을 통해 사기가 일어날 가능성도 존재하지 않고 바우처가 제한 없이 제공되지 않으므로 공연관람이 남용될 가능성도 없고 공연 시작 전에는 공연을 언제든지 취소하고 다른 공연으로 교환할 수도 있다. 또한 문화공연은 대부분 민간영리기관에서 서비스를 제공하므로 시장에 대한 최소한의 규제만이 필요하며 정보가 대부분 공개되어 있어 정보왜곡(또는 비대칭)이 일어날 가능성이 적어 국가나 민간비영리기관이 직접 공연문화서비스를 제공하는 것보다 기술과 경험이 담보되어 있는 영리기관이 서비스를 제공하는 것이 훨씬 효율적이며 서비스가 일회적이어서 초과청구가 일어나지 않으며 본인부담금은 차등 지원될 수 있으므로 서비스를 이용자재정지원방식으로 제공했을 때 적절한 서비스 제공효과를 기대할 수 있다.

하지만 〈그림 4-2〉에서 나타난 이용자의 성격이나 서비스 특성 그리고 서비스 제공의 전제조건 중 어떤 부분이라도 미흡하다고 한다면 사회복지서비스를 이용자재정지원방식으로 제공하는 경우 서비스 효과를 기대하는 것은 사실상 어렵다고 할 수 있다. 예를 들어 서비스 전제조건인 다양한 수의 기관이나 선택 가능한 수의 서비스가 존재하지 않는다든지, 서비스 특성상 품질평가가 어렵거나 서비스 내용을 표준화하기 어려운 서비스 사용빈도가 적은 서비스, 서비스 교체 시 시간비용 등 거래비용이 발생하는 서비스 그리고 이용자가 선택권을 활용할 수 있을 정도의 인지능력이 없거나 정보취득이 어려운 경우 소비 불균형과 이용자선별이 일어날 수 있으므로 이러한 경우 사회복지서비스를 이용자재정지원방식으로 제공하기보다는 제공자중심방식이나 국가직접제공방식으로 제공되는 것이 훨씬 효과적일 수 있다.

현재 이용자재정지원방식으로 서비스가 진행 중인 노인돌봄서비스 바우처사업이나 장애인활동보조 바우처사업 그리고 산모신생아돌보미 바우처사업 등과 같은 대표적인 돌봄서비스는 국가가 공급을 창출하는 비순수사적재이고 비순수공공재인 성격이 있고 내부시장에서도 교환되는 사회적 가치재 성격을 가지고 있지만, 이용자 성격이나 서비스 특성 그리고 서비스 전제조건에 대한 사전숙고 없이 서비스를 진행하는 측면이 없지 않아 있다. 즉 시장에서 교환될 수 있게 설계한 사업이지만 서비스의 전제조건이나 이용자 성격 그리고 서비스 특성을 고려하지 않고 진행한 대표적인 사업이기 때문이다. 따라서 사회서비스 바우처사업의 경우 서비스 효과성을 극대화하고 국가재정지출의 효율성을 위하여 이용자 특성과 서비스 특성 그리고 서비스 전제조건에 대한 고려가 반드시 필요하다고 볼 수 있다.

사회복지서비스 분석은 위에서 제시하였던 **이용자 성격**과 **서비스 특성** 그리고 **서비스 전제조건**을 고려하여 분석해야 한다. 시민의 보편적 권리, 사회통합과 연대, 분배적 정의 그리고 재정 효율성이라는 복지국가의 기본 원칙을 고려하여 이용자재정지원방식으로 서비스를 제공하는 경우 반드시 적용해야 하는 분석기준으로 제시하였던 10가지 기준인 초과청구, 공급탄력성, 자기결정능력, 수급자격, 정보실패, 이용자선별, 시장진입규제, 다양한 서비스와 기관, 한계상환비율 그리고 비용효율성은 이용자 성격과 서비스 전제조건으로 구분하여 재분류할 수 있다. 즉 자기결정능력 기준은 이용자 성격에서 분석되는 기준이므로 자기결정능력을 제외한 나머지 9개의 기준이 서비스 제공의 전제조건이라고 할 수 있다.

서비스 전제조건에서 제시하였던 수급자격과 공급탄력성 기준을 넓게 보면 하나의 기준으로 통일하는 것이 가능하다. 이는 수급자격이 보편적인가 또는 선별적인가는 공급을 얼마나 탄력적으로 제공하는가를 의미한다고 볼 수 있기 때문이다. 즉 서비스 제공에 따른 예산 총액을 결정하는 소득기준의 수준을 어디에 맞추어 놓느냐에 따라 서비스 공급을 확대할 수 있는 방안이기 때문이다. 예를 들어 서비스를 제공받을 수 있는 대상자의 소득기준이 최저생계비의 120% 이하인 것과 전국 평균가구소득 100% 이하인 기준은 수급자격에 따른 서비스 보편성과 공급량에 절대적으로 영향을 미친다. 물론 공급탄력성에는 기관이 이용자 수요에 맞는 서비스를 공급할 수 있을 정도로 탄력적인가라는 기본 질문을 포함한다.

따라서 이용자 성격의 분석기준은 자기결정능력이 있고 서비스 전제조건은 공급탄력성과 수급자격을 하나로 묶여 총 8개의 기준을 적용할 수 있다. 이용자 성격으로 제시하였던 기준 중 인지능력 그리고 정보접근 가능성 기준은 이용자의 자기결정능력을 중시하므로 이용자 성격은 자기결정능력의 여부를 판단하는 것이 가장 중요하다.

마지막으로 서비스 특성 기준은 서비스 내용표준화 가능성 및 품질측정의 용이함, 구매빈도, 서비스 교체 가능성 그리고 구매사기와 남용 가능성이다. 이 기준 중 구매사기와 남용 가능성을 비용효율성의 기준에서 제외할 수 있고 서비스 내용표준화 가능성 및 품질측정의 용이함 그리고 구매빈도 등은 서비스가 전문적인가라는 하나의 통일된 기준으로 분석될 수 있는 내용들이다. 예를 들어 서비스가 전문성이 낮으면 서비스 내용을 표준화하는 것이 가능하며 품질을 측정하는 것이 용이하고 또 언제든지 구매 가능하므로 구매빈도가 잦을 수 있다. 그리고 서비스 교체의 가능성은 서비스 교체 시 얼마나 많은 거래비용의 부대비용을 이용자가 부담하여야 하는가를 나타내는 중요한 기준이므로 서비스 특성은 첫째, 서비스의 전문화 정도 그리고

이용자성격	서비스특성	서비스 제공 전제조건
자기결정능력	1. 서비스 전문성 정도 2. 교체비용의 정도(부대비용의 부담 정도)	1. 선택 가능한 수의 제공기관과 서비스 2. 비용효율성 3. 시장진입규제 4. 정보공개 5. 초과청구 6. 공급탄력성(수급자격) 7. 이용자선별규제 8. 한계상환비율

둘째, 부대비용의 발생 정도 등으로 분석할 수 있다. 결국 이용자재정지원방식으로 사회복지서비스를 제공하는 경우 사업의 적합성을 분석할 수 있는 분석기준을 이용자 성격, 서비스 특성 그리고 서비스 전제조건으로 다시 재분류하면 〈표 4-5〉와 같다.

제4절 소결

사회복지영역에서 제공하는 모든 재화와 서비스를 총칭하여 사회복지서비스라고 할 수 있다. 사회복지영역에서 제공하는 사회복지서비스는 크게 보면 현금과 현물로 구분한다. 사회복지서비스를 영역별로 보면 사회보험의 연금이나 고용보험의 실업급여 같은 경우는 현금서비스가 그리고 건강보험은 현물서비스가 주종을 이룬다. 공적부조인 국민기초생활보장제도의 생계급여는 현금서비스가 주종이며 건강보험제도의 의료보호는 현물서비스라고 할 수 있다. 그리고 사회복지서비스영역에서 제공하는 사회복지서비스는 주로 현물서비스가 중심이다. 사회복지서비스는 공공재로 구분할 수 있으며 사적 시장에서 제공하는 경우는 공공재 성격을 띠는 가치재로서 구분할 수 있어 재화 성격은 매우 다양하다고 할 수 있다. 배제와 경쟁을 기준으로 사회복지서비스를 유형별로 구분하면 크게 국가공공재, 지역공공재(또는 클럽공공재), 집합공공재, 사회적 목적으로 제공되는 사적재, 외부효과가 있는 사적재 등으로 구분할 수 있는데 위의 경우 모두 사회적 목적을 실현 -복지국가의 규범적 정당성획득- 을 위해 제공한다는 측면에서 가치재로 구분할 수 있다.

사회복지서비스를 제공하기 위하여 국가는 다양한 사업을 전개하며 사업의 제공목적을 크게 보면 사회적 가치의 실현과 구체적으로는 국민의 삶의 질 향상이라고 할 수 있다. 사회복지서비스사업이 가치지향적이라는 것은 이용자재정지원방식으로 사회복지서비스를 제공한다고 해도 변하지 않는다. 사회복지서비스의 가치나 또는 목적을 성취하기 위하여 서비스 제공을 위한 전제조건과 서비스를 제공받는 이용자 성격과 서비스 자체의 특성을 반드시 고려하여야 한다. 제공되는 서비스의 전문성이 낮은 경우, 즉 서비스 내용을 표준화하기 쉽고 서비스 구매빈도가 잦으며 연속적이지 않고 품질평가가 용이한 서비스의 경우는 이용자 선택으로 양질의 서비스를 향유할 수 있는 가능성이 크기 때문에 이용자재정지원방식으로 재정을 지원하여 이용자가 서비스를 선택하는 것이 효과적일 수 있다. 또한 서비스 제공과 관련하여 사기나 남용이 발생할 가능성이 적은 사회복지서비스는 이용자재정지원방식으로 서비스를 제공한다면 재정적 효율성이 증가한다고 볼 수 있다. 즉 기관이 서비스 가격편차의 이유로 기본적인 서비스 질을 조정하여 서비스 이름만 바꾸어 제공한다든지 또는 동일한 서비스를 이름이나 형식만 바꾸어 지속적으로 제공하는 등의 서비스 사기나 남용 등이 일어날 가능성이 없는 서비스인 경우는 서비스 선택권을 이용자에게 부여하여 이용자 스스로 이용 가능한 서비스나 기관을 선택하는 것이 바람직할 수 있다. 그리고 구매빈도가 잦아 서비스의 내용이나 질에 대해서 이용자가 잘 알고 있고 다른 서비스로 교체해도 이에 따른 부대비용이 낮은 경우는 선택권을 확대하는 이용자재정지원방식이 효과적일 수 있다.

하지만 이용자의 성격상 자기결정능력이 없는 이용자나 서비스 품질을 평가할 수 없는 이용자, 서비스 선택에 있어 거래비용을 높게 지출하여야 하는 이용자, 기초적인 서비스 이외에 추가적인 서비스가 반드시 필요한 이용자, 공공성 유지를 위해 또는 강제적으로 서비스를 반드시 제공하여야 하는 이용자 등은 이용자재정지원방식보다는 국가주도형이나 기관재정지원방식으로 서비스를 제공하는 것이 적합하다고 할 수 있다.

결국 제공자재정지원방식이나 이용자재정지원방식으로 서비스를 제공하기 위한 전제조건으로 이용자 성격과 서비스 특성을 고려한 서비스 기획과정이 필요하다. 특히 이용자재정지원방식으로 서비스를 제공하는 경우 앞서 제시하였던 8가지 전제조건들에 대한 고려가 반드시 필요한데 이는 복지국가가 국민에게 사회복지서비스 제공을 통해 성취하려는 사회적 목적 실현의 정도가 전제조건을 반영하기 때문이다.

제5장 이용자재정지원방식의 정책적 틀과 주요 쟁점

제1절 개관

　주로 가족이 담당하던 돌봄서비스는 노인인구의 증가나 여성의 경제활동 참여 증가 등으로 더 이상 사적 영역에서 담당하기 어려운 상황이며, 이에 돌봄서비스를 주된 내용으로 하는 사회적 서비스에 대한 정책적 대응이 지속적으로 증가하고 있다. 사회서비스에 대한 정책적 대응은 큰 틀에서 서비스 지원의 보편화를 지향할 수밖에 없는데, 이는 사회서비스에 대한 욕구가 특정 인구집단에서만 나타나는 선별적 특성이 아니라 보편적 인구집단에서 발생하기 때문이다(김은정, 2009). 즉 산업화 이후 대다수 사람들의 삶을 위협했던 질병, 노령, 재해, 실업 등에 정책적으로 대응할 수밖에 없었던 것처럼, 돌봄care에 대한 욕구가 보편적으로 나타나면서 이에 대한 정책적 대응도 보편화를 지향할 수밖에 없게 되었다.

　제한된 공적 자원을 사용하여 많은 사람들의 돌봄서비스 욕구를 적절히 충족하는 것은 정책적으로 어려운 과제임은 분명하다. 어떻게 하면 주어진 자원을 효율적으로 사용하면서도 동시에 서비스 수요자들을 더 만족스럽게 할 것인가? 이러한 질문은 사회서비스를 국가 정책에서 중요하게 고려했던 많은 선진국들이 1960년대 이후 지금까지 꾸준히 던져오고 있는 것이지만, 질문에 대한 답은 시대를 거치면서 많이 변해왔다. 또한 이러한 정책적 질문과 답을 추구하는 과정에서의 강조점도 시대를 거치면서 변해왔다고 할 수 있다.

돌봄서비스에 대한 사회적 책임을 강조해온 서구의 복지선진국들은 20세기 초반부터 대다수 시민들의 사회권 확립의 차원에서 공공부문이 직접 돌봄서비스를 제공하는 것을 강조하였고, 따라서 공공부문에서 적절한 사회서비스 전달체계를 확보하는 것이 중요한 과제였다(Aronsson, 2007). 이후 공공부문의 관료적·형식적 서비스 제공이 관행의 문제가 제기되면서, 대안으로 민간기관 역할을 강조하기 시작하였다. 이는 지속적으로 늘어나는 사회서비스 예산을 어떻게 하면 효율적으로 사용할 것인가, 그리고 실질적으로 서비스 이용자 만족도를 어떻게 증진할 것인가에 대한 관심과 맞물려 나타난 현상이라고 할 수 있다. 결과적으로 1980년대 이후 대부분의 국가에서 돌봄서비스에 대한 공공부문의 비중은 낮아지고 민간서비스 위탁계약 비중이 증가하였으며, 이 밖에 다양한 방식의 전달체계 효율성을 위한 정책적인 노력이 지속적으로 이루어져 왔다.

이렇듯 기존의 사회서비스 효율성과 이용자 만족도 증진을 위한 정책적 대응은 주로 서비스 전달체계를 개선하는 데 초점을 두었다고 할 수 있다. 그러나 최근 들어서는 서비스 이용자들이 서비스를 이용함으로써 얻게 되는 효용의 증대에 정책적인 관심이 모아지고 있다. 이는 대인돌봄서비스를 주 내용으로 하는 사회서비스의 특성상 이를 이용하는 이용자 만족은 궁극적으로 이용자 평가에 근거할 수밖에 없다는 점과 관련된다. 전문성을 크게 요구하지 않는 일상적 돌봄서비스의 경우, 서비스 제공자나 전문가의 의사결정이 아니라 서비스 이용자의 자율적인 의사결정이 얼마나 가능한가 하는 것은 서비스에 대한 만족도를 높일 수 있다. 이를 위해서는 사회서비스 이용 시 서비스 기관, 제공자, 이용시간 등에 선택 가능성을 증가하고, 서비스를 설계하고 이용함에 있어서 이용자의 개인적인 선호를 반영한 서비스 제공을 강조하고 있다.

이에 최근 사회서비스 정책영역에서 두드러지게 강조되고 있는 것 중의 하나가 공적 재원을 제공하는 방식의 변화이다. 즉 동일한 공적 재원을 사용하여 시민의 사회서비스에 대한 요구에 부응하더라도, 재정지원의 직접적 대상을 서비스 기관이 아니라 서비스 이용자에게로 전환하는 것이다. 이는 단순히 재정지원의 방식이나 흐름의 순서나 방향만을 바꿀 뿐 큰 틀에서 서비스 제공자에 대한 재정지원방식과는 큰 차이가 없는 방식에서 서비스 이용자가 서비스 전 과정에 적극적으로 개입하여 차별화된 사회서비스를 이용하는 방식으로 다양하게 나타날 수 있다. 유럽의 몇몇 국가들을 포함하여 미국, 캐나다 등에서도 사회서비스에 대한 이용자재정지원방식이 일부 시행되고 있는데, 이러한 정책적 변화나 제도적 성숙도, 제도의 활용 정도 등에는 큰 편차를 보이고 있다.

이렇듯 사회서비스 이용자에게 재정을 지원하는 방식에서 국가별로 편차가 나타나는 주된 이유는, 돌봄서비스가 주가 되는 사회서비스 지원이 여타의 다른 공적 서비스 -예를 들어, 의료서비스, 가족지원 수당이나 서비스, 고용지원 서비스 등- 에 대한 지원체계와 맞물려 있기 때문이다. 또한 과거부터 확립되어온 사회서비스 전달체계의 구조와 지원방식에서 국가별로 차이가 있기 때문에 서비스 이용자에게 재정을 지원하는 방식으로 변화하는 정도나 차이가 나타날 수밖에 없다. 국가별로 차이가 나는 이용자재정지원방식의 서비스 종류들을 살펴보고 그 특성과 이에 대한 정책적 접근의 틀을 이해하는 것은 사회서비스에 대한 보다 효과적이고 효율적인 정책적 대응 마련이라는 측면에서 유의미한 작업일 것이다. 그러나 각국의 여타 정책 상황과 분리하여 이용자재정지원방식의 내용과 특징만을 고찰하는 것은 그 제도의 본질을 이해함에 있어서 한계가 있을 수밖에 없다.

이러한 한계를 감안하면서 본 장에서는 주로 영국, 미국, 캐나다 등에서 활용하고 있는 사회서비스 이용자재정지원방식들을 고찰하고 이에 대한 정책적 접근의 큰 틀과 구체적 방식 등에 대해 검토하고자 한다. 이러한 검토를 기반으로 이용자재정지원방식을 도입 시 고려해야만 하는 중요한 정책적인 쟁점들을 살펴볼 것이다. 어떤 경우에 사회서비스에 대한 이용자재정지원방식이 공급자재정지원방식에 비해 사회서비스의 효과성과 효율성을 증진할 수 있는지, 그리고 나아가 이용자재정지원방식으로 사회서비스를 설계하는 경우 어떠한 점들을 구체적으로 고려해야만 하는지 등을 살펴볼 필요가 있다. 이를 위해 이 장에서는 우선, 사회서비스에 대한 이용자재정지원방식의 종류와 내용을 먼저 간략히 살펴본다. 다음으로 이용자재정지원방식의 정책적 틀과 접근방식을 고찰해본다. 마지막으로 이용자재정지원방식의 도입과 관련된 중요한 쟁점들을 검토함으로써 논의를 마무리한다.

제2절 사회서비스 이용자재정지원방식의 종류와 특성[9]

1. 직접지불제도

직접지불제도는 영국에서 개발되어 지금까지 실행되어온 제도로서, 사회서비스 이용자에게 서비스를 직접 제공하는 대신 서비스를 구매할 수 있는 구매력을 제공함으로써 서비스 이용자들의 권력power을 확대하는 제도를 의미한다. 1996년 영국의 Community Care Act Direct Payment가 통과되면서 공

---

9 이 장은 5장(윤영진 외, 2009)의 내용을 수정, 보완한 것임을 밝혀둔다.

식적으로 시작되었다. 직접지불제도에서는 현금계좌를 통해 구매력을 지원받은 서비스 이용자가 고용주가 되어 돌봄서비스 제공자를 직접 고용한다.

영국의 경우 18세 이상의 성인이 이용 가능한 사회서비스 재정지원방식의 주요 유형으로 직접지불제도를 포함하고 있다.[10] 일반적으로 직접지불체계로 이용할 수 있는 사회서비스는 대다수의 독립생활지원서비스, 각종 사회활동지원서비스, 학업이나 구직활동지원서비스, 주거지원서비스 등을 포함하며 의료서비스나 요양원 등의 시설거주서비스는 포함하지 않는다. 2003년 이후 영국에서는 장애인을 대상으로 하는 돌봄서비스는 반드시 직접지불제도로 제공하는 것을 강제하고 있다(이영아, 2006).

사회서비스 수요자가 직접지불제도를 이용하기 위해서는 서비스가 필요하다는 것을 지자체에서 증명해야만 한다. 또한 직접지불제도 참여신청에서 비용정산 등 서비스 전 과정에 이용자가 주체적으로 관여해야만 한다. 즉 이용자가 돌봄서비스 제공자를 고용할 때 공고를 내고, 인터뷰를 하며, 비용지불관련 법적 책임과 서류 등을 작성하여 공공기관에 제출하는 등 다양한 작업을 주체적으로 수행해야만 한다는 것이다. 따라서 이러한 과정에 적절한 지원체계나 적극적인 컨설팅 체계를 확보하지 않으면 제도를 활용하기 어렵다. 따라서 적극적인 컨설팅 체계를 확보하지 못한 지방정부의 경우 직접지불제도 자체를 사회서비스 수요자들에게 제안하지 않는 경우도 현실적으로 종종 발생한다. 직접지불제도를 이용하고자 하는 사회서비스 수요자에 대한 1:1의 지원체계를 확보할 수 있는가의 여부가 이 제도의 성패를 가르는 중요한 요인이 될 수 있다.

이러한 직접지불제도는 사회서비스 이용자들이 이미 정해진 서비스 제공의 틀 속에 자신의 욕구를 최대한 충족하는 서비스 설계를 지향한다. 실제

---

10 성인대상 사회서비스 목록으로는 (1) 요양(돌봄)시설 서비스, (2) 재가 돌봄서비스, (3) 직접지불지원체계, (4) 간호기관, (5) 주간 혹은 단기보호서비스, (6) 전문적 서비스를 제시하고 있다 (www.csci.org.uk).

로 이러한 제도적 지향을 현실화할 수 있다면 이것은 공공 사회서비스 제공
에 있어서 매우 개혁적인 변화라고 할 수 있다(Glendinning, 2006). 즉 서
비스 이용자는 서비스 공급자가 정의한 방식으로 움직이는 수동적인 대상이
아니라 이용자가 원하는 적절한 지원을 적극적으로 활용할 권리가 있는 시
민을 의미한다. 따라서 실천현장의 사회복지사들도 이제 단순한 사례관리
자가 아니라 개별적인 사회서비스 이용자의 욕구에 맞춰 서비스를 계획하고
이를 관리하는 돌봄서비스 기획자가 되어야 한다.

하지만 직접지불제도가 원래 계획했던 성과를 달성하기 위해서는 다음과
같은 정책과제를 해결해야만 한다. 첫째, 앞서 언급한 바와 같이 이 제도의
활용을 위한 적극적인 컨설팅 체계를 확보해야 한다는 것이다. 둘째, 직접지
불제도를 이용하는 사회서비스에 대해서도 다른 사회서비스와 마찬가지로
최소품질관리체계를 확립해야 한다는 것이다. 공공재원을 투여하는 사회서
비스가 일정수준 이상의 품질을 유지하는 것은 중요한 정체적인 전제가 되
는데, 직접지불제도에서는 이러한 전제가 충족되는지를 모니터링하고 관리
하는 것이 용이하지 않을 수 있다. 셋째, 직접지불제도 내에서 사회서비스를
제공하는 돌봄서비스 제공자들의 노동자 지위를 확보해야 한다는 것이다.
가족이나 친척 등이 이러한 직접지불제도하에서 돌봄서비스 제공자가 될 수
있으므로 이들에 대한 표준화된 교육이나 훈련 요건을 느슨하게 적용하게
되면 이것은 돌봄노동자로서의 지위가 약화되는 데 영향을 미칠 수 있다.

영국 스코틀랜드 지방을 중심으로 사회서비스에 대한 직접지불제도 운영
의 현황을 간략히 살펴보면 다음과 같다. 스코틀랜드 지역에서는 2003년부
터 자격을 갖춘 16세 이상 장애인들, 그리고 15세 이하 아동의 부모들에게
서비스를 직접 제공하는 대신 직접지불제도를 제공하는 것이 지방정부의 의
무가 되었다. 이 지역에서는 2001년 207명이 직접지불제도를 이용하였으나
2008년 3월에는 약 10배가 증가한 2,605명이 제도를 이용하고 있다(Scot-
tish Government, 2008). 직접지불제도를 이용하는 사람들 중의 50%가 신

체장애가 있는 사람들이며, 25%가 65세 이상 -2001년에는 65세 이상이 7%에 지나지 않았음- 노인들이다. 직접지불제도에 소요된 예산도 2001년에 비해서 2008년에는 약 15배가 증가하였다. 직접지불제도 이용자 경우 평균 주당 22시간 정도를 직접지불제도를 이용하여 사회서비스를 수급하는 것으로 나타났다. 직접지불제도 이용자 중 2년 이상 3년 미만 이용자가 약 18%, 1년에서 1년 반 이용자가 15%, 3년 이상 4년 미만 이용자가 14%, 6개월에서 1년 미만 이용자가 13% 선이며, 5년 이상 이용자도 11%로 나타났다(Scottish Government, 2008).

2. 개인총예산제도

개인총예산제도individualized budgets는 사회서비스 수요자들이 활용할 수 있는 공공부문과 민간부문의 모든 잠재적인 자원들을 발굴하여, 이를 총체적으로 평가하고 사회서비스 수요자들이 주체적으로 자원을 활용할 수 있는 제도적 접근을 의미한다. 한편, 일반 개인예산personal budget은 개인총예산제도와 거의 유사한 개념이나 주로 대인 돌봄서비스에 관한 공공 재원만으로 구성되는 예산을 의미한다. 앞서 살펴본 직접지불제도는 사회서비스 수급자격을 갖춘 개인에게 현금계좌로 서비스 이용대금을 직접 지급하는 제도로서, 이용자들이 스스로 사회서비스 제공자를 선택하는 하나의 방식이다. 구분하자면 사회서비스 수요자들은 그들에게 주어진 대인 돌봄서비스에 대한 공적 지원예산과 기타 자원들을 총 망라하여 이용할 수 있는 총지원예산을 사용함에 있어서 공공부문이 직접적으로 제공하는 사회서비스도 이용할 수 있으며 또한 직접지불제도를 이용할 수도 있다.

영국의 개인총예산제도는 최근 강조되고 있는 사회서비스 개별화personaliza-tion정책의 큰 틀 안에서 실행하고 있다. 사회서비스 개별화 정책이란 사회서비스가 서비스 이용자의 개별적 욕구에 더욱 민감하게 재구조화하는 것을 의미한다. 이러한 개별화 정책에서는 서비스 종류 및 내용에 대한 선택 가능성 증진, 서비스 이용 전 과정에 대한 통제력 강화, 문제발생 예방과 조기개입을 가장 강조한다. 사회서비스 개별화 정책의 실행도구로서 앞서 설명한 직접지불제도보다 포괄적인 재정관리 방식인 개인총예산제도를 적극적으로 활용할 것을 강조하고 있다.

이러한 개별화 정책에서 최근 가장 중요하게 거론되는 것은, 사회서비스 이용자가 원하는 성과를 얻기 위해 자신이 가진 총 자원을 어떻게 할당할 것인지 보다 주체적으로 의사결정을 하는 것이다. 또 서비스 이용자에게 필요한 정보를 적극적으로 제공하여 가능한 이용자가 원하는 바대로 사회서비스의 유형과 방식 등을 선택하는 것이다. 특히 사회서비스 개별화 정책에서는 자기지향적 지원self-directed support을 강조한다. 자기지향적 지원이란 사회서비스 개별화 정책의 비전과 목표를 가능하게 하는 서비스 제공과정 혹은 전략으로서, 성인 사회서비스 체계를 이용자 선택권과 통제력 강화라는 관점에서 재설계해야 함을 강조한다.

현재 시범프로그램인 개인총예산제도는 영국의 범정부적 프로그램으로서 중앙정부의 보건복지부, 노동부, 지역사회와 지방정부, 장애관련 부서 등이 모두 관련된다.[11] 개인총예산제도는 사회서비스 이용자들을 지원해줄 수 있는 가용자원의 원천이 무엇인지 또 규모는 얼마나 되는지에 대한 보다 포괄적이고 체계적인 관점을 제공한다. 사회서비스 이용자는 서비스를 그대로 사용하는 것부터 직접지불제도를 이용하거나그 밖의 다른 방법들을 이용하여 원하는 서비스를 지원받는 것까지 모든 종류의 지원방식들을 포괄적으로 고려하여 선택할 수 있게 독려한다.

개인총예산제도가 사회서비스 개별화 정책의 일환으로 강하게 추진되고

---

[11] 영국정부는 현재 개인총예산제도에서 국가가 지원하는 아래의 6가지 주요 재원들을 모두 합쳐서 사용할 수 있다-지방정부의 성인대상 사회서비스자금, Supporting People 자금, Independent Living 자금, Disabled Facilities 보조금, Integrated Community Equipment Services, Access to Work (Department of Health(UK), 2006).

있지만 제도시행과 관련해서는 다음과 같은 쟁점들이 제기되고 있다(DH, 2006). 첫째, 개인총예산제도가 실제로 더 나은 성과를 내고 있는지 혹은 실제로 보다 나은 성과를 산출할 수 있는 잠재력을 가지고 있는지, 서비스에 대한 성과와 대비해 볼 때 추가적으로 드는 비용이 의미가 있는지 하는 점이다. 둘째, 제도 실행의 실제적인 과정과 관련된 쟁점으로, 이 제도를 보다 효과적으로 이용할 수 있는 방안이나 사례관리자들이나 기획자들이 이 제도를 관리하는 실질적인 방식에 대한 표준화가 되어 있지 않다는 것이다. 셋째, 제도에서 돌봄서비스 제공자들은 기존의 돌봄서비스 제공자들과 비교해서 어떠한 이점이나 불리한 점을 갖게 되는지에 대한 담론을 형성하고 있지 않다는 것이다. 또한 서비스 품질의 향상을 위해 이들에 대한 지속적인 교육과 훈련을 제공하고 노동자로서의 부가급여체계를 확보할 것인지도 중요한 쟁점이다.

3. 바우처제도

Steuerle 등(2000)에 따르면, 바우처는 제한된 종류의 재화나 서비스를 개인이 선택할 수 있게 추가적인 구매력을 제공하는 보조금을 의미한다. Steuerle 등(2000)은 바우처제도의 주요 특징으로 다섯 가지를 제시하고 있다. 첫째, 정부는 바우처를 통해 개인의 구매력을 직접 혹은 간접으로 증가하게 한다. 둘째, 바우처는 현금지출을 대신하는 형태나 세금보조의 방식으로 제공할 수 있다. 셋째, 대개 바우처 이용자들에게 지출상한선을 부과하도록 한다. 넷째, 바우처의 사용용도를 제한하거나 특정 목적에만 사용한다. 다섯째, 어떠한 형태로든 규제정책을 부과하여 실행한다.

한편 Daniels와 Trebilcock(2005)은 보다 포괄적인 의미에서 바우처를 사회적 재화를 제공함에 있어서 순순하게 공공부문에서 제공하는 것에 대안적 방법으로, 경쟁적 시장에서 사회서비스를 구매하기 위해 공공재정이 수요자에게 재정을 지원하는 것이라고 정의하였다. 즉 바우처방식은 서비스 수요자에 대한 보조금 제공방식을 모두 일컫는 것으로, 서비스 공급자가 아닌 서비스 이용자에게 공공재원을 제공하는 방식을 통칭하는 것이라고 보는 것이다. Bradford와 Shaviro(2000)가 언급한 바대로 하나의 고전적인 제도로서 바우처제도가 존재하기보다는 주요 특징에서 다른 정책수단과 의미 있게 구분 가능한 것이라고 할 수 있다(양난주, 2009에서 재인용).

이렇듯 사실상 바우처에 대한 개념정의는 매우 어려운데, 포괄적으로 개념을 정의하면 앞서 살펴본 직접지불제도, 개인총예산제도도 바우처제도의 일종으로 간주하는 것이 가능하다. 즉 공급자의 독점적 위치를 거부하고 소비자의 선택 가능성이 있는 제도는 큰 의미에서 바우처제도로 간주될 수 있다. 이런 의미에서 Daniels와 Trebilcock(2005)은 바우처 다움voucherness에 대한 표준을 어떻게 설정하는가에 따라 바우처 제도를 매우 넓게도 또 좁게도 정의할 수 있다고 보았다.

바우처에 대한 일반적인 정의에서 바우처를 협의로 정의하는 경우에는, 명시적explicit 바우처만을 포함하는 경향이 있다. 반면 바우처제도를 광의로 해석하게 되면 묵시적implicit 바우처를 포함한 다양한 종류의 지원들도 바우처로 포함할 수 있다. 명시적 바우처란 서비스 이용자에게 바우처 형태의 증서(종이, 전자카드, 기타 쿠폰 모두 포함)를 제공하여 이용자 선호에 따라 공급자를 선택하는 바우처다. 이용자는 자신이 가진 바우처를 서비스 기관이나 제공자에게 주고 그 바우처를 받은 서비스 기관이나 제공자가 바우처 재원을 담당하는 기관에서 서비스 비용을 지급받는 형태이다. 일반적으로 이용자에게 재정을 직접 지원하는 대표적인 제도로서 바우처를 논의할 때에는 이러한 명시적 바우처를 대상으로 하는 것이 적절하다.

반면 묵시적 바우처란 이용자에게 바우처를 직접 제공하는 것이 아니라 이용자의 서비스 수요량에 대응하여 서비스 공급기관에 그 비용을 직접 보전하는 방식의 제도를 의미한다. 사실상 서비스 이용자들이 서비스 공급기관이나 공급자를 선택할 수 있다는 점에서 바우처제도의 본질적 특성이 살아있다고 할 수 있으나, 재정지원의 흐름은 재정부담자에서 이용자를 거치지 않고 서비스 공급자에게로 직접 이어진다는 특성이 있다. 앞서 논의한 바 대로 **바우처 다움**의 기준을 어디에 두는가에 따라 묵시적 바우처도 포함할 수 있으나, 재정지원의 흐름에서 이용자에게 재정을 지원하는 대표적 예로서 바우처제도를 논의할 때에는 묵시적 바우처가 아닌 명시적 형태의 바우처만을 포함하는 경향이 있다.

최근 사회서비스에서 정책적으로 이용자들의 선택권을 강조하면서 많은 복지국가들에서 바우처제도를 활용하고 있다. 미국에서는 대개 보육서비스, 자활지원서비스, 식품권, 고용훈련 서비스, 저소득층 주거비지원, 저소득층 학생들에 대한 추가적 교육서비스 등에 바우처제도를 활용하고 있다. 이렇듯 주로 복지서비스의 제공에 집중하여 바우처 프로그램을 실행함에 있어서, 미국의 주정부와 지방정부는 서비스 기관 인증제도, 서비스 이용자들에 대한 바우처 지급체계, 서비스 이용자들의 선택권에 대한 정보제공체계, 서비스 제공자들에 대한 비용지불체계, 프로그램 성과에 대한 정보제공체계를 주요 인프라로 간주한다(Haberkern, 2003).

사회서비스에 바우처를 도입함에 있어서는 바우처방식이 효율성과 형평성 간 조화를 다소나마 증진할 수 있는 사회서비스 영역과 방식 자체가 적합하지 않는 영역을 구분하는 것이 우선적으로 필요하다. 그리고 바우처 방식을 도입할 때에는 핵심적인 설계 이슈들을 잘 이해하고 제도를 실행하는 것이 결정적으로 중요하다. 바우처 방식의 경우 정해진 조건을 충족한다면 다른 어떤 방식의 재정 지원보다도 더 효율적이고 효과적인 방식이 될 수 있으나, 대인 돌봄서비스를 주요 내용으로 하는 사회서비스영역에서는 정해진 조건을 충족하는 것이 현실적으로는 매우 어려울 수 있다(Daniels & Trebilcock, 2005).

사실상 바우처제도를 실패하는 중요한 이유는 이 제도에 수반하는 설계

관련 한계점을 주의하지 않기 때문이다. 이상에서의 다양한 논의를 종합하여 볼 때 핵심적인 바우처 설계관련 이슈는 바우처 수급대상 선정기준, 바우처 서비스 기관 선정기준, 바우처의 액면 가치(전체 서비스 비용에서 차지하는 비중), 바우처 이외 추가 서비스 구매 가능성, 이용자선별 가능성, 시장 내 공급기관의 독점 가능성 등이라고 할 수 있다.

4. 수당

서비스 이용자에게 재정적 지원을 제공하는 방식 중 특정한 범주의 서비스 구매만이 가능한 서비스 종류나 유형을 제한하는ear-marked 방식과, 제한 없이 재정을 지원하는 방식으로 구분할 수 있다. 특정한 범주의 서비스 구매만이 가능한 방식으로 바우처제도, 직접지불제도 등을 포함할 수 있지만, 제한을 두지 않고 이용자에게 재정을 지원하는 방식은 수당방식에 해당된다고 할 수 있다. 일반적으로 성인대상 사회서비스와 관련해서는 간병수당attendance allowance이나 세금수당tax allowance을 제도적으로 실행해왔는데, 이 중에서 특히 간병수당은 돌봄을 필요로 하는 성인들이 추가적으로 지불해야 하는 서비스 구매비용에 대해 국가가 제공하는 현금수당으로서, 사회서비스에 대한 이용자재정지원방식으로 상대적으로 긴 역사를 가지고 있다(Pijl, 1994).[12]

현재 네덜란드와 남유럽의 몇몇 국가들을 제외하면 간병수당을 많이 활용하지는 않는다. 한편 스웨덴을 포함한 북유럽 선진복지국가의 경우 국가 중심 서비스 공급이 높은 수준에서 이루어지면서 그 틈새를 돌봄수당 방식

---

12 그런데 사실상 이러한 수당방식도 개념정의가 용이하지 않다. 앞서 특정한 범주의 서비스 구매만이 가능한 서비스 종류나 유형을 제한하지 않는 방식을 수당이라고 정의하였으나, 수당에 대한 포괄적 정의에서는 이용 가능한 서비스 범주의 일정 정도의 제한성도 수당의 한 형식으로 고려될 수 있다고 보기도 한다(Evers, 1994). 국가마다 서비스 이용자에게 정해진 현금을 수당으로 직접 제공하는 방식이나 특정 지출에 대해 상환refund하는 방식뿐 만아니라 세금감면, 세금환급, 특정 비용에 대한 면제나 감면 등과 같은 간접적 지원방식에도 수당이라는 이름을 붙이기도 한다.

으로 제공이 이루어졌다. 반면 장애인 대상 서비스는 간병수당이 주로 사용되었다. 간병수당의 경우 이용자가 이를 관리할 수 있는 기술과 책임성이 있어야 하기 때문에 주로 장애가 있는 젊은 연령대의 성인에게 적합한 것으로 알려져 있다(Johansson & Sundstrom, 1994; Evers, 1994).

미국에서는 돌봄 사회서비스에 대한 직접지불제도는 바우처를 직접 제공하거나 서비스 이용 비용을 상환하거나, 현금으로 수당을 직접 제공하는 방식 등을 이용한다. 그러나 현금을 직접 지급받는 수당방식으로 혜택을 받는 사람의 수는 상당히 적은 편이다. 간접적으로 사회서비스 사용 비용을 보조받는 경우가 많은데, 대표적인 예가 고용시장 안에서 보험을 통해 혜택을 받거나 특히 세금감면이나 세액공제 등을 받는 방식이다. 숨겨진 복지국가Hidden Welfare State의 논란이 불거질 만큼 미국의 경우 조세지출방식으로 사회서비스를 포함한 다양한 형태의 복지관련 공공재정을 지급해왔다.

주거관련 세액공제Tax Credit, 근로소득관련 세액공제, 아동과 피부양 가족원에 대한 돌봄관련 세액공제 등이 대표적인데, 이 중에서 특히 아동과 피부양 가족원에 대한 돌봄서비스 세액공제Child and Dependent Care Tax Credit가 간접 수당의 대표적인 방식이라고 할 수 있다. 이러한 방식은 비용환급reimbursement 방식이라고 할 수 있으며, 서비스 이용자가 우선적으로 비용을 지불하여 서비스를 구매하고 그 이후 공공기관이 그 비용 중 일부 혹은 전부를 세액공제tax credit 형태로 환급하는 것이다. 이러한 방식은 크게 바우처의 한 형태로 다루어지기도 한다.[13]

이러한 수당방식은 재원에 대한 이용자들의 자율권이 크다는 점이 강점이

---

[13] 보다 구체적으로 이 제도는 신청자가 근로를 위해 혹은 구직을 위해 13세 미만의 자녀, 법적 자격을 가진 배우자, 혹은 그 밖의 다른 피부양 가족원에게 돌봄서비스를 제공하는 사람을 고용하여 비용을 지불했을 때, 이 세액공제를 신청함으로써 지불하는 세액을 줄이는 제도이다. 이때 돌봄서비스를 제공받은 13세 미만의 자녀, 배우자, 기타 피부양 가족원은 신체적 혹은 정신적으로 스스로 돌봄이 불가능한 상태이어야만 한다. 세액공제의 액수는 돌봄서비스 제공자에게 지불해야만 하는 비용의 총량 중 일정 비율로 결정된다. 2007년을 기준으로 한 명의 가족원에 대해서는 총 비용 중 3,000달러에 대해, 그리고 두 명 이상의 가족원에 대해서는 6,000달러에 대해 세액공제를 요청할 수 있다(US IRS, 2008).

다. 이용자들은 거의 제한이 없는 선택권이 있으며 그들에게 가장 적합한 서비스를 선택할 수 있다. 그러나 만약 서비스를 일반 시장에서 구매할 수밖에 없다면 수당으로 필요한 서비스를 충분히 구매할 수 있을지는 알 수가 없다. 또한 돌봄서비스의 품질에 대해 보장할 수 없다. 또, 서비스 이용자들에게 현금수당을 지급하였을 때 서비스 이용자가 가장 최선이 되는 선택을 할 수 있을지도 확신할 수 없다. 마지막으로 현금수당은 비공식적 부문을 통한 서비스 구매로 사용되기 쉽다. 이러한 서비스 구매는 단기적으로 서비스 이용자와 제공자 모두에게 이익일 수 있으나 장기적으로는 서비스 제공자의 사회보장 혜택 문제 등 다양한 법적 문제와 맞물릴 수 있다. 또한 이렇게 되면 정부가 비공식 부문 경제에 재정을 지원하는 것인데 이 부분도 정책적으로 고려해야 할 문제라고 할 수 있다(Evers, 1994).

제3절 사회서비스 이용자재정지원방식의 정책적 틀과 접근방식

이용자재정지원방식은 이용자들의 선택권 확대를 정책적으로 강조한다. 사회서비스 이용자들이 실행할 수 있는 선택권은 크게 5가지 정도로 구분할 수 있다. 첫째는 기관에 대한 선택이며, 둘째는 서비스 제공자에 대한 선택이고, 셋째는 서비스 유형이나 내용에 대한 선택이며, 넷째는 서비스 이용시간에 대한 선택이고, 다섯째는 서비스 제공자와 의사소통방식에 대한 선택이다(Le Grand, 2007; 양난주, 2009에서 재인용). 앞서 살펴본 이용자재정지원방식은 5가지 선택의 차원에 대해 이용자들이 더 많은 권한이 있기 때문에 사회서비스에서 이용자 중심성user-centeredness을 확대하고자 한다는 면에서 공통적이다. 그러나 바우처방식이 주로 제공자에 대한 선택권 확대에 가장 강조점을 두는데 반해, 직접지불제도나 개인총예산제도 등은 이를 포함하여 서비스의 구체적인 선택과 설계, 이용시간의 조정, 의사소통방식의 결정 등 다양한 영역에서의 선택권을 극대화하는 것을 목표로 한다.

이러한 차이를 간략히 정리하면 이용자재정지원방식의 다양한 형태들은 이용자가 자신이 원하는 방식으로 서비스를 설계하고 그 실행을 강조하는 방식과, 이용 가능한 사회서비스들 중 자신의 선호에 가장 부합한 서비스를 선택함으로써 소비자로서의 역량을 강화하는 방식으로 구분이 가능할 것으로 본다. 예를 들어, 직접지불제도나 개인총예산제도는 서비스 이용자가 사회서비스 계획 및 구매, 관리 등에 대해 융통성을 가지고 접근할 수 있으며 이들의 주체적인 의사결정권을 극대화하는 것을 목표로 하기 때문에 전자인 **공동생산자**co-producer 방식에 포함된다고 할 수 있다. 수당제도의 경우 사회서비스 이용과정에 대한 적극적인 참여를 전제로 만들어진 제도는 아니지만, 이용자에게 현금을 제공하여 돌봄서비스 활용에 있어서 거의 전적으로 융통성을 제공한다는 면에서 보면 이 범주에 속하는 것으로 간주할 수 있다.

반면 바우처제도의 경우 다수의 서비스 제공자를 가정하고 실행한 제도로서, 가능한 서비스 이용자에게 서비스 선택의 권한을 제공하여 사회서비스 거래에서 어느 정도의 역량을 갖춤으로써 이용자의 욕구를 서비스 내용 및 전달방식에 반영할 수 있게 유도한다는 점에서 후자의 **소비자 중심적**con-sumer-oriented 방식으로 간주할 수 있을 것이다. 이러한 바우처방식의 경우 서비스 이용자가 기존의 서비스 제공자 중에서 선택하는 것만이 가능하다는 점에서 일정수준 이상의 사회서비스를 위해서는 서비스 제공자의 자격기준 설정 및 관리, 취약계층 보호를 위한 제도적 장치 마련 등이 정책적으로 중요한 과제이다. 한편, 수당제도의 경우 수당을 가지고 활용할 수 있는 돌봄서비스가 보편적으로 시장화되어 있고 이것을 빈번히 구매하는 경우라면 소비자 중심적 접근의 재정지원방식의 범주로 포함할 수도 있다.

이처럼 사회서비스에 소요되는 재정을 서비스 공급기관이 아닌 서비스 이용자에게 지원하는 방식이라는 점에서 동일하다고 하더라도, 바우처방식과 직접지불제도나 개인총예산제도 등의 방식은 여러 가지 면에서 차이를 보일 수 있다. 즉 사회서비스에 대한 공동생산자적 측면을 강조하는가, 소비자중심적 측면을 강조하는가에 따라 정책적 틀이나 접근방식에서 차이가 나타날 수 있다는 것이다. 예를 들어, 사회서비스 설계 및 이용과정에 서비스 이용자의 자기주도성을 얼마나 실질적으로 강화할 수 있을 것인가, 사회서비스의 사례관리자나 사례기획자들은 서비스 이용자의 자기주도성의 강화를 위해 어떠한 지원을 제공해야만 하는가 등은 공동생산자모델에서는 매우 중요하게 다루어져야만 하는 정책적인 쟁점들이지만, 소비자중심적모델에서는 그렇지 않다. 바우처와 같은 소비자중심적모델에서는 서비스 기관의 이용자선별을 막기 위해서는 어떠한 장치가 필요한가, 공급기관 간 실질적인 경쟁을 유도하기 위해서는 어떠한 정책적인 장치가 필요한가 등이 중요하게 다루어질 것이다. 이용자재정지원방식의 정책적 틀과 접근방식을 크게 두 가지 범주로 나누어 고찰하고자 한다.

1. 사회서비스 "공동생산자co-producer" 모델에서의 정책적 접근 틀

1) 전반적 특성[14]

사회서비스 공동생산자모델이란 서비스 이용자가 서비스 설계를 포함하여 서비스 집행과 평가의 모든 과정에 서비스 제공자와 함께 서비스를 설계하는 것이며 공동생산자로서 참여를 강조하는 모델이다. 이 방식은 사회서비스 이용자 자신의 삶을 통제할 수 있고 시민으로서의 역할을 수행할 수 있도록 사회적 돌봄서비스 조직화를 강조하며, 이러한 측면에서 사회서비스 전반에 대한 관점 변화가 요구된다.

---

14 이하의 논의는 Scottish Government(2007), 「National Guidance on Self-directed Support」의 내용을 주로 참고하였다.

현재 영국에서 사회서비스의 직접지불제도나 개인총예산제도 등은 **자기주도적 지원**self-directed support이라는 정책적인 지향성과 틀 내에서 강조하고 있다. 자기주도적 지원에 대한 정책적 강조는 현재 영국에서 사회적 돌봄서비스 전달방식의 핵심적 방향으로 간주되고 있는 방식 중의 하나로서, 서비스 이용자들에게 서비스 생산과 평가의 전 과정에 역량을 부여하는 것을 목표로 한다. 사회서비스 이용자들이 독립적 생활을 실천현장에서 실현하는 것, 그리고 궁극적으로 모든 시민이 지역사회 내에서 적극적인 시민으로 생활하는 것을 원칙으로 하고 있다.

사회서비스에 대한 자기주도적 지원모델은 장애에 대한 사회적 지원모델과 유사하게 서비스 수요자들의 생활환경 전반에 걸친 물리적·조직적·태도적 장애를 감소하거나 제거하는 것을 정책의 목표로 한다. 결국 사회서비스 이용자들에게 어느 정도의 융통성을 제공해줄 수 있는가의 문제라고 할 수 있으며, 이들의 선택능력과 통제력을 증진하는 것을 사회서비스 제공의 목표로 하고, 궁극적으로는 보다 나은 삶을 누리는 것을 목표로 한다. 이러한 자기주도적 지원은 직접지불제도의 활용을 주된 내용으로 하며, 기존에 지방정부에서 제공하던 사회서비스를 대체하거나 보완한 것이다. 예를 들어, 재가 목욕서비스, 가사서비스 등이나 기타 돌봄서비스를 이러한 자기주도적 지원방식으로 구매할 수도 있고 서비스 이용자의 특성에 따라서는 고등교육서비스를 받거나 여가를 추구하는 데 필요한 서비스를 구매할 수 있다.

보다 구체적으로 스코틀랜드 지역의 경우, **새로운 사회복지서비스 전략**의 한 부분으로 자기주도적 지원의 필요성을 강화하는 **일상 변화하기**Changing Lives라는 정책의제를 강조하고 있다. 자기주도적 지원에 대한 강조는 개인총예산방식과 주로 결합되어 실행되고 있는데, 개인총예산방식이란 앞서 살펴본 바와 같이 돌봄관리자가 서비스 이용자에게 이용 가능한 공적·사적 지원들의 총합을 관리해주는 것을 의미하며, 보다 좁은 의미로는 국가가 지원한 다양한 지원금을 하나의 은행구좌로 통합하는 것을 의미한다.

사회서비스 이용자가 원하지 않으면 자기주도적 지원을 이용하지 않을 권리도 있다. 사실상 모든 사람들에게 지원방식이 적합한 것은 아니기 때문에 비사용권리도 명확히 규정할 필요가 있는 것으로 본다. 뿐만 아니라 기존 사회서비스 이용자들은 서비스 이용방식을 전면적으로 수정하지 않더라도 맞춤형으로 조정함으로써 서비스 이용만족도를 높일 수 있고 서비스 이용에 있어 자기주도성을 크게 향상할 수도 있다고 보기 때문에 사례별로 자기주도적 지원으로의 변화가 대대적인 변화를 수반할 필요가 없을 수도 있다.

일차적으로 자기주도적 지원방식의 전환을 주도하고 적극 지원할 수 있는 사례관리자들의 역량을 필요로 한다. 사례관리자들은 우선 서비스 이용자 스스로가 자신의 욕구를 보다 정확하고 포괄적으로 사정할 수 있게 이용자 자가 욕구사정self-assessment을 지원해야 한다. 자가 욕구사정을 바탕으로 어떻게 자신의 욕구를 충족할 것인지 돌봄서비스 계획안care-plan을 서비스 이용자와 사례관리자가 함께 수립하게 된다.

자기주도적 지원을 사용하기로 서비스 이용자가 결정을 하게 되면, 우선 사례관리자는 예산을 할당하는 다양한 장치들을 마련하고, 정보를 제공해야 한다. 사례관리자들은 서비스 이용자들이 사용 가능한 다양한 형태의 자금원들을 종합하여 하나의 돌봄서비스 계좌를 여는 것을 도와주고 계좌에서 이용자가 원하는 돌봄서비스를 구매하고 서비스를 관리하는 방식을 도와주거나 도움을 줄 수 있는 사람들을 연계하는 역할을 한다. 개인 돌보미의 고용과 관리, 회계나 기록관리 등을 담당하는 별도의 지원자들을 연결하기도 한다. 이렇듯 사회서비스 이용자들에 대한 자기주도적 지원은 상당한 정도의 정교한 체계 내에서 이루어져야 하기 때문에, 서비스의 실행에 지역적 편차가 크게 나타나고 있다.

2) 자기주도적 지원의 구체적 과정과 강조점

우선, 욕구사정, 서비스 계획, 비용지불에 관한 자기주도적 지원의 구체적인 과정을 살펴보면 다음과 같다. 사회서비스에 대한 자기주도적 지원에서 욕구사정은 한 명의 사례관리자가 주도하되, 동시에 관계자들의 의견을 공유하는 사정single shared assessment을 강조한다. 즉 이용자가 욕구를 사정하고, 그 다음으로 전문가에게 사정받을 준비를 하는 것이다. 욕구 사정을 마무리하면 욕구를 충족할 수 있는 가용자원들을 평가하는데, 공공부문의 사례관리자는 서비스 이용자에게 개인총예산을 중개할 수 있다. 이때 서비스 이용자의 본인부담금 평가도 이루어져야 한다. 개인 돌보미를 고용하는 경우, 안전한 고용을 위해 공개를 강화하며, 인터뷰 전 선별 과정, 공개 강화 과정, 최종 결정하는 과정을 주로 거치게 된다. 필요한 경우 가까운 친척을 고용하는 것도 현재 허용하고 있다.

사적인 돌봄서비스 계획 작성 및 자기주도적 지원에 대해서는 서비스 이용자의 고지된 동의consented agreement를 명시적으로 확보해야만 한다. 공공부문의 사례관리자는 직접지불제도를 관리할 수 있는 능력이 있어야 하며, 개인총예산제도에서의 자금지원방식에 대한 불만처리 과정을 포함한 서비스 이용자의 피드백 창구도 확보해야만 한다. 이러한 전체적 과정에서 공공부문 사례관리자의 역할이 결정적이기 때문에 이들에 대한 훈련의 중요성을 강조하고 있다.

특히 자기주도적 지원이 실시되면 과정에 대한 철저한 모니터링과 성과평가 등이 중요한데, 이 과정에서도 공공부문 담당자 역할을 강조한다. 실제로 공공부문의 담당자는 서비스에 대한 비용지불과 처리과정을 체계적으로 점검하며, 건강상태가 크게 변화한 이용자나 응급상황의 이용자에 대해서는 더 심층적인 관리가 필요하다. 또한 초기 자기주도적 지원방식 계획 시에는 예상하지 못했던 문제가 발생하게 되면, 이용자를 위해 직접지불제도 등의 방식을 중단하고 관련 대안을 제시해야만 한다.

자기주도적 지원이 성공적으로 정책목표를 달성하기 위해서는 자기주도
적 지원 자체를 위한 자원을 추가적으로 투입해야 한다. 이러한 자기주도적
지원제도를 활성화하는 데 필요한 인력이나 조직들에 대해 지방정부가 어떻
게 재정지원을 할 수 있는지 등에 보다 장기적 차원에서의 논의가 필요하다
고 본다. 이러한 노력에 있어서 지방정부 간 차이가 크게 나타나고 있는 현
실에 대해 보다 포괄적인 차원에서 성과 모니터링이 요구된다.

3) 자기주도적 지원[15]

최근 자기주도적 지원 정책 현황 파악 결과, 영국의 모든 지방정부가 직접
지불제도를 하나의 선택 안으로 제공해야만 한다는 의무사항은 현재 중요
하게 인식하고 있는 것으로 나타났다. 반면 자기주도적 지원 정책의 성과 모
니터링은 검열이나 규제적 측면은 실행에 영향을 주는 정도가 크지 않은 것
으로 나타났다.

주로 직접지불제도를 포함하는 이러한 자기주도적 지원정책은, 영국의 **사
회서비스 근대화**modernization of social services 정책적 일환으로 실시하고 있으며 사
회서비스 개별화 정책의 핵심적인 내용으로 간주되고 있다. 이러한 중앙정
부의 정책 기조와 현재의 직접지불제도와 관련된 측면에서는 이해도가 높은
편으로 나타났으나, 실제로 이 제도를 실행하는 지방정부의 다른 정책들과
의 연관성에서는 제한적인 이해만을 하고 있는 것으로 나타났다.

가장 자기주도적 지원정책을 활성화하고 있는 영국의 경우, 시민들은 사
회서비스 전환 방향이 대체로 적절한 것으로 인식하고 있었으며 직접지불제
도의 필요성을 공감하고 있는 것으로 나타났다. 그러나 다른 정부 정책들과

---

15 정책의 현황과 쟁점 이하의 논의는 HASCAS(2006)를 주로 참고하였다.

의 비정합성문제 -특히 의료서비스에 대한 지원과 사회서비스에 대한 지원들 간- 나 다른 정책들을 실행하는 과정에서 나타나는 긴장을 문제로 인식하고 있는 것으로 나타났다. 특히 사회서비스를 개혁하려는 정책의 목표를 실행하기 위해서는 추가적인 예산투입이 필요하다고 보고 있으나, 현재의 예산제약으로 사회서비스영역에서 진정한 의미에서의 자기주도적 지원정책을 실현할 수 있을지에 대해서는 상당한 우려를 표명하고 있다. 즉 이러한 새로운 제도를 실행하기 위해서는 예산을 추가적으로 투입하여야 함에도 불구하고 비용-중립적인 제도로 간주하기 때문에 문제가 있다고 보는 것이다.

자기주도적 지원정책의 대표적 제도인 직접지불제도가 사회서비스에 대한 재정지원방식에서 보다 보편적인 방식이 되기 위해서는 문화적인 전환이 일어나야만 하며, 이를 위해서는 보다 장기적인 노력이 필요하다는 지적이 많았다. 특히 의료서비스와 돌봄서비스의 결합과 파트너쉽의 강화가 사회서비스에 대한 직접지불제도의 확대와 어떻게 조화를 이룰 것인가에 대해서는 보다 장기적인 정책 기획이 있어야 함을 강조하고 있다. 의료서비스와 돌봄서비스를 주로 하는 사회서비스 간의 파트너쉽은 이용자 중심적이고 자기주도적인 서비스 계획과 실행에서 상당히 중요한 요인임에도 불구하고 현실적으로는 파트너십의 실행이 쉽지 않으며, 다양한 문제를 노정하는 것으로 나타나고 있다. 이것은 의료서비스에 대해 우선적으로 예산을 배정해야만 한다는 문제, 그리고 개인총예산제도에 활용 가능한 자원과 비용에 대한 조작적 정의가 어렵다는 점과 밀접한 관련이 있다.

한편, 서비스 이용자들에 대해 직접지불제도에서 가장 강조되는 독립성 증진이라는 목표를 보호와 돌봄에 관한 여타의 정책들을 함께 실행함에 있어서 긴장도 부수되고 있다. 대표적인 예가 피고용인에 대한 범죄기록 검토인데, 범죄기록 검토의 경우 잠재적인 고용주의 입장에서 필요한 것으로 환영을 받기도 하지만 어떤 경우에는 이용자의 독립성을 증진한다는 직접지불제도의 취지에 반하는 것이라고 하여 서비스 이용자가 반대하기도 한다. 또한 서비스 이용자를 대신하여 지방정부가 서비스 제공자의 범죄기록 검토를 대행해주는 것에 대해서도 논란이 있을 수 있다.

자기주도적 지원방식이 사회서비스에 대한 공정한 접근을 실제로 증가하고 있는지 아니면 감소하고 있는지에 대해서도 논란이 되고 있다. 어떤 경우는, 사회서비스 이용자들의 실질적인 욕구를 적극적으로 반영했다는 점에서 결과적으로 돌봄서비스에 대한 접근 공정성이 커졌다고 평가하기도 한다. 그러나 반면, 지방정부 내 그리고 지방정부 간 제도에 대한 관심이나 지원에 있어서의 불평등이 여전히 크다는 점에서 직접지불제도를 근간으로 하는 자기주도적 지원방식은 사회서비스에 대한 접근 공정성을 저해한다고 보기도 한다. 사실상 영국 내에서 지방정부별로 직접지불제도의 실행에 있어서 편차가 상당히 심한 것으로 나타났는데, 전반적인 제도 운영상의 성과, 그리고 소수집단(취약집단)의 욕구에 대한 관심이라는 측면 모두에서 직접지불제도에 대한 반응이 지방정부마다 상당히 다르다는 것이 일관적으로 보고되고 있다.

자기주도적 지원방식이 특정한 경우에 가까운 친척을 고용하는 것을 인정하는 것에도 다양한 쟁점이 나타나고 있다. 사회서비스 제공자로 이용자의 친척을 포함하는 것은 직접지불제도에 대한 접근성을 증가하고 특히 다문화가정이나 노인들의 서비스 만족도를 증가할 수 있는 긍정적인 변화라고 보기도 하지만, 적절하지 않는 경우에도 친척을 고용하거나 비용지불 및 관리와 관련하여 현실적으로 많은 문제가 발생한다는 부정적인 관점도 있다. 특히 부정적인 관점에서는 서비스 이용자의 가까운 친척을 돌보미로 인정하게 되는 경우, 돌봄서비스 제공관련 지침 등이 제대로 지켜지는지 관리하기가 사실상 어려우며, 어떤 경우 비공식적 돌봄제공자들에 대한 비용지불이 홍수 터지듯 터질 수도 있다고 우려한다.

이러한 자기주도적 지원정책의 효과는 서비스 이용대상별로 다르게 나타날 수 있으며, 문제점과 정책적 쟁점들도 이용자 특성에 따라 달라 질 수 있다. 예를 들어, 정신건강상 문제가 있는 집단의 경우 의료협업 등 더 많은 문제점을 노정하는 것으로 나타난다. 노인의 경우에는 찬성과 반대 입장이 비슷한 비중을 차지하는데, 돌봄서비스 제공에 있어서 기존의 표준적 과정은 이미 결정되어 있기 때문에 여전히 과거의 관행을 많이 이용하는 편이라고 할 수 있다. 이에 비해 소수민족들의 경우 이 제도를 많이 선호하는 편이라고 한다. 소수민족 이용자들은 돌봄서비스에 대한 적절한 지원을 받기가 우선적으로 쉬워졌다고 평가하며 친척을 고용하는 문제와 관련해서는 정해진 지침이 더 완화되기를 원하고 있다. 기존에는 사회서비스를 이용하지 않던 사람들도 직접지불서비스에 대해서는 더 수용적인 특성을 보였다. 이렇듯 서비스 이용자 특성별로 자기주도적 지원의 장점과 단점을 적절히 이해하고 이에 대응하여 보다 섬세한 정책설계 필요성을 강조하고 있다.

이 제도의 실행과 관련된 가장 주된 쟁점은, 서비스 인력에 대한 훈련과 효과적인 직접지불제도의 지원체계 구축, 그리고 공공부문 담당자의 적극적인 태도 형성 등이다. 이와 관련하여, 취약집단의 직접지불제도 활용률에 차이를 보이는 지방정부의 조직적인 구조관련 요인은 아래와 같다.

첫째, 지원체계support system이다. 지원조직이 적절한 지원을 제공하지 못하는 경우, 확실히 취약집단의 제도 활용률은 떨어진다. 효과적이고 목표지향적인 지원은 확실히 직접지불제도 선택에 긍정적인 영향을 미친다. 특히 직불개발기금은 제도 활용률 증진에 긍정적으로 기여하는 것으로 나타났다.

둘째, 파트너십partnership이다. 의료서비스영역과 사회서비스영역 간의 협업은 직접지불제도의 실행 문제가 발생한 것으로 나타났다. 특히 정신건강상 문제가 있는 사람들에 대한 서비스 경우 의료와 사회서비스 욕구를 구별하기 종종 어려운데, 이로 인해 의료관련 자금과 사회서비스 자금을 분리하기가 어렵기 때문에 직접지불금 제공의 책임성에 대한 조작적인 동의가 불분명하게 이루어지고 있다. 실제로 의료서비스의 역할이 직접지불제도를 증진해야 한다는 것이 불분명하거나 혹은 잘 몰라서 오히려 잠식되고 있는 경향이 있다. 전문적인 서비스를 요구하는 사람들의 경우는 직접지불금을 지급하지 않는다는 것도 문제가 된다.

셋째, 직접지불제도를 증진하려는 의지will이다. 직접지불제도의 경우 신체적 장애를 가진 성인을 대상으로 주로 실행해왔는데, 이를 다른 돌봄서비스 이용자 집단으로 확대하는 것은 쉽지 않다. 성공적 사례를 개발하여 제시하고 있으나 큰 효과는 없으며, 부서 간 이러한 내용들의 공유와 적극적인 의사소통이 원활하지 않다.

넷째, 이해understanding이다. 일선에서 이 제도에 대해 잘 모르고 있다는 것이 가장 큰 문제라는 것이다. 직접지불제도를 하나의 선택 안으로 제시해야 한다는 것도 잘 모르고 있다. 직접지불제도를 지원할 수 있는 지식을 갖추지 못하고 있을 뿐 아니라 그것을 신청하는 지방정부의 행정 과정이나 시스템 자체에 대해서도 모르는 경우가 있다. 또한 실제 실천현장에서는 서비스 이용자들에게 돌보미를 직접 고용하고 돈을 관리하는 성가신 일은 이들에게 귀찮은 일이라는 판단이 사례관리자들에게 나타난다. 이러한 가정에서 직접지불제도 자체를 하나의 대안으로 제시하지 않는 경우가 많다.

요약하면, 중앙정부가 주도하는 강력한 캠페인은 지방정부 차원에서 적극 지지되는 광범위한 전략이 없는 이상 원하는 효과가 나타날 수 없다. 따라서 서비스 이용자에게 재정을 지원하는 직접지불제도와 같은 자기주도적 지원정책은 지방정부 차원에서 적극적으로 도입하고 실행할 수 있는 체계를 갖추어야만 한다. 다양한 자금원을 묶어서 실시하는 개인총예산제도를 발전하려는 의도는 직접지불제도의 선택을 확장하려는 잠재력이 있으나, 이것은 정부의 유사한 프로그램 간에 선택과 통제라는 원칙을 적용함에 있어서 일관성 결여의 문제를 불러일으키고 있다.

한편, 서비스 비용을 보다 명확하게 하는 것은 직접지불제도를 보다 일반적인 하나의 선택 대안으로 제시할 수 있는 인프라를 제공할 수 있다. 개인총예산제도에 대한 시범프로그램이 어떻게 가능한지에 대한 보다 명확한 그

림을 제공해 줄 것이다. 특히 건강서비스와 사회서비스 영역에 대한 자금원
천의 차이로 발생하는 어려움을 인식하는 반면, 현재의 직접지불제도는 의
료적 욕구를 충족하는 데까지 확장은 어려울 것이라고 보는데, 이는 의료서
비스 욕구가 발생하는 시점이 무료이어야 한다는 국가의료서비스National Health-
Service의 기본적인 원칙을 훼손할 수 있기 때문이다.

가장 중요하게는 일선의 담당자들이 직접지불제도가 무엇이고 이용자격
은 무엇이며 어떻게 실행하는지에 대해 더 많은 이해가 필요하다. 이를 위해
서는 직접지불제도에 대한 지방정부 차원에서의 훈련이 더 필요하며 더 적절
해져야만 한다고 본다. 또한 사회서비스 이용자들의 독립생활에 대한 철학
이 전문가 집단에서도 매우 중요한 부분이라는 점을 인식하여 전문가들은
이러한 과정 실행을 도와야 한다. 마지막으로 직접지불제도의 성과모니터링
은 이를 이용하는 사람들의 수에 지나치게 집중하고 있는데, 제도의 실행목
적에 근거하여 자기주도적 지원정책이 실질적으로 이용자들의 삶이 어떻게
변화하는지 보다 질적인 차원에서의 성과를 측정하고 보고할 필요가 있다
고 본다.

4) 사회서비스 개별화 정책과 이용자재정지원 정책[16]

영국의 사회서비스에 대한 이용자재정지원정책은 서비스 개별화 정책의
일환으로 실시하고 있다. 이에 이용자재정지원방식을 보다 깊이 있게 이해
하기 위해서는 사회서비스 개별화 정책에 대한 이해가 요구된다. 사회서비
스 개별화 정책이란, 사회서비스 전달체계와 관련된 기존의 주요 딜레마들
을 해결하기 위해 제안되고 있는 것이라고 할 수 있다. 기존의 주요 딜레마
들로는, 첫째 사회서비스의 품질향상과 접근의 형평성 문제를 어떻게 조화

---

16 이하의 논의는 Leadbeater(2004)를 참고로 한 것이다.

할 것인가 하는 것이다. 이것은 과연 조화 가능한 것인가? 하나를 선택하면
하나를 버려야 하는 것인가에 대해 정치적인 이념에 따라 다른 반응들이 있
었다. 둘째, 사회서비스 욕구는 보편적으로 발생하지만 욕구와 선호도는 개
별적으로 달라, 보편적 인구집단에도 서비스를 제공할 수 있을 것인가 하는
것이다. 이것이 가능하기 위해서는 시스템 자체를 혁신해야 하며 이용자의
개별적인 다양성을 인정하여 시스템을 재구조화해야만 한다. 세 번째 딜레
마는 사회서비스의 제공 시 최저품질표준을 유지함으로써 책임성을 다하면
서도 동시에 개별화되고 차별적인 서비스 제공을 위한 융통성을 발휘할 수
있는 방법이 있는가 하는 것이다. 이러한 책임성을 **지혜로운 책임성**으로 명
명하고 있는데, 이를 위해서는 정보제공의 중요성이 재삼 강조되고 있으며,
소위 기본을 지키면서 개별화를 고수하는 방식의 체계화를 강조하고 있다.

사회서비스 정책의 기획자들은, 시민들이 사회서비스를 이용하여 더 건강
하고 질 높은 삶을 유지하기 위한 정책적 대안을 크게 효과적인 하향식 접근
과 침투적인 상향식 접근으로 대별할 수 있다. 전자는 공공서비스를 더 효
과적이고 효율적으로 제공하는 것을 강조하는 반면, 후자는 시민들이 더 건
강한 삶을 유지하는 일상생활 영위의 방식을 바꾸어주므로써, 장기적으로
공중보건의 질을 더 향상하는 것을 강조한다. 즉 자신이 원하는 바대로 의
사결정 할 수 있는 플랫폼을 만들어 주되 그 플랫폼 자체를 다소 건강하게
바꾸어주는 역할을 하는 것이 공공부문이라고 보는 것이다. 이 두 가지 접
근은 반드시 배타적일 필요는 없으며, 상호보완이 가능하다. 그러나 어떤
접근을 사용하는가에 따라 전문가, 시민, 공공부문의 역할이 달라진다고 할
수 있다. 하향식에서는 서비스 이용자를 환자로 분류하지만 상향식에서는
참여자로 간주한다는 점이 가장 특징적이다. 상향식에서는 건강, 교육, 복
지, 안전 등에 있어서 시민들 스스로가 관리하고 사정하는 것이 더욱 중요
하다.

따라서 사회서비스 개별화는 단지 사회서비스를 문의하는 서비스 이용자

를 위한 상시 콜센터 운영이나 예약제 실시, 서비스 정시 제공 등만을 의미하는 것은 아니다. 사회서비스 개별화 정책은 사실상, 서비스 이용자에 대한 친화적인 서비스 제공환경을 구축하는 것에서 시작하며, 이용자가 스스로 원하는 바를 계획할 수 있게 지원하고, 이용자 스스로 가용할 수 있는 자원의 사용방식을 직접 결정할 수 있게 하며, 이용자를 단지 고객으로 보는 것이 아니라, 서비스의 공동생산자, 공동기획자로 간주하고, 궁극적으로는 이용자의 삶 전체를 건강하게 유지하게 하는 자기-조직화를 지원하는 다양한 차원을 모두 포괄한다.

사회서비스 개혁에서는 다음의 세 가지 주요 전략들을 강조한다. 첫째는 기존의 공공서비스에 더 많은 재정자원을 투여하고 더 많은 인력을 투여하는 것이다. 사회서비스를 보다 쉽고 효율적이고 이용자의 욕구에 부합할 수 있도록 기본적으로 재정을 투여하는 것이 요구된다. 즉 기본에 더욱 충실해야만 한다는 것을 일차적으로 강조한다는 것이다. 서비스가 관료적이거나 반응적이지 않거나 느리게 제공되는 것을 막아야만 하는데, 이러한 기본의 충족은 반드시 필요한 것이고, 또 가능하기도 하지만, 이것이 불만족을 줄이는 효과는 있으나, 만족을 크게 증가하지는 않는다. 만족을 증가하기 위해서는 소비자로서의 역할을 더 확대할 필요가 있다.

두 번째 전략은 사회서비스 이용자들이 보다 자유로운 소비자가 될 수 있도록 소비자가 원하는 바를 선택할 수 있는 여지를 증대하는 것이다. 소비자들의 선택권을 확대하는 것은 제공자들이 어떻게 서비스를 제공할 것인가 결정하는 데 있어서 중요한 신호가 될 수 있다. 시장에서와 마찬가지로 공공 사회서비스에서도 이용자들에게 더 많은 선택권을 제공하는 것은 서비스 자체를 크게 변화하는 원동력이 될 수 있다고 본다.

소비자들의 선택권을 증대하는 것은 서비스 전문가들과 실제 제공자들의 자원할당 방식이나 권한에 영향을 미칠 수 있으나, 한계 또한 분명하다는 점도 중요하다. 그 한계로는 첫째, 공공서비스 영역에서는 경쟁하는 서비스 제공자들을 가정하기 어렵고, 둘째 공공서비스의 품질이 적절히 평가되기가 어렵고, 셋째 개인 선호가 다른 사람의 선호와 뚜렷이 분리되지 않으며, 넷째 공공서비스 관련 정보들은 전문가나 공무원들에게 독점되는 경우가 많고, 다섯째 선택 가능성이 높아지면 탐색비용이 증가한다는 것이다. 선택 가능성은 혜택도 주지만 비용을 증가하고, 소비자 주의는 공공서비스의 형평성 원리를 위협할 수 있다는 것이다. 욕구가 아닌 지불능력에 따른 공공서비스 선택의 차이 발생은 장기적으로 공공성 자체를 위협할 수 있다고 본다. 이렇듯 선택권 증가 자체가 개혁전략의 유일한 조직화 원칙이 되어서는 안 된다. 즉 공공서비스가 보다 반응적이 될 수 있도록 해야 하지만, 공공서비스 부문을 쇼핑몰처럼 만들어서는 안 된다는 것이다.

세 번째 전략은 개별 사회서비스 이용자들이 스스로 목소리를 더 많이 낼 수 있도록 공식적인 채널을 증가하는 것이다. 즉 시민권 실행이라는 차원에서 공공서비스의 품질향상을 바라보는 것이다. 공공서비스의 재원은 시민이 조달하기 때문에 이들이 서비스 기획 및 실행의 전 과정에 민주적으로 참여하는 것이 매우 중요하다. 이러한 관점은 사회서비스와 같은 공공서비스의 집합적 성격에 대해 정당성을 제공한다. 사람들은 공공서비스가 모든 사람들에게 유익하기를 원하지, 단지 소수에게만 유익하기를 기대하지 않는다는 것이다. 즉 공공서비스 사용은 단순히 소비자 경험이 아닌 그 이상인 것이다. 사람들은 그들이 누리는 공공서비스 질을 평가할 때 다른 사람들이 경험하는 서비스와 분리해서 생각하지 않는다. 그럼에도 불구하고, 시민권을 강조하는 것은 일상생활의 공공서비스 이용형태 그 자체를 크게 변화하지 않으며, 실질적으로 어떻게 변화할 수 있는가는 또 다른 이야기가 된다. 결국 공식적인 민주적 대변을 통한 시민권의 강화가 공공서비스 개혁의 유일한 원칙일 수는 없다는 것이다.

궁극적으로는 일상적 삶의 현장에서 적극적인 참여를 통한 개별화가 가장 중요하다고 할 수 있다. 이것은 사회서비스에 관한 친밀하고 포괄적인 상담, 선택 가능성의 확대, 적극적인 의견개진, 파트너십 확대, 적극적인 옹호, 공동 생산 등을 포괄하는 개념이다. 이러한 점들을 강조하여 서비스 이용자에게 서비스를 제공하는 기관과 다시금 연결하는 혁신적인 방법을 찾는 것이 매우 중요하다고 본다. 개별화된 공공서비스는 자기이익을 추구하는 소비자주의를 강화하는 것을 의미하지 않는다. 오히려 서비스 이용을 통

〈표 5-1〉 사회서비스 조직화의 새로운 아이디어

구분	기존 방식	신공공관리	개별화
공공 이익	정치가 혹은 전문가가 정의함	집합적 고객 선호/고객 조사로 정의함	서비스 제공자, 자금지원자 그리고 이용자 간 의견교환으로 정의함
성과목표	투입관리/효과적인 행정	투입과 산출/효율성관리	이용자의 경험과 사회적 가치를 포함하여 이해당사자들 간 동의한 것
책무성	주무 부서에서 정치가에게로	시장비교와 계약을 통해 정치가와 이용자에게로	납세자, 이해당사자, 그리고 정치가뿐만 아니라 이용자에게로
전달체계 모델	공적기구 이용/전문가의 자기규제/위계적 주무부서들	계약된 서비스	서비스 제공자의 혼합된 시장/이용자 욕구충족을 위한 다양한 자원들로부터 결합한 해결책
윤리, 가치	기술관료 강조 권위적 공공서비스	시장에 근거함	민주적/ 개별적/ 이용자 중심적
서비스 이용자	경의를 표함	소비자/일부는 셀프서비스	전문가와 함께 해결책을 찾는 공동생산자
관리자의 목표	정치적 관료를 만족하는 것/전문직의 자기규제	계약된 성과목표를 충족하는 것	이용자 만족, 광범위한 사회적 혜택
민간부문의 역할	적음/분리되어 있음	서비스 전달에서 주요 역할	공공부문 및 개인적 주도성을 결합함으로써 바람직한 공공서비스 제공 가능
전문가의 역할	자원의 결정과 할당	검열과 모니터링	충고, 중개, 옹호, 해결책 제시자
조직 간 형태	리스주의적/중앙집권적 시민서비스	1980년대의 공공조직 기관	슈어스타트, 근로연계, 장애인들에 대한 직접지불제도

* 자료: Lead beater(2004).

한 자기실현, 자기향상감 확립을 제공하고자 한다. 〈표 5-1〉은 사회서비스 개별화 정책이 기존의 공공부문 서비스 제공방식, 신공공관리 방식과 비교하여 어떠한 차별성이 있는지를 요약해서 보여준다.

북미에서의 직접지불정책 현황[17]

미국, 캐나다와 같은 북미지역의 경우, 1960년대부터 장애인 복지서비스를 지역사회에 기반을 두어 제공해왔다. 지역사회 장애인서비스는 요양시설을 통한 서비스 제공에서부터 독립적 주거단지 제공과 같은 서비스에 이르기까지 연속선 모델을 기반으로 제공되어 왔다. 그러나 서비스를 받는 장애인들은 여전히 고립되어 있었으며 이들이 누리는 서비스는 이들이 원하는 서비스에 부합하지 않았다. 이에 보다 적극적인 방식으로 장애인들의 지역사회 통합과 서비스 만족도 증진을 위해, 약 25년 전부터 북미지역에서도 주로 장애인들을 위한 개별화 서비스에 대응하는 직접지불방식 등이 새로운 패러다임으로 나타나기 시작했다고 할 수 있다.

북미의 경우 1960년대와 70년대 장애인에 대한 지원 특징은 다음과 같다. 첫째, 서비스 기관에 재정을 지원할 뿐 직접적으로 개인에게는 제공하지 않았다. 둘째, 서비스를 집합적 환경에서 제공할 수 있었을 뿐 개인의 욕구에 부응하는 방식으로 개별화되어 제공하지 못했다. 셋째, 대부분의 지원서비스는 전형적으로 전문가가 주도했다. 넷째, 대부분의 지역사회서비스는 재활지향적이었으며, 다섯째, 주어지는 서비스들 간 제대로 조정하지도 못했고 반복이나 오용, 혹은 서비스 편차는 보편적으로 존재했다고 할 수 있다.

한편, 1980년대가 되면서 소비자/이용자 운동이 장애인들을 중심으로 일어나기 시작했으며 이것은 다양한 기구와 장애인 집단들 간 연합을 만들어내었다. 미국의 경우, 1990년에는 마침내 Americans with Disabilities Act(ADA)가 통과했는데 이 법은 모든 종류의 차별을 철폐하고 지역사회의 일상생활의 모든 측면을 통합해야 함을 강조하였다. 1982년 캐나다 권리자유헌장(Canadian Charter of Rights and Freedoms)에서도 장애인의 기본적 권리와 자유를 천명하였다.

전통적인 관점에서 볼 때 북미지역의 경우 장애인복지서비스는 장애인들의 개별화된 욕구를 충족하기에는 역부족이었다고 할 수 있다. 전문가가 재단한 일반적인 서비스를 제공하면서도 이용자 중심적이라는 용어를 지속적으로 사용해왔으며, 직접지불제도라는 것을 단순히 현금을 지불하는 제도로 인식하는 등 실질적으로 개별대상의 욕구를 민감하게 다루는 아이디어를 제대로 사용하지 않았다고 할 수 있다. 사실상 직접 서비스를 제공하느냐 현금으로 제공하느냐가 중요한 것이 아니라 그것이 갖는 의미를 제대로 이해하려면, 이와 관련된 담론의 본질이 변화해야만 한다. 즉 직접지불을 단순히 현금지불로 인식하는 오류를 교정해야 한다는 것이다. 새로운 담론은 시민권, 장애인에 대한 개별화한 지원, 그리고 삶의 질에 초점을 맞춰야만 한다고 본다. 2000년 시애틀에서는 "자기결정권과 개별화된 재정지원 국제학술대회"가 있었으며, 이것이 개별화된 자금지원 방식의 실행에 관한 가이드라인을 제시하

---

[17] 이 논의는 Hutchison, Lord & Salisbury(2006)를 참고로 하였다.

였다고 할 수 있다(http://members.shaw.ca/individualizedfunding).

영국과는 달리, 북미의 경우 정부차원에서의 직접지불정책은 없다. 지방정부, 기초자치단체의 세부 프로그램 중 하나로, 개별화된 서비스 제공에 관한 정책적인 변화를 시범적으로 실시하고 있을 뿐이다. 지역차원에서 다양한 개별화 프로그램들이 실험적으로 실시하고 있으며, 이것은 각 지역별로 독특하게 나타나고 있어서 전체적인 경향을 파악하기는 쉽지 않다.

즉 주정부 차원에서 직접지불정책이나 시스템을 개발한 경우가 거의 없어서 지역차원에서의 혁신에 대한 정보가 거의 없다는 것이다. 사실상 1990년대 동안 미국의 경우 19개 주가 자기결정권을 강조하는 프로젝트를 추진하였고, 이러한 시범사업은 발달장애를 가진 사람들에게 큰 관심을 불러일으킨 것도 사실이다. 그러나 이것은 대개 기초자치단체 수준에서의 시범사업이었으며, 이러한 실험적 사업에 근거하여 전체적인 주정부 차원에서 시스템 변화를 포괄적으로 유도한 경우는 거의 없다고 할 수 있다.

1995년 캐나다의 알베르타 지방에서도 발달장애나 신체장애를 가진 사람들에게 개별화된 재원을 제공하는 법을 통과했으나, 이것 또한 실질적으로 큰 반향을 일으키지는 못했는데 이는 이용자 중심적 계획과 실행을 위한 인프라가 없었기 때문이다. 이렇듯 서비스 지원의 형태를 변화하려는 북미의 시도를 통해 얻게 된 교훈과 딜레마는 다음과 같다.

첫째, 가치와 원칙이 중요하다는 것이다. 장애인들이나 관련 돌봄서비스 이용자들의 시민으로서의 권리와 이들의 자율성 확보가 중요하다는 것에 대한 대다수의 인식 전환이 필요하다. 둘째, 정책적인 틀 형성이 중요하다. 정책적 틀이 있어야 실질적인 변화가 발생할 수 있다. 북미의 경우 개별적인 재원 제공과 개별화된 서비스 제공에 대한 정책적인 노력이 제한적이었다는 점이 가장 핵심적인 문제였다고 할 수 있다. 셋째, 독립적인 계획과 실행에 대한 지원을 서비스 이용 당사자와 가족이 어느 정도 원하고 있으며, 명확한 개념을 갖고 있는가 이다. 이는 단순히 서비스 지원이 현금지원으로 변화함으로써 독립생활을 유지할 수 있는 것이 아니다. 넷째, 관료적이지 않고 단순한 형태의 재원지급 방식을 확립해야 한다. 개인에게 공적 재원을 할당하고 이를 추적, 관리하는 체계를 만드는 일이 가장 우선적으로 이루어져야만 하며, 이를 위해서는 중개기관이 필요할 수도 있다. 다섯째, 작은 규모의 변화가 큰 체계의 변화를 이끈다는 점을 인식하는 것이 중요하다. 북미의 경우 대규모의 변화는 어려운데, 이는 전통적인 사회서비스 제공체계를 변화하기 어렵기 때문이며 여전히 많은 지방정부가 사회서비스에 대한 제공 책임과 권리가 있기 때문이다.

요약하면, 북미의 경우 사회서비스 이용자를 중심에 두어야 한다는 이용자 중심성에 대한 강조는 끊임없이 진행되고 있지만, 현실에서는 여전히 서비스 제공자들과 관련 이해당사자들이 이 분야의 서비스 제공을 지배해왔고 정책개발을 주도해왔다고 할 수 있다. 그렇다면 과연 패러다임의 전환은 일어날 것인가? 분명히 변화는 진행되고 있지만, 그 변화의 속도는 매우 느리다고 할 수 있다. 그럼에도 불구하고 10년 전에 비해 직접지불관련 포켓이 많이 증가한 것은 사실이다. 장애인이나 그 가족들에 대한 직접지불제도를 조금씩 더 활용하면서, 노인, 정신장애가 있는 사람들을 중심으로 이용자 중심적 접근방식에 대한 관심은 점차 증가할 전망이다.

2. 사회서비스 "소비자 중심적consumer-oriented" 모델에 관한 정책적 접근

1) 이용자 선택권 강조

앞서 언급한 바와 같이, 주로 대인돌봄서비스를 그 내용으로 하는 사회서비스에 대한 욕구는 보편적으로 나타나고 있으나 욕구의 구체적인 내용은 서비스 이용자가 처한 구체적인 상황이나 선호 등에 따라 개별적으로 상당히 다를 수밖에 없다. 대인돌봄서비스에 대한 사회적 욕구가 보편화되면서 서비스에 대한 욕구충족을 집합적으로 하고자 했던 서구유럽의 많은 복지선진국들은 사회서비스를 정책화하는 과정에서 국가주도성을 강하게 유지해왔다. 국가주도적, 집합적으로 제공되는 사회서비스는 서비스 제공의 책임성이나 접근 형평성 측면에서는 다른 제공방식의 사회서비스에 비해 우위를 점할 수 있었으나, 서비스 이용자의 선호를 반영하여 서비스의 내용과 형식을 형성하는 측면에서는 경직성이 나타나는 등 문제점을 많이 노정하였다.

이에 20세기 후반에 들어서면서 사회서비스 기관을 다양화하고, 특히 민간서비스 제공자를 적극 활용하는 경향이 두드러지게 나타나게 되었다. 지방정부가 직접 제공하던 사회서비스를 특정 민간서비스 기관에 위탁 계약하는 방식으로 서비스를 민영화하는 방식도 많이 활용되었다. 한편 민간위탁방식은 제공주체를 공공에서 민간으로 전환한 것일 뿐, 특정 사회서비스 기관이 특정 사회서비스에 대한 제공 독점권을 누리게 된다는 점에서 서비스의 경직성을 크게 낮추기 어렵다는 문제를 제기하였다. 그리고 무엇보다도 서비스 기관에 대한 재정보조가 사회서비스의 품질을 향상하는 데 실패했다는 평가들이 많이 나타났다(World Bank, 2005; 양난주, 2009에서 재인용). 따라서 사회서비스영역에서도 서비스 기관을 다수화하여 서비스 이용자의 선택권을 실현하는 것을 강조하였다. 이에 서비스 전달과정 자체를 이용자 욕구에 부합하고 서비스 거래과정에서 이용자의 역량을 실질적으로 강화하려는 시도들을 강조하기 시작했는데, 그 대표적인 방식이 바우처를 제공하는 것이라고 할 수 있다.

Le Grand(2007)에 따르면 공공서비스로서의 사회서비스가 전달되는 방식은 다음의 4가지 모델로 구분할 수 있다(양난주, 2009에서 재인용). 철저히 서비스 제공자로서의 전문가를 신뢰하고 이들에게 서비스 전달을 위임하는 신뢰모델, 공공부문의 명령과 통제를 통해 서비스를 관리감독하는 명령과 통제모델, 이용자가 자신의 욕구를 보다 적극적으로 서비스 제공자에게 제기하는 주장모델, 그리고 서비스 이용자의 구매력과 선택권을 강화하여 서비스 제공자가 이용자의 선택을 받기 위해 경쟁하는 선택과 경쟁모델이 그것이다. 신뢰모델이나 명령과 통제모델은 주로 공공부문이 직접 서비스를 제공하거나 민간부문에 서비스 제공보조금을 제공하거나 특정 민간부문과 서비스 위탁계약을 맺는 경우 등 주로 서비스 제공자에게 재정을 보조하는 경우 가능한 방식이라고 할 수 있다. 반면, 주장모델이나 선택과 경쟁모델의 경우, 서비스 이용자에게 재정을 지원함으로써 보다 효과적이면서 효율적으로 그 목표를 달성할 수 있다. 앞서 살펴본 직접지불제도나 개인총예산 제도를 포함한 **공동생산자모델**의 경우 Le Grand의 이론에서는 **주장모델**과 가장 유사하다고 할 수 있으며, 선택과 경쟁모델의 경우 바우처 제도를 대표로 하는 **소비자지향적모델**과 유사점이 가장 많다고 할 수 있다.

주로 서비스 제공자에게 재정지원을 하는 경우에 적합한 신뢰모델과 명령 및 통제모델의 경우, 각각 현실 적합성이 낮다는 문제와 장기적인 성과나 품질을 향상하기 어렵다는 문제들로 현실적으로 이용자의 복지가 낮아질 수 있는 가능성이 제기된다. 반면, 이용자에게 재정을 지원함으로써 더 강화될 수 있는 주장모델과 선택 및 경쟁모델의 경우 서비스 이용자에게 더 많은 정보가 주어지고 서비스 공급에 있어서 경쟁이 가능한 환경을 제공한다면 앞의 두 모델에 비해 이용자에게 더 유리할 수 있다고 할 수 있다. 그러나 주장모델의 경우 적절한 지원체계를 확립하지 않을 경우 오히려 취약계층에게 더

불리할 수 있다고 본다.

한편 선택과 경쟁을 강조하는 소비자중심적모델은 전통적 사회서비스 영역에서 강조해왔던 서비스 이용자에 대한 역량강화의 중요성을 부각할 필요가 있다. 서비스 제공 전 과정에서 서비스 이용자와 제공자 간 힘의 불균형을 다소나마 교정함으로써 의사소통 기제를 통해 이용자가 제공자에게 자신이 원하는 서비스의 내용과 형식을 알려줄 수 있게 된다는 것이다. 나아가 시장경제 내에서 일반소비자들이 실행하는 선택권을 공공사회서비스 영역에 도입하여 취약계층 집단에게도 선택권을 확대하는 것은 공공재원을 제공하는 영역의 경우 이들의 욕구를 민감하게 고려할 필요가 없다는 입장을 벗어던지고 욕구가 현실에서 드러날 수 있도록 한다는 점에서 민주적이며, 평등지향적이라고 주장하기도 한다. 즉 시장영역에서는 자원을 가진 소비자만이 갖는 구매, 선택이라는 선호분출의 도구를 준시장영역(혹은 비시장영역)인 공공서비스 분야에서도 그 이용자들에게 제공함으로써 이들의 욕구가 드러날 수 있다는 점에서 긍정적이다.

그러나 선택과 경쟁모델이 긍정적인 방식으로 실행되기 위해서는 적절한 선택을 위한 도구를 이용자들이 가질 수 있어야만 하며, 바람직한 수준에서 경쟁이 일어날 수 있게 서비스 제공환경을 설정해야만 한다. 그렇지 않을 경우, 취약계층의 경우 전문가가 설계하는 서비스보다 더 열악한 내용과 형식의 서비스를 선택할 수도 있다는 점을 반드시 고려해야만 한다. 이러한 측면에서 바우처 제도를 대표적으로 하는 사회서비스 소비자지향적모델에서는 어떠한 정책적 설계가 이루어져야 할 것인가가 중요해진다. 아래에서는 소비자지향적모델에서의 정책접근 방식에 대해 간략히 살펴본다.

2) 소비자중심적모델에서 정책적 고려점들

사회서비스영역에서 이용자들에게 서비스를 선택하게 하는 것은 전통적인 전문가 집단의 주도적인 서비스 제공환경에 익숙한 사람들에게는 상당히 큰 변화를 의미한다. 특히 기존 체제 내에서 서비스 공급을 담당해왔던 관련 당사자들에게는 서비스 제공의 불안정성 증가 등을 포함한 여러 가지 서비스 제공환경의 예측 불가능성이 증가되기 때문에 정치적으로 반감이 크다. 실제로 사회서비스영역에서 선택권을 얻음으로써 이익을 볼 수 있는 이용자와 새로 진입이 가능한 공급자들의 이익은 잠재적임에 비해, 이용자에게 서비스 선택권이 주어짐으로써 서비스 공급의 안정적인 재정기반이 흔들릴 수 있는 기존의 공급자들의 손해는 명시적으로 나타나기 때문에, 이들의 반발은 상당히 거셀 수 있으며 이러한 반발은 실제로 서구 국가의 바우처 제도의 실행을 막거나 어렵게 하는 주요한 요인이 되었다(Daniels & Trebilcock, 2005). 이에 사회서비스영역에서 이용자의 선택권을 보장하는 소비자지향적모델이 성공하기 위해서는 실질적인 반대에 적극적으로 대응할 수 있는 정책적 환경의 구축이 필요하다.

이용자의 선택권 향상이 사회서비스 정책 내에서 가장 우선적으로 서비스 품질을 높일 수 있는 중요한 측면이라는 것을 강조하기 위해서는, 이용자의 선택권을 실질적으로 담보할 수 있다는 점을 제시할 필요가 있다. 이때 가장 강조하는 것은 사회서비스영역에서 소비자지향적모델의 **정보실패**가 나타나서는 안 된다는 것이다. 사실상 서비스의 적절한 양질의 정보제공은 사회서비스에 대한 소비자중심적모델에서 가장 핵심이 되는 정책적인 고려점이다. 특히 사회서비스의 주요 이용자들이 정보에 대한 접근성이나 정보해독력 측면에서 취약한 경우가 많기 때문에, 정보탐색에 드는 비용이 높은 경우나 해독이 용이하지 않은 방식으로 정보가 주어지는 경우 이것은 사회서비스 이용자의 최적 선택을 방해하는 가장 중요한 요인이 될 수 있다.

정보가 없는 상태에서 이루어지는 선택은 이용자들의 선호를 표출하는 선호의 지표가 아니라 서비스 제공자의 사기나 강매 등에 현혹된 이용자들의 의사결정을 보여주는 결과에 지나지 않을 수 있다. 이것은 이용자의 선호를 적극적으로 반영하지는 못하지만 어느 정도의 표준을 유지하면서 서비스를 제공하는 기관에 보조금을 주거나 위탁계약을 하는 것에 비해 오히려 이용자의 잠재적인 이익이 손상되는 결과를 낳을 수 있다. 이렇듯 이용자에게 선택권을 주는 경우 바람직한 선택을 위해 어떤 정보를 제공할 것인가, 어떤 방식으로 제공할 것인가, 정보에 대한 접근성을 어떻게 높일 것인가 등은 정책적으로 매우 중요한 고려점이 된다.

이용자에게 선택권을 줌으로써 사회서비스를 보다 효과적이고 효율적으로 제공하려는 소비자중심적모델은 이용자가 선택할 수 있는 다수의 서비스 기관 존재의 가능성을 전제해야만 한다. 특정 시점과 특정 지역에서 사회서비스 기관이 다수가 아니라 소수라고 할지라도 소수의 서비스 기관 존재 가능성이나 실질적인 공급증대 가능성을 고려해야만 하며, 가능한 경쟁이 강력하게 작동하지 않는 영역에 대해서 바우처방식과 같은 소비자중심적 모델이 기대하는 효과를 달성하기 어렵다는 점을 반드시 고려해야만 한다. 다수의 서비스 기관이 존재할 가능성은 크게 서비스 자체 특성과 서비스 수요자의 규모에 영향을 받는다고 할 수 있다. 우선 서비스 자체의 특성이 전문성이 높고 기관운영상 관련 인프라 구축에 비용이 크게 드는 경우, 다수의 경쟁하는 공급기관이 나타날 가능성은 줄어든다. 이런 경우 소수의 민간 서비스 기관은 카르텔을 형성할 가능성이 있으며 이런 경우에는 서비스의 민영화나 이용자 선택권 부여가 계획된 효과를 발휘하기 어려울 수 있다(Munday, 2007). 한편 특정시점에서 서비스 기관이 소수라고 할지라도 서비스 수요자의 규모가 크고 시장범위가 크면 공급자의 경쟁형성이 긍정적으로 발생할 수 있다(정광호, 2008).

한편, Daniels와 Trebilcock(2005)은 바우처제도와 같은 소비자 지향적 정책의 성공여부는 일차적으로 설계의 엄밀성에 달려있다고 주장한다. 이용자에게 공적 보조금을 지원하는 방식이 성공적이 되기 위해서는 정책설계 시 반드시 고려해야만 하는 요인들을 적절히 파악하고 서비스 특성에 맞는 설계를 해야만 한다는 것이다. 중요한 설계 문제로는 보편적으로 서비스 수급 자격을 갖도록 할 것인가 선별적으로만 수급자격을 갖도록 할 것인가, 서비스 제공자의 자격조건을 어떠한 방식으로 규정할 것인가(어느 정도 엄격하게 규제할 것인가의 설계문제를 포함), 어느 정도의 가치를 부여할 것인가와 일차적으로 제공하는 선택권의 재정적 범위 그 이상의 초과청구를 허용할 것인가, 이용자선별에 대해 정책적으로 어떠한 장치를 고안할 것인가, 제한적인 경쟁만이 나타나거나 정보실패 문제가 발생하는 것에 대해 어떻게 대응할 것인가 등을 들 수 있다. 따라서 사회서비스에 대해 소비자 중심적으로 접근하는 정책에서는 이러한 고려점을 염두해 두고 엄밀히 설계할 필요가 있다고 본다.

적절한 정책설계에서 또한 고려해야만 하는 중요한 측면으로 사회서비스 자체의 특성을 들 수 있다. 특정한 사회서비스의 경우 공급자의 확대 가능성 자체가 높지 않아서 이용자에게 재정을 지원하여 선택권을 향상하는 정책적인 목표를 본질적으로 달성하기 어려운 경우도 있으며 상대적으로 다른 서비스에 비해 정책목표의 달성이 더 어려울 수도 있다고 본다. 반복적으로 구매 가능성이 높거나 재화나 서비스 생산 자체가 큰 비용부담 없이 이루어질 수 있는 경우는 수요증가에 따른 공급탄력성을 높일 수 있기 때문에 이용자에게 선택권을 제공할 때 공급이 수요자의 욕구에 부응하는 방식으로 공급을 증가할 수 있는 가능성이 커진다. 반면 주거서비스 등과 같이 공급탄력성이 상대적으로 낮은 경우에는 이용자에게 재정을 지원하는 것은 결과적으로는 공급자에게 재정을 지원해주는 것과 차별적인 효과를 거두기 어려울 수도 있다(Daniels & Trebilcock, 2005).

제4절 사회서비스 이용자재정지원방식 관련 주요 쟁점

사회서비스 이용자에게 재정을 지원하는 방식으로 정책설계를 하는 경우, 가장 우선적인 방식은 서비스 제공자에게 재정을 지원하는 방식에 비해 서비스 효과성(품질향상, 서비스 이용자 욕구충족 등)과 효율성(비용절감성 정도 등)이 실질적으로 향상될 수 있는지 면밀한 검토가 필요하다. 즉 서비스 자체의 특성이나 이용자의 특성, 서비스 기관의 특성 등을 고려할 때 공공재정의 지원방식을 결정함에 있어서 이용자에게 지원하는 방식과 정합성이 있는지를 우선적으로 검토할 필요가 있다는 것이다. 검토를 통해 이용자에게 재정을 지원하는 것이 공급자 보조방식에 비해 더 적합하다고 판단이 되면, 실제로 이용자재정지원방식으로 정책을 설계할 때 서비스 효과성과 효율성을 증진할 수 있는 방법을 고안하여야 할 것이다. 아래는 이러한 두 가지 과정에서 고려해야만 하는 주요 정책적 쟁점들만을 간략히 고찰한 것이다.

1. 이용자재정지원방식으로 전환 시 고려점

우선 직접지불제도나 개인총예산제도 등과 같은 **공동생산자모델**을 통해 이용자재정지원방식을 실행하는 경우 이용자의 자기결정권이 사회서비스 설계에서 얼마나 중요한지 그 중요성을 명확할 필요가 있다. 서비스 이용자의 독립성이나 자기결정권에 대한 철학이나 가치를 명확하게 확립하는 경우에 서비스의 내용과 형식 전체를 이용자 스스로가 설계할 수 있는 **공동생산자모델** 방식이 효과가 있을 것이다. 단순히 직접 서비스 방식이 현금으로 바뀌는 것으로 접근하게 되면, 직접지불제도를 적절히 실행하기 위해 필요한 제도적인 지원 인프라 등을 구축하는 데 드는 비용을 고려할 때 정책변화의 의미를 찾기 어려울 것으로 판단된다. 이러한 방식으로의 전환이 계획된 정책목표를 달성할 수 있기 위해서는 이용자의 자율성을 적극적으로 반영하고, 실현될 수 있는 지원체계들의 확보와 이를 활용할 수 있는 이용자의 철학과 가치지향성을 확립할 필요가 있다.

한편 바우처제도와 같은 **소비자중심적모델** 방식은 사회서비스 자체 특성이 방식에 부합되는지를 우선적으로 검토할 필요가 있다. 서비스 내용의 표준화 가능성이 상대적으로 높고(전문성이 그다지 높지 않고), 정보수집 비용이 높지 않으며, 서비스 교체로 부대비용이 상대적으로 낮은 경우, 이용자에게 선택권을 부여하는 방식이 경쟁을 통한 서비스 품질향상으로 이어질 가능성이 높다. 뿐만 아니라 서비스 기관의 다수성이나 확대 가능성 또한 면밀히 검토할 필요가 있다. 서비스의 특성이나 서비스 수요자의 범위 등을 고려할 때 서비스 기관이 다수 존재할 가능성이 있다고 판단되어야 이용자에게 선택권을 제공하여 소비자 중심적 관점으로 접근하는 것이 사회서비스 품질향상으로 이어질 수 있기 때문이다.

2. 이용자재정지원방식 설계 시 고려사항

사회서비스 이용자에게 재정을 지원하는 방식을 선택하는 경우, 특히 소비자지향적모델에 입각하여 바우처 등과 같은 방식으로 재정을 지원하는 경우에는 가장 우선적으로 서비스 이용자의 수급자격을 어떻게 결정할 것인가를 적절히 설계해야 한다. 이용자의 수급자격을 엄격하게 하는 경우 일차적으로는 다수의 서비스 공급기관이 경쟁하며 서비스를 제공할 수 있는 가능성이 줄어든다. 이는 수요자의 규모나 범위 등에 따라 공급기관 수가 결정되기 때문이다. 이용자의 수급자격인 자산조사 등을 엄격히 결정해야 하는 경우, 특히 가격에 대한 서비스 공급탄력성이 낮은 경우 더욱 심각한 문제가 나타날 수 있다. 바우처를 제공하게 되어 수요자에게 보조금을 지불하는데, 공급탄력성이 낮으면 상대적으로 서비스 단가가 높아지는 결과가 나타나는데 이것은 취약계층을 서비스 시장에서 몰아내는 효과를 만들 수 있기 때문이다. 따라서 누구에게 수급자격을 줄 것인가, 어떤 범위까지 수급자격을 확대할 것인가 등은 면밀한 검토를 통해 결정되어야 한다.

한편 서비스 공급기관의 자격을 관리하는 문제 또한 제도 설계 시 신중하게 고려할 필요가 있다. 바우처와 같은 소비자지향적모델에서는 다수의 공급기관이 경쟁을 통해 이용자의 서비스 욕구에 더욱 부응하는 서비스 제공 가능이 증가한다고 가정한다. 따라서 공급기관의 자격조건을 엄격히 하여 진입을 어렵게 하는 경우, 이 제도가 기본적으로 전제하는 공급기관의 경쟁 가능성 자체가 낮아지며 경쟁을 통한 품질향상이라는 정책목표를 실현하기 어려울 수 있다. 그러나 한편 공급기관에 대한 자격관리를 공적 차원에서 하지 않는 경우 사회서비스 이용자들에게 수준 이하의 서비스를 제공하는 공급기관을 이용자가 선택하는 가능성을 배제하기 어렵고, 이것은 공공자원을 낭비하거나 왜곡하게 사용한 결과이기 때문에 정책적으로 방어하기 어려운 문제를 양산할 수 있는 것이다.

한편, 직접지불제도나 개인총예산제도와 같은 공동생산자모델의 경우, 이러한 방식이 성공하기 위해서는 적극적인 지원체계를 확보해야 한다는 점을 강조하고 있다. 적극적 지원체계의 형성을 위해서는 추가 재원이 필요하며 꾸준한 훈련과 관리가 요구되는데 제도가 적절히 자리 잡기 위해서는 중앙단위에서의 관리가 요구된다. 제도를 실행하고 있는 영국의 경우, 지원체계 확보를 위한 재원 등을 표준적으로 제공하지 않고 이를 실행하는 지방정부 재량에 둠으로써 제도 실행에 있어서 지역 편차가 상당히 크게 나타나고 있다. 이러한 지역적 편차는 형평적 접근이라는 정책목표의 달성을 어렵게 하기 때문에, 적극적으로 줄여야 할 필요가 있다.

이 밖에도 이용자에게 지원하는 보조금의 양을 얼마로 결정할 것인가, 서비스 전체비용을 보조할 것인가 부분적으로만 비용을 지원할 것인가, 추가적으로 지원받거나 혹은 구매할 수 있는 가능성을 열어둘 것인가, 이용자선별을 어떤 방식으로 줄일 것인가 등을 포함하여 여타의 다른 고려점에 대해서도 정책설계 시 포괄적으로 검토할 필요가 있을 것이다.

제5절 소결

이 장에서는 최근 사회서비스에 대한 국가의 재정지원방식에서 확대하고 있는 서비스 이용자재정지원방식의 내용과 그 특징들을 살펴보고자 하였다. 지금까지 대다수의 복지국가들은 사회서비스 제공에 있어서 직·간접적으로 개입해왔으며, 서비스를 직접 제공하는 방식, 서비스 기관에 재정을 지원하는 방식, 그리고 서비스 이용자들에게 직접 재정을 지원하는 방식 등을 활용하였다. 이 장에서 검토한 사회서비스 이용자재정지원방식은 현재 경쟁을 강조한 비용-효율성 측면에서 강점이 있다고 평가되면서 정책적으로 관심을 더 많이 받고 있다. 2007년부터 우리 사회에서도 사회서비스에 대한 국가재정지원의 한 방식으로 주목받고 있는 이용자재정지원방식에 관한 고려점들을 논의하기 위해서 이 장에서는 이용자재정지원방식의 종류와 특성, 그리고 관련 정책적 쟁점을 검토하였다.

이용자재정지원방식의 주요 유형인 직접지불제도와 개인총예산제도, 수당제도, 그리고 바우처제도의 내용과 발전과정, 특성 등을 살펴보았다. 다음으로 이러한 이용자재정지원방식들을 그 특징에 따라 **공동생산자모델**과 **소비자중심적모델**로 구분하여 그 특성들을 비교하였다. 공동생산자모델에 대해서는 제도의 전반적 특성과 적용과정 및 방식, 관련 쟁점들에 대해 고찰하고, 소비자중심적모델에 대해서는 발전배경과 정책적 고려점들을 중심으로 검토하였다.

이러한 논의를 바탕으로 이 장에서는 사회서비스에 이용자재정지원방식을 적용할 때 고려되는 주요 정책적 쟁점들을 두 가지로 나누어 제시하였다.

첫째는 사회서비스에 대한 공공재정의 지원방식 중 서비스 이용자에 대한 직접 지원방식을 택하고자 하는 경우에는 우선 서비스 자체의 특성이나 제공환경의 특성, 그리고 서비스 이용자의 특성이 이용자재정지원방식과 정합성이 있는지를 검토해야 한다는 것이다. 둘째는 이용자재정지원방식을 선택하는 경우 섬세한 정책설계가 필요하다는 것이다. 이용자선별을 방지하는 적극적 조치나 서비스 공급기관의 시장진입 조건 규제, 정보관리와 확산 기제 마련 등, 이용자재정지원방식이 실질적으로 이용자의 복지에 긍정적인 기여를 하기 위해서 꼭 필요한 정책설계상의 요건들을 논의하였다. 이러한 논의는 〈제6장〉 사회서비스에 대한 실질적인 분석 틀과 연결된다. 실제로 현재 이용자재정지원방식 특히 바우처방식으로 재정을 지원하고 있는 노인, 장애인, 아동 대상 주요 사회서비스 중 몇몇을 선정하여 이용자재정지원방식과의 정합성, 설계 시 고려점 등을 중심으로 한 분석을 제시하였다.

제6장 사회복지서비스사업의 유형과 이용자재정지원방식의 특성

제1절 개관

정부가 제공하는 사회복지서비스는 2007년 이전에는 이용자재정지원방식으로는 현금지원과 세금혜택이 중심이었으며 직접적 대인서비스는 주로 기관과의 대리인계약을 통해 서비스를 제공하였다. 노인돌보미사업, 중증장애인활동보조사업, 산모신생아돌보미사업 그리고 지역사회서비스혁신사업이 2007년부터 시작하면서 정부는 본격적으로 이용자재정지원방식을 도입하였고 재정지원도구로서 전자바우처를 활용하고 있다. 본 장에서는 우리나라 사회복지서비스영역에서 제공하고 있는 서비스나 사업을 재정지원방식으로 분류하여 사업의 유형을 고찰하고 사업별 특징을 살펴본다. 특히 2007년 이후 이용자재정지원방식으로 제공되고 있는 아동 및 청소년, 노인, 그리고 장애인영역의 서비스나 사업들을 이용자 성격, 서비스 특성 그리고 서비스 전제조건을 중심으로 재분류하여 간략하게 분석하고자 한다.

제2절 사회복지서비스사업별 이용자재정지원방식의 분류

현재 우리나라에서 제공하고 있는 사회복지서비스사업(또는 사회서비스사업)을 재정지원방식에 따라 분류한 후 이용자 성격과 서비스 특성 그리고 서비스 전제조건에 따라 적합한 재정지원방식으로 재분류하고, 사업을 이용자재정지원방식으로 진행할 수 있는 사업과 이용자재정지원방식 이외의 선호하는 사회서비스사업을 재분류하는 것도 사회복지서비스사업의 적합성을 확인하는 데 중요한 분석방법이라고 할 수 있다. 우리나라 사회복지서비스사업은 2007년에 정부가 사회서비스사업으로 지칭한 바우처 사업을 모두 포함하여 대상자별로 분류하면 크게 노인, 아동 및 청소년, 장애인 등으로 구분할 수 있다.

1. 사회복지서비스사업의 개념

현재 제공하고 있는 사회복지서비스사업을 대상자별로 구분하면 아동복지서비스, 청소년복지서비스, 노인복지서비스, 장애인복지서비스 등으로 구분하며 사업별로는 현금서비스부터 현물서비스까지 매우 다양하다. 특히 2007년 이후 사회서비스 4대 사업에서 바우처를 도구로 하는 이용자재정지원방식을 도입한 이후 보건복지부는 2007년 사회서비스사업을 시작하며 사회복지서비스라는 용어보다는 사회서비스라는 용어를 사용하였다. 사회서비스와 사회복지서비스라는 용어는 학자마다 이견이 있고, 아직 합의된 개념을 가지지 못한 것으로 사료되지만 사업 목적 자체가 사회적 목적을 실현하는 사업으로써 사회복지서비스사업을 정의한다면 사회서비스나 사회복지서비스사업은 모두 같은 사업 목적을 실현하는 사업으로서 용어의 구분은 의미가 적어진다. 본 책에서 사회복지서비스사업이라는 용어를 사회서비스 사업을 대신하여 사용하였는데 이는 사회서비스사업과 사회복지서비스사업 이 모두 국민의 삶의 질을 향상하기 위한 사회적 목적 실현으로써 국가적 시책이라고 할 수 있기 때문이다. [18] 또한 사회복지서비스를 국가가 사회적 위험으로부터 사회구성원들의 기본적인 삶을 유지, 보장하기 위하여 제공하는 서비스라고 규정한다. 사회구성원들의 보다 안전한 삶을 위해 공공부문에서 제공하는 모든 사업이나 시책으로 사회복지서비스사업을 정의한다면 국가가 제공하는 현행 사회서비스사업은 모두 사회복지서비스사업 영역에 포함되고 사회복지서비스사업과 사회서비스사업의 구분은 무의미해진다.

2. 현행 사회복지서비스사업

현재 노인, 장애인, 아동 및 청소년 등에게 보건복지부에서 제공하는 사회복지서비스를 재정지원방식별로 구분하여 보면 〈표 6-1〉과 같다.

위에서 분류한 사회복지사업을 다시 이용자재정지원방식으로 사업이 진행되는 것만을 종합하여 묶으면 〈표 6-4〉와 같다.

노인돌봄서비스사업은 대표적인 이용자재정지원방식 서비스이며 노인장기요양보험제도에서 제공하는 요양서비스는 본인부담금제와 추가구매가

---

[18] 우리나라의 「사회보장기본법」 제3조 제4호와 「사회복지사업법」 제2조 제4호에 따르면 **사회복지서비스**라 함은 국가, 지방자치단체 및 민간부분의 도움을 필요로 하는 모든 국민에게 상담, 재활, 직업소개 및 지도, 사회복지시설이용 등을 제공하여 정상적인 사회생활이 가능하도록 지원하는 제도를 의미한다. 따라서 **사회복지서비스사업은 도움을 필요로 하는 장애인, 노인, 아동 등의 요보호자들에게 보호 육성, 지도, 치료, 재활 등을 제공하는 사업**이라고 정의할 수 있다. 하지만 사회복지서비스사업을 사회서비스사업에 포함하는 영역으로 해석하는 경우도 있다. 이러한 경우의 대표적인 것이 「사회적 기업육성법」에 있는 사회서비스에 대한 개념이라고 할 수 있다. 2007년에 제정된 사회적 기업육성법의 제2조 제3항을 보면 사회서비스란 교육, 보건, 사회복지, 환경 및 문화분야의 서비스 그 밖에 이에 준하는 서비스로서 대통령령이 정하는 분야의 서비스라고 정의하였으며 동법 시행령 제3조에 "그 밖에 이에 준하는 서비스로서 대통령령이 정하는 분야의 서비스"란 보육서비스, 예술, 관광 및 운동서비스, 산림보전 및 관리서비스, 간병 및 가사지원서비스 그밖에 노동부장관이 법 제4조에 따른 사회적 기업육성위원회의 심의를 거쳐 인정하는 서비스라고 규정하고 있다. 결국 사회복지서비스와 사회서비스에 대한 법적 정의는 상이함을 알 수 있다.

<표 6-1> 노인복지사업 분류

| 재정지원
방식 | 사업명 | 수요자 | | 비고 |
		연령 기준	연령기준	
시설운영지원	제공자보조금	○노인복지시설(주거)	65세 이상	·일상생활에 지장이 없는 자로서 - 기초수급권자 및 적절한 부양을 받지 못하는 자 - 도시근로자 월평균소득 이하 가구 노인 ※ 입소자로부터 입소비용의 전부를 수납하여 운영하는 시설의 경우 60세 이상의 자	※지방이양사업 ※노인복지법시행규칙 개정에 따라 무료·실비 및 유료시설이 노인요양시설로 통합('08.4.4)
		○노인복지시설(의료)	65세 이상	·노인성질환 등으로 요양을 필요로 하는 자로서 - 노인장기요양보험법 제15조에 따른 수급자 - 기초수급권자로서 65세 이상의 자 ※ 입소자로부터 입소비용의 전부를 수집하여 운영하는 시설의 경우 60세 이상의 자	※지방이양사업 ※노인복지법시행규칙 개정에 따라 무료·실비 및 유료시설이 노인요양시설로 통합('08.4.4)
		○재가노인복지사업(방문요양서비스, 주간·단기보호 서비스, 방문목욕서비스)	65세 이상	- 장기요양급여수급자 - 심신이 허약하거나 장애가 있는 65세 이상의 자 ※ 이용자로부터 이용비용의 전부를 수납 받아 운영하는 시설의 경우 60세 이상의 자	※지방이양사업
		○치매상담센터 운영	60세 이상	·치매노인과 그 가족	※지방이양사업
		○노인여가복지시설 ·경로당 ·노인복지관 등	65세 이상 60세 이상	없음	※지방이양사업
서비스지원		○노인일자리사업	65세 이상	·노인일자리사업 참여가 가능한 노인 ※사업내용 및 노동 강도에 따라 일부사업은 60세 이상도 참여 가능	
		○치매조기검진사업	60세 이상	·60세 이상의 모든 노인(저소득층에 우선권 부여)	
		○노인 안검진 중 개안수술 대상	60세 이상	·기초생활수급자 및 차상위 노인 중 희망자 ·기타 보건소장이 필요하다고 인정하는 자	
		○결식우려노인 무료급식 지원	60세 이상	·결식이 우려되는 노인	※지방이양사업
		○경로우대제[19](철도, 전철, 국·공립공원 등)	65세 이상	없음	

[19] 경로우대제의 경우 이용자는 서비스를 무료로 이용하지만 국가는 재정을 공단(또는 공사)에 제공하므로 제공자보조금방식으로 구분한다.

	재정지원 방식	사업명	수 요 자		비고
			연령기준	연령기준	
서비스지원	제공자 보조금	○노인장기요양보험[20]	65세 이상, 65세 미만 노인성 질병자	· 65세 이상 노인 또는 65세 미만 노인성질병을 가진 자로서 요양보호를 필요로 하는 중등중 이상(1~3등급)의 자	※제도시행: '08. 07. 01
		○노인돌봄서비스사업	65세 이상	· 소득수준, 부양의무자 유무 등에 상관없이 실제 혼자 살고 있는 노인	※2009년 독거노인생활관리사파견사업에서 명칭변경
이용자지원	바우처	○노인돌봄서비스사업 ·종합서비스	65세 이상	· 장기요양보험 등급 외 A, B의 노인 · 전국가구 월평균소득 150% 이하	※2010년부터 노인돌봄종합서비스와 가사간병(노인)서비스 통합 운영
	현금지원	이용자 보조금 ○기초노령연금	65세 이상	○ 신청자격이 있는 자 · 연금수령 희망자의 연령: 65세 이상 · 대한민국 국적을 가진 자로서 신청일이 속하는 달에 주민등록법에 의한 주민등록 생년월일이 65세 이상인 자 · 의료급여 전산관리번호를 부여받은 자 · 사실상 혼인, 이혼관계에 있는 자 · 혼인신고 후 2년이 경과하지 않는 외국 국적의 배우자 · 주민등록법 및 해외이주법상 국외 이주 신고 후 주민등록말소 처리가 되지 않은 65세 이상의 자 · 거주불명등록을 한 자는 거주불명등록이 되어 있는 읍면사무소 또는 주민센터에서 신청 가능	
		○치매치료관리비지원	60세 이상	· 60세 이상, 치매환자(F00~F03, G30)	전국가구평균소득 50% 이하인 자

* 자료: 보건복지부(2010), 「노인보건복지사업안내」.

---

20 노인장기요양보험은 사회보험방식으로 기관에 보조금을 지불하지만 대부분의 재정은 국민(본인부담금 포함)이 부담하며, 경쟁가치를 도입하여 완전한 제공자재정지원방식이라고 보기는 어려운 측면이 있다.

<표 6-2> 장애인복지사업 분류

재정지원 방식	주요사업명	지원대상	지원내용	비고
시설운영지원	중증장애인 직업재활 지원사업 수행기관 운영	○등록장애인	○장애인이 취업을 통하여 안정된 생활을 할 수 있도록 직업상담, 직업평가, 직업적응훈련, 취업알선, 지원고용, 취업 후 지도 등 취업과 관련된 종합적인 서비스 제공	사업 수행기관(장애인복지관, 장애인단체, 직업재활시설 등) 내방, 전화 등으로 이용 신청
	장애인 생활시설 운영	○등록장애인 -국민기초생활보장법상의 수급자 우선 입소	○생활시설 입소 보호 - 의식주 제공 - 재활서비스 제공(사회심리 재활, 교육재활, 직업재활, 의료재활)	시 · 군 · 구에 신청
	장애인복지시설치과 유니트 지원	○치과치료 기본장비가 필요한 장애인 복지시설	○통원치료가 곤란한 시설 입소 장애인에 대해 치과치료 기본장비인 유니트 설치 지원	
	장애인 직업재활 시설 운영	○등록장애인	○일반사업장 취업이 어려운 저소득 중증장애인에게 자신의 능력과 적성에 맞는 직업생활을 할 수 있도록 보호고용 실시	시 · 군 · 구에 상담
제공자 보조금	재활병 · 의원 운영	○등록장애인	○지원 내용 - 장애의 진단 및 치료 - 보장구 제작 및 수리 - 장애인 심리검사 및 평가 ○국민기초생활보장법상의 수급자는 무료, 그외의 자는 실비부담	의료급여증과 장애인등록증(복지카드)을 제시
	장애인 심부름센터 운영	○등록장애인	○사업 내용 - 민원업무 대행, 직장 출 · 퇴근, 장보기, 이삿짐 운반, 가사돕기, 취업안내 등 ○이용요금 : 실비 ○사업 주체 : 한국시각장애인연합회	해당지역 장애인심부름센터에 필요한 서비스를 요청 (문의:한국시각장애인연합회, 02-950-0114)
	장애인 생산품 판매시설 운영	○장애인직업재활시설 등에서 물품을 생산하는 장애인	○장애인들이 생산한 물품의 판로 확보로 장애인 취업 확대 및 소득 보장 ○설치지역: 시 · 도당 1개소(16개 지역)	인근 장애인 생산품 판매시설에 의뢰 (문의:한국장애인직업재활시설협회, 02-921-5053)
	수화통역센터 운영	○청각·언어장애인	○출장수화통역 - 관공서 · 법률관련 기관 방문, 의료기관 진료 등의 경우에 수화통역 필요 시 출장통역 실시 ○일반인에 대한 수화교육 ○청각 · 언어장애인에 대한 고충 상담	해당지역 수화통역센터에 필요한 서비스를 요청 (문의:한국농아인협회, 02-461-2261~2)
	장애인복지관 운영	○등록장애인 및 가족	○장애인에 대한 상담, 의료재활, 직업재활, 사회생활 적응지도, 사회교육 및 계몽사업 등	해당지역복지관 내방 및 전화 등으로 이용 신청
	장애인공동생활가정운영	○등록장애인	○가정과 같은 주거환경에 거주하면서 독립적인 생활에 필요한 재활서비스 지원	해당지역 공동생활가정에 이용 신청

	재정지원 방식	주요사업명	지원대상	지원내용	비고
시설운영지원	제공자 보조금	주간단기보호시설 운영	○등록장애인	○재가장애인 낮 동안 보호 또는 장애인보호자가 출장, 여행 등의 경우 일시적으로 보호	해당지역 복지관, 주간·단기보호시설 등을 내방 이용
		장애체육시설운영	○등록장애인	○장애인의 체력증진 및 신체기능회복활동 지원 ○이용료는 재가장애인, 시설장애인, 지역주민으로 이용자를 구분하여 시설별 산정이용료 부담	해당 지역 장애인체육시설 등으로 이용 신청
		장애인 재활지원센터운영	○등록장애인 및 가족, 관련 전문가	○장애인과 가족지원 - 정보격차해소지원사업: 정보제공 및 상담, 장애인 IT대회 - 인권·교육지원사업 - 생활·문화지원사업: 정서적, 사회적, 경제적 자원 제공 ○전문가와 지역사회지원 - 전문가와 종사자 교육지원사업: 전문 인력을 활용한 학술연구 활동 지원 - 지역사회통합지원사업: 장애이해와 예방, 인식개선 활동	인터넷서비스 (www.freeget.net)
		장애인재가복지 봉사센터 운영	○등록장애인	○장애인복지관에 재가복지봉사센터를 부설하여 운영 - 재가장애인을 방문, 상담, 의료·교육재활, 직업재활등의 서비스 제공	해당 복지관에 이용 신청
		지적장애인 자립지원센터 운영	○등록 지적장애인과 가족	○지적장애인에 대한 상담지원 ○지적장애인의 사회활동 수행보호를 위한 도우미서비스 제공 ○지적장애인 자립지원 프로그램 개발·보급 등	문의: (사)한국지적장애인복지협회 (02-592-5023)
		장애인특별운송사업 운영	○이동에 장애를 가진자(보호자포함)	○리프트가 장착된 특장차 운영 - 셔틀 및 콜 운행 병용	시·도지사 운영 (국토해양부 소관 지방이양 사업)
		편의시설설치시민촉진단 운영	○시·도지사가 선정한 장애인단체	○주요업무기능 - 편의시설 설치 홍보 및 안내 - 편의시설 실태조사 지원 - 시설주관기관에 의견 제시 등	
		지체장애인 편의시설 지원센터 운영	○한국지체장애인협회 16개 시·도협회	○주요업무기능 - 편의시설 설치 관련 자문·기술적 지원 - 기술 및 매뉴얼 개발 등	

	재정지원방식	주요 사업명	지원대상	지원내용	비고
이용자지원	현금지원	이용자 보조금	장애수당 및 장애아동수당	○ 장애수당 국민기초생활보장법에 의한 수급자 및 차상위 계층(120% 이하)의 18세 이상 등록 장애인(보장시설 장애인은 연령에 상관없이 장애수당만 지급) ○ 장애아동수당 국민기초생활보장법에 의한 수급자 및 차상위 계층(120% 이하)의 18세 미만 재가 장애아동 *중증장애인: 장애등급이 1, 2급인 자 (다른 장애가 중복된 3급 지적장애인 및 자폐성장애인 포함) *경증장애인: 장애등급이 3~6급인 자	○ 장애수당 - 기초 중증: 1인당 월 130천 원 - 차상위중증: 1인당 월 120천 원 - 기초 및 차상위 경증: 1인당 월 30천 원 - 보장시설 장애인 · 기초 중증: 1인당 월 70천 원 · 기초 경증: 1인당 월 20천 원 ○ 장애아동수당 - 기초중증: 1인당 월 200천 원 - 차상위중증: 1인당 월 150천 원 - 기초 및 차상위 경증: 1인당 월 100천 원	읍·면·동에 신청
			장애인 자녀 교육비 지원	○소득인정액이 일정금액 이하인 가구의 1~3급 장애인인 중학생·고등학생 및 1~3급 장애인의 중학생·고등학생 자녀 ※소득인정액 기준(가구원/월) · 1인: 655,647원 이하 · 2인: 1,116,371원 이하 · 3인: 1,444,195원 이하 · 4인: 1,777,018원 이하 · 5인: 2,099,842원 이하 · 6인: 2,427,666원 이하 ※7인 이상 가구는 1인 증가시마다 327,824원씩 증가	○고등학생의 입학금 및 수업료 전액 ○고등학생의 교과서대 112.3천 원(연 1회) ○중학생의 부교재비 34천 원(연 1회) ○중학생, 고등학생의 학용품비 46.6천 원(1학기 23.3천 원, 2학기 23.3천 원으로 연 2회)	읍·면·동에 신청
			장애인 자립자금 대여	○ 성년 등록 장애인 - 소득기준: 가구의 소득인정액이 최저생계비 200% 이하 - 금융기관의 여신규정상 결격사유가 없는 자 ※국민기초생활보장법상의 수급자 및 차상위계층은 생업자금을 대여하므로 대상에서 제외	○대여한도: 가구당 2,000만 원 이내 ○대여이자: 3%(고정금리) ○상환방법: 5년 거치 5년 분할 상환	읍·면·동에 신청
			장애인 등록 진단비 지원	○국민기초생활보장법상의 수급자로서 신규 등록 장애인 및 직권에 의한 등급 재조정 대상 장애인	○진단서 발급 비용 지원 - 지적장애 및 자폐성장애: 4만 원 - 기타 일반장애: 1만 5천 원 ※장애판정을 위한 검사비용은 본인 부담	시·군·구에서 의료기관에 직접 지급
			장애인 의료비 지원	○의료급여법에 의한 의료급여 2종 수급권자인 장애인 ○차상위 의료급여 2종 수급권자였던 만성질환자, 18세 미만 아동은 2009. 4. 1.부터 건강보험의 차상위 본인부담 경감대상자로 전환되더라도 계속하여 장애인의료비 지원 대상이 됨	○1차 의료급여기관 진료 - 본인부담금 1,000원 중 750원 지원(원내 직접 조제) - 본인부담금 1,500원 중 750원 지원(그 이외의 경우) ○2차, 3차 의료급여기관 및 국·공립결핵병원 진료 - 의료급여수가적용 본인부담진료비 15%(암, 심장 및 뇌혈관질환은 본인부담진료비 10%) 전액을 지원하되 본인부담금 식대 20%는 지원하지 않음 ○의료급여 적용 보장구 구입 시 상한액 범위 내에서 본인부담금(15%) 전액	의료급여증과 장애인등록증을 제시

	재정지원 방식	주요 사업명	지원대상	지원내용	비고
이용자지원	이용자보조금	장애인용 LPG 연료 세금 인상액 지원	○복지(구입)카드 또는 보호자카드로 수송용 LPG를 이용하는 장애인용 LPG 승용차 소지자	○지원대상 - 2009년 지원대상자 중 "장애 1급" 및 "장애 2급 중 기초생활수급자와 차상위계층" ○지원금액 - 월 250ℓ한도(리터당 220원 지원)	읍·면·동에 신청
		농어촌 재가 장애인 주택 개조 사업	○기초생활보장수급자 및 차상위계층 중 등록 장애인으로 자가소유자 및 임대주택 거주자	○가구당 3,800천 원(1,000가구 지원)	읍·면·동에 신청
		실비 장애인 생활 시설 입소 이용료 지원	○아래의 소득조건을 만족하여 실비 장애인생활시설에 입소한 장애인 ○소득조건 - 등록 장애인이 속한 가구의 가구원수로 나눈 월평균소득액이 통계청장이 통계법시행령 제3조의 규정에 의하여 고시하는 '08년도의 도시근로자가구 월평균소득을 평균가구원수로 나누어 얻은 1인당 월평균소득액 이하인 가구의 등록 장애인	○실비장애인생활시설 입소 시 입소비용 중 매월 27만 원 지원	국고에서 시·도로 지원하며, 시·군·구에서 해당 시설에 지원
		장애인 근로자 자동차 구입자금 융자 ('10. 1월중 각 시·도에 사업지침 등 별도 통보예정)	○ 장애인근로자 - 금융기관의 여신규정상 결격사유가 없는 자	○대여한도: 가구당 1,000만 원 이내 ○대여이자: 3%(고정금리) ○상환방법: 5년 균등분할상환	읍·면·동에 신청 (대여 절차는 장애인자립자금 대여사업과 동일) *융자 신청은 연 2회로 제한(반기별 1회)
	바우처	장애인 활동 보조 지원 사업	○장애인복지법상 등록 1급 장애인(만 6세 이상 만 65세 미만) 중 인정조사표상 일정점수(220점) 이상인 자 - 장애등급 심사를 거친 후 보건소에서 방문조사하여 시군구에서 등급 최종 결정	○서비스 내용: 신변처리 지원, 가사지원, 일상생활지원, 커뮤니케이션보조, 이동보조 등 ○지원시간: 월 40~100시간 - 독거장애인인 경우 최대 180시간 지원 ○본인부담금 차등 - 기초수급자: 면제 - 차상위계층: 월 2만 원 - 차상위초과: 월 4~8만 원	읍·면·동에 신청 ('10. 1월 중 각 시·도에 사업지침 별도 통보)

		재정지원 방식	주요 사업명	지원대상	지원내용	비고
이용자 지원	바우처	이용자 보조금	장애아 동재활 치료사 업	○연령기준: 만 18세 미만 장애아동 ○장애유형: 뇌병변, 지적, 자폐성, 언어, 청각, 시각 장애아동 ○소득기준: 전국 가구평균소득 100% 이하 ○기타요건 - 장애인복지법상 등록 장애아동 - 다만, 등록이 안 된 만 5세 이하 아동은 의사진단서로 대체 가능	○매월 16~22만 원의 재활치료바우처 지원 ○언어치료, 청능치료, 미술·음악치료 등 원하는 재활치료 서비스 선택하여 이용	읍·면·동에 신청 ('10. 1월 중 각 시·도에 사업지침 별도 통보)
	보험료 및 세액공제		장애인 의료비 공제	○등록 장애인	○당해 연도 의료비 전액 - 총소득의 3% 초과분에 한해 공제(소득세법 제52조 특별공제)	연말정산 또는 종합소득 신고 시 공제신청 세무서 문의
			상속세 상속공 제	○등록 장애인 - 상속인과 피상속인이 사실상 부양하고 있던 직계존·비속, 형제, 자매	○상속인 및 동거가족인 등록 장애인에게 상속 공제 ○장애인이 재산을 상속받아 상속세를 납부하게 될 때에는 상속세 과세가액에서 그 장애인이 75세에 달하기까지 1년에 500만 원을 곱한 금액을 공제 ※상속세과세가액 = 당초의 상속세과세가액 - [500만 원×(75-당해 장애인의 연령)]	관할 세무서에 신청
			장애인 특수교 육비 소 득공제	○등록 장애인	○사회복지시설이나 보건복지부 장관으로부터 장애인재활교육시설로 인정받은 비영리법인에 지급하는 특수교육비 전액	연말정산 또는 종합소득 신고 시 공제신청
			증여세 면제	○등록 장애인 - 장애인을 수익자로 하며, 신탁기간을 장애인의 사망 시까지로 하여 신탁회사에 신탁한 부동산, 금전, 유가증권	○장애인이 생존기간 동안 증여받은 재산가액의 합계액에 대하여 최고 5억 원까지 증여세 과세가액에 불산입 ※중도에 신탁계약을 해지하는 경우 해지시점에서 세금 납부	관할 세무서에 신청
			장애인 보장구 부가가 치세 영 세율 적 용	○등록 장애인	○부가가치세 감면 - 의수족, 휠체어, 보청기, 보조기, 지체장애인용 지팡이 및 목발, 시각장애인용 흰지팡이, 청각장애인용 인공달팽이관시스템, 성인용 보행기, 욕창예방용 매트리스·쿠션·침대, 인공후두, 장애인용기저귀, 점자판과 점필, 시각장애인용 점자정보단말기, 시각장애인용 점자프린트, 청각장애인용 골도전화기, 시각장애인용으로 특수 제작된 화면낭독소프트웨어, 지체장애인용으로 특수 제작된 키보드 및 마우스, 청각장애인용 음향표시장치	별도신청 없음 ※텔레비전 자막 수신기 (국가·지방자치단체·한국농아인협회 구매 시)

	재정지원 방식	주요 사업명	지원대상	지원내용	비고
이용자지원	보험료 및 세액공제	이용자 보조금	보장구 건강 보험 급여 (의료급여)실시	○등록장애인 -「보장구급여비 지급청구서」 제출 시 첨부서류 1.의사발행 보장구 처방전 및 보장구 검수확인서 각 1부 2.요양기관 또는 보장구 제작 · 판매자 발행 영수증 1부 ※지팡이 · 목발 · 휠체어(2회 이상 신청시) 및 흰지팡이의 경우는 위 1호 서류 첨부생략 -「보장구급여비지급청구서」 제출기관 1. 건강보험: 공단 2. 의료급여: 시·군·구청	○건강보험대상자: 적용대상 품목의 기준액 범위 내에서 구입비용의 80%를 공단에서 부담 ○의료급여수급권자: 적용 대상품목의 기준액 범위 내에서 전부(1종) 또는 85%(2종)를 기금에서 부담 〈적용대상 보장구 및 기준액〉 *표 아래 참조*	신청기관 - 건강 보험: 공단 - 의료 급여: 시·군·구청
			차량 구입시 지역개발공채 구입면제	○지방자치단체별 조례에서 규정하는 장애인용 차량 ※도지역에 해당	○지방자치단체별 조례에 의거 장애인차량에 대한 지역개발공채 구입의무 면제	시·군·구청 차량등록기관에 신청(자동차판매 사영업사원에 문의)
			장애인용 수입물품관세 감면	○등록장애인	○장애인용물품으로 관세법시행규칙 별표2에서 정한 101종의 수입물품에 대하여 관세면제 ○재활병원 등에서 사용하는 지체 · 시각 등 장애인 진료용구에 대하여 관세면제	통관지세관에서 수입신고 시에 관세 면제 신청
			특허출원료 또는 기술평가 청구료등 감면	○등록장애인	○특허 출원시 출원료, 심사청구료, 1~3년차 등록료, 기술평가 청구료 면제 ○특허 · 실용신안원 또는 의장권에 대한 적극적인 권리범위 확인심판 시 그 심판청구료의 70% 할인	출원, 심사청구, 기술평가 청구, 심판청구 시 또는 등록 시 특허청에 감면 신청

〈적용대상 보장구 및 기준액〉

분류	기준액	내구연한
○지체장애인용지팡이	20,000	2
○목발	15,600	2
○휠체어	480,000	5
○의지 · 보조기	유형별로 상이	유형별로 상이
○시각장애용 저시력 보조기 - 안경 - 돋보기 - 망원경 - 콘택트렌즈 - 의안	 100,000 100,000 100,000 80,000 300,000	 5 4 4 3 5
○흰지팡이	14,000	0.5
○보청기	240,000	5
○체외용인공후두	500,000	5
○전동휠체어	2,090,000	6
○전동스쿠터	1,670,000	6
○정형외과구두	220,000	2

재정지원 방식	주요 사업명	지원대상	지원내용	비고
이용자지원 / 보험료 및 세액공제 / 이용자 보조금	장애인용 차량에 대한 등록세·취득세·자동차세 면제	○차량 명의를 1~3급(시각은 4급 포함)의 장애인 본인이나 그 배우자 또는 주민등록표상 장애인과 함께 거주하는 직계존·비속, 직계비속의 배우자, 형제, 자매 중 1인과 공동명의 - 배기량 2,000cc 이하 승용차 - 승차정원 7인승 이상 10인승 이하인 승용자동차, 승차정원 15인승 이하 승합차, 적재정량 1톤 이하인 화물차, 이륜자동차 중 1대	○등록세·취득세·자동차세 면세	시·군·구청(세무과)에 신청
	건강보험 / 자동차분 건강보험료 전액 면제	○장애인복지법 규정에 의해 등록한 장애인 소유 자동차 ○지방세법에 의하여 장애인을 위하여 사용하는 자동차로서 지자체가 자동차세를 면제하는 자동차	○건강보험료 책정 시 자동차분 건강보험료 전액 면제	국민건강보험공단 지사에 확인
	지역가입자의 보험료 경감 / 생활 수준 및 경제활동 참가율 등급별 점수 산정시 특례 적용	○등록 장애인	○건강보험료 책정 시 지역가입자의 연령·성별에 상관없이 기본 구간(1구간)을 적용하고, 자동차분건강보험료를 면제받는 장애인용자동차에 대하여 모두 기본구간(1구간)을 적용하여 보험료를 낮게 책정	국민건강보험공단 지사에 신청
	산출보험료 경감	○지역가입자 중 등록 장애인이 있는 세대로 소득이 360만 원 이하인 동시에 과표 재산이 1.3억 원 이하이어야 함	○장애등급 1~2급인 경우: 30% 감면 ○장애등급이 3~4급인 경우: 20% 감면 ○장애등급 5~6급인 경우: 10% 감면	국민건강보험공단 지사에 신청
	승용자동차에 대한 개별소비세 면제	○1~3급 장애인 본인 명의 또는 장애인과 주민등록표상 생계를 같이 하는 배우자·직계존속·직계비속·직계비속의 배우자·형제·자매중 1인과 공동명의로 등록한 승용자동차 1대	○개별소비세 및 교육세 전액 면제	자동차 판매인에게 상담 국세청소관관할세무서
	차량 구입시 도시철도채권 구입 면제	○장애인 명의 또는 장애인과 주민등록상 같이 거주하는 보호자 1인과 공동명의로 등록한 보철용의 아래 차량 중 1대 - 비사업용 승용자동차 - 15인승 이하 승합차 - 소형화물차(2.5톤 미만)	○도시철도채권 구입의무 면제(지하철공사가 진행하고 있는 특별시와 광역시에 해당)	관할 시·군·구청 차량등록기관에신청(자동차 판매사 영업사원에게 문의)
	소득세 공제	○등록장애인	○소득금액에서 장애인 1인당 연 200만 원 추가 공제 ○부양가족(직계존·비속, 형제·자매 등)공제시 장애인인 경우 연령제한 미적용	연말정산 또는 종합소득 신고시공제신청 국세청 전화세무상담 (1588-0060)

		주요 사업명	지원대상	지원내용	비고
이 용 자 지 원	할 인 및 무 료 이 용	고궁, 능원, 국 · 공립박물관 및 미술관, 국· 공립공원, 국· 공립공연장, 공공체육시설 요금 감면	○등록장애인 및 1~3급 장애인 과 동행하는 보호자 1인 - 국공립 공연장 중 대관공연은 할인에서 제외	○입장요금 무료 ※국·공립 공연장(대관공연 제외) 및 공공 체육시설 요금은 50% 할인	장애인등록증(복지카 드) 제시
		철도 · 도시철 도 요금 감면	○등록장애인	- 등록장애인중 중증장애인(1~3급)과 동 행하는 보호자 1인 KTX, 새마을호, 무궁 화, 통근열차: 50% 할인 - 등록장애인중 4~6급 · KTX, 새마을호: 30% 할인(토 · 일, 공휴 일을 제외한 주중에 한하여) · 무궁화, 통근열차: 50% 할인 - 도시철도(지하철, 전철): 100%	장애인등록증(복지카 드) 제시
		유선 전화요금 할인	○장애인 명의의 전화 1대 ○장애인단체, 복지시설 및 특 수학교 전화 2 대(청각 · 언어 장애인 시설 및 학교는 FAX전 용전화 1대 추 가 가능)	○시내통화료 50% 할인 ○시외통화는 월 3만 원의 사용한도 내에서 50% 할인 ○이동전화에 걸은 요금: 월 1만 원의 사용 한도 이내에서 30% 할인 ○114 안내요금 면제	관할 전신전화국에 신 청
		시 · 청각 장애 인 TV수신료 면제	○시각 · 청각 장 애인이 있는 가 정 ○사회복지시설 에 입소한 장애 인을 위하여 설 치한 텔레비전 수상기	○TV수신료 전액 면제 ※시 · 청각장애인 가정의 수신료 면제는 주거 전용의 주택 안에 설치된 수상기에 한함	- 주소지 관할 한전사 업소, KBS콜센터 (1588-1801) - 인터넷 또는 읍 · 면 · 동 자치센터 (www.oklife.go.kr)
		항공요금 할인	○등록장애인	○대한항공(1~4급), 아시아나항공 국내선 요금 50% 할인(1~3급 장애인은 동행하 는 보호자 1인 포함) ○대한항공(5~6급 장애인) 국내선 30% 할인 ※대한항공은 2006년부터 사전예약제 (Booking Class 관리 시스템) 실시로 주 말, 성수기, 명절연휴 등 고객 선호도가 높은 항공편(제주노선부터 실시)의 경우 사전예약이 안되면 항공요금 감면 등 구 입이 안 될 수 있으므로 동 시기에는 사전 예약 요망	장애인등록증(복지카 드) 제시

		주요 사업명	지원대상	지원내용	비고
이용자지원	할인 및 무료이용	연안여객선 여객운임 할인	○등록장애인	○연안여객선 여객운임 50% 할인(1~3급 장애인 및 1급 장애인 보호자 1인) ○연안여객선 여객운임 20% 할인(4~6급 장애인)	장애인등록증(복지카드) 제시
		이동통신 요금 할인	○장애인복지법에 따른 장애인, 장애인복지시설, 장애인복지단체 ※ 모든 이동통신 사업자 중 개인은 1회선, 단체는 2회선에 한함(단, 청각장애인 단체에 대해서는 팩스용 1회선 추가) ○국민기초생활보장법에 따른 수급자 중 "장애인고용촉진 및 직업재활법"에 따른 중증장애인으로 구성된 가구원, 장애인복지법에 따른 장애수당, 장애아동수당 수급자가 속한 가구원	○이동전화 - 가입비 면제 - 기본료 및 통화료(음성 및 데이터 한) 35% 할인 ※지적장애, 자폐성장애, 청각장애, 언어장애인을 위한 이동전화 전용 요금제가 마련되어 있으며, 연령에 상관없이 1인 1회선에 가입이 가능하며, 상기요금제에 가입하더라도 요금감면 할인을 받을 수 있음 ○무선호출 - 기본사용료의 30% 할인 ※자세한 사항은 해당 이동통신사 사이트에서 자세히 안내하고 있음	해당 회사에 신청 ※전 이동통신 회사
		초고속 인터넷 요금할인	○등록장애인	○기본정보이용료 30~40% 할인 - PC통신 사업자에 따라 할인대상 요금과 할인율이 상이함	해당 회사에 신청
		고속도로통행료 50% 할인	○장애인 또는 장애인과 함께 거주하는 배우자 · 직계 존속 · 직계비속 · 직계비속의 배우자 · 형제 · 자매 명의로 등록한 보철용의 아래 차량중 1대(장애인자동차표지 부착)에 승차한 등록장애인 - 배기량 2,000cc이하의 승용자동차 - 승차정원 7~10인승 승용자동차 - 승차정원 12인승 이하 승합차 - 적재정량 1톤 이하 화물차 ※경차와 영업용차량(노란색 번호판의 차량)은 제외	○고속도로 통행료 50% 할인 - 요금정산소에서 통행권과 할인카드를 함께 제시하면 요금 할인	할인카드 발급 신청: 읍·면·동 사무소(동 주민자치센터), 한국도로공사 문의
		전기요금할인	○중증장애인(3급 이상)	○전기요금의 20% 감면 ※구비서류: 장애인등록증, 주민등록등본, 전기요금영수증 각 1부 - 문의전화: 국번없이 123 - 인터넷: www. kepco.co.kr	- 한국전력 관할 지사 · 지점에 신청(방문, 전화)
		공영주차장 주차요금 감면	○등록장애인 - 장애인 자가 운전 차량 - 장애인이 승차한 차량	○지방자치단체의 조례에 의거 할인 혜택 부여 ※대부분 50% 할인혜택이 부여되나 각 자치단체별로 상이	장애인등록증(복지카드) 제시
		도시가스요금 할인	○중증장애인(1~3급)	○주택용(취사용 및 개별난방용에 한함) 도시가스에 대해 1㎥ 당 81원 할인 ※구비서류: 장애인복지카드 사본 - 문의전화: 1577-0900 - 인터넷: www. citygas.or.kr	- 지역별 도시가스지사 · 지점에 신청(방문, 전화)

재정지원 방식	주요 사업명	지원대상	지원내용	비고
서비스지원	청각장애 아동 인공 달팽이관 수술비 지원	○인공달팽이관 수술로 청력회복이 가능한 저소득 청각장애 아동	○인공달팽이관 수술비 지원	읍·면·동사무소(동주민자치센터)에 신청
	공동주택 특별 분양 알선	○등록장애인인 무주택 세대주(지적장애 또는 정신 및 제3급 이상의 뇌병변장애인의 경우 그 배우자 포함)	○청약저축에 상관없이 전용면적 85㎡ 이하의 공공분양 및 공공임대주택 분양 알선	시·도에 문의 및 읍·면·동에 신청
	무료 법률 구조제도 실시	○등록장애인 - 법률구조공단에서 심의하여 무료 법률구조를 결정한 사건에 한함	○소송 시 법원에 소요되는 일체의 비용(인지대, 송달료,변호사 비용 등)을 무료로 법률구조서비스 제공 - 무료 법률 상담 - 무료 민사·가사사건 소송 대리(승소가액이 2억 원 초과 시 실비 상환) - 무료 형사변호(단, 보석보증금 또는 보석보증보험수수료 본인 부담)	대한법률구조공단 관할 지부에 유선 또는 방문상담 무료전화 132 (www.klac. or.kr)
	장애인 의무고용	○등록장애인	○국가·지방자치단체: 소속 공무원 정원의 3 % 이상 의무 고용 ○50인 이상 고용사업주: 상시 근로자의 2% 이상 의무고용 - 부담금 부과 단계적 확대 ·200~299인 2006년부터 ·100인~199인 2007년부터 ※100~299인 사업장 최초 5년간 부담금 50% 감면	노동부소관
	장애인 자동차 표지 발급	○장애인 또는 장애인과 세대별주민등록표상 같이 기재되어 있는 배우자, 직계존·비속, 직계비속의 배우자, 형제, 자매명의로 등록하여 장애인이 주로 사용하는 자동차 1대 ○국내거소신고를 한 재외동포와 외국인등록을 한 외국인으로서 보행장애가 있는 사람 명의로 등록한 자동차 1대 ○장애인복지시설 및 단체 명의의 자동차 ○장애인 본인 또는 장애인과 세대별 주민등록표상 같이 기재되어 있는 직계 존·비속이나 배우자, 형제자매, 직계비속의 배우자 명의로 계약한 자동차대여사업자 또는 시설대여업자로부터 1년 이상 임대한 계약자 명의 자동차 1대 ○노인의료 복지시설의 명의의 자동차	○장애인 전용 주차구역 이용(일부에 한함), 10부제 적용 제외, 지방자치단체별 조례에 의거 공영주차장 주차요금 감면 등 ※장애인의 보행상 장애 여부에 따라 장애인 전용 주차구역을 이용할 수 있는 표지가 발급되며, 장애인이 탑승한 경우에만 표지의 효력을 인정	읍·면·동에 신청

재정지원 방식	주요 사업명	지원대상	지원내용	비고
서비스지원	제공자보조금	장애인 보조기구 교부	○국민기초생활보장법상의 수급자 및 차상위계층으로서 등록장애인 중 교부 품목자	○품목 - 욕창방지용 방석 및 커버: 1~2급 지체 · 뇌병변 · 심장장애인 - 음향신호기의 리모컨, 음성탁상시계, 음성인식기, 시력확대 및 각도조절용구: 시각장애인 - 휴대용 무선신호기, 진동시계와 음성 증폭기: 청각장애인 - 자세보조용구, 보행보조차, 식사보조기구와 기립보조기구: 뇌병변장애인, 근육병등 지체장애인1,2급	읍 · 면 · 동에 신청
		여성장애인 가사도우미 파견 사업	○저소득 가정의 등록 여성장애인	○여성장애인의 임신 · 출산 · 육아 및 가사활동 지원을 위한 - 가사도우미 파견 - 산후조리, 자녀양육, 가사활동 지원	해당지역 시 · 도립 장애인복지관에 신청
		승용자동차 LPG 연료 사용 허용	○장애인 또는 장애인과 주민등록표상 거주를 같이 하는 배우자, 직계존 · 비속, 형제 · 자매로 등록한 승용자동차 1대	○LPG 연료사용 허용(LPG연료사용차량을 구입하여 등록 또는 휘발유 사용차량을 구입하여 구조변경) ※LPG승용차를 사용하던 장애인이 사망한 경우는 동 승용차를 상속받은 자에게도 사용 허용	시 · 군 · 구 차량등록기관에 신청 지식경제부 소관

* 자료: 보건복지부(2010), 「장애인복지사업안내」.

〈표6-3〉 아동 · 청소년사업 분류

<table>
<tr><th></th><th>재정지원 방식</th><th>주요사업명</th><th>지원대상</th><th>지원내용</th></tr>
<tr><td rowspan="7">시설운영지원</td><td rowspan="7">제공자 보조금</td><td>입양기관 운영지원</td><td>국내입양기관</td><td>○ 상담원 인건비 및 운영비 지원
- 상담원 1명 배치
- 예산 범위 내에서 정액으로 지원: 지원단가는 아동복지생활시설 생활복지사 지원액을 고려하여 결정</td></tr>
<tr><td>재단법인 중앙입양정보원운영(2009. 7. 1. 설립)</td><td></td><td>○ 입양관련 국내외 유관 단체 등과 협력체계 구축하여 입양관련 총괄 조정 및 지원, 평가
- 입양정보통합관리시스템 구축: 사후관리 체계화
- 예산현황<table><tr><th>연도</th><th>2009년</th><th>2010년</th><th>비고</th></tr><tr><td>예산</td><td>726,000천 원</td><td>726,000천 원</td><td>국고보조100%</td></tr></table></td></tr>
<tr><td>지역가정위탁지원센터 운영</td><td>각 시, 도 지역가정위탁지원센터('09년 12월 현재 17개소, 각 시 · 도 1개소, 경기 2개소)</td><td>지역가정위탁지원센터 인건비 및 운영비는 중앙가정위탁지원센터 수준(이상)으로 지원(지자체는 상황에 따라 추가지원수준을 결정)(지방이양사업)</td></tr>
<tr><td>중앙가정위탁지원센터 운영</td><td>중앙가정위탁지원센터</td><td>○ 목적: 가정위탁지원센터의 업무를 총괄 지원하여 가정위탁보호사업의 전문성 및 활성화를 도모함
- 인건비: 10명(지원수준: 24,050천 원/인. 년)
- 운영비: 49,083천 원
- 가정위탁활성화 프로그램 운영 및 평가: 35,500천 원
- 가정위탁 연구, 교육, 홍보 등: 140,000천 원
- 통합전산망 관리 및 프로그램 개발: 36,000천 원</td></tr>
<tr><td>공동생활가정(그룹홈)운영</td><td>아동복지법 제14조에 의해 신고한 공동생활가정(그룹홈)</td><td>○ 지원대상: 348세대
○ 인건비 지원기준: 예산운영의 효율화를 기하기 위해 각 지자체는 보호아동의 소규모로 운영되지 않도록 지도 감독할 것
○ 인건비 및 관리운영비지원
- 인건비(시설장 및 보육사): 17,978천 원/인. 년
- 관리운영비: 230천 원/세대. 월
○ 공동생활가정(그룹홈) 퇴소아동 자립정착금 지원(지방이양)</td></tr>
<tr><td>아동 · 청소년 시설보호</td><td>양육시설, 일시보호시설, 보호치료시설, 직업훈련시설, 자립지원시설에 보호 중인 아동</td><td>○ 2010년 시설보호아동 보호단가
- 생계급여 및 교육보호 ※국민기초생활보장시설 수급자에 대한 관리지침 참조
- 부가급여(관리운영비)권고 기준 ※전년 권고 기준 대비 3% 인상한 것으로 지자체의 여건 및 필요에 따라 추가 인상 가능
(단위: 원, 인/월)<table><tr><th colspan="2">양육시설</th><th rowspan="2">보호치료 시설</th><th rowspan="2">직업훈련 시설</th><th rowspan="2">자립지원 시설</th><th rowspan="2">일시보호 시설</th></tr><tr><th>3세 미만</th><th>3세 이상</th></tr><tr><td>86,638</td><td>114,716</td><td>181,463</td><td>181,463</td><td>74,565</td><td>81,7818</td></tr></table></td></tr>
<tr><td>시설아동 자립지원센터 운영지원(시설퇴소아동 자립지원사업 내 운영)</td><td>- 퇴소아동(만 18세 이상) 중 5년 이내 퇴소자
- 연장아동(만 18세 이상으로 시설보호 기간이 연장된 아동)
- 아동복지시설 15세 이상 보호아동</td><td>- 취업, 주거, 교육, 진학 등 자립전반에 관한 자립지원계획수립 등 자립서비스 지원 및 정보제공
- 인성검사, 적성검사, 사회적응프로그램 등 실시
- 자립준비프로그램 내용
일상생활기술, 자기보호기술, 지역사회 자원활용기술, 돈관리기술, 사회적 기술, 직업찾기, 직장생활, 다시 집 떠나기
- 퇴소아동 사례관리</td></tr>
</table>

재정지원 방식	주요사업명	지원대상	지원내용
시설운영지원	제공자 보조금	지역아동센터 운영 지원	사회복지법인, 종교법인 등 비영리법인, 등록된 비영리 민간단체 및 개인 등이 운영하는 지역아동센터로서 아동복지법에 의해 신고된 시설	○보조금지원 - 지원시설: 2009년도 지역아동센터 평가에 참여한 시설 - 기준액: '이용아동 수 및 상근종사자'에 따라 월 200~370만 원 차등지원 - 지역아동센터 평가결과 우수시설 인센티브: 개소 당 월 20~30만 원 지원 ○기본내용 - 취약계층아동의 지역 내 보호개념 실현: 지역사회 안에서 권리보장과 안정한 보호 및 급식지원으로 결식예방 - 교육적 기능: 아동의 학습능력제고, 학교부적응해소, 일상생활지도, 학교생활의 유지 및 적응력 강화 - 정서적 지원: 아동이 심리, 정서적 안정 및 건강한 신체발달 기능강화 - 문화서비스 제공: 문화적으로 소외되어 있는 아동에 대해 문화체험 및 다양한 문화 경험의 장을 제공 - 지역사회연계: 지역사회자원 확보, 발굴 및 지원강화, 지역사회 내 아동문제에 대한 사전 예방적 기능 및 사후 연계
		청소년공부방 운영 지원	2010년 전국 15개 광역 시·도 385개소	○학습공간 제공을 기반으로 다양한 활동 프로그램 지원 - 청소년들이 자율적으로 학습할 수 있는 학습공간 제공 - 학습지원, 특기적성교육, 문화체험활동 기회 지원 - 청소년 지원 및 지역연계 활동
		청소년쉼터	가출청소년의 일시적인 생활지원과 보호, 가정, 사회로의 복귀 중장기적으로는 자립을 지원하기 위한 청소년복지시설	○청소년쉼터의 역할 - 가출청소년이 일시보호 및 숙식제공 - 가출청소년의 상담, 선도, 수련활동 - 가출청소년의 학업 및 직업훈련 지원활동 - 청소년의 가출예방을 위한 거리상담활동 - 그밖에 청소년복지 자원에 관한 활동 - 지역사회 청소년 통합지원체계(CYS-Net)와의 연계협력 강화 - 청소년 전화 1388과 청소년상담지원센터와 연계를 통한 상담 및 선도보호서비스 확충
		아동보호전문기관	중앙아동보호전문기관	○국가는 아동학대예방사업 활성화 및 지역연계체계 구축을 위한 중앙아동보호전문기관 설치, 운영 - 지역아동보호전문기관 업무지원 - 아동학대예방관련 연구 및 프로그램 개발 - 아동학대예방사업 관련 매뉴얼 및 보고서 발간 - 아동학대예방사업 정책 건의/홍보 및 교육 실시 - 아동보호전문상담원 직무교육프로그램 개발 실시 등
			지역아동보호전문기관	○지방자치단체는 학대받은 아동의 발견, 보호, 치료에 대한 신속처리를 위한 지역아동보호전문기관 설치, 운영 - 아동학대 신고접수 및 현장조사 수행 - 학대피해아동의 응급보호 및 상담 치료 등의 서비스 제공 - 아동학대사례판정위원회 설치, 운영 및 자체사례회의 운영 - 학대피해아동 보호를 위한 그룹홈 또는 일시보호시설 운영 - 지역사회자원 개발 및 관련기관 협력체계 구축 등

	재정지원 방식	주요사업명	지원대상	지원내용
시설운영지원	제공자 보조금	실종아동 · 장애인 보호시설	○약취, 유인, 유기, 사고 또는 가출하거나 길을 잃는 등의 사유로 보호자로부터 이탈된 - 실종신고 다시 14세 미만 아동 - 장애인복지법 제2조 장애인(연령제한 없음)중 지적장애인, 자폐성장애인, 정신장애인(연령제한 없음)	○보건복지부(실종아동전문기관) - 정책 수립 및 시행 - 무연고아동 등 신상카드 DB구축 - 실태조사 및 연구 - 실종예방 교육 및 홍보 - 실종아동 등의 가족지원 - 기타필요사항 ○경찰청/지방자치단체 ○보호시설 또는 정신의료기관 등 - 실종아동발견신고 - 신상카드작성제출
		청소년 성문화센터		○참여형 학습이 가능한 청소년 성문화교육관 설치, 운영 - 아동, 청소년 등 대상별 성교육 프로그램 운영 - 유치원, 각 급 학교, 청소년수련시설 등 출장 성교육 실시 ○지역 내 성교육 전문가 인력풀 구축 및 관리 - 성교육관련 조사, 연구 및 자료 구축 - 성교육 전문가 양성 프로그램 운영 - 성교육 자원봉사자 관리, 운영
		지방청소년활동진흥센터	○기본조직 - 중앙: 한국청소년진흥센터(활동지원부) - 지역: 지방청소년진흥센터(16개 시 · 도) - 시 · 군 · 구 청소년지원센터 - 청소년수련관 등 청소년시설(단체)	○아동청소년활동 교육 및 홍보 - 아동청소년지도자 양성 및 교육 - 센터 및 아동청소년활동 홍보 ○아동청소년활동 협력체계구축 지원 - 광역자치단체 청소년정책 참여 - 시 · 군 · 구 아동 청소년 종합수행 기관 지원 및 평가 - 지역사회협의체 구성 ○아동청소년 봉사활동의 활성화 - 프로그램 개발 및 보급 - 전문인력풀제 운영 - 학교와 지방센터 간의 연계협력 - 해외봉사단 모집구성 운영
이용자지원	현금지원 이용자 보조금	입양가정지원 / 장애아동 양육보조금 및 의료비 지원	장애인복지법 제2조의 규정에 의한 장애인에 해당하는 아동	○양육보조금(월/인): 중증 장애인 570천 원, 경증 장애인등 그 외 지원대상 551천 원 - 중증장애인: 장애등급이 1급 또는 2급인 자(3급 지적장애인 또는 자폐성장애인으로서 다른 장애가 중복된 자 포함) - 경증장애인: 장애등급이 3~6급인 자 ○의료비 - 연간 252만 원 한도 내에서 부담한 치료, 상담, 재활 및 치료(심리치료 포함)에 소요되는 비용(급여 및 비급여부분 포함) - 의료급여법 제7조 제1항 및 제12조의 규정에 의한 의료급여 또는 요양비에 대한 본인 부담금 - 국민건강보험법 제39조 제1항 및 제44조의 규정에 의한 요양급여 또는 요양비에 대한 본인부담금 - 사회복지사업법, 장애인복지법, 정신보건법 등 법령에 의하여 제공되는 진료, 상담, 재활 및 치료에 소요되는 비용 중 본인부담금
		입양수수료지원	'입양촉진 및 절차에 관한 특례법'상의 입양기관을 통하여 아동을 입양한 국내입양가정	입양기관의 입양수수료(입양전문기관 240만 원, 입양지정기관 100만 원) 중 입양전문기관의 경우 생계급여 및 가정위탁 양육보조금 지원액을 제외한 금액을 지원함

	재정지원 방식	주요사업명		지원대상	지원내용
이용자지원	현금지원	이용자 보조금	입양가정지원	입양아동 양육수당 지원	입양특례법의 요건과 절차를 갖춰 13세 미만의 요보호아동을 입양한 국내입양가정 - 입양촉진 및 절차에 관한 특례법상의 입양기관을 통하여 국내에 입양된 아동만 해당되며 민법에 의한 입양아동은 지원대상이 아님 - 해외이주신고로 주민등록이 말소된 자는 지원대상이 아님	월 10만 원/인
				입양아동 의료급여 실시	입양아동 - 관계법령: 의료급여법 제2조 제1항 제4호 및 동법시행령 제3조 제2항 제2호	의료급여 1종
이용자지원	현금지원	이용자 보조금	가정위탁보호	양육보조금 및 국민기초생활보장법에 의한 생계비 등 지원	○보호를 필요로 하는 아동 (아동복지법 제2조) - 만 18세 미만의 아동(만 18세 이상인 경우에도 고등학교 재학 중인 아동은 포함)으로서 · 시·군·구에서 부모의 질병, 가출, 실직, 수감, 사망 그 밖의 사유로 보호가 필요하다고 인정한 아동 · 아동학대로 격리보호가 필요한 아동(우선적으로 선정) 등 ○소년소녀가정의 가정위탁보호 전환 추진	○양육보조금 지원: 아동 1인당 월 100천 원 이상(지방이양) - 양보조금 지급 중지: 종결사유가 발생한 월까지 보호비를 지급하고 익월부터 지급 중지 ○국민기초생활수급자 책정 및 지원 - 위탁가정 소재 시는 위탁보호 결정아동에게 부양능력 있는 부양의무자가 존재하는 경우에도 실질적인 가족관계의 단절로 볼 수 있는 경우 '2010 국민기초생활보장사업안내' 보장시설 생활자에 대한 수급권자 범위에서 급여를 실시할 것
				가정위탁아동 상해보험료 지원	아동복지법시행령 제5조 및 '아동복지사업안내'상의 가정위탁보호아동으로 결정된 아동	- 보험담보: 위탁아동 후유장해, 입원·통원 의료비 등 지원 - 보험료: 1인당 년 8만 원 이내 ※가정위탁아동상해보험 가입 업무처리안내 '10년 지침 별도 통보
				대리양육, 친인척위탁 가정 전세금 지원(국토해양부)	가구당 월평균소득이 '09년 도시근로자 가구당 월평균이하로서 무주택인 대리양육, 친인척 위탁 가정	- 대출대상 주택: 임차전용면적 85㎡ 이하인 주택 - 일반주택 전세자금 및 공공임대주택 임대보증금 지원
이용자지원	현금지원	이용자 보조금	소년소녀가정 지원		국민기초생활보장법에 의한 수급자(가구)중 만 18세 미만(출생일 기준)의 아동이 실질적으로 가정을 이끌어 가고 있는 세대 - 만 18세 미만의 아동으로만 구성된 세대	○생계·교육급여: 국민기초생활보장법에 의한 생계급여 및 교육급여 ○의료급여: 의료급여 법에 의한 의료급여 ○부가급여: 100천 원 이상/인·월(지방이양) - 부가급여액은 소년소녀가정 결정일이 그달의 15일 이전인 경우는 전액 지급하고, 16일 이후인 경우는 반액 지급하되, 기초생활보장비와 같은 일자에 지급함을 원칙으로 함 - 소년소녀가정지원 중지사유가 있는 경우에는 사유발생일(또는 중지결정일)의 다음날부터 중지함

	재정지원 방식	주요 사업명	지원대상	지원내용
이용자지원	이용자 · 보조금	공동생활가정 (그룹홈) 퇴소 아동 자립정착 금 지원(지방이 양)	18세 달하여 퇴소하는 그룹홈 아동	○지원금액: 시설퇴소아동과 같음 ○지원예산: 퇴소아동 자립정착금 지원예산에 그룹홈 퇴소아동도 포함하거나 별도 추가로 예산 편성 및 집행
현금지원		디딤씨앗통장 (CDA)	만 18세 미만 아동으로서 아동복지시설 생활아동, 가정위탁아동, 소년소녀가정, 공동생활가정 및 장애인시설 생활 아동	○지원대상아동 수: 431백 명 - 요보호아동: 381백 명 | 합계	시설보호	가정위탁	소년소녀	공동생활 | |---|---|---|---|---| | 381백 명 | 178백 명 | 165백 명 | 20백 명 | 18백 명 | - 장애인시설아동(장애인복지법): 50백 명 ○지원기간 - 0세부터 만 17세까지 지원 ○매칭 및 적립 - 기본매칭적립: 보호아동(보호자, 후원자)이 월 3만 원 내에서 적립하면 국가(지자체)가 1:1 매칭펀드로 월 3만 원 이내에서 지원 - 추가적립액: 기본매칭 최고한도 3만 원을 적립한 보호아동(보호자, 후원자등)은 월 47만 원(연간 564만 원) 내에서 추가적립 가능. 추가적립액은 국가 매칭 없음
		특별지원대상청소년지원(현금지원부분)	- 보호자가 없거나 보호자가 있어도 실질적으로 보호자의 보호를 받지 못하는 청소년 - 초중등교육법 제2조에 의한 학교에서 학업을 중단한 청소년(이 경우 생활지원, 건강지원 불가) - 연령: 9세 이상~18세 이하 청소년(만 나이 기준) - 소득 가구 소득인정액이 최저생계비의 100분의 150 미만(단, 생계비, 의료비지원은 최저생계비의 100분이 120 미만)	○특별지원대상청소년들의 금전이나 물품, 용역지급 중에서 현금지급 부분 - 가정 내 청소년에게 금전 지원할 경우에는 가정 상황이나 청소년 연령 및 성숙도를 고려하여 사회복지통합관리망 n급계좌를 통하여 직접입금 조치 - 심의위원회 결정 후 1주일 이내 지급하면, 정기 지급일은 매월 20일로 함 ○내용별 세부 지원내용 및 지급방식 - 생활지원(월 39만 원 이내) - 건강지원(연 200만 원 이내) - 학업지원(월 3만 원 이내(수업료) 월 20만 원 이내(검정고시) - 자립지원(월 36만 원 이내) - 상담지원(월 20만 원 이내/25만 원 이내)심리검사비별도 - 법률지원(연 350만 원 이내) - 청소년활동지원(월 10만 원 이내) - 그 밖의 지원(심의위원회 결정 후 결정)
바우처		지역사회서비스투자사업 (지역선택형)	○전국 가구평균소득 이하 가구의 만 2~6세 아동 - 2004년 1월 1일~2008년 12월 31일 출생 - 가구여건, 소득수준 등 고려선정	○서비스 내용: 대상자가구에 독서도우미를 주 1회 이상 파견(방문 1회당 20분 내외) - 프로그램에 따른 관련 책 읽어주되 시간범위 내 가급적 전체내용을 읽어줌 - 도서지급 및 아동대상 독서 후 느낀 점 이야기 등 독후활동 실시 - 부모대상 독서지도 및 상담실시
		지역사회서비스투자사업 (지역개발형)	사업별로 상이함	○지역의 특성에 맞게 지역주민들의 욕구를 반영하여 지자체가 발굴하고 기획한 사업 ○사업별로 상이함

재정지 원방식	주요 사업명	지원대상	지원내용
이용자 보조금	장애아 동재활 치료사 업	- 18세 미만 장애아동(장애인 복지법상 등록장애아동) ※만 5세 미만 영유아의 경우 의사의 장애예견에 따른 재 활치료서비스 필요인정 진 단서 필요	○뇌병변, 지적, 자폐성, 청각, 언어 시각장애들의 치료서비 스 제공 - 언어치료, 청능치료, 미술치료, 음악치료 - 행동치료, 놀이치료, 심리치료 등 재활치료서비스
서비스 지원	아동급 식(2010 년 신규 사업)	○지원연령 - 18세 미만의 취학 및 미취학 아동(아동복지법 제2조) 다 만, 18세 이상인 경우에도 고등학교에 재학 중인 아동 을 포함하여, 18세 미만인 학교 탈락아동의 경우에도 지원 ○지원기준 - 기본기준(소득기준): 국민기 초생활보장수급자 및 차상 위 저소득계층 중 가정환경 상 가정 내 식사제공이 어려 워 결식 우려가 있는 아동	○미취학아동: 조·중·석식 중 아동별 특성에 따라 급식형 태 선택 지원 ※미취학 아동의 특성과 지역여건에 따라 다양한 급식방법 으로 지원 ○취학아동: 조·중·석식 중 아동별 특성에 따라 급식형태 선택지원 - 조·석식 연중지원: 지방자치단체 - 중식지원: ·학기 중 중식지원: 교육청(학교) ·학기 중 토, 일, 공휴일: 시·도 교육비특별회계를 지원받 아 지방자치단체에서 실시(교육청협의) ·방학 중: 지방자치단체 ※취학아동의 특성과 지역여건에 따라 다양한 급식방법으 로 지원
	긴급아 동양육	부모의 이혼, 별거 및 가출, 부 부간 심화된 불화, 신용불량 등으로 가정 내 양육이 곤란한 아동	시장, 군수, 구청장은 보호자, 부양의무자, 이웃 등 긴급보 호 신청 시 아동복지시설 입소 및 국민기초생활보장 긴급급 여 실시(1개월)후, 국민기초생활수급자 선정기준 적합어부 를 조사하여 가정위탁보호 및 시설(공동생활가정) 입소조치
	제공자 보조금 취약계 층 청소 년 자립 지원사 업[상설 두드림 존]	○연령범위: 만 15세~24세 ○학업중단, 가출, 요보호, 보 호관찰, 시설퇴소, 학교부적 응 등 사회 심리적 위기, 취 약계층으로서 사회진출 및 자립에 어려움을 겪고 있는 자립당면 청소년	○두드림존 상설센터설치 자립준비가 필요한 취약계층 청소년을 대상으로 자립준비 교육, 체험을 통한 동기강화 및 사회진출을 위한 3단계 과정 의 체험중심적 자립준비사업(두드림존)을 프로그램 정례화 를 통해 상설로 운영하는 자립지원기관을 의미 ·1단계 교육프로그램 ·2단계 체험프로그램 ·3단계 사회진출지원 - 사설두드림존 '09년 3개 지역 → '10년 10개 지역 - 기본적으로 시·도 청소년상담센터에서 실시
	드림스 타트	○0세(임산부)~12세 저소득 아동 및 가정 - 지역의 해당 연령대 아동과 그 가족에 대한 욕구조사를 통해 대상아동 선정(지역당 300명 내외) - 기초수급가정 및 차상위계 층 우선지원 원칙 - 해당지역 내 공동생활가정, 가정위탁, 대리양육, 성폭력 피해아동을 우선대상으로 지원	○체계적인 사례관리를 통해 수요자 중심의 보건, 복지, 교 육 등 맞춤형 통합서비스 제공 ○지역사회자원 연계, 개발 등을 통해 복지서비스 수혜확대 ○사업추진기구: 드림스타트센터(전담공무원 3명, 민간전 문인력 3명) ○분야별서비스 - 건강서비스: 임산단계부터 출산 후 성장까지 필요한 맞춤 형 건강서비스 제공/저소득지역의 임산부, 영유, 아동의 건강관리 충족 - 보육교육서비스: 저소득 가정의 아동보육 및 교육기회의 균등보장을 위해 아동의 인지, 언어, 사회성 발달을 지원 - 복지서비스: 통합적, 맞춤형 복지서비스 제공으로 아동의 심리, 정서, 사회성 발달 도모/가족문제해결, 부모교육, 가 족 상담 및 치료, 직업훈련 및 취업연계 등을 통한 저소득 가정의 생활안정과 삶의 질 개선

재정지 원방식	주요 사업명	지원대상	지원내용
서 비 스 지 원	제공자 보조금	아동복 지교사 지원사 업 - 신청지역에 위치하고 있는 지역아동센터 - 2009년 6월 30일 이전 신고하여 운영하고 있는 지역아동센터 - 법정종사자 인력기준을 충족하는 지역아동센터 - 1일 평균 10명 이상 아동이 이용하는 지역아동센터 - 1일 8시간 이상 운영하는 지역아동센터	○지역아동센터 이용아동의 다양한 욕구와 필요에 맞는 서비스를 제공하기 위해 아동복지교사를 사회서비스 일자리로 선발하여 지역아동센터에 지원('10년 2,700명) ○지역아동센터에서는 전담형 및 프로그램형으로 지원하며, 지원분야는 전담형 〈아동청소년지도, 보건위생〉과 프로그램형 〈기초학습, 기초영어, 독서지도, 예능활동, 체육활동, 지역사회복지사〉 총 8개 분야로 구성 ○아동복지교사는 각 분야별로 전일을 근무하는 전담형 및 프로그램형 교사를 선발하여 1개 또는 2개 이상의 기관에 연계 파견함 ○지역아동센터의 전문프로그램 강화를 위해 성, 인권, 다문화, 건강안정 등 기본적인 전문프로그램과 기타 지역아동센터 욕구 및 특성에 맞는 특화된 전문 프로그램을 아동복지교사 강사형으로 지원함

	재정지원방식	주요 사업명	지원대상	지원내용
서비스지원	제공자 보조금	찾아가는 학교상담서비스(시범사업)	서울, 부산, 대구, 경기 지역의 청소년상담지원센터	○부모, 교사, 아동 상담(위기학생의 부모 및 교사대상 상담 위주) - 아동상담은 제한적으로 하고 주로 부모 및 교사 상담을 통하여 문제해결 지원 ○부모, 교사, 학생대상 교육 프로그램 운영 ○위기학생 발굴 및 CYS-Net 사업을 통한 지역기관 연계 ○기간: '10. 1~12월
		청소년유해환경 감시단 운영 지원	청소년유해환경 감시, 고발 및 청소년보호활동을 수행코자 하는 초·중·고등학교/시민단체감시단	초·중·고등학교의 교사, 학부모, 시민단체(청소년단체 포함)임, 직원 및 회원 등 지역사회 내에서 청소년보호에 관심을 가지고 활동 중인 단체가 청소년유해환경 감시단을 지정받아 청소년을 유해환경으로부터 보호하고 각종 청소년유해환경 정화를 위한 감시, 고발 활동을 수행할 수 있도록 지원

*자료: 보건복지부(2010), 「아동 · 청소년사업 안내」.

가능한 시장메커니즘을 활용하였으므로 본질적으로는 사회보험방식이 이용자재정지원방식은 아니지만 경쟁과 배제라는 가치를 도입한 복합적 서비스이므로 이용자재정지원방식의 혼합모형이라고 할 수 있다. 또한 현금지원의 경우 기초노령연금은 노령수당의 성격이 강한 사회보험이지만 노인들에게 현금을 직접 지급한다는 측면에서 현금지원 이용자재정지원의 한 방안이라고 할 수 있다.

장애인영역에서 이용자재정지원방식의 가장 확실한 예는 장애수당과 사회서비스사업 중 하나인 (중증)장애인활동보조사업에 포함된다. 세금공제도 넓게 보면 세금혜택을 통한 개인 소비의 향상을 가져다줌으로 세금혜택을 받은 국민이 직접 서비스를 창출할 수 있다는 측면에서 이용자재정지원방식에 포함될 수 있다.

아동영역에서 이용자재정지원방식으로 사업을 진행하는 것은 사회서비스사업 중 지역사회서비스투자사업[22]의 아동인지능력향상서비스와 비만아

---

[22] 지역사회서비스투자사업의 지역개발형사업에는 아동을 위한 사업으로 문제아동조기개입서비스나 문화체험과 학습지원서비스 등을 포함하지만 지역별로 서비스가 상이함으로 본 연구에서는 지역서비스투자사업으로만 분류하였다. 아동인지능력향상서비스와 비만아동건경관리서비스는 지역사회서비스투자사업 중 지역선택형사업이었지만, 2010년에 비만아동건강관리사업을 지역개발형사업으로 전환하였다.

<표 6-4> 사회복지서비스 대상자별 이용자재정지원방식 분류

		노인	장애인	아동·청소년
이용자 재정 지원	현금 지원	○기초노령연금 ○치매치료 관리비 지원	○장애수당 및 장애아동수당 ○장애인자녀 교육비 지원 ○장애인자립자금대여 ○장애인등록 진단비 지급 ○장애인 의료비 지원 ○장애인용 LPG연료 세금인상액 지원 ○농어촌 재가 장애인주택개조사업 ○실비장애인생활시설 입소이용료지원 ○장애인근로자 자동차 구입자금융자	○입양가정지원 - 장애아동양육보조금 및 의료비 지원 - 입양수수료지원 - 입양아동 양육수달지원 - 입양아동 의료급여실시 ○가정위탁보호 - 양육보조금 및 국민기초생활보장법에 의한 생계비 등 지원 - 가정위탁아동 상해보험료 지원 - 대리양육, 친인척 위탁가정 전세금 지원 ○소년소녀가정지원 ○공동생활가정(그룹홈) 퇴소 아동자립정착금지원 ○디딤씨앗통장(CDA) ○특별지원대상청소년 지원
	바우처	노인돌봄서비스사업	○장애인활동보조지원사업	○지역사회서비스투자사업 (지역선택형, 지역개발형) ○장애아동재활치료사업
	보험료 및 세액 공제		○장애인 의료비 공제 ○상속세 상속공제 ○장애인 특수 교육비 소득공제 ○증여세 면제 ○장애인보장구 부가가치세 영세율 적용 ○보장구 건강보험 급여(의료급여실시) ○차량 구입 시 지역개발공채 구입 면제 ○장애인용 수입물품 관세 감면 ○특허출원료 또는 기술 평가청구료 등의 감면 ○장애인용 차량에 대한 등록세, 취득세, 자동차세 면제 ○건강보험 지역가입자의 보험료 경감 - 자동차분 건강보험료 전액 면제 - 생활수준 및 경제 활동참가율 등급별 점수 산정 시 특례적용 - 산출보험료 경감 ○승용자동차에 대한 개별소비세 면제 ○차량 구입 시 도시철도채권 구입면제 ○소득세 공제	
	할인 및 무료 이용		○고궁, 능원, 국공립 박물관 및 미술관, 국공립공원, 국공립공연장, 공공체육시설 요금 감면 ○철도, 도시철도 요금 감면 ○유선 전화요금 할인 ○시·청각 장애인 TV수신료 면제 ○항공요금 할인 ○연안여객선 여객운임 할인 ○이동통신 요금 할인 ○초고속인터넷요금 할인 ○고속도로 통행료 50% 할인 ○전기요금 할인 ○공영주차장 주차요금 감면 ○도시가스요금 할인	

동건강관리서비스가 있고, 2009년부터 지역사회서비스투자사업에서 독립한 장애아동재활치료사업이 대표적이라고 할 수 있다. 이들은 모두 바우처 방식으로 이용자재정지원방식에 포함된다.

제3절 사회복지서비스사업 대상자별 이용자재정지원 방식의 분류

현재 보건복지부에서 시행하고 있는 아동, 장애인, 노인영역의 이용자재정지원방식 사회서비스를 〈제4장〉에서 이용자재정지원방식 사업의 분석모델로 제시한 서비스 특성과 이용자 성격, 서비스 제공의 전제조건을 감안하여 사업을 재분류하면 〈표 6-5〉와 같다.

서비스 내용을 중심으로 이용자재정지원방식의 분석모델을 적용하여 분석한 노인돌봄서비스의 종합서비스와 장애인활동보조서비스, 여성장애인가사도우미시업, 아동인지능력향상서비스 그리고 장애아동재활치료사업의 경우는 기존 이용자재정지원방식에서 재정지원방식으로 변경이 필요한 사업이라고 볼 수 있다.

노인돌봄사업의 종합서비스의 경우 서비스 이용대상이 노인 중에서도 저소득층이고 노인부양점수를 받은 노인으로 한정하고 있어 서비스 대상자가 스스로 사회생활을 영위할 수 없을 정도로 제한적이고 정보이용을 위한 접근성이 매우 취약하며 서비스 선택을 위한 자기결정권이 제한적이라고 할 수 있다. 물론 제공되는 서비스의 경우 표준화된 서비스로서 전문화된 서비스는 아니지만 이용자 특성에 따라서는 서비스 욕구가 매우 다양할 수 있고[23] 지

---

[23] 노인돌보미사업에서 제공하는 서비스는 생활에 공통적으로 필요한 가장 기본적인 서비스를 제공하는 경우 서비스 표준화가 용이할 수 있지만 서비스 대상자들의 개별 욕구를 감안한다면 서비스 표준화보다는 이용자의 특성반영이라는 조건이 중요할 수 있다.

사업	(현)재정지원 방식	서비스 특성	이용자 성격	서비스 제공조건
노인 돌봄 사업 (종합 서비스)	이용자 보조금/ 바우처	- 요양등급판정을 받지 못하였지만 노인부양점수기준을 취득한 노인으로 일회성이 아닌 **지속적인 서비스 필요** - **인간관계가 중요하여 서비스 교체 시 부대비용이 따름** - 전문화된 서비스는 아니지만 하나 이상의 **다양한 서비스내용(내용표준화와 품질평가가 용이하지 않음)** - 서비스 남용이나 사기가 일어날 가능성이 적음	- 이용자들의 정보수집능력이 상이하지만 대체적으로 취약함 - 서비스를 인지할 수 있을 정도의 능력여부도 이용자에 따라 상이하지만 자기결정능력은 미약함 - 이용자의 개별적 특성에 따라 욕구수준 상이함	- 제공기관과 서비스 수가 다양하지 않아 선택권 적용이 어려움. 경쟁이 제한적임 - 기관의 정보공개에 대한 규제와 시장진입규제가 제한적임 - 이용자선별에 대한 규제방안이 없음 - 제한된 예산으로 공급탄력성이 적음 - 본인부담금은 차등지원 되고 있으나 이용자의 경제적 능력이 약하여 추가구매는 어려움 - 전자바우처관리비 및 유지비 등으로 비용효율성은 의문
노인 돌봄 사업 (기본 서비스)	제공자 보조금	- 소득수준, 부양의무자 유무에 상관없이 혼자살고 있는 노인으로 꾸준한 서비스가 필요하며 일회적이 아닌 **국가의 지속적인 관리가 필요한 사업** - 서비스는 안전점검 및 연계서비스로 전문적인 서비스 아니며 표준화된 서비스임 - 품질 및 내용표준화가 가능	- 이용자의 개별적 특성에 따라 정보수집능력과 서비스 인지능력이 상이할 수 있지만 이용자가 독거노인이라는 특성상 정보취합능력과 자기결정능력이 취약함 - 사기나 낭용이 일어날 가능성 적음	- 서비스 추가 구매빈도는 낮음 - 이용자선별이 일어날 가능성은 상대적으로 적음 - 저소득 독거노인은 모두 서비스를 이용할 수 있음 - 지장된 제공기관이 서비스를 책임짐으로 정보공개에 대한 규제가 없으며 경쟁이 없음
(중증) 장애인 활동 보조 사업	이용자 보조금/ 바우처	- 장애 1등급을 판정받은 장애인을 위한 **지속적이고 안정적인 서비스 제공이 필요** - 표준화된 서비스와 전문적인 서비스 제공 - 이용자 선호보다는 소외계층 보호라는 **사회적 책임이 우선되는 사업** - 이용자들의 개별적 욕구에 따라 **하나 이상의 다양한 서비스 필요** - 서비스 특성상 사기나 남용이 일어날 가능성은 적음 - 인간관계가 중요하여 서비스교체 시 부대비용 높음 - 품질평가와 서비스 내용의 표준화는 서비스 이용자들의 개별 특성이 상이하여 어려움	- 이용자는 **정보수집능력과 인지능력이 제한적임, 중증장애인인 경우 이용자는 자기결정권 제한적임**(이용자가족을 통한 정보수집이 가능) - 이용자가족의 (경제적)능력에 따라 정보이용 및 서비스 선택의 장점이며 실현 가능성이 있음	- 이용자의 장애 정도나 성격 차이에 따라 **이용자선별 가능성이 있음** - **제한된 예산으로 공급탄력성이 적음** - **정보공개와 시장진입규제가 없음** - **선택 가능한 제공기관과 서비스의 수는 제한적임** - 본인부담금은 차등지원 되고 있지만 서비스 구매욕구가 높고 경제적인 어려움으로 추가 구매는 제한적임
여성 장애인 가사 도우미 파견 사업	제공자 보조금	- 전문화된 서비스는 아니지만 하나 이상의 다양한 서비스 제공 - 서비스 영역이 제한적이며 표준화된 서비스 제공 가능 - 서비스는 지속적이라기보다는 일회적 - 사기나 남용이 일어날 가능성 적음 - 서비스 교체 시 부대비용 있음 - 품질평가용이 및 서비스 내용 표준화가 가능	- 이용자는 장애 정도에 따라 **정보수집능력과 인지능력이 구분되지만 자기결정가능성이 있음**	- **제한된 대상자집단으로 이용자선별가능성이 적으며 공급탄력성은 높음** - **제공자보조금방식으로 제공기관의 규제가 있음** - 지장된 제공기관이 서비스를 책임짐으로 정보공개에 대한 규제가 없으며 경쟁이 없음

사업	(현)재정지원 방식	서비스 특성	이용자 성격	서비스 제공조건
지역사회 서비스 투자 사업 (아동 인지 능력 향상 서비스)	이용자 보조금/바우처	- **서비스내용은 표준화되어 있어 품질평가 용이** - 서비스는 돌봄서비스에 비해 상대적으로 전문화되어 있고 구매빈도가 잦음 - 사기와 남용 가능성이 있음 - 일회적 보다는 지속적인 서비스 제공 필요	- 이용자(아동)는 선별능력과 서비스 인지능력이 제한적이지만 가족이 권한 행사함으로 자기결정권행사 가능	- **공급자가 다수** 존재하여 선택권 효과 있으며 경쟁가능 - 본인부담금 차등지원 있지만 서비스내용에 따라 추가 구매 가능성 있고 서비스의 다양화에 따른 이용요금의 차이 존재하여 이용자선별 가능성이 있음 - 정보공개에 대한 규제 없음
지역사회 서비스 투자 사업 (비만 아동 건강 관리 서비스)	이용자 보조금/바우처	- 이용자 상태 및 욕구가 다양하지만 서비스별 표준화된 서비스 제공이 가능 - 운동처방서비스라는 성격상 하나 이상의 다양한 서비스 제공이 필요 - 서비스 교체가 잦은 일회적 서비스 제공이 가능 - 이용자에게 필요한 서비스를 제공하는 맞춤형서비스 제공이 필요 - 품질평가 용이	- 이용자는 선별능력과 서비스인지능력 행사 가능하며 정보접근성 있음	- 대양한 수의 제공기관과 서비스 존재 - 제한된 예산으로 공급탄력성은 적음 - 정보공개에 대한 규제 없음 - 본인부담금 차등지원이 있지만 서비스 내용에 따라 추가 구매 가능성이 있고 서비스 다양화에 따른 이용요금의 차이가 존재하여 이용자선별 가능성이 있음
장애 아동 재활 치료 사업	이용자보조금/ 바우처	- 하나 이상의 다양한 치료서비스 및 전문화된 서비스를 제공하여 서비스품질을 평가하기가 어려움 - 서비스 내용의 표준화는 가능함 - 인간관계가 중요하여 서비스 교체에 대한 부대비용이 높음 - 이용자들의 개별적 특성이 중요하여 개별관리가 필요한 서비스이며 지속적이고 안정적인 사업운영이 필요 - 사기와 서비스 남용이 일어날 가능성 적음	- 장애아동의 특성상 정보접근이나 서비스 선택은 가족구성원에 의해 결정 - 장애아동의 특성상 이용자 독립성이나 자기결정권 이용은 제한적임	- 소득수준에 따라 본인부담금이 차등지원 되며 추가구매 가능성이 있음 - 정보공개에 대한 규제가 없으며 시장진입규제도 없음 - 선택가능한 수의 제공기관은 지역별로 차이가 있음 - 제한된 예산으로 공급탄력성이 적음 - 소득수준에 따라 추가구매에 대한 욕구가 있어 이용자선별가능성이 있음

* 자료: 윤영진 외(2009), 제7장(지은구) 〈표 7-7〉을 참고하여 재작성하였음.

역에 따라 선택할 수 있는 기관이 한정되어 있어 선택권확대효과와 경쟁효과가 적다. 특히 이용자재정지원방식으로 서비스를 제공하는 경우 선택권 확대라는 장점보다 이용자에 대한 정보비대칭, 이용자선별, 서비스 이용의 제한, 추가적인 서비스의 제한 등이 문제점으로 등장할 가능성이 매우 높아 현행 이용자재정지원방식에 대한 제고가 필요하다. 한편 노인돌봄서비스 중 기본서비스의 경우는 대상자를 독거노인으로 한정하고 있어 정보비대칭 문제가 심각할 수 있고 개별적인 서비스의 유연성이 필요하여 현행과 같은 제공자재정보조방식으로 서비스를 제공하는 것이 바람직한 것으로 보인다.

(중중)장애인활동보조사업의 경우 사업에 대한 구체적인 정보를 주로 가족구성원에게서 수집하는 경우 그리고 매우 기본적인 서비스를 제공하는 경우를 제외하고는 제공자보조금방식이 적합한 것으로 생각된다. 현재와 같이 장애 1등급으로 판정받은 장애인들, 즉 중중장애인에게 서비스를 한정하여 적용하는 경우 일부 중중장애인들은 자기결정권 능력이 없어 독립성이나 자존감 향상 등을 추구하는 입장이 되지 못한다. 장애영역에 따라 매우 다양한 서비스가 필요하여 개별적인 욕구 편차가 크다고 할 수 있어 이용자 보조금의 장점은 주로 장애가족구성원의 경제적 능력에 따라 실현여부가 결정되어 소비 불균형이 일어날 수 있다. 특히 장애인활동보조사업의 경우 서비스가 일회적일 수 없고 지속적인 서비스가 필요하며 서비스 제공자와 이용자 간의 인간적 관계가 중요하므로 기관을 수시로 교체할 수 없고 이용자들에 대한 개별적인 돌봄관리가 필요한 사업이라고 할 수 있다. 또한 서비스 제공 기관의 수가 지역적으로 절대 부족하여 기관 간 경쟁이 일어날 가능성이 대도시 특정 지역을 제외하고는 제한적이다. 저소득 장애인가족의 경우는 경제적 능력이나 정보취합능력이 부족하기 때문에 저소득층의 중중장애인이 있는 가족의 경우는 선택권 확대보다는 공공성을 강화하여 국가나 제공기관이 직접 서비스를 제공하는 방식이 더욱 효과적일 수 있다.

여성장애인가사도우미파견사업의 경우는 현재 제공자재정지원방식으로 서비스를 제공하고 있지만 서비스 대상이 저소득가정의 등록장애인으로 대상범위가 넓고 대부분 선택권을 행사할 수 있을 정도의 자기결정능력이 있으며 서비스를 임신, 출산, 육아 및 가사활동지원으로 제한하고 있고 서비스를 지속적이고 안정적으로 제공하기보다는 일회적이며 표준적인 서비스를 제공하므로 이용자재정지원방식으로 서비스를 제공하는 것이 효율적일 수 있다. 재정지원방식의 변경을 고려할 수 있지만 이용자재정지원방식으로 서비스를 공급하는 경우 저소득가정의 등록여성장애인 중 장애 정도가 심한 경우와 소득수준이 최저생계비 이하인 경우는 정보비대칭이 일어날 수 있으므로 선택할 기관의 수를 확보한다면 제공자보조금방식과 이용자보조금방식을 혼용하여 사용하는 것이 바람직할 수 있다.

또한 지역사회서비스투자사업 중 **아동인지능력향상서비스사업**의 경우는 서비스가 표준적이며 대상이 매우 넓고 서비스를 제공하는 기관이 다수 존재하며, 부모의 선택권이 중요하므로 이용자재정지원방식이 효과적일 수 있지만 그 대상이 매우 포괄적이므로 경제적 능력이 있는 가정과 경제적 능력이 없는 가정의 경우 이용자선별이 일어날 가능성이 있다. 서비스에 대한 정보도 경제적 능력이 있는 가정이 접근 가능성이 더 높으며 또한 선택적 서비스를 제공한다면 본인부담능력의 여부로 서비스 이용의 양극화가 일어날 가능성이 높아 국가 관리통제가 매우 절실한 영역이라고 할 수 있다. 또한 아동 서비스의 경우 부모 입장에서는 어떤 서비스가 아동에게 효과적인지를 판단하기가 어렵고 주로 기관이나 서비스 제공자가 제공한 정보를 그대로 믿는 경향이 강하여 서비스 남용이나 사기가 일어날 가능성이 존재한다. 따라서 이용자재정지원방식에 제공자재정지원방식을 추가하여 이용자들에게 재정지원방식을 선택할 수 있도록 혜택을 부여하는 방향으로 사업을 보완하는 것이 바람직하며 기관의 시장진입규제를 강화하는 것도 이용자선별을 보호할 수 있는 방안이 될 수 있다.

아동비만건강관리서비스사업의 경우는 서비스 대상자의 욕구가 매우 다양하지만 표준화된 서비스가 이루어지지 못하고 있고 기관의 수는 많지만 활용이 제한적이므로 보다 많은 서비스 기관의 참여를 유도하고 표준화된 서비스를 개발한다면 이용자재정지원방식의 서비스가 보다 적합한 것으로 판단된다.

그리고 2009년부터 바우처 사업으로 새로 시작한 **장애아동재활치료사업**의 경우는 만 18세 미만의 장애아동(재가 및 시설입소아동 포함)에게 다양한 치료서비스를 제공하는 사업으로 대상자 범위는 전국 가구평균소득의

50% 이하로 한정하고 있어 장애아동을 위한 보편적인 사회서비스사업이라고 할 수 있다. 전문치료기관이 다수 존재하여 바우처의 활용 가능성이 높은 영역이지만 사업 특성 상 장기적인 서비스 제공이 중요하고 아동에 대한 사례관리가 중요한 서비스이다. 현행과 같이 이용자재정지원방식으로 서비스를 제공하는 경우 소득 편차에 따라 이용자선별이 일어날 가능성이 매우 높은 서비스이다. 특히 장애아동가정은 다양한 치료서비스 욕구가 매우 높아 추가구매 가능성에 따라 서비스 편차가 일어날 가능성이 있음으로 사회 소외계층을 위한 보편적 서비스 제공의 제정지원방식 변화가 필요하다. 따라서 지역상황과 개별 가구의 특성을 고려하고, 전자바우처를 포함하여 재정지원방식의 다각화가 필요하고 장애아동 가정의 욕구가 매우 상이할 수 있어 직접지불과 같이 이용자들의 선택권을 확대할 수 있는 방안도 고려해야 한다.

사회복지서비스사업의 목적 성취를 강화하기 위해 국가는 앞서 제시한 서비스 특성과 이용자 성격 그리고 서비스 제공조건 등을 고려하여 서비스 제공의 효과성을 증대하고 복지지출의 효율성을 강화하는 방안으로 재정지원방식을 결정하는 전략적인 고려가 필요하다. 아무리 좋은 의도로 서비스를 제공한다고 하더라도 국민의 복지체감도를 고려하면서 주어진 재정을 보다 목적지향적인 서비스를 제공하는 것이 국가의 의무이자 책무이다. 사회복지서비스에 대한 국민의 다양한 욕구를 충족하기 위해서는 보다 다양한 재정지원방식의 유형들을 개발하여 서비스 제공을 위한 전제조건을 고려하여 서비스 특성과 이용자 성격에 맞는 서비스를 효과적으로 제공하는 것이 무엇보다도 중요하다고 할 수 있다.

제4절 소결

　본 장에서는 현재 우리나라에서 제공하는 사회복지서비스사업 중 대상자 중심으로 영역을 구분하여 노인, 장애인 그리고 아동 및 청소년복지서비스를 이용자재정지원방식(특히 전자바우처)인 사업을 이용자 성격, 서비스 특성 그리고 서비스 전제조건이라는 기준을 적용하여 간략하게 살펴보았다.

　분석결과를 보면 노인돌봄사업의 종합서비스와 장애인활동보조사업 등은 이용자재정지원방식보다는 제공자재정지원방식이나 국가직접제공방식으로 제공하는 것이 더욱 효과적일 수 있어 현재 사용하고 있는 전자바우처 외에 다양한 방식이 필요한 것으로 나타났으며 노인돌봄사업의 기본서비스는 제공자재정지원방식이 적합한 것으로 나타났다. 지역사회서비스투자사업 중 비만건강지원사업의 경우는 이용자재정지원방식이 효과적일 수 있어 다양한 이용자재정지원방식의 도입이 필요한 것으로 나타났다. 아동인지향상사업의 경우는 기존 이용자재정지원방식으로 서비스를 제공하기 위해서는 보다 강력한 서비스 선별에 대한 보호벽이나 규제 장치가 필요한 것으로 나타났다.

　다음 장에서는 보다 구체적으로 사회복지서비스사업들이 시민의 보편적 권리, 사회통합과 연대, 분배적 정의 그리고 국가재정지출의 효율성을 반영하여 제공하고 있는지를 분석한다. 즉 이용자재정지원방식으로 서비스를 제공하는 경우 반드시 고려하여야 하는 이용자 성격과 서비스 특성 그리고 사회복지서비스 제공의 전제조건이 현행 사회복지서비스사업에 적절하게 반영하고 있는지를 구체적으로 평가하기로 한다.

제7장 노인복지서비스

제1절 개관

가장 대표적으로 노인들의 생활상의 어려움을 극복하고 노후생활의 사회경제적인 안정을 보장하기 위하여 국가차원의 현물서비스로 제공하는 사회복지서비스는 노인돌봄서비스사업과 노인장기요양서비스라고 할 수 있다. 노인돌봄서비스는 사회적 돌봄의 필요성으로 노인들을 대상으로 제공되는 돌봄서비스이고 노인장기요양서비스도 노인장기요양보험제도의 시행과 함께 노인성질환이 있는 중증 노인들을 대상으로 시설보호와 재가보호서비스를 제공하지만 중심적으로 제공하는 서비스는 돌봄서비스라고 할 수 있다. 본 장에서는 현재 우리나라에서 노인들을 대상으로 제공하는 노인돌봄서비스사업과 노인장기요양보험제도의 특성을 〈제4장〉에서 제시한 사회복지서비스 분석기준을 적용하여 분석하기로 한다.

제2절 노인복지서비스사업 개요

현재 우리나라에서 노인을 대상으로 하여 제공하는 사회복지서비스사업은 현금과 현물서비스를 포함하여 매우 다양하다. 가장 대표적인 현금서비스는 기초노령연금이 있고 대표적인 현물서비스로는 노인돌봄서비스사업과 노인장기요양보험에서 제공하는 돌봄서비스가 있다. 대상자별로 분리하여 사업을 분류하면 저소득노인을 위한 현금서비스로 기초노령연금이 있으며, 장애노인을 위한 서비스로는 장애 정도나 요양등급에 따라 노인돌봄사업과 노인장기요양보험제도 등이 있다. 독거노인을 위한 사업으로는 노인돌봄사업 그리고 노인성 질환을 겪고 있는 노인을 위한 서비스로는 대표적으로 노인장기요양보험제도가 있다. 노인복지서비스의 재화적 특성은 모든 서비스가 국가재정지원으로 사업을 진행하고 있어 공공재 성격을 담고 있으며 노인복지 향상이라는 사회적 목적으로 제공되는 가치재 성격을 띠고 있다. 특히 노인장기요양보험과 노인돌봄사업은 본인부담제를 적용하여 서비스가 요금재(클럽공공재) 성격을 강하게 내포하고 있다. 따라서 현금지원을 포함하여 돌봄서비스 등 모든 현금 및 현물서비스는 국가공공재, 지역공공재, 가치재 그리고 요금재 등의 성격이 혼합되어 있다.

본 책에서는 노인복지서비스 중에서 이용자재정지원방식의 요소를 가장 많이 적용하고 있는 노인장기요양보험제도와 노인돌봄서비스를 〈제4장〉에서 제시한 이용자재정지원방식의 분석기준을 적용하여 분석하기로 한다.

제3절 노인장기요양보험제도

1. 사업 개요

정부는 노령화에 따른 사회적 지출 증가를 문제로 인식하고 이에 대한 대응으로 노령화에 따른 노인질병문제에 대한 사회적 부담을 예방하는 차원에서 노인장기요양보험제도를 시행하였다. 하지만 정부의 정책적 의도는 노령화라는 신사회적 위협에 대한 국가 대응으로 적절하였다고 할 수 있겠지만 장기요양서비스의 공급에 있어 기관 간 경쟁을 유도하고 이용자들의 선택권을 강화하는 등 민영화 논리를 많은 부분 도입하여 적극적인 국가 주도의 문제해결방식이 아닌 시장을 통한 문제해결방식이라는 한계를 드러내고 있다(지은구, 2009b).

2. 사업 특징

노인장기요양보험제도의 특징을 적용대상, 급여 종류(또는 내용), 재원조달방식 그리고 서비스전달체계를 중심으로 서술하면 다음과 같다.

1) 적용대상

우리나라의 경우 노인장기요양보험을 신청할 수 있는 대상은 65세 이상의 노인과 65세 미만의 노인성 질병을 가진 자로 정하며, 요양급여를 받을 수 있는 자는 신청대상자 중 일상생활에 상당한 장애가 있어 6개월 이상 타인의 지속적인 도움이 필요하다고 인정받은 자로 규정하고 있다. 특히, 65세 이상과 노인성질환을 겪고 있는 국민으로 적용대상을 한정하고 있어 적용대상이 매우 제한적인 한계가 있음을 알 수 있다. 보험가입자 또는 그 피부양자가 의사고견서가 첨부된 요양인정신청서를 작성하여 등급판정위원회에 제출하면 조사를 의뢰받은 평가관리원이 방문조사를 하여 조사결과서를 작성한다. 작성된 조사결과서는 등급판정위원회의 심의에 상정하여야 한다. 등급판정위원회는 요양인정 기준에 따라 요양인정 신청인이 신청자격요건을 충족하고 6개월 이상의 기간 동안 일상생활을 혼자서 수행하기 어렵다고 인정되는 경우에는 요양급여를 받을 자로 결정하고, 심신상태 및 요양이 필요한 정도에 따라 대통령령이 정하는 등급판정기준에 따라 요양등급을 판정한다. 하지만 요양등급을 받았다고 해도 본인부담금액이 재가급여 15%, 시설급여 20%로 정해져 있어 본인부담능력이 곧 보이지 않는 적용대상의 가이드라인이라고 할 수 있겠다.

2) 급여 종류 및 내용

우리나라의 노인요양 급여체계는 재가급여와 시설급여 그리고 특별현금급여로 구분한다. 재가급여의 종류에는 방문요양, 방문목욕, 방문간호, 주·야간보호, 단기보호 그리고 기타 재가급여로 나누어진다. 그리고 시설급여는 장기요양기관이 운영하는 「노인복지법」 제34조에 따른 노인의료복지시설(노인전문병원은 제외) 등에 장기간 동안 입소하여 신체활동 지원 및 기능회복훈련 등을 제공하는 장기요양급여를 말한다. 특별현금급여는 원칙적으로 현물급여를 제공하지만 일정 자격을 갖춘 가족의 간병·수발, 그리고 서비스 공급자가 없는 지역 등에 한하여 제한적으로 현금급여를 인정한다. 특별현금급여는 세 가지의 종류로 구분되는데 가족요양비, 특별요양비, 요양병원간병비 등이 있다.

3) 재정지원방식

우리나라의 경우 장기요양보험 가입자는 건강보험 가입자와 동일하다. 국가 및 지방자치단체는 대통령령이 정하는 바에 따라 국가가 장기요양보험 총 소요비용의 20%를 부담하고 있고. 요양보험료율은 장기요양위원회에서 결정하게 되는데 현재 건강보험료의 4.05%로 정해져 있다. 시설급여의 경우 비용 100분의 20(재가급여는 15%)은 이용자가 부담하고, 국민기초생활 수급자는 면제받을 수 있다. 하지만 본인부담 20% 또는 15% 이외에 장기요양보험에 적용되지 않는 개인적 비용은 별도로 지급하여야 한다는 점이 장벽으로 지적되고 있다. 본인부담금에 포함되는 비급여항목으로 「노인장기요양법」 제14조에 따르면 식사재료비, 상급침실 이용에 따른 추가비용, 이미용비, 일상생활에 관련된 비용으로 수급자가 부담하는 것이 적당하다고 보건복지부장관이 고시하는 비용으로 정하고 있어 비급여항목이 매우 넓음을 알 수 있다. 이용료부담은 영리화의 대표적 수단으로 이미 앞에서 지적한 바 있으며 본인부담비용은 이용자재정지원방식의 전형이라고 할 수 있다. 결국 높은 부담금(또는 이용료)은 본인부담능력이 있는 이용자가 보다 양질의 서비스를 제공받는다는 것을 의미한다.

4) 서비스 전달체계

노인장기요양보험제도의 서비스 전달체계는 크게 서비스 기관과 제공인력으로 구분할 수 있다. 기관은 노인요양 및 재가시설을 그리고 제공인력은 요양보호사를 포함한다.

(1) 기관

현재 장기요양보호서비스를 제공하는 조직은 국가가 운영하는 공립기관은 전무하고 대부분 비영리조직과 영리조직이다. 즉 노인장기요양보험제도는 다른 부분의 사회복지영역과 마찬가지로 대표적인 사회복지 민영화의 부산물이라고 할 수 있다. 특히 전달체계에 있어 민간기관이 서비스 제공기관이 대부분을 차지하며, 국가가 직접 운영하는 기관은 전무한 실정이다. 이를 정확하게 표현하자면 사회보험방식을 빌린 노인장기요양서비스 제공의 민영화라고 할 수 있다. 서비스 제공에 있어 국가부분, 민간부분 등이 섞여 있는 전통적인 복지혼합영역이기보다는 민간기관에게 서비스 제공의 책임을 떠넘기는 기형적인 복지혼합이라고 할 수 있다. 2007년을 기준으로 노인보호서비스를 제공하는 민간기관의 현황을 살펴보면 〈표 7-1〉과 같다.

〈표 7-2〉의 소요 인프라 현황을 살펴보면 2008년을 기준으로 시설보호를 위한 요양시설은 이미 100% 충족률을 보이고 있으며 재가서비스를 제공하는 시설은 이미 공급과잉이라고 할 수 있다.

2009년 자료에 따르면(〈표 7-3〉 참조) 요양시설은 2,245개, 재가시설

〈표 7-1〉 노인 시설보호서비스 전달주체(2006년 기준)

운영 주체	비영리민간							영리민간					
구분	무료 양로 시설	무료 노인 요양 시설	무료 노인 전문 요양 시설	실비 양로 시설	실비 노인 요양 시설	실비 노인 전문 요양 시설	계	유료 양로 시설	유료 노인 요양 시설	유료 노인 전문 요양 시설	노인 전문 병원	유료 노인 복지 주택	계
시설 수	145	174	184	132	260	24	919	74	103	70	83	15	345
정원	5,780	11,546	13,445	2,267	2,267	1,518	43,655	4,462	2,381	2,600	12,039	3,565	25,047
현원	4,565	9,965	11,433	1,869	6,690	869	35,391	2,395	1,626	1,731	8,982	1,638	16,372

* 자료: 보건복지부(2007), 사회복지시설 현황, p.7~12.

〈표 7-2〉 소요 인프라현황(2008년 기준)

구분		2006년	2007년	2008년	
시설 수	요양	815	1,176	1,513	
	재가	1,045	1,315	1,644	
정원	요양	41천	50천	수요 62천	공급 62천
	재가	51천	71천	수요 84천	공급 98천
충족률	요양	665	80%	100%	
	재가	61%	84%	116%	

* 자료: www.mw.go.kr/front/jc/sjc0110mn.jsp?PAR_MENU_ID=06&MENU_ID=06100103.

은 9,970개로 증가하였으며 특히 재가시설의 폭증은 과다경쟁을 부추기는 가장 큰 원인이라고 할 수 있다. 특히 요양시설의 지역적 편차 -요양시설의 경우 서울, 대전, 대구, 부산 등이 다른 지역에 비해 시설 수가 부족한 것으로 나타났다- 가 나타나고 있어 지역별로 이용자선별 가능성이 잠재해 있다고 볼 수 있다.

영리기관의 개입근거는 현행 노인장기요양보험법에서 장기요양기관을 설치 · 운영하고자 하는 자는 소재지를 관할 구역으로 하는 시장 · 군수 · 구

〈표 7-3〉 요양시설과 재가시설의 수(2009년 기준)

서울시	부산시	대구시	인천시	광주시	대전시	울산시
(210/1,396)	(98/769)	(56/569)	(109/450)	(54/380)	(50/364)	(30/185)
경기도	강원도	충북	충남	전북	전남	경북
(646/1,983)	(130/346)	(144/288)	(117/438)	(153/596)	(155/694)	(133/724)
경남	제주 특별자치도	기타				
(124/671)	(34/110)	(2/7)				

* 주: 괄호 안의 앞 숫자는 요양시설의 수이고, 뒤의 숫자는 재가시설의 수임(요양시설/재가시설).
* 자료: http://hi.nhic.or.kr/whac/whaca/whaca_0200/whaca_0200.html.

<표 7-4> 장기요양급여 제공기관

설립근거	종류	법률관계	급여분야
「노인장기요양보험법」 제32조	재가장기요양기관	당연지정	재가급여
「노인복지법」 제34조	노인요양시설 노인요양공동생활가정	신청 ⟹ 지정	시설급여
「노인복지법」 제38조	재가노인복지시설	신청 ⟹ 지정	재가급여

청장에게 지정받으면 된다. 재가요양기관 설치의 경우 재가급여 중 어느 하나 이상에 해당하는 장기요양급여를 제공하고자 하는 자는 시설 및 인력을 갖추어 재가장기요양기관을 설치하고 시장·군수·구청장에게 이를 신고하면 시장·군수·구청장은 신고명세를 공단에 통보하기만 하면 된다. 다만, 시장에서 경쟁이 본격화되면서 장기요양보호시설 인프라가 지역별로 격차를 보일 수 있다는 문제에 대한 논의가 필요할 것이다.

(2) 제공인력

장기요양보호의 인력인 요양보호사에 대한 교육과 관리는 서비스의 전달체계에서 매우 중요한 요인일 것이다. 우리나라 장기요양보호서비스 인력은 <표 7-5>와 같이 요양보호사를 중심으로 간호사, 간호조무사, 치과위생사 등으로 구분할 수 있다. 특히 요양보호사는 장기요양보호서비스의 주된 인력으로 치매·중풍 등 노인성 질환으로 독립적인 일상생활을 수행하기 어려운 노인들을 위해 노인요양 및 재가시설에서 신체 및 가사 지원 서비스를 제공하는 인력이다. 요양보호사는 노인장기요양보험제도 시행에 대비하여 종전 노인복지법상 인력인 가정봉사원과 생활지도원을 보다 기능과 지식수준 면에서 강화하기 위하여 국가자격제도(시·도지사 발급)로 신설하여 양성하고 있다. 요양보호사의 업무는 요양보호사 1급은 장기요양급여 수급

<표 7-5> 장기요양요원

구분	방문요양의 업무영역
요양보호사(노인복지법)	1급: 신체수발, 일상가사 지원, 방문목욕 2급: 방문요양의 일상가사 지원 *1,2급: 시설, 주야간보호, 단기보호
간호사(의료법): 10년 이내 2년 이상 경력자	방문간호
일반간호사(의료법)	시설, 주야간보호, 단기보호
간호조무사(의료법): 10년 이내 3년 이상 경력과 소정의 교육이수자	방문간호
일반간호조무사	시설, 주야간보호, 단기보호
치과위생사(의료기사법)	치과방문간호

자나 장기요양급여 수급자가 아닌 복지대상자에게 신체활동 및 일상생활활동서비스를 제공하고 시설서비스, 재가서비스(방문요양, 방문목욕, 주야간보호, 단기보호)를 제공한다. 요양보호사 2급은 장기요양급여 수급자에게는 일상생활활동서비스만을 제공하고, 장기요양급여 수급자가 아닌 복지대상자에게는 신체활동 및 일상생활활동서비스를 제공한다. 그리고 노인주거복지, 재가노인복지서비스를 제공하는 기관에만 취업이 가능하다.

5) 노인장기요양서비스와 시장기제

적용대상, 전달체계, 급여, 재정지원방식에서 노인장기요양보험제도를 채택하고 있는 가장 중요한 시장기제는 본인부담금제와 시장 확대(영리기관 개입허용)로서 중요한 가치는 선택과 경쟁이라고 할 수 있다. 즉 현행 노인장기요양보험제도는 영리기관의 시장진입을 허용하여 기관 간 경쟁으로 서비스 질을 보장하는 방법을 택하고 있으며 본인부담금제와 추가비용 부담으로 서비스의 양을 결정하고 있다. 결국, 노인장기요양보험제도에서 시장화 기제는 본인부담금이라는 이용료와 자유경쟁과 선택권이라는 시장의 가

<표 7-6> 노인장기요양서비스의 사업특성

구분	노인장기요양서비스
재정방식	사회보험방식 + 본인부담금
가치	선택 및 경쟁 강조
서비스 접근성	기관이 이용자를 발굴
재화적 성격	· 비순수사적재(외부효과가 있는 사적재, 공적 목적으로 제공되는 사적재) · 비순수공공재(클럽공공재, 요금공공재) · 사회적 목적 성취를 위한 가치재
기관	기관이 민간 중심으로 확대되고 있으며 영리를 포함한 복지혼합이 일어나고 있음
기관재정	사회보험방식으로 기관 재정은 전적으로 이용자의 수에 따라 결정되며 국가는 보험수가에 기관운영경비를 포함. 이용자가 일정 수 이상이 되면 기관운영비는 확보됨
관리	국가관리 통제하에 각 기관이 이용자관리하며 이용자선별 가능
경쟁	경쟁가능
선택권	이용자들의 선택권이 있으나 선택권 활용이 제한적임(이용자본인의 선택보다는 가족중심의 선택이 일어나며 선택에 있어 거리나 지역성이 선택 고려사항)
본인부담	· 본인부담금 있음(본인부담 일괄 적용) · 추가비용 부담 있음
정보	· 제공기관중심으로 이용자발굴을 위하여 정보체계구축 시도에 따라서 제공기관은 능동적이지만 정보 활용이라는 측면에서 제공기관들은 필요한 정보제공을 꺼리는 경우가 있어 이용자들은 정보제한이 있음 · 정보제한으로 이용자들이 서비스 질을 확인할 수 있는 방안이 제한적임
품질 관리	서비스 질에 대한 국가 관리나 통제가 중요하지만 직접적 관리체계는 구축되어 있지 않으며 국가는 서비스 질을 보장하기 위해 기관을 통제(특히 재정)하는 방식으로 간접적으로 관리할 수밖에 없음

치라고 할 수 있다. <표 7-6>은 현재 진행하는 사회보험방식의 노인장기요양서비스 특성을 나타낸 것이다.

3. 노인장기요양보험에서 제공하는 서비스의 재화적 성격

노인장기요양보험에서 제공하는 서비스는 대표적으로 현물서비스의 돌봄, 간병 및 요양서비스이다. 현물중심의 돌봄서비스 재정은 보험료에 이용자본인부담금 그리고 국가부담으로 이루어지는 사회보험형식의 사업이다. 현물서비스가 중심이지만 서비스 공급자가 없는 지역 등에 한하여 현금급여서비스 -특별 현금급여로 가족요양비, 특별요양비, 그리고 요양병원간병비 등으로 구상된다- 가 제공되기도 하여 구체적으로는 현물과 현금서비스로 이분화되어 있다고 할 수 있다. 노인장기요양보험의 돌봄서비스는 영리기관에서 제공하는 가사, 간병 돌보미서비스와 유사한 사적재 성격을 띠지만 노령화에 따른 노인질병 문제에 대한 사회적 부담을 예방 해결한다는 공적 목적을 실현하기 위해 제공되는 사적재이고 노인요양이나 간병에 대한 가족구성원들의 정신적, 경제적 부담감소 등과 같은 복지외부효과가 나타나는 사적재라고도 할 수 있다. 또한 특정 인구집단구성원에게 지원되는 지역공공재 그리고 본인부담금이 있으므로 클럽공공재 또는 요금공공재 성격을 띠는 재화이자 서비스라고 구분할 수 있다. 결국, 노인장기요양보험제도에서 제공하는 서비스는 사적재이지만 특정 사회적 목적 실현을 위해 제공되므로 가치재적 성격을 띠고 있으며, 사회구성원들에게 복지외부효과를 가져다주며 특정집단에게만 서비스가 제공되므로 비순수사적재이고, 요금을 부과하므로 비순수공공재적 성격을 나타낸다고 할 수 있다.

4. 노인장기요양보험제도 분석

노인복지서비스 중에서 시장의 경쟁가치를 도입한 대표적인 사회보험양식인 노인장기요양보험제도를 위에서 제시한 이용자 성격, 서비스 특성 그리고 서비스 전제조건이라는 기준을 적용하여 분석하면 아래와 같다.

1) 이용자 성격(자기결정능력과 선택권 활용 여부)

　현행 노인장기요양보험제도의 서비스 이용대상자들은 노인성질환의 정도가 심한 1등급에서 3등급까지의 노인들로서 개별적인 선택권을 행사할 수 있을 정도의 신체적·정신적 상태라고 보기 어려운 것이 현실이다. 따라서 선택권확대효과는 직접적 서비스 이용자들보다는 이용자 가족들에게 있다고 할 수 있다. 하지만 이용자가 가족들이 행사할 수 있는 결정권 또는 선택권은 제한적이다. 선택권 확대는 다양한 서비스와 프로그램을 선택할 수 있어야 하고 선택할 수 있는 다양한 기관이 존재하여야 한다. 모든 서비스와 기관에 대한 정보가 공개되어야 하지만 현 시점에서는 이용자 본인이나 가족구성원들이 다양한 프로그램을 선택할 수 있는 범위는 전반적으로 제한되고 있으며, 기관에 대한 정보공개 역시 제한적이다.

　현행 노인장기요양보험제도에서 이용자들의 특정 욕구를 충족하기 위해 개별 특성에 맞는 서비스를 선택할 가능성은 희박하다고 할 수 있다. 선택권확대효과를 실현하기 위해서는 이용자들의 개별 욕구를 사정하여야 하며 이를 위해 욕구사정과 사례관리는 필수적인 사회복지실천방법이다. 욕구를 사정하고 개별 사례를 관리하여 이용자들의 개별적인 욕구가 프로그램에 반영하는 것은 기여금을 지불하는 국민의 측면에서 보면 당연한 권리라고 할 수 있다. 하지만 현 제도에서 프로그램 관리를 책임질 수 있는 사회복지사의 개입은 제한적이라고 할 수 있다. 즉 욕구를 사정하고 이용자들의 개별적인 조건을 관리하여 프로그램에 적용하기 위한 인력은 법적으로 요양보호사나 간호사를 제외하고는 없을 뿐만 아니라 요양보호사나 간호사는 서비스인력일 뿐 서비스를 기획하고 개발하며 사례를 관리할 수 있는 전문가라고는 할 수 없다. 재가요양서비스의 경우 노인들의 자아존중감 향상이나 사회성 향상을 위한 정서적 지지프로그램들과, 시설요양서비스인 경우 이용자들의 욕구에 기반을 둔 프로그램을 기획하고 제공하여야 한다는 측면에서 전체

프로그램과 사례를 관리하는 전담인력의 필요성은 매우 중요하다고 할 수 있다.

2) 서비스 특성

(1) 제공되는 서비스의 전문성 정도

노인장기요양서비스의 핵심기술은 돌봄 및 간병기술이라고 할 수 있다. 즉 돌봄 및 간병서비스 전문성 정도를 가늠하게 하는 기준이다. 돌봄 및 간병서비스는 고도의 전문기술과 지식을 필요로 하는 서비스라고 분류하기는 어렵다. 하지만 노인장기요양서비스의 경우 3등급 이내의 판정을 받은 노인성질환 정도가 심한 경우로 단순한 돌봄과 간병서비스가 아니라 대인서비스로서 여가활동지원을 포함하는 일상생활지원, 기능회복지원, 신체활동지원 등을 기획하고 제공하는 기술과 대인관계기술이 필요한 영역이다. 따라서 전문교육과 지속적인 보수교육을 필요로 하는 전문사회복지사나 요양사들이 서비스를 제공하는 영역으로 전문성의 정도가 인정되는 서비스라고 할 수 있어 품질과 서비스 내용을 표준화하는 것이 상대적으로 어려운 서비스 영역이다. 따라서 이용자재정지원방식으로 서비스를 제공하는 경우 객관적인 품질측정과 평가 그리고 표준화된 서비스를 매뉴얼화하고 제공하는 것이 어렵다고 할 수 있다. 노인성질환 정도가 비슷하다고 하더라도 개인 환경과 특성에 따라 매우 상이한 대인관계기술을 적용하여야 하며, 주어진 환경이나 개인 특성에 따라 기능회복이나 일상생활지원의 정도가 달라질 수 있다는 점은 이용자재정지원방식으로 노인장기요양서비스를 지원하는 것이 아님을 보여준다.

(2) 서비스 교체 시 발생하는 부대비용의 정도

노인장기요양서비스기관을 수시로 교체하기는 현실적으로 어렵다고 할 수 있다. 시설급여의 경우 일단 한번 기관을 선택하여 입소하는 경우 특별한 사유가 발생하지 않는 이상 기관을 교체한다는 것은 환자가족에게나 환자 당사자에게 매우 많은 시간비용 등 부대비용[24]이 발생한다. 재가급여의 경우는 돌봄인력(사회복지사나 간호사 또는 요양사 등)에 대한 교체요구는 있을 수 있지만 이 경우 역시 환자와 제공인력 간의 대인관계가 서비스 내용에 있어 중요시된다는 서비스 특성상 현실적으로 자주 일어나는 상황이라고 할 수 없다. 환자나 환자가족이 인력에 대한 교체를 요구하게 되면 환자는 새로운 인력과의 관계형성을 위하여 시간을 투자하고 또한 교환과정에서 정신적 스트레스 등의 고통을 수반하게 되어 거래비용은 그만큼 증가한다. 또한 환자가족도 새로운 돌봄인력에 대한 정보수집과 각종 서류작업에 시간을 투자함으로써 그만큼 부대비용은 증가한다고 할 수 있어 노인장기요양서비스의 경우 서비스 특성상 서비스 교체가 자주 일어날 수 있는 서비스영역이라고 할 수 없다.

3) 서비스 제공조건

(1) 정보공개: 정보비대칭

정보비대칭(또는 정보 불균형)은 노인장기요양보험제도가 시급히 시정하

---

[24] 가장 대표적인 부대비용으로는 시간비용(혜택을 받거나 사용하기 위해 지불되는 시간), 에너지노력비용(다른 서비스와 비교해서 제공되는 서비스로부터 혜택과 가치를 획득하기 위해 요구되는 육체적 그리고 감정적 노력비용), 생활양식비용(서비스를 받거나 활용함으로 인해 나타나는 생활양식의 변화에 따른 비용), 정신비용(서비스를 사용하면서 지불하는 자기존경과 자기이미지에 대한 감정적 비용. 예를 들어 클라이언트들이 정신병이 하나의 낙인이고 약점이며 치료를 받는 것 또한 사회적 낙인이며 좋지 않은 인식을 갖게 되는 것이라고 생각한다면 이러한 정신치료를 받게 되는 클라이언트들

여야 하는 중요한 문제라고 할 수 있다. 현재 기관에 대한 보다 정확한 정보를 확보할 수 있는 시간과 노력을 투자할 수 있는 이용자와 그렇지 못한 이용자들 간에 기관에 대한 정보 불균형이 존재한다. 기관들은 자신들에게 불리한 정보를 공개하는 것을 꺼리고 있으며 기관소개나 이용정보 등 일상적인 정보만을 공개하고 있고 정보비공개에 대한 어떤 법적 제재도 받지 않고 있다. 현행 구조상 더 많은 시간과 노력을 투자할 수 있는 이용자만이 보다 정확한 정보를 얻을 수 있게 되어 이용자 간에 정보 불평등으로 서비스 접근성 제한이 일어나고 있다. 특히 이용자의 정보이용 양극화현상은 중산층 이상의 이용자집단에서보다는 보다 정확한 정보를 필요로 하는 대다수 저소득층 이용자집단에서 일어날 가능성이 매우 높다. 결국 정보 접근성의 제한은 정보를 확보하기 위한 거래비용의 상승효과를 가져다주며 정보양극화를 통한 서비스 이용에 제한을 가져다주므로 시급한 제도적 개선이 필요하다.

(2) 공급탄력성과 수급자격

노인장기요양보험법에서 저소득층을 포함하여 사회소외계층에게 우선적으로 서비스를 제공하지는 않는다. 즉 공급이 제한적이서 기본적으로 모든 수급자는 장기요양인정서를 획득하여야만 서비스를 제공받을 수 있어 특수계층에 대한 서비스 우선권을 부여하지는 않고 있다. 다만 신청과 함께 인정서 없이도 즉시 서비스를 제공받을 수 있는 예외조항은 존재한다. 예외조항에 따르면 주거 가족이 없는 경우, 주거 가족이 미성년자 또는 65세 이상의 노인 외에는 없는 경우에는 서비스를 우선적으로 제공한다. 결국 현행 법제도에서 저소득층에 대한 서비스 우선권은 인정하고 있지 않지만, 독거노인이나 65세 이상의 노인단독부부 등 소외계층에 대한 서비스 우선권은 제공

은 치료를 받는 것에 대해 심사숙고하기 때문에 결국 그들이 심사숙고하는 만큼의 정신적 비용을 지불하게 된다는 것이다) 등이다(지은구, 2005).

하고 있다(노인장기요양보험법 시행령, 제13조 제1항). 사회적 형평성을 향상하기 위해서는 서비스 제공에 있어 질환이나 장애 정도 그리고 소득 정도를 감안하고 수급자나 차상위계층의 수급자에게는 서비스를 우선적으로 제공할 수 있게 공급탄력성을 개선하는 노력의 여지가 필요하다고 할 수 있다.

또한 노인장기요양보험제도는 엄격한 자격기준을 적용하고 있다. 따라서 누구나 원하면 서비스를 제공받는 것이 현실적으로는 불가능하여 시민의 보편적 권리에 제한이 존재한다. 노인 중에서도 노인성질환의 정도가 심한 1등급부터 3등급까지로 서비스 제한이 있으며 1등급과 2등급은 시설요양이 그리고 3등급은 재가서비스를 제공받을 수 있다. 물론 서비스 자체가 노인성질환에 대한 대책으로 등장하였으므로 노인성질환의 정도가 서비스 대상을 결정하는 자격기준이 되는 것은 당연하지만 노인성질환을 가진 노인들은 누구나 서비스를 받을 권리가 있다. 국민은 현재 또는 미래의 노인성질환에 대한 대책으로 기여금을 지불하고 있다는 점을 감안하여 노인들의 욕구에 근거한 등급 판정의 유연화가 필요하다고 보여 진다.

현행 노인장기요양보험법은 부담능력이 없는 저소득층에게 서비스를 무료로 제공하고 있다. 국민기초생활보장법에 따른 수급권자는 본인부담금을 부과하지 않는다. 특히 2009년 5월에 법을 개정하여 의료급여수급권자, 소득 재산 등이 보건복지부장관이 정하여 고시하는 일정금액 이하인 자, 천재지변 등 보건복지부령으로 정하는 사유로 생계가 곤란한 자 등 일부 차상위계층에 대한 본인부담비를 100분의 50을 경감하여 차상위계층 수급자의 본인부담금액은 일부 경감되었다. 하지만 기본적으로 본인부담비율이 시설급여 20%, 재가급여 15%를 본인이 부담하고 비급여항목에 대한 부담도 매우 높은 현실을 감안한다면 부담능력이 없는 저소득층에게는 비급여항목비용을 국가가 부담하고 본인부담금도 전액 삭감하여 경제적 불평등으로 혜택에서 배제되지 않도록 형평성을 강화하여야 한다.

(3) 초과청구

현행 노인장기요양보험은 일당정액제 및 회당정액제로 운영되고 등급별, 급여종류별로 급여상한액이 정해져 있어 과다청구가 일어나지 않지만 실질적으로 급여상한액의 20%(또는 15%)가 본인부담상한액이라고 할 수 있고 또한 본인부담액의 일괄 적용은 저소득층에게는 본인부담액수가 너무 높으며 여기에 추가청구가 가능하게 되어 있어 비급여항목에 대한 과다청구의 가능성은 매우 높다고 할 수 있다.

본인부담금 외에 추가청구항목에 포함되는 비급여항목으로 노인장기요양법 제14조에 따르면 식사재료비, 상급침실 이용에 따른 추가비용, 이미용비, 일상생활에 관련된 비용으로 수급자가 부담하는 것이 적당하다고 보건복지부장관이 정하여 고시하는 비용에 대해서는 추가청구가 가능하게 되어 있다. 추가청구에 대한 지불능력은 곧 추가서비스의 제공을 결정하는 중요한 잣대로서 추가청구는 추가지불능력이 없는 노인들과 그렇지 못한 노인들 간의 상대적 불평등을 초래하는 대표적인 불평등 조항이라고 할 수 있다.

(4) 한계상환비율

현행 노인장기요양보험의 본인부담금은 소득에 따라 차등 적용되고 있지 않다. 국민기초생활보장제도의 수급자나 일부 차상위계층을 제외하면 본인의 소득수준에 상관없이 일률적으로 동일한 본인부담금을 지불하여야 한다. 노인성 중증질환에 대한 대응에 있어 사회적 불평등을 제고하고 분배적 정의를 실현하기 위해서 소득수준에 따라 본인부담을 차등적으로 적용하는 것이 바람직하다. 즉 소득이 많은 사람은 본인부담이 많고 소득이 적은 사람이 본인부담을 적게 적용하는 정책적 개선이 필요하다. 또한 현행 장기요양보험료의 경우 건강보험료와 통합하여 징수하고 있으며 일률적으로 2009

년 기준 보험료율 4.8%를 적용하고 있다. 보험료의 감면은 장애인 또는 이와 유사한 자로서 대통령령으로 정하는 자가 장기요양보험가입자 또는 그 피부양자인 경우 보험료의 전부 또는 일부를 경감할 수 있게 되어 있으나 저소득층에 대한 보험료 감면 등 보험료 차등은 적용하지 않고 있다(노인장기요양보험법 제10조).

(5) 이용자선별

시설이 좋고 접근성이 좋은 기관의 경우 이용자가 기관을 선택하는 선택권보다는 기관이 이용자를 선택하는 이용자선별이 일어난다. 특히 서비스 기관은 장기적으로 더 많은 치료비용을 획득할 수 있으면서 케어가 비교적 손쉬운 외상환자를 중심으로 이용자를 확보하기 위해 노력할 것이며 다루기가 어려운 중증치매환자의 경우는 서비스 이용에 있어 선택권을 제한하는 경우가 발생할 수 있다. 따라서 현 제도에서 다루기 힘들지만 치료수가가 동일한 환자들에 대한 선택권 제한을 방지할 수 있는 제도적 보완이 필요하다.

외국의 경우 민영화로 장기요양보호 제공 조직의 복지혼합을 진행하면서, 특히 민간 영리조직들은 수익성이 높은 서비스에 집중하는 경향이 나타나고 있다. 즉 중증환자나 두부외상, 급성 정신질환, 젊은 치매환자에 대한 요양보호 등 수익성이 높은 전문화된 서비스 개발 및 제공에 집중하고 있다. 이러한 흐름은 민간영리 조직들이 시장변화에 민감히 반응하고 있음을 의미한다. 또한 식사 등과 같은 비급여항목을 포함하여 일률적으로 책정하는 높은 본인부담금은 저소득층 노인의 서비스 접근성을 약화하는 것이며 기관의 입장에서는 본인부담금을 지급할 수 있는 이용자를 중심으로 서비스를 제공하는 서비스 이용의 양극화현상이 고착화될 가능성이 있다. 또한 잠재적 또는 실제적 이용자 수에 비해 요양시설이 부족한 것도 이용자선별을 일으키는 한 요인이 될 수 있다. 현행 법 제4조 국가 및 지방자치제의 책무에서

"국가 및 지방자치단체는 충분한 수의 장기요양기관을 확충하고 장기요양기관의 설립을 지원하여야 한다"라고 규정하고 있어 국가 설립에 따른 재정지원을 지방자치단체에 넘길 수 있다. 또한 제58조 국가의 부담조항에도 장기요양기관설립 재정지원방안은 빠져 있다. 재정자립도가 취약한 지방자치단체의 경우 국가의 재정지원 없이는 요양시설의 확충에 대한 재정지원이 어려워 지역서비스 편차가 일어날 가능성이 존재하기 때문에 결국 현행 장기요양보험은 의료서비스의 지역 간 편차가 발생할 가능성이 매우 높다고 할 수 있다. 이는 현재 이용시설의 수에서 나타나고 있는데 국민건강보험공단의 2009년 자료에 따르면 대전, 대구 그리고 부산은 요양시설이 다른 지역에 비해서 매우 적은 것으로 나타나고 있어 지역별로 서비스 이용자들의 서비스이용에 따른 불편함과 차별 가능성이 제기되고 있는 현실이다.

현행 노인장기요양보험제도는 직접적으로 이용자를 차별하는 것은 아니지만 가입자에게 부과하는 보험료부과방식에 있어서 지역가입자에 대한 차별이 나타나고 있다. 현 제도는 별도의 보험료율(현행 4.9%)만 정할 뿐 건강보험의 부과방식을 그대로 따르고 있어 건강보험의 보험료부과방식의 문제점인 지역가입자와의 형평성 문제가 그대로 방치되어 있어 지역가입자를 차별하고 있다. 즉 직장가입자의 경우는 보험료를 직장에서 50% 지원하고 있으나 지역가입자는 본인이 보험료 전액을 납부하여야 한다는 측면에서 지역 이용자 차별에 따른 형평성 문제를 지적하고 있다.

(6) 비용효율성

현행 노인장기요양보험의 비용효율성을 관리운영전달체계와 인력전달체계 그리고 서비스 중복 가능성을 중심으로 살펴보면 다음과 같다.

① 관리운영전달체계

장기요양보험료율, 가족요양비, 특례요양비 및 요양병원간병비의 지급기준 그리고 재가 및 시설급여비용 등을 심의하기 위하여 보건복지부장관 소속으로 장기요양위원회를 설치하였지만 현행 노인장기요양보험 관리운영체계의 핵심은 국민건강보험공단이라고 할 수 있다. 즉 건강보험관리를 책임지는 국민건강보험공단이 노인장기요양보험의 관리 역시 책임지고 있다. 이러한 법적 제안에 따라 현재 국민건강보험공단에는 장기요양보험을 관리하기 위하여 요영운영실, 요양급여실 그리고 요양심사실을 설치하고 있다. 또한 국민건강보험공단 산하에 등급판정위원회를 설치하여 요양인정 및 등급판정을 심의한다. 즉 보험료율 결정은 장기요양위원회가 맡고 등급판정은 등급판정위원회가 책임지며 운영은 공단이 책임지는 삼각 구조라고 할 수 있다. 별도의 조직을 구성하지 않고 기존조직에 인력을 충원하여 관리운영을 책임지는 것은 행정비용을 줄이는 방안이 될 수 있다.

② 인력전달체계

장기요양보호의 인력인 요양보호사에 대한 교육과 관리는 서비스의 전달체계에서 매우 중요한 요인이다. 우리나라 노인장기요양보험제도의 인력은 앞에서 지적한 것과 같이 요양보호사를 중심으로 간호사, 간호조무사, 치과위생사 등으로 구분할 수 있다. 특히 요양보호사는 장기요양보호서비스의 주된 인력으로 치매·중풍 등 노인성 질환으로 독립적인 일상생활을 수행하기 어려운 노인들을 위해 노인요양 및 재가시설에서 신체 및 가사 지원서비스를 제공하는 인력이다. 요양보호사는 노인장기요양보험제도 시행에 대비하여 종전 노인복지법상 인력인 가정봉사원과 생활지도원보다 기능·지식수준을 강화하기 위하여 국가자격제도(시·도지사 발급)로 신설하여 양성하고 있다. 장기요양보험 시행 3개월 전부터 시작된 요양보호사 양성교육이 초반에 과열현상으로 공급과잉, 교육원의 경쟁으로 교육의 질 저하,

실습 인프라 부족 등의 문제가 야기되었으며, 최근 들어 양성된 요양보호사의 취업이 문제가 되고 있다(엄기욱, 2008). 2009년 3월을 기준으로 요양보호사의 수요는 약 7만 명 정도이지만 공급은 수요를 상회하여 약 43만 명의 요양보호사가 있는 것으로 파악되고 있어 요양보호사의 과잉은 심각한 수준이라고 할 수 있다. 특히 요양보호사 인력의 과잉현상은 언제든지 요양보호사를 쓸 수 있을 정도의 유연성이 있는 상황에서 기관은 정규직으로의 채용보다는 임시직 시간제로 요양보호사를 채용하는 것을 더욱 선호하여 요양보호사들의 노동조건이 악화되며 더욱 중요한 것은 요양보호사 자격을 취득하여도 취업할 곳이 없는 경우 요양보호사 자격을 취득하기 위해 들어가는 학원비와 시간 그리고 노력비용 등 엄청난 부대비용 낭비를 초래한다.

현행 노인장기요양보험은 급여의 남용을 억제한다는 취지로 본인부담을 적용하였으며 행위별수가제인 건강보험과는 달리 일당정액제 및 회당정액제로 운영하고 있어 현실적으로 서비스 중복이 일어날 가능성은 적다고 할 수 있다.

(7) 시장진입규제

현행 노인장기요양보험법에서 장기요양기관을 설치 · 운영하고자 하는 자는 소재지를 관할 구역으로 하는 시장 · 군수 · 구청장에게 지정받으면 되고 또한 재가요양기관의 설치의 경우 재가급여 중 어느 하나 이상에 해당하는 장기요양급여를 제공하고자 하는 자는 시설 및 인력을 갖추어 재가 장기요양기관을 설치하고 시장 · 군수 · 구청장에게 이를 신고하면, 시장 · 군수 · 구청장은 신고명세를 공단에 통보하기만 하면 된다. 따라서 현행 노인장기요양보험제도는 공급기관 간 경쟁을 유발하고 있으며 불필요한 경쟁을 막는 최소한의 시장진입규제는 전무한 실정이다. 공급기관은 신고를 하면 개인도 사업을 수행할 수 있어 현재 민간재가시설은 빠르게 그 수가 증가하고 있고 요양시설도 이미 공급과잉이라고 할 수 있다.

(8) 다양한 수의 기관

현재 노인장기요양보호 서비스를 제공하는 조직은 국가가 운영하는 공립기관은 전무하고 대부분 비영리조직과 영리조직이다. 즉 노인장기요양보험제도는 다른 부분의 사회복지영역과 마찬가지로 대표적인 사회복지 민영화의 부산물이라고 할 수 있다. 특히 전달체계에 있어 민간기관이 참여해왔으며, 국가가 직접 서비스를 제공하는 기관은 전무한 실정으로 정확하게 표현하자면 사회보험방식을 빌린 노인장기요양서비스 제공의 민영화라고 할 수 있다. 그리고 서비스 제공에 있어 국가부분, 민간부분 등이 섞여있는 전통적인 복지혼합영역이기보다는 민간기관에게 책임을 떠넘기는 기형적인 복지혼합이라고 할 수 있다. 2007년을 기준으로 노인보호서비스를 제공하는 민간기관(영리와 비영리 포함)은 총 1,264개(보건복지부, 2007) 영리와 비영리기관으로 구분하여 역할분담을 나타내면 〈표 7-7〉과 같다.

〈표 7-7〉에서 나타난 바와 같이 2007년 보건복지부 자료에 따르면 전체 노인시설보호서비스 기관 1,264개 중에서 영리기관이 345개로 전체의 약 27%를 차지하고 있으며 비영리기관이 919개로 약 73%를 차지하고 있다. 이 수치는 2008년의 경우 장기요양보호서비스 기관에 대한 정확한 통계는

〈표 7-7〉 노인 시설보호서비스 공급유형과 역할분담 유형(2007년 기준)

공급유형 (인원 수 기준)	영리급여+민간재정 16,372명(31.6%)	비영리급여+재정혼합 35,391명(68.4%)
운영주체	영리민간 345개	비영리민간 919개
제정부담	정부부담 0%	정부부담 주도
역할분담유형	비영리민간활용모형	

* 주: 공급유형의 %는 수용인원 수를 기준으로 한 것임.

없지만 영리기관의 증가 또는 비슷한 수준의 복지혼합 비율을 나타낸 것이다. 보건복지부 통계에 따르면 노인장기요양보호서비스 제공기관도 이미 2008년을 기준으로 요양시설은 100%, 재가시설은 116%의 충족률을 보이고 있어 시장경쟁은 가속화될 것으로 전망된다.

보건복지부는 지난 2008년 8월부터 11월까지 1차 노인장기요양기관을 현장 조사하였으며 그 결과 영리화 문제점에서 지적되었던 이용자확보를 위한 경쟁심화와 이용자선별 등과 같은 불법, 탈법이 그대로 나타나는 심각한 양상을 나타내었다. 보건복지부에 따르면 보험급여비를 부당청구하거나 인력기준을 위반한 기관이 25개 기관이며, 시간과 노력비용이 많이 드는 치매환자를 거부하는 등[25] 이용자선별 현상이 나타나고 있고, 서비스를 원하는 노인을 유인 알선하는 부당행위가 667건 그리고 기관이 다른 기관의 노인을 빼가는 행위도 159건이나 있는 것으로 파악되고 있어 시작한 지 1년이 채 안 되는 노인장기요양보험 민영화로 기관의 도덕적 해이가 도를 넘고 있는 것이 아닌가 하는 우려를 낳고 있다. 이는 결국 제도 자체가 경쟁과 선택이라는 시장의 원리에 근거함에 나타나는 현상이라고 할 수 있다(보건복지부, 2008).

기관 간 경쟁은 과다한 기관홍보 및 마케팅 비용 등과 같은 거래비용을 증가하고 거래비용의 상승은 곧 서비스 질에 영향을 미쳐 거래비용 증가분만큼 서비스 질은 하락하고, 서비스 질 저하는 서비스 이용에 부정적인 영향을 미친다. 현행 노인장기요양보험은 공급자의 시장진입 문턱을 낮추고 신고만 하면 누구든 서비스를 제공할 수 있어 경쟁을 인정하는 만큼 공급자 간의 과다경쟁은 피할 수 없는 현상이며 과다경쟁으로 서비스 질 저하뿐 아니라 사회적 지출의 증가 등 부정적인 외부효과가 현실화되고 있다. 특히 제

---

[25] 환자 선별의 원인은 수가체계에 있다고 할 수 있다, 즉 현행 수가체계는 일당 또는 시간당 정액제로 되어 있어 기관의 입장에서 단위시간당 더 많은 노력이 들어가는 환자를 받을 만한 이유가 없기 때문이다(정완교 · 진양수, 2008).

공되는 서비스 질이 평준화되어 있지 못하고 수급자를 더 많이 확보하여 더 많은 이윤을 창출하는 영리기관의 경우 기관홍보에 대한 투자를 확대하여 수급자를 확보하는 것을 중요하게 여겨 무리한 비용부담이 나타나게 되고 무리한 비용부담을 보전하기 위해 인력축소나 서비스 질 저하와 같은 부정적인 현상이 나타나고 있다.

결국, 서비스 공급과잉은 서비스 기관 간에 과도한 경쟁을 낳고 과도한 경쟁은 서비스 단가 조정으로 이용자확보라는 결과를 초래한다. 특히 영리기관들은 이용자를 확보하기 위하여 이용자들에 대한 정보를 공개하는 것을 꺼릴 것이며 서비스 단가 조정에서도 이윤을 추구하기 위하여 관리적 측면에서 직원의 수를 조정하여 직원 1명이 다루는 이용자 수를 늘리고, 나아가서는 직원의 임금을 낮게 유지하는 불안정인 노동 상태를 유지하여 언제든지 고용과 해고가 가능한 노동조건을 선호하게 된다. 결국 서비스 경쟁은 직원과 관리자 사이의 협력과 신뢰 그리고 상호 믿음이 생길 수 있는 조건을 허락하지 않으며 노동조건의 불안정성과 저임금 장시간 노동은 요양보호사들과 이용자들의 관계에도 영향을 미쳐 요양보호사나 직원들과 이용자 사이의 인간적 관계를 성립하기 어렵고 매우 형식적인 시장교환에서의 구매자와 판매자 사이로 전락하게 된다.

제4절 노인돌봄서비스

1. 사업 개요

노인돌봄서비스사업은 신사회적 위험에 따른 65세 이상 노인들에 대한 돌봄서비스의 사회적 책임에 대한 필요성을 제기하면서 2007년에 시작한 대표적인 사회서비스사업이라고 할 수 있다. 노인돌봄서비스사업은 2009년 노인돌보미서비스사업에 독거노인생활관리사파견사업[26]을 통합하여 명칭을 변경하여 시작한 사업이다. 노인돌봄서비스의 재정은 전액 국가보조금 사업이며 재정지원방식은 제공자지원방식과 이용자재정지원방식이 혼합된 방식으로 본인부담금제도를 채택하여 서비스를 운영하고 있다.

노인돌봄서비스사업의 목적은 혼자 힘으로 일상생활을 영위하기 어려운 노인과 독거노인에게 욕구에 따라 안전 확인, 생활교육, 서비스연계, 가사지원 및 활동지원 등 맞춤형 복지서비스를 제공하는 것이다. 제공되는 서비스는 크게 **기본서비스와 종합서비스**로 나누어진다. 기본서비스는 독거노인에 대한 생활실태 및 복지욕구파악, 정기적인 안전관리확인, 보건 복지서비스 연계 및 조정, 생활교육 등의 서비스를 제공하여 독거노인에 대한 종합적인 사회안전망을 구축하는 것을 목적으로 하며, 종합서비스는 혼자 힘으로 일상생활을 영위하기 어려운 노인에게 가사지원 및 활동지원서비스를 제공하여 안정된 노후생활 보장 및 가족의 사회경제적 기반 조성을 목적으로 한다. 종합서비스에서 제공하는 서비스는 식사도움, 세면도움, 체위변경, 옷 갈아입히기, 신체기능의 유지 · 증진, 화장실 이용 도움, 외출동행, 생필품구매, 청소 세탁 등을 포함한다.

2. 사업 특징

1) 사업의 특징

노인돌봄서비스사업의 특징은 기본서비스와 종합서비스의 재정지원방식이 다르다는 점이다. 즉 기본서비스는 기관에 재정을 지원하여 서비스 제공

---

[26] 독거노인생활관리사파견사업은 노인돌보미사업과 대상자 및 서비스 중복이 발생하여 서비스의 통폐합의 필요성이 지적되었으며(지은구 · 장승옥, 2009) 이러한 연구조사 등을 기초로 보건복지부는 2009년에 두 사업을 통합하게 되었다.

방식을 제공자중심방식으로 채택하였고, 종합서비스는 바우처를 사용하여 이용자가 서비스를 제공받고 있어 서비스 이용자는 본인부담금을 지불하는 이용자중심방식이라는 점이다. 즉 요양서비스가 필요하지 않는 독거노인에게는 기본서비스를 무료로 제공하며 요양서비스가 필요한 노인은 본인부담금을 지불하여 서비스를 이용할 수 있다. 노인돌봄서비스사업을 **적용대상**, **혜택의 종류(또는 내용)**, **재원조달방식** 그리고 **서비스 전달체계**를 중심으로 서술하면 다음과 같다.

　적용대상은 기본서비스의 경우 만 65세 이상 요양서비스가 불필요한 독거노인이며 소득, 건강, 주거, 사회적 접촉 등의 수준을 평가하여 욕구가 높은 순으로 대상자를 결정하며 종합서비스는 만 65세 이상의 장기요양보험 등급 외 A, B의 요양서비스가 필요한 노인 중 전국 가구평균소득 150% 이하인 노인이다. **혜택의 내용**은 기본서비스인 경우 월 4시간의 가정방문, 유선 등을 통한 주지적 안전확인, 생활교육, 서비스연계 등 예방서비스를 제공하며 종합서비스의 경우는 기본서비스에 가사 및 간병 등을 포함하여 월 36시간 또는 27시간의 재가서비스로 구성한다. **서비스 전달체계**의 서비스인력을 노인돌보미, 서비스관리자 등으로 구성한다. **재원**은 전액 국비로 예산을 지원하고 2009년의 경우 기본서비스의 예산은 약 317억 원, 대상인원은 약 12만 명이고, 종합서비스의 예산은 약 199억 원이고 대상인원은 10,140명이다. 기본서비스의 경우 서비스 인력은 노인돌보미 4,194명, 서비스 관리자 241명이며, 종합서비스의 경우 노인돌보미는 2,897명이다(보건복지부, 2009).

2) 이용자재정지원방식의 특징

　현재 진행 중인 노인돌봄서비스의 종합서비스는 대표적인 이용자재정지원방식의 서비스이다. 노인돌봄서비스의 이용자재정지원방식이 특징이라고

<표 7-8> 노인돌봄서비스사업의 특성

	노인돌봄서비스
재정방식	제공기관보조(기본서비스)와 이용자에게 직접 제공(종합서비스: 바우처)하는 혼합방식
가치	이용자 선택권(이용자중심주의)
재화적 성격	· 비순수사적재(외부효과가 있는 사적재, 공적목적으로 제공되는 사적재) · 비순수공공재(클럽공공재, 요금공공재) · 사회적 목적 성취를 위한 가치재
접근성	제공기관이 이용자를 발굴하기보다는 이용자가 직접 기관을 발굴
기관	기관의 수는 지역편차가 있으며 중소도시나 농어촌지역은 기관이 부족하여 선택권확대나 경쟁이 제한적임
기관재정	· 이용자지원비에 국가는 암묵적으로 기관운영비를 인정하는 경우도 있지만 기본적으로 이용자에게 지급되는 서비스단가에 기관운영비는 포함되어 있지 않음 · 이용자의 수가 많을수록 기관운영이 더 어려워지는 경우도 존재
사례관리	이용자선택에 의해서 서비스가 결정되므로 제공기관에서 제공하는 안정적이고 체계적인 통합적 돌봄관리 제공은 불가능하며 일시적이고 단편적인 관리만 이루어짐
경쟁	제공기관 간 경쟁은 부분별 가능
선택권	선택권이 있으나 선택할 수 있는 기관이나 사회서비스가 매우 제한적인 경우 선택권에 대한 강점이 유지되지 못하고 있음
본인부담	본인부담금 있음(소득수준에 따라 차등적용)
정보	· 이용가능한 정보가 필요하지만 정보를 접근할 수 있는 능력을 가지고 있어야 자기에게 적합한 서비스를 제공받을 수 있음 · 질환을 가지고 있거나 이동이 제한적인 노인부부나 독거노인들은 정보수집에 있어 제한성 있음
품질 관리	· 서비스 질에 대한 국가관리나 통제가 매우 중요하지만 현재 질에 대한 국가의 직접적 관리나 통제는 이루어지지 못하고 있음 · 국가는 기관들이 스스로 경쟁을 통하여 질을 담보할 수 있을 것이라고 간주. 현실적으로 지역적 편차가 있지만 대부분의 사업에서 기관이나 서비스수의 부족으로 경쟁을 통한 질의 담보는 제한적임

할 수 있는 점은 이용자재정지원방식의 도구인 전자바우처를 활용하여 재정을 지원하고 영리기관의 개입을 허용하여 경쟁과 선택의 시장가치를 사회서비스영역에 도입하였다는 점이다. 또한 본인부담금제도를 채택하고 있으며 서비스 대상자의 자격을 결정하는 소득수준이 최저생계비가 아니라 평균가구소득이라는 점도 특성이라고 할 수 있다.

3. 노인돌봄서비스의 재화적 성격

노인돌봄서비스사업에서 제공하는 서비스는 대표적으로 현물서비스이
다. 현물중심의 돌봄서비스는 국가가 재정으로 공급하며, 제공은 이용자가
직접 선택할 수 있는 이용자재정지원방식 중 바우처를 사용하는 대표적인
사회서비스사업이다. 노인돌봄서비스는 국가가 직접 제공 하지 않지만 기
본서비스는 독거노인에 대한 생활실태 및 복지욕구파악, 정기적인 안전관리
확인, 보건복지서비스 연계 및 조정, 생활교육 등의 서비스를 제공하여 독거
노인에 대한 종합적인 사회안전망을 구축하는 것을 목적으로 한다. 종합서
비스는 혼자 힘으로 일상생활을 영위하기 어려운 노인에게 가사지원 및 활
동지원서비스를 제공하여 안정된 노후생활 보장 및 가족의 사회경제적 기반
을 조성하는 등의 목적을 실현하기 위하여 재정을 부담한다는 측면에서 공
적으로 제공되는 사적재이고 사회적 가치를 실현한다는 측면에서 공공재적
성격을 내포하는 가치재이다. 또한 돌봄서비스는 영리기관이 제공하기도 하
기 때문에 사적재이지만 노인돌봄서비스의 경우 노인 당사자뿐만 아니라 가
족의 노인돌봄에 따른 정신적, 경제적 부담효과를 감소하여 복지외부효과
를 창출한다는 입장에서 긍정적 외부효과를 창출하는 사적재라고 규정할
수 있다.

결국, 돌봄서비스는 노인들의 사회적 위험에 대처한다는 복지국가의 사
회적 목적을 실현하기 위해 공적 목적으로 제공하지만 배제가 있는 비순수
사적재이고, 돌봄에 대한 가족구성원들의 정신적 · 경제적 부담감소 등으로
복지외부효과가 나타나는 사적재라고 할 수 있다. 또한 국가재정을 지원한
다는 측면에서 특정 집단구성원 -65세 이상 요양서비스가 필요한 노인 중
전국가구 월평균소득 150% 이하인 노인집단- 에게 지원되는 지역공공재이
면서 전체 국가를 포괄한다는 측면에서 국가공공재 그리고 요금공공재적
성격을 띠는 가치재라고 구분할 수 있다.

4. 노인돌봄서비스사업 분석

본 책에서는 노인복지서비스 중에서 노인돌봄서비스사업을 앞장에서 제시한 이용자 성격, 서비스 특성 그리고 서비스 제공의 전제조건에서 제시한 기준을 적용하여 분석하기로 한다.

1) 이용자 성격(자기결정능력: 선택권 활용 여부)

노인돌봄서비스 중 종합서비스를 제공받을 수 있는 잠재적 이용자나 현재 서비스를 제공받고 있는 이용자 대부분은 저소득층이며 장애등급판정을 받은 노인들이다. 서비스 이용자가 65세 이상의 노인이라는 점과 대부분 저소득층이고 장애가 있다는 점은 이용자 대부분이 자기결정능력을 행사할 수 있을 정도의 시간적·경제적 그리고 정신적 여유가 없음을 의미한다. 물론 가족구성원이 선택권을 활용할 수 있으므로 선택권 행사는 가능할 수 있지만 이용자 스스로의 선택권확대효과는 매우 제한적이다.

노인돌봄서비스는 서비스 특성상 다양한 프로그램과 서비스를 제공하는 것이 아니며 기관이 다양하고, 이용자가 제공인력을 수시로 선택하는 서비스가 아니기 때문에 수시로 서비스와 기관이나 인력을 교체하는 것이 어렵다고 할 수 있어 선택권확대효과는 제한적이라 할 수 있다. 기본서비스의 경우는 서비스 제공계획을 수립하여 서비스를 제공하고 서비스 대상자들의 욕구를 파악하여 서비스 제공에 반영하고 있지만 종합서비스의 경우는 이용자가 전적으로 서비스 선택을 결정하므로 대상자의 욕구를 서비스에 반영하는 것은 제도적으로 어렵다. 이는 제공자재정지원방식과 이용자재정지원방식의 특성에 따라 나타나는 당연한 결과이므로 종합서비스의 경우 이용자들의 욕구가 전적으로 서비스에 반영하는 사례관리와 중간 모니터링에 대한 제도 보완이 필요하다.

2) 서비스 특성

(1) 제공되는 서비스의 전문성 정도

노인돌봄서비스의 기본서비스는 독거노인에 대한 종합적인 사회안전망을 구축하는 것을 목적으로 독거노인에 대한 생활실태 및 복지욕구파악, 정기적인 안전관리확인, 보건복지서비스 연계 및 조정, 생활교육 등의 서비스를 제공하므로 전문기술이나 지식이 필요 없으며 표준화된 서비스가 제공되는 것이 가능하고 제공기준이나 매뉴얼을 작성하여 서비스를 체크하는 것이 용이한 서비스로 구분할 수 있다. 종합서비스의 경우는 혼자 힘으로 일상생활을 영위하기 어려운 노인에게 가사지원 및 활동지원서비스를 제공하여 안정된 노후생활 보장 및 가족의 사회경제적 기반을 조성하는 것을 목적으로 식사도움, 세면도움, 체위변경, 옷 갈아입히기, 신체기능의 유지·증진, 화장실 이용 도움, 외출동행, 생필품구매, 청소 세탁 등이 포함되므로 종합서비스의 경우도 전문지식이나 기술 그리고 지속적인 교육이 필요하다고 보기는 어렵고 대부분 서비스 내용을 표준화하는 것이 가능하다. 또한 대인서비스라는 돌봄서비스 특성상 대인관계기술이 필요하고 상황에 따라 적절하게 대응하는 위기대응이나 위기대처에 대한 판단에 도움이 되는 교육 등이 필요하다.

하지만 서비스의 품질을 객관화하여 측정하고 평가하는 것은 대인서비스의 특성상 어렵다고 할 수 있다. 즉 이용자의 상황과 주관적 판단에 따라 서비스나 인력이 같다하더라도 평가가 달라지며 돌봄서비스의 품질을 양적 측정 가능하게 수량화하는 것 자체가 어려울 수 있고 혼자 힘으로 일상생활을 영위하기가 어려운 이용자의 정신·신체적 특성상 측정 자체가 어려운 경우도 존재할 수 있다. 결국, 노인돌봄서비스의 경우 표준화된 서비스를 제공하는 것이 가능하지만 품질평가는 용이하지 않는 서비스영역이라고 할 수 있다.

(2) 교체 시 발생하는 부대비용의 정도

노인돌봄서비스는 대표적인 돌봄서비스영역으로 대인서비스가 중심이 된다. 따라서 노인장기요양서비스와 같이 기관이나 인력을 수시로 교체하기는 현실적으로 어렵다고 할 수 있다. 일단 기관을 선택하면 최소 다른 기관에 대한 정보가 있어야 기관에 대한 비교가 가능하며 비교하려면 최소 한 달 이상은 서비스를 제공받아야 다른 기관과 비교가 가능하다. 또한 특별한 사유가 발생하지 않는 한 기관을 교체하는 것은 이용자가족에게나 이용자 당사자에게 매우 많은 시간비용 등의 거래비용이 발생한다.

돌봄인력에 대한 교체요구는 있을 수 있지만 이 경우 역시 이용자와 제공인력 간의 대인관계를 바탕으로 하므로 실질적으로 자주 일어나는 상황이라고 할 수 없다. 이용자나 이용자가족이 돌봄인력에 대한 교체를 요구하게 되면 이용자는 새로운 돌보미와의 관계형성을 위하여 시간을 투자하여야 하고 또한 교환과정에서 정신적 스트레스 등의 고통이 수반되어 거래비용은 그만큼 증가한다. 또한 새로운 돌봄인력에 대한 정보수집과 각종 서류작업에 시간을 투자하여야 하므로 그만큼 부대비용은 증가한다고 할 수 있어 노인장기요양서비스의 경우와 마찬가지로 적지 않은 부대비용 발생으로 서비스 특성상 교체가 자주 일어날 수 있는 서비스영역이라고 할 수 없다.

3) 서비스 전제조건

(1) 수급자격과 공급탄력성

현행 노인돌봄서비스(특히 종합서비스)는 본인부담과 건강상태라는 엄격한 자격기준을 적용하고 있다. 따라서 누구나 원하면 서비스를 제공받는 것이 현실적으로는 불가능하여 시민의 보편적 권리에 대한 제한이 존재한다. 특히 기초생활수급자의 경우는 원하는 경우 본인부담금을 지불하게 되어 있어 생활능력이 부족한 수급자노인들에 대한 사회적 배제가 발생하고 있다. 또한 한 가구에 대상자가 2인이라도 서비스는 가구당 1인으로 제한하고 있어 기본적 생활권의 보장이라는 근본 취지가 무색해지고 있다. 또한 소득, 건강상태가 기준을 충족하더라도 예산이 한정되어 있어 기준충족이 서비스를 제공받는다는 것을 의미하지 않아 사업 자체가 경쟁과 배제성을 포함하고 있다.

노인돌봄서비스의 기본서비스는 이용료가 없어 모든 노인은 우선순위 설정에 따라 서비스를 제공받지만 종합서비스는 부담능력이 없는 저소득층 노인들은 서비스를 제공받지 못한다. 현실적으로 노인장기부양점수가 부족하여 장기요양보험혜택을 받을 수 없지만 사회적 돌봄을 필요로 하는 질환이나 장애를 가진 기초생활수급자노인들은 현실적으로 재가돌봄서비스를 제공받을 수 있는 유일한 제도가 노인돌봄서비스사업이지만 본인부담금 18,000원은 기초생활수급자 노인들에게 적지 않은 비용이므로 비용부담으로 서비스를 제공받지 못하는 저소득노인들을 위해서는 본인부담금을 현실적으로 조정하여 저소득층에게는 비용을 부담하지 않고, 비용부담능력이 있는 노인들에게는 적정부담을 적용하는 것이 올바른 정책방향이라고 할 수 있다.

현행 노인돌봄서비스는 저소득층을 포함하여 사회소외계층에게 우선적으로 서비스를 제공하는 서비스 우선순위를 설정하고 있다. 하지만 이 우선순위는 제한된 예산배정을 위한 대상자선정 우선순위라고 표현하는 것이 더 정확할 것이며 선정소득기준이 너무 높다는 문제점이 있다. 특히 서비스를 제공받을 수 있는 1순위가 소득이 전체 평균소득의 100% 이하인 가구 - 2009년 기준 1인 가구 월평균소득 1,266천 원, 4인 가구는 월 3,911천 원-로 되어 있어[27] 서비스가 필요한 차상위계층에 대한 배려를 위해 1순위의 기

---

27 2010년 종합서비스 선정 소득기준은 전국 가구 월평균소득 150% 이하이며 2010년 기준을 적용하면 1인 가구 월평균소득 1,963천 원, 4인 가구는 월 5,869천 원임.

준을 최저생계비기준으로 수정하는 것이 바람직하다고 할 수 있다.

2009년을 기준으로 노인돌봄서비스사업 중 종합서비스의 서비스 대상인원은 예산(총예산 199억 원)의 제한으로 10,140명으로 한정하고 있다. 65세 이상 장애노인의 수는 2007년 장애등록현황(보건복지부, 2007)을 보면 전체 장애인 2,104,889명의 32.5%인 688,884명이다. 또한 기본서비스는 2009년 총예산이 317억 원으로 서비스 대상인원은 12만 명으로 제한하고 있지만 통계청(2007)자료에서는 2008년 65세 이상 독거노인의 수는 931만 명 그리고 2009년에는 976만 명(전체 노인 중 18.8%)으로 추계하여 두 사업 모두 잠재적인 서비스 대상자집단에 비해 너무 적은 대상자수를 설정하고 있다. 65세 이상 노인들 중 서비스를 필요로 하는 노인들에게 보편적인 서비스 제공을 위해 더 많은 예산확충 및 서비스 대상집단의 확대가 필요한 것으로 나타났다.

(2) 정보비대칭

노인의 특성상 서비스 기관이나 서비스 제공인력 또는 서비스 내용에 대한 정보에 손쉽게 접근하는 것이 어렵다고 할 수 있다. 특히 거동이 불편한 돌봄서비스를 필요로 하는 경우 노인 본인보다는 노인들의 가족구성원이 정보를 취득하여야 한다는 점에서 정보를 왜곡할 가능성이 존재한다. 특히 저소득 거동불편 노인들은 정보의 사각지대에 놓여 있을 수 있으므로 서비스 대상자들이나 가족들에게 노인돌봄서비스의 정보와 서비스 인력이나 기관에 대한 정보는 기관에서 보다 적극적으로 시행할 수 있게 강제하는 방안을 모색하여야 한다.

(3) 이용자선별

　　장애 정도나 나이, 경제적 지위나 소득 또는 병의 경중에 따라 서비스 선별이 일어날 가능성은 노인돌봄서비스사업의 경우 기본서비스보다는 종합서비스에서 발생할 가능성이 있는데 이는 종합서비스가 경쟁과 선택이라는 시장의 원리를 적용하는 분야이기 때문이다. 본인부담금 지불여부와 추가구매 여부 그리고 서비스 기관이 적으나 이용자가 많은 경우 등은 이용자선별이 일어날 요인들이라고 할 수 있다. 즉 기관이 본인부담액을 부담하지 않아도 되는 이용자 그리고 서비스 추가구매를 할 가능성이 있는 이용자 그리고 인력을 다루기 쉬운 이용자의 경우는 기관 입장에서 선호하는 대상이기 때문에 이로 인해 이용자선별 현상이 일어나지 않도록 국가적 차원에서의 강력한 관리체제구축은 반드시 필요하다고 할 수 있다.

　　또한 노인돌봄서비스에서 중증장애를 가진 노인들에 대한 혜택은 매우 제한적으로 제공하고 있는 것이 현실이다. 혼자 힘으로 거동이 불가능한 장애 정도가 1, 2등급인 노인들은 돌봄서비스가 필요한 대상자집단이라고 할 수 있지만 현실적으로 서비스가 제한적이어서 사각지대에 방치되어 있다고 할 수 있다. 현재 사회서비스사업의 하나인 중증장애인활동보조사업은 6세 이상과 65세 미만의 국민은 혜택을 받을 수 없는 사업으로 서비스 대상자 영역에 나이 제한이 있다. 나이 제한 문제는 65세 미만이어서 중증장애인활동보조서비스를 받던 장애노인들이 65세 이상이 되면 서비스를 받을 수 없다는 점이다. 65세 이상 장애인들은 노인장기요양보험에서 서비스를 받을 수 있지만 그것도 요양등급 외 판정을 받는 경우 그리고 경제적 이유로 자부담 능력이 없는 경우는 노인돌봄사업으로 국한된다. 하지만 이 경우 노인돌봄사업은 서비스 총 시간이 중증장애인활동보조사업 절반에도 못 미쳐 기존 중증장애인활동보조사업을 제공받던 노인이 65세 이상이 되어 노인돌봄사업으로 서비스로 전환하면 서비스 제공시간 부족으로 심각한 문제가 야기

된다. 따라서 사각지대에 있는 저소득 장애노인들에게 적절한 서비스를 제공하는 제도 개선이 필요하다.

노인돌봄서비스 중 기본서비스는 독거노인인 경우 우선순위에 따라 서비스를 제공받을 수 있지만 종합서비스를 제공받기 위해서는 바우처카드를 지급받아야 하므로 사용에 있어 이용자선별이 발생할 가능성이 존재한다. 낙인을 나타내는 바우처카드는 일반적으로 바우처방식을 반대하는 가장 큰 요인으로 지적하고 있으며 기관이나 인력이 바우처카드를 이용하는 이용자와 일반 이용자들 간의 서비스 선별을 가져다주는 경우 사회적 연대감 형성에 부정적인 영향을 미칠 수 있다.

이용자선별 문제에 있어 노인돌봄서비스사업이 직면한 또 하나의 문제점은 지역 간 재분배를 전혀 고려하고 있지 않아 지역별로 이용자들의 선별현상이 일어날 가능성이 존재한다는 점이다. 노인돌봄서비스를 제공하는 민간기관은 대부분 대도시에 위치하고 있으며 본인부담금을 지불하는 전담 은행인 국민은행도 대부분 대도시에 위치해 있고 이동 역시 대도시보다 불편하여 노인돌봄바우처서비스사업의 효과가 농어촌 소도시에서는 반감되고 있다고 지적하고 있다(지은구·장승옥, 2009). 이용자가 직접 기관의 서비스를 선택할 수 있다는 장점은 결국 서비스 기관의 수에 따라 결정되므로 농어촌 지역의 주민들은 서비스 이용에 있어 대도시주민에 비해 선택권이 제한되는 역차별을 받는다고 할 수 있다. 또한 국민은행을 이용하기 위해 지로이용료나 서비스 이용을 위한 이동시간 등의 지출이 발생하여 간편하게 서비스를 이용할 수 있는 일부 대도시를 제외하면 노인돌봄서비스사업은 지역 간 형평성을 재고하기 위한 다각적인 노력이 필요하다.

(4) 초과청구

현행 노인돌봄서비스는 서비스 대상자에게 제공되는 바우처보다 더 많은 서비스를 원할 경우 개인부담으로 추가구매가 가능하다. 추가구매는 본인부담능력이 있는 경우 서비스를 제공받기 위한 수단이 되지만 추가서비스는 필요하지만 본인부담능력이 없는 저소득노인들에게는 상대적으로 불평등을 초래할 수 있다. 따라서 특정 집단(사회소외계층)의 경우 대상자의 욕구에 따라 비용부담 없이 추가서비스를 제공받을 수 있는 제도 개선이 필요하며, 본인부담능력이 있는 이용자에게만 비용을 추가적으로 부담하는 것이 사회통합과 연대를 위해 중요하다.

(5) 한계상환비율

현행 노인돌봄서비스의 본인부담금은 소득에 따라 차등 적용되고 있지만 소득이나 재산에 따라 본인부담금을 차등 적용할 수 있는 보다 세분화된 기준이 필요하다. 즉 현행 본인부담금제는 소득이 최저생계비 120% 이하인 저소득층인 경우에 본인부담금 50%를 경감하여 월 27시간 서비스를 받으면 본인부담금이 18,000원이며 월 36시간 서비스를 제공받으면 본인부담금 월 24,000원을 납부하여야 한다. 따라서 기준은 최저생계비 120%의 소득이라고 할 수 있다. 최저생계비 120% 이하의 소득계층에는 기초생활수급자노인들도 모두 포함하고 있으므로 기초생활수급자 노인과 차상위계층 노인의 본인부담금액수를 조정할 필요가 있다. 즉 최저생계비 120% 이하의 저소득층 노인들 중 서비스 자격기준이 되는 이용자집단에 대해서는 본인부담 없이 서비스를 100% 이용할 수 있게 한계상환비율을 상향 조정하여야 한다.

또한 현행 본인부담금제는 월 27시간 서비스 선택 시 월 36천 원 그리고 월 36시간 선택 시 본인부담금 월 48천 원을 서비스 대상자들은 일괄 부담하여야 한다. 여기서 서비스 제공의 소득기준은 전국가구 월평균소득 150% 이하이다. 1인 가구의 경우 월평균소득 150%는 2007년 4/4분기~2008년도 3/4분기 평균값으로 1,899천 원이고 4인 가족의 경우는 5,867천 원이므로 기준소득이 너무 높게 잡혀 있으며 또한 현실적으로 예산을 제한하고 있다 (보건복지부, 2009). 따라서 이 소득수준에 있는 모든 노인이 잠재적인 대상자이지만 실제 이용자가 아니므로 소득수준을 현실에 맞는 본인부담금액 조정이 필요할 것으로 생각된다.

(6) 시장진입규제

노인돌봄서비스 기본서비스의 경우는 제공자재정지원방식이어서 시장진입규제의 필요성은 존재하지 않는다. 종합서비스의 경우는 경쟁의 가치를 도입하여 민간비영리기관 뿐 아니라 영리기관의 시장진입을 허용하고 있다. 2010년 노인돌봄서비스사업안내(보건복지부, 2010)에 따르면 기관은 영리, 비영리 구분 없이 노인돌봄서비스를 제공할 능력이 있는 기관을 2개 기관 이상 지정할 수 있게 되어 있다.

현행 노인돌봄서비스 기본서비스의 경우는 지역 서비스기관 간의 서비스 조정과 연계를 위한 정보공유나 업무협조 등은 일상적인 업무라고 할 수 있지만 종합서비스의 경우는 바우처를 사용할 수 있는 이용자를 확보하는 것이 기관운영에 직접적인 영향을 미치므로 이용자들에 대한 기관 간 정부공유나 협조는 현실적으로 불가능한 영역이라고 할 수 있다. 이용자 확보를 위한 기관 간의 불필요한 경쟁은 사회적 지출낭비를 초래할 수 있으며 이용자들에 대한 정보 독점은 날로 복잡하고 다양화하는 서비스 대상자들의 욕구를 해결하기 위한 노력에 장애가 되므로 서비스 업무협조와 사례회의를 통한 이용자에 대한 정보공유 등 실제적으로 이용자에게 적합한 서비스를 제공하는 다각적인 방안이 필요하다고 할 수 있다.

(7) 비용효율성

① 행정비용

노인돌봄서비스의 전달체계는 이원화되어 있다. 즉 기본서비스는 기관과의 서비스 계약을 통한 제공자재정지원방식이며, 종합서비스는 바우처를 지급하여 이용자 본인이 서비스를 선택하는 이용자재정지원방식이다. 종합서비스를 제공받기 위해서 전자바우처카드가 있어야 하며 기관은 서비스의 제공여부를 전자카드단말기를 통해 확인받고, 확인이 되면 단가를 지원받는다. 이용자들은 본인부담금을 지불하기 위하여 전자카드 전담은행인 국민은행에 본인부담금을 지불하여야 하고 국민은행은 전자카드 이용에 따른 수수료를 제공받는다. 결국, 카드와 카드단말기 관리를 위하여 전담기구인 사회서비스관리센터를 설립하였다. 바우처나 현금지원과 같은 이용자재정지원방식으로 서비스를 제공하는 경우 일반적으로 전담인력이나 전담기구가 불필요하므로 행정비용의 절감이 있을 수 있지만 노인돌봄서비스의 경우 특별히 행정비용의 절감이 발생한다고 보기 어려운 것이 현실이다. 특히 단말기 구입비 및 이용수수료, 전자바우처카드 이용수수료와 카드를 만들고 사용하기 위한 그리고 서비스를 선택하기 위한 시간이나 노력비용 등과 같은 거래비용이 발생한다는 측면에서 사회적 비용을 지출하고 있는 것 또한 현실이라고 할 수 있다.

② 서비스 중복(또는 혜택)

현행 노인돌봄서비스는 현실적으로 서비스 중복이 일어날 가능성이 매우 큰 사업이라고 할 수 있다. 특히 종합서비스는 노인돌봄서비스의 기본서비스, 복권기금 가사간병도우미, 자활근로, 가정봉사원파견사업에서 서비스를 제공받고 있는 노인은 서비스를 제공받지 못 하도록 규정하고 있지만 가사간병도우미사업과의 서비스 중복 가능성이 있다. 특히 기초생활수급자 및 차상위계층은 가사간병도우미서비스를 제공받으면서 동시에 본인부담금을 지불할 의사가 있는 경우 노인돌봄서비스사업의 종합서비스를 제공받는 것이 가능하여 서비스 중복이 일어날 수 있다. 따라서 중복 서비스를 차단할 수 있는 근본적인 처방이 필요함과 동시에 노인돌봄서비스와 가사간병서비스의 대상자 범위를 조정하고 서비스 욕구를 재조정하여 서비스가 필요한 시간만큼을 제공하는 방안이 필요하다.

③ 과다청구

노인돌봄서비스는 기본적으로 주어진 서비스 시간을 제공하고 특히 종합서비스는 단말기를 통해 시간이 기록되어 보고되므로 서비스 이용에 따른 과다청구는 원칙적으로 어렵게 되어 있다고 할 수 있다. 하지만 서비스를 제공받지 않았음에도 이용자와 돌보미가 서비스를 이용한 것으로 보고하여 이를 원천적으로 제거할 수 있는 구체적인 구조는 존재하지 않는 것이 현실이다. 현금지원이 아닌 바우처를 재정지원도구로 사용하는 경우 과다청구나 부당청구 등의 문제를 해결하는 것은 현실적으로 어렵다는 측면에서 전자바우처 사용의 자제와 과다청구가 일어나지 않는 재정지원방식을 도입하는 것이 필요하다.

(8) 다양한 수의 기관

노인장기요양보험제도 분석에서 언급한 바와 같이 기관 간 경쟁은 과다한 기관홍보 및 마케팅 비용 등과 같은 거래비용을 증가하고 거래비용의 상승은 곧 서비스 질에 영향을 미쳐 거래비용 증가분 만큼 서비스 질은 하락하고, 서비스 질 저하는 서비스 이용에 부정적인 영향을 미친다. 현행 노인돌봄서비스사업 중 종합서비스의 경우 이용자 수의 확보가 곧 민간기관의 운영을 결정하는 가장 중요한 잣대이기 때문에 기관 간의 경쟁은 피할 수 없는 측면이 있다. 이용자가 선택에 영향을 주는 적당한 선의의 경쟁은 기관 간 제공되는 서비스 관리에 긍정적인 영향을 미칠 수 있지만 과도한 경쟁은 곧 신뢰와 믿음 그리고 협력이라는 사회적 자본을 파괴하여 장기적으로는 노인돌봄서비스영역의 발전을 가로막는 중대한 방어벽이 될 수 있다.

노인돌봄서비스는 장애활동보조서비스와 함께 서비스를 시작한 대표적인 사회서비스 이용자 재정지원방식의 사업으로서 경쟁이 가능한 기관이 다수 존재하므로 정부나 비영리기관이 독점으로 서비스를 제공하지 않게 준(내부)시장을 형성하여야 한다. 2009년 7월을 기준으로 전국적으로 노인돌봄서비스를 제공하는 기관은 총 506개로서 영리기관이 6개이고, 비영리기관이 499개로 대부분을 차지하고 있고, 정부기관 1곳에서 서비스를 제공하고 있는 것으로 나타났다(www.socialservice.co.kr.ptl.HtmlEditor.doj). 장애인활동보조서비스나 장애아동재활치료서비스에 비해 영리기관의 진입은 상대적으로 적으며, 대부분의 서비스는 비영리기관을 중심으로 제공하고 있어 서비스 제공에 상호협력과 조정의 가치를 적용할 가능성이 매우 높은 서비스영역이지만, 이용자의 선택 범위를 확대할 정도의 기관 수는 아니기 때문에 선택권확대효과는 매우 미비하다고 볼 수 있다.

〈표 7-10〉은 노인돌봄서비스를 제공하는 기관의 지역별 분포를 나타낸 것이다.

노인돌봄서비스를 제공하는 기관의 지역적 특성을 살펴보면 장애인활동보조사업이나 장애아동재활치료사업과는 달리 대부분의 지역에서 서비스를 제공하고 있고 한 기관이 여러 지역에서 서비스를 제공하는 경우는 드물지

〈표 7-9〉 노인돌봄서비스 제공기관 분류(2009년 7월 기준)

구 분	영리	비영리	국가기관
기관 수	6	499	1
전 체		506	

만 여전히 중소도시나 농어촌지역의 경우는 한 기관이 한 지역에서 서비스를 제공하는 경우가 많아 서비스 선택권확대효과는 지역별 차이가 존재한다. 이는 이용자들의 접근성을 제한하고 지역별 편차로 형평적인 서비스를 제공

〈표 7-10〉 노인돌봄서비스 제공기관 지역별 편차

지역 (총 시군구 수)	제공기관이 1개인 지역	제공기관이 가장 많은 지역	제공기관이 없는 지역	중복서비스제공 기관
서울 (25개 구)	도봉구 등 3개 지역	노원구:4개 기관		
부산 (16개 구)	기장군		6개 구	
대구 (8개 구, 군)		수성구: 4개 기관		
인천 (10개 구, 군)	웅진군	남동구: 3개 기관		
대전 (5개 구)		동구: 3개 기관		
광주 (5개 구)		광산구: 4개 기관		
울산 (5개 구, 군)		모든 구에 기관이 2개		1개 기관이 2개 지역서비스 제공
경기도 (31개 시, 군)	가평군 등 9개 지역	성남시: 6개 기관		
강원도 (18개 시, 군)	고성군 등 7개 지역	**속초시 등 4개 지역: 3개 기관**		
충청북도 (12개 시, 군)	괴산군 등 3개 지역	**보은군 등 9개 지역: 2개 기관**		
충청남도 (16개 시, 군)		천안시: 6개 기관		
경상북도 (23개 시, 군, 구)	고령군 등 6개 지역	포항시: 4개 기관		
경상남도 (20개 시, 군)	남해군, 의령군	산청군: 4개 기관		
전라남도 (22개 시, 군)	광양군, 완도군	여수시: 5개 기관		
전라북도 (14개 시, 군)		전주시: 10개 기관		
제주 (4개 시, 군)	제주시	서귀포시: 2개 기관		

받지 못하는 방어벽 역할요인으로 지적할 수 있다. 지역별로 한 기관이 한 지역에서 서비스를 제공하는 비율이 높다는 점과 비영리기관이 대부분 서비스를 제공한다는 점 등은 상대적으로 다른 사업에 비해 영리기관의 시장진입조건이 열악하다는 것을 의미하는데 이러한 사실은 노인돌봄서비스사업의 경우 이용자재정지원방식보다는 제공자지원방식이 더욱 효과적일 수 있음을 보여준다.

제5절 소결

노인복지서비스사업 중 현물혜택으로 서비스를 제공하며 대인서비스로서 돌봄서비스를 제공하는 대표적인 서비스인 노인돌봄서비스사업과 노인장기요양보험의 요양서비스를 중심으로 사회복지서비스 분석을 위한 기준으로 제시하였던 15개의 분석기준을 적용하여 분석한 결과 현재 제공하는 노인돌봄서비스 종합서비스의 경우 사회적 연대성을 증대하고, 시민의 보편적 권리를 보전하며 분배적 정의를 실현하고 재정적 효율성을 강화하기 위해 65세 이상 노인들 중 서비스를 필요로 하는 잠재적인 서비스 대상자에게 보편적인 서비스 제공을 위해 더 많은 예산확충 및 서비스대상집단의 확대가 필요한 것으로 나타났다. 구조적으로 정보 불균형을 제거할 수 있는 방안이 필요하고 이용자들의 서비스 욕구가 사업에 반영하는 방안이 고려되어야 할 것이며 대상자 욕구에 따라 추가서비스를 비용부담 없이 제공받을 수 있고 본인부담능력이 있는 이용자들에 대해서만 추가부담이 가능하도록 하는 것이 필요하다. 또한 지역 서비스 편차를 시정할 수 있는 방안이 필요하며 지불능력에 따라 본인부담금을 무료이용에서 적정부담으로 좀 더 세분화하는 것이 필요하다고 보여진다. 덧붙여 서비스 사각지대를 해소하기 위해 65세 이상 장애가 있는 노인에게 서비스를 확대 적용하는 것이 필요한 것으로 나타났으며 행정비용의 효율성과 거래비용을 줄이는 방안으로 전자바우처 외에 다양한 지불방식을 지역별로 허용하는 방안도 필요한 것으로 나타났다.

노인장기요양서비스의 경우 소득에 따라 비급여항목에 비용부담의 차등화가 필요하며 정보비대칭 시정을 위해 적절히 정보를 공개하는 관리체계가 필요하며 본인부담금액의 대상자별 차등적용과 서비스 과정에 나타나는 개별적인 서비스 욕구를 사업에 반영하는 돌봄관리전문시스템이 필요하고 지역 간 서비스 이용편차가 발생하는 것을 막기 위하여 지역별로 시설건립에 대한 지원과 운영비 지원을 차등화하는 것이 필요한 것으로 나타났다. 또한 공급자 간 과다경쟁을 사전에 방지하기 위해 서비스 품질 표준화가 필요하며 이용자선별과 서비스 남용이나 사기를 차단할 수 있는 법적인 제재방안이 필요한 것으로 나타났다.

결국, 노인돌봄사업과 노인장기요양서비스는 사회복지서비스 제공의 목적이자 제공원칙인 분배적 정의, 보편적 권리, 사회통합과 연대 그리고 재정적 효율성 증대를 보장하기 위해 제시된 기준들 중 일부기준들을 사업에 포함하여 설계를 하지 못한 것으로 나타나 내용 수정이나 설계변경 등의 과정이 필요하며, 이러한 구조적 변경이나 수정은 복지국가 운영에 보다 적합한 목적 지향적인 사업으로 거듭나기 위한 당연한 절차라고 할 수 있다.

제8장 장애인복지서비스

제1절 개관

  사회적 돌봄의 필요성에 따라 정부가 장애인에게 제공하는 가장 대표적
으로 사회복지서비스로 장애인활동보조사업사업과 장애아동재활치료사업
이 있다. 장애인활동보조사업은 2007년 중증장애인활동보조사업으로 시작
하였으며 장애아동재활치료사업은 2009년부터 사회서비스바우처사업으로
시행하고 있다. 이 장에서는 현재 우리나라에서 장애인들을 대상으로 제공
하는 사업 중 사회서비스 바우처사업으로서 장애인활동보조사업과 장애아
동재활치료사업의 특성을 〈제2장〉에서 제시하였던 사회복지서비스 분석
기준을 적용하여 분석하기로 한다.

  현재 우리나라에서 장애인을 대상으로 하여 제공하는 사회복지서비스사
업은 현금과 현물서비스를 포함하여 매우 다양하다고 할 수 있다. 가장 대
표적인 현금서비스는 장애수당이 있고, 현물서비스로는 장애인활동보조지

원사업과 장애아동재활치료사업에서 제공하는 돌봄서비스가 있다.

제2절 장애인활동보조지원사업

1. 사업 개요

장애인활동보조지원사업[28]은 신체적·정신적 이유로 원활한 일상생활과 사회활동이 어려운 장애인에게 활동보조서비스를 제공함으로써 장애인의 자립생활과 사회참여를 증진하기 위해 2007년에 시행한 사업이다. 사업기간은 일 년이며 장애인복지법상 등록 1급 장애인을 대상으로 소득기준과 무관하게 신청 가능하며 연령은 만 6세 이상에서 만 65세 미만으로 제한하고 있다. 대상자는 4등급으로 구분하며 등급별 월 40시간에서 100시간의 활동보조서비스를 제공받으며 독거장애인은 월 20시간이 추가로 지원된다(독거특례). 서비스는 신병처리지원, 가사지원, 일상생활지원, 커뮤니케이션보조 그리고 이동보조 서비스 등을 제공한다.

2. 사업 특징

1) 사업의 일반적 특징

장애인활동보조지원사업의 특징은 이용자에게 바우처를 제공하여 서비스를 받을 수 있어 서비스 이용자가 본인부담금을 지불하는 이용자중심방

---

[28] 2007년부터 시행된 중증장애인활동보조사업은 2009년부터 명칭이 장애인활동보조지원사업으로 변경되었음.

식이라는 점이다. 특히 소득 제한이 없어 모든 중증장애인들은 소득 여부에 상관없이 서비스를 신청할 수 있지만 소득에 따라 본인부담금의 차이가 있다. 또한 장애 정도에 대한 기준은 엄격하여 반드시 장애 1등급에게만 서비스를 제공한다. 장애인활동보조지원사업을 **적용대상, 혜택의 종류(또는 내용), 재원조달방식** 그리고 **서비스 전달체계**를 중심으로 서술하면 다음과 같다.

적용대상은 장애 1등급 판정을 받은 중증장애인이며 인정조사표에 의거하여 220점 이상인 자에게 국한된다. 독거장애인의 경우는 특례를 적용받아 월 20시간을 추가 지원받는다. 특히 독거장애인 중 등급별 점수가 400점 이상인 자는 최대 월 180시간까지 서비스를 제공받을 수 있다. 나이 제한이 있어 만 6세 이상에서 만 65세 미만인 장애인들에게만 서비스를 제공한다는 특징이 있다. 혜택 내용은 신변처리지원으로 목욕, 대소변, 옷 갈아입기, 세면, 식사보조 등이 해당되고 가사지원으로는 쇼핑, 청소, 식사준비, 양육보조 등을 포함한다. 일상생활지원은 금전관리, 시간관리, 일정관리 등의 서비스를 포함하고 커뮤니케이션보조서비스로는 낭독보조, 대필보조 등이 있고 이동보조서비스는 안내도우미, 학교 등하교 지원, 직장출퇴근 지원, 야외 문화활동 지원 등이 있다. 재원은 전액 국비로 예산을 지원하고 본인부담금이 있다. 2009년의 경우 예산은 약 1,100억 원이고 대상인원은 약 2만 5천 명이다(보건복지부, 2009). 본인부담금의 경우 기초생활수급자는 면제이고 최저생계비 120% 이내는 2만 원, 최저생계비 120% 초과는 월 4만 원을 지불하며 추가구매는 전액 본인부담이다. 서비스 대상자는 기관을 선택한 후 해당 기관에 서비스 이용을 신청하면 기관에서 교육과정을 이수한 활동보조인을 배정하여 서비스가 시작된다.

2) 이용자재정지원방식의 특성

장애인활동보조지원사업의 중요한 성격은 노인돌보미사업과 마찬가지로 이용자재정지원방식의 도구인 전자바우처를 활용하여 재정을 지원하고 민간영리기관의 개입을 허용하여 경쟁과 선택을 장애인사회서비스영역에 도입했다는 점이다. 또한 본인부담금제도를 채택하고 있으며 서비스 대상자의 본인부담을 결정하는 소득수준이 최저생계비라는 점도 중요한 특성이라고 할 수 있다. 또한 나이 제한이 있어 만 6세 이하와 65세 이상의 중증장애인은 대상에서 제외한다는 점 또한 본 사업의 특성이라고 할 수 있다.

장애인활동보조지원사업은 경쟁과 선택의 시장적 가치와 장애인들의 자립생활과 사회참여 증진을 목표로 하는 사회적 가치를 접목하고 있으며, 제공자재정지원방식에서 장애인 스스로가 서비스 기관을 선택하는, 즉 이용자가 스스로 직접 기관을 발굴하므로 서비스 이용에 접근성 부재가 나타날 가능성이 있다는 특성이 있다. 자격 없는 기관의 무차별적인 시장진입을 규제하기 위한 유일한 방식으로는 심사기준에 따른 하한점수설정이 있다. 기관 운영을 위한 재정지원은 사실상 존재하지 않으며 기관은 정해진 수수료를 가지고 운영 관리를 책임진다. 수수료를 서비스 단가 최대 25%까지 허용하고 있는 점이 돌보미 임금의 격차가 벌어지는 한 요인이 되고 있는데 이는 기관이 운영비로 서비스 단가 최대 허용 기준인 25% 전체를 사용하는가 또는 그 이하를 사용하는가가 돌보미 임금에 영향을 주기 때문이다. 이전에 기관에서 제공하였던 이용자 사후관리는 사실상 전자바우처방식과 같은 이용자재정지원방식에서는 불가능하여 이용자 개별적인 특성을 고려하여 지속적이고 안정적인 돌봄관리는 이루어지지 않고 있다.

경쟁은 대도시권역을 제외하고 농어촌도시에서는 사회서비스바우처사업 이전에 사업을 전개해왔던 기관 이외에 새로이 서비스를 제공하는 기관 설립이나 진입은 어렵다. 농어촌지역 특성상 이용자 수의 부족과 서비스 성격상

신규 이용자 발굴이 어려워 사실상 기관 간의 경쟁구도가 발생하지 않는다
고 볼 수 있어, 서비스 제공 기관이 2개 이상 존재하지 않는 지역에서는 국가

〈 표 8-1 〉 장애인활동보조지원서비스의 성격

구 분	장애인활동보조지원서비스
재정방식	이용자에게 직접 제공(전자바우처)하는 이용자재정지원방식
가치	• 이용자 선택권(소비자주의)과 제공기관 간의 경쟁 • 장애인들의 자립생활과 사회참여 증진을 통한 삶의 질 향상
재화적 성격	• 비순수사적재(외부효과가 있는 사적재, 공적목적으로 제공되는 사적재) • 비순수공공재(클럽공공재, 요금공공재) • 사회적 목적 성취를 위한 가치재
접근성	제공기관이 이용자를 발굴하기 보다는 이용자가 직접 기관을 발굴
기관	일정한 심사기준을 갖추어야 제공기관자격을 획득할 수 있음(지정기관은 심사점수가 60점 이상이어야 함)
기관재정	제공기관에 별도의 관리운영비지원은 없으며 제공기관은 서비스단가(시간당 단가 8,000원)의 25% 이내에서 수수료를 사용할 수 있음
돌봄관리	• 이용자 선택에 의해서 서비스가 결정되고 서비스제공인력은 단순 활동보조인으로서 이용자특성에 따른 지속적이고 안정적인 돌봄관리(Care management)는 불가능 • 돌봄관리를 위한 재정지원이 없으므로 제공기관에서 제공하는 안정적이고 체계적인 통합적 돌봄관리 제공은 어려우며 단편적인 관리만 이루어짐
경쟁	• 시·군·구에서 경쟁체제를 확보하기 위하여 복수(2개소 이상)의 제공기관을 지정하도록 하고 있어 경쟁 가능 • 하지만 기관의 수는 지역편차가 있으며 중소도시나 농어촌지역은 기관이 부족하여 이용자들의 선택권확대효과나 기관 간 경쟁효과는 미비
선택권	이용자들의 선택권이 있으나 선택할 수 있는 기관이 매우 제한적이어서 선택권에 대한 강점이 유지되지 못하고 있음
본인부담	• 본인부담금 있음(소득수준에 따라 차등 적용): 최저생계비기준 • 추가부담은 전액 이용자부담
정보	• 이용 가능한 정보가 필요하지만 정보에 접근할 수 있는 능력을 가지고 있어야 자기에게 적합한 서비스를 제공받을 수 있음 • 독거장애인의 경우 정보수집에 있어 제한성 있음
품질 관리	• 서비스 질에 대한 국가관리나 통제가 매우 중요하지만 현재 서비스품질에 대한 국가관리나 통제가 이루어지지 못하고 있음 • 국가는 기관 스스로 경쟁을 통하여 질이 담보될 수 있을 것이라고 간주. 현실적으로 지역적 편차가 있지만 대부분의 사업에서 기관이나 서비스수의 부족으로 경쟁을 통한 질의 담보는 제한적임

가 경쟁을 유도하기 위해 정부 기관에 대한 지원을 강화하여야 할 것이다. 그리고 중증장애인의 특성상 개인 선택을 하기 어려운 장애인들의 경우 가족구성원에게 선택권이 있으므로 이용자의 자율적인 서비스 선택권확대효과는 그리 크지 않다고 할 수 있다. 본인부담금은 소득과 연동하므로 추가서비스 이용에서는 본인이 전액 부담하여야 한다는 점에서 소득수준에 따라서 서비스 이용에 불평등이 일어날 가능성이 있다. 이는 현재 서비스 양의 제한으로 더 많은 서비스가 필요한 저소득층에게 불리하게 작용할 수 있다. 즉 장애 정도에 따라서 추가서비스를 비용부담 없이 제공하는 것이 상대적으로 불평등 개선과 분배적 효과가 크다는 점에서 시정이 요구되는 부분이기도 하다.

이용자집단이 원하는 서비스와 기관 정보 공개에 대응하기 위해 국가적인 차원에서 관리체계를 구축하고 있지 않아 정보 공개를 기피하여도 현실적으로 법적인 제재를 가하는 것이 어려워 체계적인 정보관리체계 구축이 필요하다고 할 수 있다. 중증장애보조서비스에 대한 품질관리는 정부가 시장진입규제를 강조하고 있다. 즉 정부는 이용자재정지원방식을 통해 기관 경쟁이 서비스 질을 향상하게 할 것이고, 질이 나쁜 서비스는 저절로 시장에서 퇴출할 것이라는 점을 강조하고 있을 뿐 표준적인 서비스 기준이나 품질관리를 위한 중증장애보조서비스 관리체계를 구축하고 있지 않다(〈표 8-1〉 참조).

3. 장애인활동보조서비스의 재화적 성격

노인돌봄서비스와 같이 장애인활동보조지원사업에서 제공하는 서비스는 대표적으로 현물서비스이며 서비스 성격은 돌봄서비스이다. 현물 중심의 돌봄서비스 재정은 국가가 부담하며 제공은 이용자가 직접 선택할 수 있는 이용자재정지원방식 중 바우처 도구를 사용하는 대표적인 사회서비스사업이다. 장애인활동보조지원은 국가가 직접서비스를 제공하지 않지만 신체적·정신적인 이유로 원활한 일상생활과 사회활동이 어려운 장애인에게 활동보조서비스를 제공함으로써 장애인의 자립생활과 사회참여를 증진한다는 공적 목적을 실현하는 데 있다. 국가가 재정을 부담한다는 측면에서 공공재 성격을 내포하는 가치재이며, 특정 집단에게 서비스를 제공하고 본인부담이 있다는 측면에서 지역공공재와 요금공공재 성격을 띤다.

또한 장애인활동보조서비스는 영리기관에서도 제공할 수 있다는 측면에서 사적재 성격을 띠지만 장애인활동보조지원사업의 경우 장애인이 있는 가족의 심리적·경제적 부담감을 덜어주고, 장애인복지에 대한 국가적 책임을 강화하여 긍정적인 복지외부효과를 창출하므로 사적재라고도 규정할 수 있다. 정리해보면 장애인활동보조서비스는 사회적 목적의 실현을 위해 서비스를 제공하므로 공적 목적의 성격을 띠는 사적재라고 할 수 있다.

결국, 장애인활동보조서비스는 장애인들의 자립생활과 사회참여의 증진이라는 사회적 목적을 실현하기 위하여 서비스를 공적 목적으로 제공하지만, 배제가 있는 비순수사적재이고 돌봄에 대한 복지외부효과가 나타나는 사적재라고 할 수 있다. 또한 국가 재정으로 지원한다는 측면에서 특정집단 구성원에게 지원하는 지역공공재 그리고 요금공공재 성격을 띠는 가치재라고 구분할 수 있다.

4. 장애인활동보조지원사업 분석

사회서비스사업 분석을 위하여 앞서 제시하였던 이용자 성격, 서비스 특성 그리고 서비스 제공을 위한 분석기준을 이용하여 장애인활동보조지원사업을 분석하면 다음과 같다.

1) 이용자 성격(자기결정능력: 선택권 활용 여부)

장애인활동보조지원사업의 이용자 집단은 이미 지적한 바와 같이 장애
1등급의 중증장애인 집단이다. 물론 중증장애인이라고 해서 모두 개인적인
선택권을 활용하는 것이 제한적이라고 할 수는 없다. 장애 종류에 따라 다
르지만 중증장애인의 특성상 개개인들의 자기결정권의 활용이나 선택권의
활용여부는 매우 제한적이라고 할 수 있고 이 경우 가족구성원의 선택권 활
용은 가능하다고 할 수 있다. 특히 독거장애인들의 선택권 활용은 더욱 제
한적일 수밖에 없다. 따라서 선택권확대효과는 장애 유형과 가족의 돌봄 정
도에 따라 다르게 나타날 수 있다.

2) 서비스 특성

(1) 제공되는 서비스의 전문성 정도

장애인활동보조지원사업에서 제공하는 서비스도 돌봄서비스 중심이며
대인서비스 영역에 포함된다. 장애인활동보조지원사업은 신체적 · 정신적 이
유로 원활한 일상생활과 사회활동이 어려운 장애 1등급의 장애인에게 자립
생활과 사회참여를 증진하는 것을 목적으로 신병처리지원, 가사지원, 일상
생활지원, 커뮤니케이션보조 그리고 이동보조서비스 등을 제공한다. 따라서
단순한 돌봄서비스라기보다는 장애인에 대한 지식과 중증장애인을 다루는
대인관계기술 및 의사소통개선 등을 위한 꾸준한 전문교육이 필요한 영역이
다. 따라서 서비스 내용의 표준화를 위해서는 다양한 장애특징과 장애인의
특성을 고려하여야 하기 때문에 노인돌봄서비스의 경우보다 어려운 영역이
라고 할 수 있다.

또한 장애인활동보조서비스 경우 서비스 품질을 객관화하여 측정, 평가

하는 것이 어렵다고 할 수 있다. 즉 장애 정도나 장애유형에 따라 품질평가 기준이 달라질 수 있고 장애인이나 장애인 가족이 처한 상황과 주관적 판단에 따라 서비스나 제공인력이 같아도 평가가 달라질 수 있다. 또한 중증장애인이 품질을 직접 평가하기보다는 주로 가족이 서비스 품질을 평가하는 경우가 일반적일 수 있기 때문에 품질측정결과가 전적으로 객관적이라고 할 수 없다는 측면도 존재한다. 결국, 장애인활동보조서비스의 경우 서비스 표준화가 상대적으로 어려워 표준화된 서비스를 제공하는 것이 어려울 수 있으며 품질평가는 가사지원을 제외하고는 더욱 용이하지 않은 서비스영역이라고 할 수 있다.

(2) 교체 시 발생하는 부대비용의 정도

노인돌봄서비스와 마찬가지로 장애인활동보조서비스는 대표적인 돌봄서비스영역으로 대인서비스가 중심이다. 특히 대상자가 현재 소득수준이 낮은 중증장애인이다. 따라서 기관이나 인력을 수시로 교체하기가 현실적으로 어렵다고 할 수 있다. 특히 중증장애인활동 보조인력을 제공하는 기관은 상대적으로 매우 제한적이어서 한번 서비스가 제공되면 중간에 서비스 기관 교체는 현실적으로 특정 지역을 제외하고는 불가능하다고 할 수 있다. 교체할 기관이 있어도 특별한 사유가 발생하지 않는 한 기관을 교체하는 것은 이용자 가족에게나 당사자에게 많은 시간과 부대비용이 발생하게 되는데 이는 중증장애인에 대한 돌봄서비스는 중증장애인의 개별적인 특성과 가족환경을 이해하기 위한 시간이 필요하기 때문이다.

돌봄인력에 대한 교체 요구는 있을 수 있지만 기관이 제한적인 것과 마찬가지로 중증장애인 돌봄영역이 노동강도가 심하고 노동시간이 길어 인력이 부족하고 설사 가능하더라도 이 경우 역시 이용자와 제공인력 간의 대인관계를 바탕으로 하는 서비스 특성상 현실적으로 제공인력 교체도 어렵다. 이용자나 이용자 가족이 돌봄인력 교체를 요구하면 이용자는 새로운 돌보미와 관계를 형성하기 위하여 시간을 투자하여야 하고 또한 교환과정에서 정신적인 스트레스 등 고통이 수반되어 거래비용은 그만큼 증가한다. 또한 새로운 돌봄인력에 대한 정보수집과 각종 서류작업에 시간을 투자하여야 함으로 그만큼 부대비용은 증가한다고 할 수 있어 노인장기요양서비스의 경우와 마찬가지로 적지 않은 부대비용의 발생으로 서비스 특성상 교체가 자주 일어날 수 있는 서비스영역이라고 할 수 없다.

3) 서비스 전제조건

(1) 정보비대칭

장애인활동보조지원사업은 대상을 1등급 판정을 받은 중증장애인으로 국한하고 있어 장애인 자신들의 정보수집에는 제한이 있을 수밖에 없으며 특히 독거장애인의 경우는 가족구성원의 돌봄을 받고 있는 장애인에 비해 정보접근성이 취약할 수밖에 없는 한계가 있다. 따라서 이용대상자 집단의 특성상 정보 불균형이 일어날 가능성이 매우 높으므로 국가의 정보공개와 정보접근성 강화를 위한 특별 관리, 감독이 매우 필요한 사업이고 할 수 있다. 특히 중증장애인의 경우는 서비스를 지속적이고 안정적으로 제공하는 것이 무엇보다도 중요하여 정보실패로 서비스를 적절하게 제공하지 않는 경우 장애인들의 일상생활에 부정적인 영향을 미칠 수 있으므로 정부의 정보관리는 무엇보다도 중요하다고 할 수 있다.

(2) 공급탄력성과 수급자격

장애인활동보조지원사업을 제공하는 이용자의 측면에서 보면 본 사업의 공급탄력성은 매우 제한적이라고 할 수 있다. 즉 원하는 서비스를 제한 없이 제공받을 수 없으며 제한된 시간의 서비스만을 제공받을 수 있다. 공급되는 서비스의 양은 400점 이상의 등급을 받은 독거장애인의 경우 특례혜택을 받아 최대 월 180시간의 서비스를 제공받을 수 있지만 일반적으로는 4등급은 40시간, 3등급은 60시간, 2등급은 80시간 그리고 1등급은 100시간으로 서비스의 공급량이 정해져 있다. 더 많은 양의 서비스를 원하는 경우 전액 본인부담으로 서비스를 추가 구매하여야 한다는 단점이 있어 공급량이 매우 제한적이라고 할 수 있다.

정부의 제한된 공급은 개별 장애인들의 장애의 특성과 환경을 고려하지 않아 결국 서비스 이용자집단의 서비스 이용을 제한하는 결정적인 방어벽이라고 할 수 있다. 정부가 얼마나 많은 이용자에게 얼마나 많은 시간의 서비스를 제공하여야 하는가 등을 포함하는 사전 수요조사 없이 한정된 예산으로 서비스를 제공하므로 공급탄력성의 제한은 피할 수 없다. 특히 만 6세 이상에서 18세 미만의 아동의 경우 월 서비스 인정시간을 최대 60시간으로 제한하고 있어 같은 중증장애가 있는 다른 나이의 이용자에 비해 서비스 시간이 적다.

장애인활동보조지원사업은 모든 중증장애인들에게 서비스를 제공하는 보편적인 서비스 성격을 가지고 있는데 이는 대상자선정에서 소득기준에 대한 제한을 단지 본인부담금 책정을 위한 기준으로만 사용하고 있으며 실질적으로 중증장애를 가진 모든 장애인들 중에 인정조사표에 의거하여 일정 기준 점수 220점 이상인 자들을 표적집단으로 구분하고 있음을 통해 알 수 있다. 즉 표적집단이 장애 1등급을 가진 모든 장애인을 대상자로 선정하고 있어 장애 등급기준 외에 소득수준을 대상자선정기준에 포함하고 있지 않다. 결국, 장애인활동보조지원사업은 중증장애를 가진 모든 장애인들을 대상으로 제공하는 보편적 사업으로서 수급자격에 있어 소득이나 자산조사 등으로 낙인을 조장하지 않는다고 할 수 있다.

<표 8-2> 장애인활동보조지원사업 예탁 및 이용현황(2009년 7월 기준)

(단위: 명, 백만 원)

사업명	2007년				2008년				2009년			
	예탁금	이용실적			예탁금	이용실적			예탁금	이용실적		
		인원	정부보조	본인부담		인원	정부보조	본인부담		인원	정부보조	본인부담
장애인활동보조	24,742	12,789	19,048	1,308	104,483	23,946	101,628	4,278	129,677	27,697	83,239	3,142

* 자료: 사회서비스관리원(www.socialservice.co.kr.ptl.HtmlEditor.doj).

하지만 보편적 서비스를 지향하는 장애인활동보조지원사업의 지원대상을 2009년 7월 기준으로 2만 5천 명으로 제한하였는데 이는 전국 15개 유형의 장애등급 1급인 장애인 수가 22만 명을 초과하고 있다는 측면에서 장애 1등급인 모든 장애인들이 혜택을 받고 있지 못하다. <표 8-2>가 제시하듯 2008년을 기준으로 장애인활동보조지원사업의 서비스 이용자는 총 23,946명이었다. 매년 예산증액에 따라 이용대상자 수가 늘고 있지만 현실적 수준에서 보다 많은 장애인들이 서비스를 제공받을 수 있게 정책적인 제도 수정이 필요하다.

(3) 초과청구

장애인활동보조서비스를 제공하는 기관은 기본적으로 이용자들에게 바우처에 생성된 가치 이외의 초과청구를 할 수 없지만 본인이 원하는 경우 전액 본인부담금으로 추가서비스를 제공받는 것이 가능하다. 따라서 영리기관 입장에서는 본인부담능력이 있는 장애인들을 대상으로 추가서비스를 창출하는 것은 기관의 이윤창출에 기여할 수 있으므로 추가서비스 제공에 대한 동기를 부여할 수 있고 기관들로 하여금 추가 부담능력이 있는 이용자들을 따로 선별하여 관리하는 편법을 제재할 수 있다. 이는 서비스 이용자에 대한 보편적인 서비스 제공과 형평성 제고라는 가치를 위협할 수 있으므로 기관이 이용자들에게 의도적으로 추가서비스를 강요하지 않는 법적인 조치가 반드시 필요하다.

(4) 이용자선별

이용자선별은 주로 기관을 통해서 이루어진다. 장애인활동보조지원사업은 추가서비스를 인정하고 있고 영리기업의 진입을 허용하고 있어 이용자선별이 일어날 가능성이 있다. 물론 비영리기관이 서비스를 제공한다고 해서 완벽하게 이용자선별이 일어나지 않는 것은 아니지만 비영리기관의 설립목적 자체가 이윤 목적에 부합하지 않으므로 영리기업에 비해 이용자선별문제는 상대적으로 일어날 가능성이 적다. 2009년 9월을 기준으로 장애인활동보조서비스를 제공하는 455개 기관 중에서 영리기관은 5개이고 비영리기관은 450개로서 비영리기관이 절대 다수를 차지하고 있어 영리기관의 이윤추구로 이용자선별이 일어나고 있다고는 보기 어렵다.

장애인활동보조지원사업에서 이용자선별은 주로 이용자들의 본인부담능력이나 돌봄노동의 양이나 강도 그리고 장애 정도에 따라 일어날 수 있다. 즉 더 많은 추가적인 노동이 필요하다든지, 이용자를 다루기가 매우 어렵다든지, 또는 노동강도가 다른 이용자에 비해 특정 이용자가 더 심하다든지 하는 경우 같은 서비스 단가를 이용하는 보다 손쉬운 이용자를 선호하면서 나타날 수 있다. 현재 장애인활동보조지원사업에서 이용자선별에 대한 법적인 제재는 존재하지 않기 때문에 이용자선별이 일어나는 경우 지정취소 등 행정적인 제재가 반드시 필요하다.

(5) 시장진입규제

　정부가 기업의 시장진입을 규제하는 유일한 규정은 일정한 심사기준을 갖추어야 제공기관으로서 자격을 획득할 수 있다는 것이다. 장애인활동보조지원사업 기관으로 지정받기 위해서는 심사위원회의 기관 심사점수가 60점(100점 만점) 이상이어야 한다. 이외의 시장진입규제는 존재하지 않으며 영리를 포함하는 모든 기관이 사업을 신청할 수 있다. 정부는 장애인자립생활센터, 장애인 지역사회생활센터 그리고 지역자활센터를 우선 지정기관으로 하고 있지만 이러한 기관이 없는 경우에는 시장진입규제가 없으므로 돌봄서비스 영역의 영리기업도 서비스를 제공할 수 있다. 장애인활동보조지원사업의 경우 비영리기관의 수가 절대적으로 부족하여 경쟁과 선택권 강화를 위해 영리기관에 대한 시장진입규제가 반드시 필요하지 않을 수 있지만 사회서비스사업의 성격상 영리기업이 시장에 진입하는 경우는 사회서비스 제공에 필요한 윤리기준을 반드시 설정하여 이를 준수하게 하는 등의 규제가 필요하다. 결국, 시장진입규제를 위해 기관에 대한 윤리기준을 설정하고 윤리기준에 어긋나는 행동을 하는 기관은 행정적인 조치를 취하는 제도적인 수정이 필요하다. 이와 함께 국가가 돌봄서비스시장에 대한 지도감독기능을 강화해야한다. 이러한 조치는 비영리기관에도 예외 없이 적용하여야 한다.

(6) 다양한 수의 기관

　경쟁이라는 시장의 가치를 적용하기 위한 가장 기본적인 전제는 경쟁 가능한 수의 기관이 존재하여야 한다는 점이다. 즉 장애인활동보조서비스를 제공할 수 있는 돌봄서비스영역에서 기관이 다수 존재하여 정부나 비영리기관이 서비스 제공을 독점하지 않게 장애인돌봄서비스를 위한 내부(준)시장을 형성하는 것이 중요하다. 2009년 9월을 기준으로 전국적으로 장애인활

동보조서비스를 제공하는 기관은 455개 기관으로 대부분 비영리기관이고
특정 농어촌은 기관이 절대적으로 부족하여 서비스 제공을 독점하고 있는

〈표 8-3〉 장애인활동보조서비스 제공기관 지역별 편차

지역 (총 시군구 수)	제공기관이 1개인 지역	제공기관이 가장 많은 지역	제공기관이 없는 지역	중복서비스제공 기관
서울 (25개 구)	서대문구, 은평구: 1개 기관	노원구: 8개 기관		
부산 (16개 구)	강서구, 기장군: 1개 기관	남구, 동구: 3개 기관		
대구 (8개 구, 군)		중구: 4개 기관		
인천 (10개 구, 군)	연수구: 1개 기관	계양구, 남구, 서구: 3개 기관	1개 군	
대전 (5개 구)		중구: 5개 기관		
광주 (5개 구)		5개구 모두 동일 : 2개 기관		
울산 (5개 구, 군)	남구, 중구: 1개 기관	남구, 중구: 1개 기관	3개 구, 군	
경기도 (31개 시, 군)	가평군 포함 총 8개 시, 군: 1개 기관	남양주시, 안양시, 용인 시: 4개 기관		
강원도 (18개 시, 군)	고성군 포함 총 6개 군: 1개 기관	강릉시, 속초시: 3개 기관		1개 기관이 전체 지역 서비스제공
충청북도 (12개 시, 군)	괴산군 포함 총 7개 시, 군: 1개 기관	청주시: 4개 기관		
충청남도 (16개 시, 군)		당진군, 부여군, 청양군: 3개 기관		
경상북도 (23개 시, 군, 구)	고령군 포함 총 7개 군: 1개 기관	청송군: 5개 기관		
경상남도 (20개 시, 군)	고성군 포함 총 5개 군: 1개 기관	사천시, 산청군, 진주시: 3개 기관		1개 기관이 4개 지 역 서비스제공
전라남도 (22개 시, 군)	고흥군 포함 총 4개 군: 1개 기관	광양시 포함 총 4개 시, 군: 3개 기관		
전라북도 (14개 시, 군)	부안군, 장수군: 1개 기 관	김제시: 3개 기관		
제주 (4개 시, 군)		서귀포시, 제주시: 2개 기관	2개 군	

기관이 있으며 사업의 성격상 경쟁보다는 기관과 제공인력 그리고 이용자 간의 신뢰와 믿음 등의 관계를 중시하여 기관 간의 치열한 내부경쟁은 현실적으로 일어나고 있지 않다고 할 수 있다. 예를 들어 사회서비스관리원의 자료를 분석하여 보면 서울의 경우 25개 구에서 장애인활동보조서비스를 제공하는 전체기관의 수는 70개 기관으로 서대문구와 은평구를 제외하고는 대부분 2개 이상의 기관이 존재하지만 강원도의 경우는 총 18개 시·군·구 중에서 12개 시·군을 제외하고는 1개의 기관에서만 서비스를 제공하고 있고 특히 1개의 기관이 여러 시·군에서 동시에 서비스를 제공하는 경우도 있어 이용자들의 선택권확대는 지역에 따라 제한적으로 일어나고 있다(www. socialservice. co. kr. ptl. HtmlEditor. doj)(〈표 8-3〉 참조).

중증장애인들을 위한 돌봄서비스의 제공이 복지사각지대에 놓여있었던 장애인들의 삶의 질이 개선될 수 있다는 측면에서 사회적 효과가 크지만 대상자를 제한하고 있고 노동강도가 매우 높고 관계지향적이라는 사업 특성상 서비스 기관의 부족을 논의하기 전에 보다 많은 기관의 설립과 기존 기관에 대한 재정지원 등을 적극적으로 추진하는 것이 바람직한 정책방향이라고 생각된다.

(7) 한계상환비율

장애인활동보조지원사업은 저소득층에게는 본인부담 없이 서비스의 한도 내에서 서비스를 100% 받을 수 있게 설계되어 있다. 즉 기초생활수급자의 경우 본인부담금 없이 서비스를 모두 제공받을 수 있다는 것을 의미한다. 하지만 본인부담기준에 최저생계비기준을 적용하여 최저생계비의 120% 이내의 소득수준인 이용자들은 월 2만 원 그리고 최저생계비의 120% 초과의 소득수준인 이용자들은 월 4만 원의 본인부담금을 지불하여야 한다. 일반적으로 중증장애인을 둔 가정의 생활비는 일반가정의 생활비보다 높다는 점에서 현 소득기준은 비현실적이라고 할 수 있다. 즉 소득수준이 매우 높은 장애인가족도 월 4만 원을 지불하면 서비스를 제공받을 수 있고 소득수준이 매우 낮은 차상위계층의 중증장애인 가정은 월 2만 원 또는 4만 원의 적지 않은 금액의 본인부담금을 지불하고 있어 형평성의 원칙과 소득재분배효과의 개선에 도움을 주지 못하고 있는 것으로 나타나고 있다. 따라서 서비스 적용대상자의 소득수준에 따라 한계상환비율을 재조정해야 할 것이다. 즉 소득수준을 보다 현실적으로 적용하여 가구평균소득의 50% 이하는 본인부담금 면제 그리고 가구평균소득의 50% 이상은 소득에 본인부담을 연동하는 방식을 적용하는 것이 필요하다.

(8) 비용효율성

장애인활동보조지원사업은 대표적인 이용자재정지원방식 사업으로 전자바우처를 활용하여 이용자들의 서비스 실적이 모두 전산화되어 있어 중복서비스 제공이 불가능하다. 사회서비스사업 간 이용자 중복에 따른 예산 지출이 적고 기관에게 사업관리 인건비와 운영비를 제공하지 않아 사업관리비용의 축소로 비용 효율적이라는 것이 강점이다.

하지만 다른 한편으로는 단말기 구입과 월 통신료, 동글이 사용이 가능한 핸드폰구입, 동글이 사용에 따른 부가서비스비용, 은행에 지출하여야 하는 1.5%의 수수료와 국민은행 독점에 따른 거래비용 그리고 카드 확보를 위한 시간비용 등의 지출이 만만하지 않다는 점이 단점으로 지적되고 있어 효율성을 강화하기 위해 보다 다양한 지불수단 활용이 필요하다.

제3절 장애아동재활치료사업

1. 사업 개요

장애아동재활치료사업은 본래 2008년에 시행되었던 지역사회서비스투자사업으로 일부 지역에서만 운영하였지만 2009년에 보편형 사업으로 전환하여 전국적인 사회서비스사업이 되었다. 장애아동재활치료사업은 성장기의 정신적·감각적 장애아동의 기능향상과 행동발달을 위한 적절한 재활치료서비스 지원과 서비스 정보 제공 그리고 높은 재활치료비용으로 인한 장애아동 양육가정의 경제적인 부담 경감을 위한 서비스 제공을 목적으로 한다. 사업기간은 1년 단위이며 서비스 대상자는 만 18세 미만의 등록 장애아동으로 재가 장애아동과 시설입소아동을 모두 포함하며 만 5세 이하의 경우는 의사진단서로도 서비스를 제공받을 수 있다. 장애유형은 뇌병변, 지적·자폐성, 청각, 언어, 시각장애아동으로 중복장애를 인정한다. 대상아동은 언어치료, 청능치료, 미술치료, 음악치료, 행동 놀이 심리운동치료 등의 재활치료서비스와 부모상담서비스를 제공받는다. 매월 최대 22만 원의 범위 안에서 서비스를 제공받을 수 있다.

2. 사업 특징

1) 사업의 일반적 특징

장애아동재활치료사업의 특징은 이용자에게 바우처를 지원하여 서비스를 이용할 수 있으므로 서비스 이용자가 본인부담금을 지불하는 이용자 중심방식의 다른 사회서비스사업들과 동일하다. 특히 자산조사에 따라 본인부담금이 차등 적용되며 자산조사를 거쳐 기초생활수급자와 차상위계층, 차상위초과계층은 전국 가구평균소득 50% 이하로 한정하여 서비스를 제공한다는 점에서 수급자격이 장애활동보조사업보다 엄격하다고 할 수 있다.

장애아동재활치료사업을 **적용대상, 혜택의 종류(또는 내용), 재원조달방식** 그리고 **서비스 전달체계**를 중심으로 서술하면 다음과 같다. 적용대상은 만 18세 미만의 등록장애아동으로 재가장애아동과 시설입소아동이 모두 서비스를 제공받을 수 있으며 만 5세 이하의 영유아는 의사진단서로도 서비스 자격을 획득할 수 있다. 서비스는 언어치료, 청능치료, 미술치료, 음악치료, 행동놀이 심리운동치료 등의 재활치료서비스로서 기관이 다양한 서비스를 개발하여 제공하는 것이 가능하며, 장애조기발견 및 중재를 위한 부모상담서비스를 제공한다. 서비스 단가에 따라서 서비스 횟수는 조정된다. 서비스는 회당 50분을 기준으로 한다. 지원되는 정부보조금은 최대 월 22만 원으로 월 1회 서비스 단가가 18천 원인 경우 총 월 12회 까지(18,000원×12회=216,000원)서비스를 제공받을 수 있어 주 3회 150분 서비스를 제공한다. 재원은 전액 국고로 예산을 지원하지만 소득수준에 따라 본인부담금은 차등 적용된다. 2009년의 경우 예산은 약 291억 원이고 대상아동은 약 18,000명이다(보건복지부, 2009). 본인부담의 경우 기초생활수급자는 면제이고 차상위계층(최저생계비 120% 이내)은 2만 원, 전국 가구평균소득 50% 이하 가정은 월 4만 원을 지불하여야 하며 추가구매는 전액 본인부담이다. 본인부담기준으로 최저생계비와 전국 가구평균소득 등 두 개의 기준을 함께 사용하고 있음을 알 수 있다. 서비스 대상자는 기관을 선택한 후 해당기관에 서비스 이용을 신청하면 서비스를 받을 수 있다.

2) 이용자재정지원방식의 특징

장애아동재활치료사업의 이용자재정지원방식 특징은 노인돌보미사업이나 장애인활동보조사업과 마찬가지로 이용자재정지원방식의 전자바우처를 활용하여 재정을 지원하고 특히, 장애인활동보조사업과 달리 개인사업자나 민간영리기관의 개입을 허용하여 경쟁과 선택을 사회서비스영역에 확대 도입하였다. 또한 본인부담금제도를 채택하고 있으며 서비스 대상자의 본인부담을 결정하는 소득수준이 최저생계비와 전국 가구평균소득이라는 점도 본 사업의 중요한 특징이라고 할 수 있다. 장애인활동보조사업과는 달리 개인사업자와 영리기관이 서비스를 제공하는 비율이 높고 영리기관 단가가 비영리기관 단가보다 높아 영리기관에서 서비스를 제공받을 때 추가부담을 하는 경우가 다른 사업에 비해 상대적으로 높다. 또한 서비스 이용단가와 횟수를 기관이 자율적으로 결정할 수 있다. 즉 서비스 횟수는 월 보조금 상한액인 22만 원의 범위 내에서 서비스 횟수에 따라 기관이 결정할 수 있으며 서비스 단가 또한 기관의 사정에 따라 결정할 수 있다. 따라서 서비스 단가가 높으면 그만큼 서비스 횟수가 줄어든다는 특성이 있다. 〈표 8-4〉는 장애아동재활치료서비스를 제공하는 기관의 성격을 구분한 것으로 영리기관의 참여비율이 매우 높아 장애인활동보조사업에 비해 경쟁의 확대가 있음을 알 수 있다. 특히 대도시와 중소도시나 농어촌지역 간의 기관 편차가 매우 심하여 강원도의 경우 전체 서비스 기관은 33개 기관이지만 특정 지역에 편중되어 있어 지역 간 편차가 심하여 총 18개 시 · 군에서 서비스를 제공하는 시 · 군은 단지 7개 시 · 군으로서, 나머지 11개 시 · 군은 서비스를 제공하는 기관이 존재하지 않아 서비스 형평성에 문제점이 있음을 알 수 있다. 하지만 사설치료기관의 경우 대도시에 집중되어 있어 서울의 경우는 총 90개의 장애아동재활치료기관이 서비스를 제공하고 있어 지역 간 형평성의 문제가 나타날 수 있다(www.socialservice.co.kr.ptl.HtmlEditor.doj).

또한 제공방식은 일반적으로 이용자가 직접 기관을 방문하는 기관방문형이 중심이나 인근에 기관이 없는 경우, 도시의 벽지 지역의 경우, 보호자가 없어 기관방문이 어려운 장애아동의 경우, 서비스 이용자가 희망하는 경우

<표 8-4> 장애아동재활치료사업 제공기관 구분(2009년 7월 기준)

구분	기관 수	비율
영리	226	35%
비영리	406	65%
국가기관 및 지자체	0	0%
계	632	100%

는 직접 방문하여 서비스를 제공하고 있다.

기관이 이용자를 발굴하여 서비스를 제공하는 방식이 아니라 이용자집단이 서비스 기관을 발굴하여 서비스를 신청한다는 점은 장애인활동보조지원사업과 같아 이용자의 서비스 접근성은 정보 불균형이나 이용자 가족의 환경에 크게 영향을 받을 수밖에 없다. 신규기관의 시장진입에 대한 규제는 사실상 없다고 할 수 있는데 이는 기관에 대한 심사기준은 있지만 점수 제한이 없기 때문이다. 기관에 대한 별도의 운영비를 지원하지 않기 때문에 일반적으로 기관이 운영비를 감안하여 단가를 책정한다. 등록된 장애아동을 주요 대상자집단으로 서비스를 제공하고, 장애아동에 대한 지속적이고 안정적인 돌봄관리는 장애아동들의 개별적인 특성을 고려한 정서적 지원과 사회참여 확대 그리고 자기효능감 향상 등을 위해 필요하지만 돌봄관리서비스는 포함되어 있지 않아 거의 제공하지 않는 서비스라고 할 수 있다. 즉 재활치료 서비스를 위한 인건비가 서비스 단가의 대부분이며 돌봄관리를 위해 돌봄관리사를 채용한다든지 서비스나 시간배당을 하는 경우는 존재하지 않고 있다. 따라서 기관이 장애아동에게 돌봄관리서비스를 개별적인 특성에 맞추어 제공하는 경우 기관 입장에서는 운영비를 보장하지 않는 추가 노동으로 이해할 수 있다.

장애아동이 직접 기관이나 제공받을 수 있는 서비스에 대해 정보를 확보하고 비교하여 선택하는 것은 거의 불가능하다고 할 수 있다. 대부분의 정

<표 8-5> 장애아동재활치료서비스의 특성

구 분	장애아동재활치료서비스
재정방식	이용자에게 직접 제공(전자바우처)하는 이용자재정지원방식
가치	이용자 선택권(소비자주의)과 제공기관 간의 경쟁
재화적 성격	· 비순수사적재(외부효과가 있는 사적재, 공적목적으로 제공되는 사적재) · 비순수공공재(클럽공공재, 요금공공재) · 사회적 목적 성취를 위한 가치재
접근성	제공기관이 이용자를 발굴하기 보다는 이용자가 직접 기관을 발굴
기관	일정한 심사기준을 갖추어야 제공기관자격을 획득할 수 있지만 점수의 제한은 없어 신규 사업기관의 시장진입규제는 없음
기관재정	제공기관에 별도의 관리운영비지원은 없음
돌봄관리	· 이용자 선택에 의해서 서비스가 결정되고 서비스제공인력은 전문적 기술을 가진 치료사로서 이용자특성에 따른 서비스 공급이 가능함 · 이용자 관리를 위한 재정지원이 없으므로 제공기관에서 제공하는 지속적이고 안정적이며 체계적인 통합적 이용자관리는 어렵지만 서비스가 전문적이고 이용자의 특성에 따라 서비스의 계획과 서비스의 내용이 결정됨으로 최소수준의 이용자관리는 가능함 · 서비스 단가와 서비스 제공 횟수는 기관이 월보조금범위 안에서 결정하여 관리함으로 추가적인 시간과 인력이 필요한 돌봄관리는 사실상 어려움
경쟁	· 민간영리기관뿐만 아니라 개인사업자도 서비스를 제공할 수 있어 경쟁이 확대되어 있음 · 기관의 수는 지역편차가 있지만 특정 지역은 비영리기관과 영리기관이 경쟁가능
선택권	· 이용자들의 선택권이 있지만 대상자집단이 아동이라는 특징으로 선택권실현이 제한적임 · 선택권의 실현은 대상자 집단의 특성상 가족구성원으로부터 실현됨
본인부담	· 본인부담금 있음(소득수준에 따라 차등 적용): 최저생계비와 전국 평균가구소득 · 추가부담은 전액 이용자 · 기관들은 서비스단가를 기준으로 서비스품질을 정하고 있으며 민간영리기관의 경우 기본 서비스단가가 매우 높아 이용자들의 추가본인부담금이 상당히 높음
정보	· 이용 가능한 정보가 필요하지만 정보에 접근할 수 있는 능력을 가지고 있어야 자기에게 적합한 서비스를 제공받을 수 있음 · 장애아동가정의 정보수집능력(시간적 여유와 재정적 여유)에 따라 수집된 정보의 양과 질이 다를 수 있음 · 저소득층의 경우 정보수집에 있어 제한성이 있을 수 있음
품질 관리	· 서비스 질에 대한 국가관리나 통제가 매우 중요하지만 현재 서비스품질에 대한 국가관리나 통제가 이루어지지 못하고 있음 · 서비스 품질의 차이는 서비스 단가에 반영되어 있어 서비스질의 차이가 존재함. 즉 서비스품질이 시장가격에 의해서 결정된다.

보수집과 비교는 장애아동을 돌보는 가족구성원의 시간과 노력에 달려 있어 정보 불균형의 가능성은 매우 높다. 특히 저소득층 장애아동 가정인 경우는 더욱 정보 불균형이 일어날 가능성이 높은 대상자집단이라고 할 수 있다. 장애아동재활치료서비스는 이용자재정지원방식으로 지원되어 품질관리는 시장이 중심이다. 현재 정부가 제시하는 장애아동재활치료서비스 품질의 표준안이 없기 때문에 비영리기관과 영리기관 사이에 서비스 품질에 따라 서비스 단가 차이가 존재한다. 이는 곧 추가부담을 일으키는 가장 큰 요인으로 작동하고 있고 추가부담은 서비스 질을 결정함으로 서비스 이용자집단의 불균형을 일으키며 사회적 형평과 연대감 형성에 부정적인 요소로 작동할 가능성이 높다는 특성이 있다(<표 8-5> 참조).

3. 장애아동재활치료서비스의 재화적 성격

장애아동재활치료사업에서 제공하는 서비스는 대표적으로 현물서비스이며 서비스 성격은 돌봄서비스이지만 일반적인 돌봄서비스라기보다는 전문적인 지식과 기술이 필요한 전문서비스를 제공한다는 점에서 장애인활동보조서비스와는 다르다. 물론 장애아동재활치료서비스는 전문적 서비스이지만, 재정은 국가가 부담하며 기관은 이용자가 직접 선택할 수 있는 이용자재정지원방식 중 바우처도구를 사용하는 대표적인 사회서비스사업이다. 다른 사회서비스사업과 마찬가지로 장애아동재활치료서비스를 통해 장애아동 양육가정의 경제적 부담을 경감하고 적절한 재활치료서비스와 정보를 제공하여 장애아동과 양육가정의 삶의 질을 개선한다는 사회적 목적을 지닌 가치재이며 특정 집단에게 서비스를 제공하고 본인부담이 있는 측면에서 지역공공재와 요금공공재적 성격을 나타낸다.

전문치료서비스로서 장애아동재활치료서비스는 영리기관이 제공할 수 있어 사적 영역의 서비스로 사적재이지만 순수사적재와는 달리 장애아동재활치료사업의 경우 다른 사회서비스사업과 마찬가지로 장애아동양육가정의 경제적 부담을 경감하고 장애아동과 양육가정의 삶을 향상한다는 점에서 복지외부효과, 즉 긍정적인 외부효과를 창출하는 사적재이다.

결국, 장애아동재활치료서비스는 전문적인 치료서비스로서 민간영리기업의 참여를 인정하는 사적재의 특징을 내포하지만 장애아동 가정의 경제적 부담과 적절한 재활치료서비스와 정보를 제공하여 장애아동과 양육가정의 삶의 질을 개선한다는 사회적 목적을 실현하기 위하여 제공되는 가치재라고 할 수 있고, 국가가 재정을 지원한다는 측면에서 특정 집단구성원에게 지원하는 지역공공재 그리고 본인부담이 있으므로 요금공공재적 성격을 띠는 가치재라고 구분할 수 있다.

4. 장애아동재활치료사업 분석

사회서비스 전자바우처사업을 분석하기 위해 앞서 제시하였던 이용자 성격, 서비스 특성 그리고 서비스 제공을 위한 전제조건이라는 기준을 이용하여 장애아동재활치료사업을 분석하면 다음과 같다.

1) 이용자 성격(자기결정능력: 선택권 활용 여부)

장애아동재활치료사업의 대상은 만 6세 이하인 경우 의사진단서로도 서비스 대상이 될 수 있으며 만 6세 이상에서 18세 미만의 경우는 등록된 장애아동이면 모두 대상자집단이 될 수 있을 만큼 포괄적이다. 하지만 대상집단이 모두 미성년이므로 대부분 아동 본인보다는 부모가 선택권을 행사할 가능성이 매우 높다고 할 수 있다. 즉 장애아동의 입장을 고려하여 장애아동의 부모들이 기관이나 서비스에 대한 선택권을 행사하므로 아동 본인의 자율적인 선택권확대라기보다는 양육을 책임지는 부모들의 선택권확대현상이 일어난다.

2) 서비스 특성

(1) 제공되는 서비스의 전문성 정도

장애아동재활치료사업의 목적은 성장기의 정신적·감각적 장애아동의 기능향상과 행동발달을 위한 적절한 재활치료서비스를 제공하는 것이며, 서비스는 언어치료, 청능치료, 미술치료, 음악치료, 행동치료, 심리운동치료 등의 재활치료서비스와 부모상담서비스 등으로 전문적인 치료기술과 지식을 필요로 하는 서비스라고 할 수 있다. 물론 대인서비스영역이기는 하지만 돌보는 장애아동도 뇌병변, 지적·자폐성, 청각, 언어, 시각장애아동으로 중복장애를 인정하여 장애아동에 대한 매우 전문적인 지식을 필요로 한다.

특히 장애아동의 유형과 특성이 다르고, 서비스가 치료 중심적이어서 전문적인 서비스이므로 표준화된 서비스를 제공하는 것 자체가 어렵다. 또한 서비스 자체가 단순한 서비스 영역이라고 할 수 없고 이용자는 장애아동이라는 특성상 주로 가족구성원이 서비스를 평가하는 점도 서비스 품질을 측정하기 어렵게 하는 한 요소이다. 서비스 역시 단기적으로 제공되는 것이 아니라 중·장기적으로 서비스를 제공하므로 품질측정이 2~3년 이후에나 가능한 경우도 있어 이용자재정지원방식으로 서비스를 제공하기에 적합하지 않은 서비스 영역이라고 할 수 있다.

(2) 교체 시 발생하는 부대비용의 정도

장애아동재활치료서비스는 기관의 수가 지역에 따라 다르기는 하지만 비영리기관과 영리를 목적으로 하는 사설치료시설까지 합하면 다른 돌봄서비스영역보다 많은 기관과 치료사가 있다. 하지만 기관과 치료사가 많기 때문에 인력을 교체하는 것이 쉽다고 설명하기는 어렵다고 할 수 있다. 서비스의 특성상 제공인력이 아동의 특성을 파악하기 위하여 많은 시간을 필요로 하며 아동의 태도나 상태의 변화는 장기적으로 일어나기 때문에 기관이나 인력에 대한 교체는 매우 신중해야 한다. 특히 장애아동재활치료를 받는 가구는 소득수준이 상이하여 서비스 교체의 경우 소득이 적고 시간적 여유가 없어 기관과 제공인력에 대한 구체적인 정보가 부족해 서비스 이용상 형평성 문제가 발생할 수 있는 매우 큰 영역으로서 서비스 교체에 대한 부담이 상당히 많은 영역이라고 할 수 있다. 기관과 치료사를 교체하려면 많은 정보가 있어야 하며 이미 치료를 받고 있는 경우 아동의 특성상 상당한 노력이 필요한 영역이다.

3) 서비스 전제조건

(1) 정보비대칭

장애아동재활치료사업은 장애등급이 낮아도 등록된 장애아동이면 모두 대상자 집단이 될 수 있으며, 만 6세 이하인 경우는 의사진단서로도 서비스를 받을 수 있는 자격을 얻을 수 있다는 점에서 상대적으로 장애 정도가 심한 장애인들에게 서비스를 제공하는 장애인활동보조지원사업에 비해 이용자나 이용자 가족의 정보 불균형이 발생할 가능성이 적다고 할 수 있다. 하지만 차상위계층을 포함하여 저소득계층의 가정은 소득이 높은 계층보다 더 많은 시간과 노력을 투자할 수 없기 때문에 아동재활치료를 위한 다양한 정보를 수집하고 비교할 여유가 부족하므로 정보 불균형이 일어날 가능성은 존재한다. 정보실패로 서비스를 적절하게 제공받지 못하는 경우 장애아동을 포함하여 장애가족의 일상생활에 부정적인 영향을 미칠 수 있으므로 정부는 서비스 정보관리를 규제해야 한다.

(2) 공급탄력성과 수급자격

장애아동재활치료사업은 서비스 월 이용금액(최대 22만 원)과 대상인원, 예산이 정해져 있어 서비스 공급이 탄력적이지 않다. 이용금액이 정해져 있고 서비스 단가가 최소 시간 당 10,000원 이상이기 때문에 주 3회(회당 50분) 이상의 재활치료를 받는 것이 사실상 불가능하다. 더 많은 양의 서비스를 원하는 경우 전액 본인부담으로 서비스를 추가적으로 구매하여야 한다는 점에서 공급량이 매우 제한적이라고 할 수 있다. 즉 기관 입장에서 공급을 확대할 수 있지만 이는 이용자집단의 추가부담을 전제하는 것이므로 이용자 입장에서 공급을 확대한다는 것은 경제적 능력에 전적으로 의지할 수 없기 때문에 서비스 공급확대가 상대적 소외나 박탈감을 조성할 가능성이 있다.

정부의 제한된 서비스 공급은 장애아동의 개별적 특성과 환경을 고려하지 않아 결국 서비스 이용자집단의 서비스 이용을 제한하는 결정적인 방어벽이라고 할 수 있다. 정부가 얼마나 많은 이용자에게 얼마나 많은 시간의 서비스를 제공하여야 하는가에 대한 사전 수요조사 없이 한정된 예산으로 서비스를 제공함으로 공급탄력성의 제한은 피할 수 없다. 결국, 정부는 장애아동의 특성과 소득 등 가정환경에 따른 개별적 공급량을 파악하여야 할 것이며 개별적 특성에 맞는 유연한 공급계획을 제시하여야 할 것이다.

장애아동재활치료사업은 장애인활동보조지원사업과는 달리 자산조사를 통해서 서비스 이용집단을 제한하는 특징이 있다. 물론 전국 가구평균소득의 50% 이하의 가정에게 서비스를 국한함으로 소득기준이 이용자를 결정하는 기준이지만 전국 가구평균소득은 최저생계비기준보다 소득기준이 높아 대상자 범위가 넓어진다는 특징이 있다. 2008년 기준으로 4인 가구 전국 가구평균소득은 약 200만 원(1,956천 원)으로 4인 가구 최저생계비수준(1,265,848원)보다 약 70만 원이 높다.

장애아동재활치료사업은 대상자 선정기준으로 소득조사를 활용하여 모

<표 8-6> 장애아동재활치료사업 예탁 및 이용현황(2009년 7월 기준)

(단위: 명, 백만 원)

사업명	2009년			
	예탁금	이용실적		
		인원	정부 보조금	본인 부담금
장애아동재활치료	30,947	13,957 (신청자는 15,664명)	12,643	—

* 자료: 사회서비스관리원(www.socialservice.co.kr.ptl.HtmlEditor.doj).

든 장애아동에게 서비스를 제공하지 않는 측면에서 보편적인 서비스라고 단정하지 못하지만, 소득기준이 높고 장애아동에 대한 사회복지서비스가 매우 부족한 점에서 서비스 이용자집단에게 서비스 이용에 따른 낙인보다는 공급 부족이 더욱 심각한 문제로 받아들여진다고 볼 수 있다. 2009년 7월을 기준으로 대상자는 15,454명이고 신청자는 이미 15,664명으로 신청자가 대상자집단을 초과하였다(사회서비스관리원, 2009). 또한 2008년을 기준으로 전국적으로 6등급 이내의 등록된 장애인수는 약 2백 30만 명(2,283,804명)이고 이중 약 19세 미만의 등록 장애인의 수가 약 96,246명(보건복지부, 2008; 한국보건사회연구원, 2009)으로 대상자 수가 절대적으로 부족함을 알 수 있다(<표 8-6> 참조).

결국 장애아동재활치료사업의 수급자격은 자산조사를 기준으로 사용하지만 다른 사회서비스사업에 비해 대상자의 소득수준이 넓고 그에 준하는 서비스 양을 공급하지 못해 이용자집단은 서비스 이용 시 제한이 있다. 공급제한에 따른 수급제한은 대부분의 장애아동재활치료를 제공하는 기관들이 이용자들을 선별하는 원인이 될 수도 있다는 점에서 서비스 수급기준에 맞는 서비스 공급량 확보가 중요한 정책 과제라고 할 수 있다.

(3) 초과청구

　장애아동재활치료사업의 경우 영리기관들은 서비스 단가를 기준으로 서비스 양과 품질을 정하고 있으며 비영리기관보다 기본서비스 단가가 높다. 동일한 서비스 양에 대해 단가가 다르다는 것은 이용자들의 추가부담을 일으키는 주요 요인이 된다. 결국, 영리기관과 비영리기관을 선택하는 데 있어 추가부담능력이 영향을 미친다. 즉 대상자집단은 비영리기관에서 제공하는 재활치료서비스보다 영리기관에서 제공하는 서비스를 선호하는 경향이 있고 영리기관의 재활치료서비스는 서비스 단가가 비영리기관보다 높아 이용자집단에게 추가부담이 있다. 추가부담은 소득수준이 차상위수준을 넘어 상대적으로 소득이 높은 가구보다 소득수준이 낮은 이용자집단에게는 서비스차별에 따른 상대적 박탈감을 일으킬 가능성이 있다.

　장애아동재활치료사업은 기본적으로 본인이 추가 서비스를 원하는 경우 전액 본인부담금으로 추가서비스를 제공받는 것이 가능하다. 따라서 영리기관 입장에서는 본인부담능력이 있는 장애아동을 대상으로 추가서비스를 창출하는 것이 기관의 이윤창출에 기여할 수 있으므로, 추가서비스 제공에 대한 동기를 부여할 수 있고 편법을 사용할 수 있다는 측면에서 서비스 형평성을 위협함으로 기관에게 의도적으로 추가서비스를 강요하지 않도록 법적인 제재가 필요하다.

(4) 이용자선별

　이용자선별은 다른 사회서비스사업과 마찬가지로 주로 기관을 통해서 이루어진다. 장애아동재활치료사업은 추가서비스 제공을 인정하고 있고 개인사업자를 포함하는 영리기업의 진입을 허용하고 있어 이용자선별이 일어날 가능성이 있다. 특히 장애아동재활치료사업의 경우 총 기관의 수가 2009

년 7월을 기준으로 632개나 되고 비영리기관이 65%이고 영리기관이 35%를 차지하고 있어 영리기관과 비영리기관 사이에 경쟁이 가능하고 영리기관의 수도 많아 이용자선별이 장애인활동보조지원사업보다 높다고 할 수 있어 국가적 차원의 규제가 반드시 필요한 사업이라고 할 수 있다. 특히, 기관이 서비스 단가를 자율적으로 결정하고 정부는 관리만 하고 있어 이용자선별 가능성이 매우 높은 사업이라고 할 수 있다. 현재 1회 서비스 단가가 가장 낮은 곳은 7천 원이고 가장 높은 곳은 5만 원으로 추가부담을 가정한다면 1회당 5만 원의 서비스를 제공하고 있다. 이와 같이 이용자 수가 공급량을 초과하는 경우 이용자의 본인부담능력을 대상자선정 기준으로 설정할 가능성이 매우 높다고 할 수 있다(보건복지부, 2009). 결국 표준단가의 설정과 서비스 질의 관리가 이용자선별을 막는 가장 시급한 정책과제라고 할 수 있다.

(5) 시장진입규제

장애아동재활치료사업의 경우 기관에 대한 시장진입규제는 존재하지 않는다고 할 수 있다. 즉 장애인활동보조사업의 경우와 같이 장애인자립생활센터, 장애인지역사회생활센터 그리고 지역자활센터 등 비영리기관을 우선 지정기관으로 선정하는 등의 규정도 없다. 개인사업자나 상법상 법인이고 재활치료서비스의 수행능력과 경험이 있는 기관을 우선 지정하는 규정만이 있어 기존 재활치료서비스를 제공해 왔던 영리기관이나 개인사업자들에게 장애아동재활치료사업은 막대한 돈벌이 시장으로만 존재할 뿐이다. 물론 기관으로 지정받기 위해서는 심사위원회의 심사를 받아야 하지만 점수에 대한 최소기준이 없어 심사는 형식적인 절차가 될 가능성이 매우 높다고 할 수 있다. 결국, 영리기관의 시장진입에 따른 정보비대칭과 이용자선별 등의 부작용을 막고 장애아동재활치료사업의 목적을 성취하기 위해서 서비스의 질

과 서비스 단가 등 국가의 서비스 시장에 대한 지도감독 기능의 강화가 필
수적이다.

(6) 다양한 수의 기관

장애아동재활치료사업의 경우 장애인활동보조지원사업과는 달리 다양한
기관이 지역에서 서비스를 제공하고 있다. 앞에서 지적한 바와 같이 총 632
개의 기관 중에서 이용자집단은 지역에서 서비스를 제공하는 영리와 비영리
기관을 선택할 수 있고 시장진입규제가 사실상 없어 2010년에는 더 많은 서

〈표 8-7〉 장애아동재활치료사업 기관 구분

구분	기관유형	기관 수
영리	개인사업자-과세	63
	개인사업자-면세	157
	영리법인본점	5
	영리법인지점	1
	소계	**226**
비영리	지역자활센터	2
	사회복지관(노인, 장애인, 종합, 법인)	223
	재가노인시설	7
	자립생활센터	2
	장애인단체	74
	종교단체	0
	기타비영리 (단체 및 법인)	85
	대학교	6
	병원	7
	소계	**406**
국가 및 지자체	국가기관 및 지자체	0
	소계	**0**
	총계	**632**

* 자료: 사회서비스관리원(www.socialservice.co.kr.ptl.HtmlEditor.doj).

<표 8-8> 장애아동재활치료사업 지역별 제공기관의 편차

지역 (총 시군구 수)	제공기관이 1개 인 지역	제공기관이 가장 많은 지역	제공기관이 없는 지역	중복서비스 제공기관
서울 (25개 구)	강북구: 1개 기관	노원구, 영등포구: 8개 기관		
부산 (16개 구)		부산진구: 5개 기관	6개 구	
대구 (8개구, 군)		달서구, 북구, 수성구: 7개 기관		
인천 (10개 구, 군)	동구: 1개 기관	남동구: 6개 기관	2개 군	
대전 (5개 구)	대덕구: 1개 기관	동구: 3개 기관		
광주 (5개 구)		5개 모두 동일: 2개 기관		
울산 (5개 구, 군)		남구: 6개 기관		
경기도 (31개 시, 군)	양주시, 양평군: 1개 기관	수원시: 9개 기관	1개 군	
강원도 (18개 시, 군)	삼척시, 홍천군: 1개 기관	강릉시: 8개 기관	10개 시, 군	
충청북도 (12개 시군)	괴산군, 단양군, 영동군: 1개 기관	청주시: 6개 기관		1개 기관이 6개 지역에서 서비스제공
충청남도 (16개 시, 군)	금산군 포함 총 5개 군: 1개 기관	천안시: 19개 기관		1개 기관이 3개 지역에서 서비스제공
경상북도 (23개 시, 군, 구)	고령군 포함 총 12개 시군구: 1개 기관	경산시, 경주시: 5개 기관	2개 군	1개 기관이 6개 지역에서 서비스제공
경상남도 (20개 시, 군)	거제시 포함 총 13개 시, 군: 1개 기관	김해시, 진주시: 3개 기관		1개 기관이 전 지역에서 서비스제공
전라남도 (22개 시, 군)	강진군 포함 총 11개 군: 1개 기관	광양시 포함 총 9개: 2개 기관	2개 군	1개 기관이 3개 지역에서 서비스제공
전라북도 (14개 시, 군)	김제시 포함 총 7개 시, 군: 1개 기관	전주시: 11개 기관		
제주 (4개 시, 군)		서귀포시, 제주시: 2개 기관	2개 군	

비스 기관이 난립할 가능성이 있다. 결국 장애아동재활치료사업의 경우 장애인활동보조지원사업과는 달리 서비스 공급을 제한하고 있고 기관에 대한 진입규제는 없으므로 다양한 기관 중에서 서비스 기관을 선택할 수 있는 가능성은 높다. 〈표 8-7〉는 기관의 유형을 구분한 것으로 개인사업자의 수가 영리기관의 대다수이고 장애인단체의 수가 상대적으로 낮음을 나타내고 있다.

하지만 앞에서 지적한 바와 같이 장애아동재활치료가 가능한 민간시설들은 대부분 대도시에 집중하고 있어 농어촌지역의 경우는 서비스를 제공받을 수 있는 기관의 수가 도시지역보다 상대적으로 적어 서비스 사각지대인 농어촌지역에 대한 서비스 분관설립 지원이나 정부출연서비스기관의 설립을 통한 서비스 공급의 확대와 다양화가 필요하다. 〈표 8-8〉은 사회서비스 관리원의 자료를 바탕으로 분석한 대도시지역과 농어촌지역의 서비스 기관의 수를 나타낸 것이다. 표에서 확인할 수 있는 바와 같이 충청북도는 12개 시·군·구에서 서비스를 제공하고 있지만 그 중 3개 지역의 기관의 수가 1개인 것으로 나타나고 있고 강원도는 전체 시·군 중 7개 시·군에서 서비스 기관은 전무하고, 경상북도의 경우는 총 23개 시·군·구에서 12개 지역에서 서비스 기관의 수가 1개이고 서비스가 제공되지 못하는 군도 예천과 울릉군 등이 있어 지역별 기관의 편차가 심함을 알 수 있다. 또한 1개 기관이 여러 지역에서 동시에 서비스를 제공하는 경우도 농어촌지역이 훨씬 빈도가 높아 서비스 기관에 대한 이용자들의 선택권확대효과는 지역편차를 고려하면 군이나 소도시보다 대도시지역에서 이루어지고 있다고 할 수 있어 서비스 제공의 지역적 편차가 지역주민들의 서비스 형평성과 적절성의 문제점으로 나타나고 있다(www.socialservice.co.kr.ptl.HtmlEditor.doj). 특히 대도시의 경우는 교통이 발달하여 기관에 대한 접근성이 농어촌지역보다 우수하다는 점을 고려하면 지방 소도시를 포함하여 농어촌지역에 대한 국가적 차원에서의 대책이 시급하다. 또한 장애아동재활치료서비스는 다른 사회서비스에 비해 사설치료센터 같은 민간개인기관을 중심으로 전문적인 서비스를 제공하고 있고 대부분의 민간사설치료센터는 이용대상자가 많이 분포해 있는 대도시에 집중하고 있어 지역별 서비스 편차는 장애활동보조서비스보다 더욱 심각한 수준이라고 할 수 있다.

(7) 한계상환비율

장애아동재활치료사업의 경우 저소득층은 본인부담 없이 서비스 한도 내에서 서비스를 100% 제공받을 수 있다. 즉 기초생활수급자의 경우 본인부담금 없이 서비스를 모두 제공받을 수 있다는 것을 의미한다. 차상위계층(최저생계비의 120% 이내의 소득수준)인 이용자는 본인부담으로 월 2만 원 그리고 차상위 초과(평균전국가구소득의 50%)의 소득수준인 이용자들은 월 4만 원의 본인부담금을 지급해야 하므로 소득과 연동하고 있음을 알 수 있다. 즉 장애활동보조사업에 비해서 소득기준이 높다. 장애아동 가족의 소비지출은 일반가족의 소비지출보다 높기 때문에 경제적 지위로 인한 서비스 편차가 일어나지 않게 차상위계층의 장애아동을 둔 가족의 본인부담을 경감하는 것이 바람직하며 추가서비스 부담의 경우도 소득과 연동하여 경제적 차이를 상쇄할 수 있는 방안이 바람직하다.

(8) 비용효율성

2009년에 장애아동재활치료사업도 장애인활동보조지원사업과 같이 대표적인 이용자재정지원방식의 사업으로서 전자바우처를 활용하여 이용자의 서비스 실적을 모두 전산화하고 있어 중복서비스 제공이 불가능하다. 사회서비스사업 간 이용자중복에 따른 예산지출이 적고 기관에 인건비와 운영비를 제공하지 않아 사업관리 비용의 축소로 비용 효율적이라는 점이 강점이다.

　하지만 다른 전자바우처사업과 마찬가지로 단말기 구입과 월 이용료, 월 통신료, 동글이 사용 가능한 핸드폰 구입, 동글이 사용에 따른 부가서비스 비용, 은행에 지출하여야 하는 1.5%의 수수료와 국민은행 독점에 따른 거래 비용 그리고 카드 확보를 위한 시간비용 등의 지출이 만만하지 않다는 것을 단점으로 지적하고 있어 효율성을 강화하기 위해 보다 다양한 지불수단의 활용이 필요하다.

제4절 소결

　장애인복지서비스의 대표적인 사회서비스사업으로 정부가 제공하고 있는 장애인활동보조사업과 장애아동재활치료사업은 두 경우 모두 기존에 제공하지 않았던 정부지원 사업이라는 점에서 장애인(장애인 가족)에게 환영받고 있는 매우 의미 있는 사업이다. 본 장에서 살펴본 바와 같이 두 사업은 모두 기관에서 서비스를 제공하는 복지혼합의 대표적인 영역이며 국가는 재정적 책임만 갖고 이용자에게 전자바우처를 지원한다는 특징이 있는 사업이다. 분석결과, 이용자재정지원방식으로 서비스가 제공되는 경우 두 사업 모두 사업전반에 대한 수정이 필요한 것으로 나타나고 있다. 이용자재정지원방식에서 나타날 수 있는 단점을 보완하기 위해 정부는 보다 구체적인 품질관리방안을 제시해야 할 것이며 정보비대칭을 해소하기 위하여 정보공개에 대한 최소한의 법적인 제한을 유지해야 할 것이고 무차별적인 기관의 난입을 제한할 수 있는 시장진입규제를 보다 강화해야 할 것이며 기관이 절대적으로 부족한 지역에 대해서는 시설설립이나 기관보조금 확대를 고려할 만하다. 특히 두 사업 모두 적용범위가 너무 제한적인데 이는 확보된 예산에 대상자집단을 끼워 맞추기 때문에 나타나는 현상으로서, 지역 별 장애인집단에 대한 수요조사를 통해 대상자집단을 예측하고 장애인집단이 요구하는 내용의 서비스를 제공해야 할 것이다. 특히 소득제한이 상대적으로 넓은 두 사업의 경우 본인부담금제를 수정하여 저소득층의 범위를 확대하여 전액 무료로 서비스를 제공할 수 있게 대상자집단을 확대하고 소득이 상대적으로 높은 중간계층에게는 본인부담을 상향하는 방안도 고려해볼 만하다. 특히 장애인집단의 성격상 개별적인 상황은 반드시 고려해야 하므로 지속적이고 안정적인 관리체계를 구축하는 것도 매우 시급한 과제가 아닐 수 없다.

제9장 보육서비스

제1절 개관

여성의 경제활동 참여가 지속적으로 증가하면서 아동양육에 대한 공적인 지원체계의 확보는 복지국가의 핵심 정책과제로서 그 중요성이 계속적으로 증가하고 있다. 더불어 복지국가의 장기적인 지속가능성sustainability을 확보하기 위해서는 아동과 청소년에 대한 더욱 적극적인 사회적 지원이 필요하다는 사회투자관점이 강조되면서, 초기 아동발달의 토대를 제공하는 보육child care에 대한 관심이 커지고 있다. 우리나라의 경우도 기혼여성의 취업률 증가와 특히 출산율의 급격한 감소가 두드러지기 시작했던 2000년을 전후로 보육서비스에 대한 공적 지원의 필요성이 크게 증가하였으며, 이후 보육에 대한 공적 재정지원의 규모와 보육지원 대상아동의 범위를 확대하고 있다. 향후에도 보육서비스에 대한 공적 재정지원의 규모는 더욱 확대될 것이며 이용대상의 확대와 더불어 재정지원방식도 변화하고 있다.

보육서비스에 대한 공적 지원이 확대되면서 다양한 정책적 이슈가 제기되고 있다. 보육관련 주요 정책 이슈로는 영유아(0세~2세) 보육지원의 제한성, 지역적으로 보육기관에 대한 접근성 편차문제, 장애아동 등 보다 특수한 보육욕구를 가진 대상에 대한 지원부족 문제, 그리고 현행 보육지원방식으로 인한 여성의 근로의욕을 감퇴 문제 등을 들 수 있다. 특히 다양한 정책 의제들 중에서 보육서비스의 품질향상 문제는 가장 중요한 문제 중 하나로 꾸준히 지적되고 있는 문제이다. 보육서비스의 품질을 향상하고 부정 수급을 막기 위한 보다 적극적인 조치로 최근 바우처 프로그램을 보육서비스에 적용하는 정책적인 시도가 이루어지고 있다.

본 장에서는 사회서비스의 핵심적 영역의 하나인 보육서비스를 재정지원방식의 관점에서 분석하고자 한다. 보육서비스 이용자들에게 바우처를 제공하는 방식으로 공공재원을 지원하는 방식, 민간 보육서비스 기관에 재정을 직접 지원하는 방식이나 국가가 직접 보육서비스를 제공하는 방식에 비해 어떠한 장단점이 있는지를 검토해볼 것이다. 그리고 보육서비스의 품질향상을 위해서 이용자재정지원방식으로 보육서비스를 제공할 때 어떠한 정책적 설계가 이루어져야 할 것인지를 논의해 볼 것이다.

이를 위해 현재 보육서비스 정책의 틀을 간략히 고찰하고 공적 지원을 정당화할 수 있는 근거를 제시한다. 대다수의 복지선진국에서는 보육서비스를 공공성이 큰 서비스로 간주하고 국가의 공적 개입의 정당성을 확보하고 있기 때문에 보육서비스를 지원하고 있으나 개입 방식은 다양하게 나타난다. 이 장에서는 보육서비스 지원방식을 국가 직접 제공, 서비스 기관 재정지원, 서비스 이용자재정지원으로 나누어 특성과 장단점을 간략히 살펴볼 것이다.

특히 보육서비스 지원방식 중 최근 서비스 이용자들에게 바우처를 제공하여 보육서비스 선택권을 제공받는 이용자재정지원방식을 확대하고 있기 때문에, 본 장에서는 보육서비스의 본질적 특성에 비추어 이용자재정지원방식이 정책적으로 적절한지를 검토해보는 것에 초점을 두고자 한다. 더불어 바우처방식과 같은 서비스 이용자에 대한 재정지원방식이 높은 품질의 보육서비스로 거듭나기 위해서 반드시 고려해야만 하는 정책설계상의 문제들을 고찰함으로써 논의를 마무리 할 것이다.

제2절 보육서비스에 대한 공적 지원의 정당성과 지원 현황

1. 보육서비스 국가개입 정당성: 보육서비스 특성

복지국가가 형성된 이후 개개인들의 삶에 공적 개입을 정당화할 수 있는 공공정책의 영역이 꾸준히 확대해왔다.[29] 이러한 공공정책의 영역에서 특히 아동과 청소년을 대상으로 하는 보육이나 교육지원의 중요성은 미래 노동력의 확보라는 관점에서 항시적으로 강조되고 있으나, 노인이나 장애인 등 요양이나 돌봄을 필요로 하는 대상자들에 비해 두드러진 정책적 관심을 받아오지는 못했다. 그러나 20세기 후반에 생산성이 강조되고 선투자적 관점의 제도화를 요구하는 목소리가 복지영역에서도 커지면서 정책대상으로서 아동과 청소년에 대한 관심이 재조명되고 있다. 또한 인적 자본 불평등이 심화되고 성인기 이후 복지정책 개입이 사회적 불평등 완화 부분에서 효과를 내지 못한 경험에 비추어, 성인기 이전 아동·청소년을 대상으로 하여 비용 대비 효과성을 증대하여야 한다는 목소리도 커지고 있다. 실제로 아동기 투자의 장기적 효과에 대해서는 명확한 실증적 증거를 제시하기 어렵지만 특히

---

[29] 20세기 후반부터 강조되기 시작한 신자유주의적 이념은 국가주도적 공공정책의 영역이나 규모를 축소하고 있다고 평가하고 있으나, 사실상 인구의 고령화나 비정규직의 증가 등과 같은 인구학적, 사회경제적 환경의 변화, 그리고 복지혜택 축소의 정치적 위험성 등으로 실질적인 차원에서 가시적인 축소는 이루어지지 못하고 있다고 보는 경향도 있다(폴 피어슨, 2006).

보육이나 유아교육 등이 갖는 긍정적인 효과는 중·장기적으로 주목할 만하다고 평가하고 있다(OECD, 2009).

뿐만 아니라 아동보육에 대한 공적 지원은 기혼여성의 경제활동참여율을 증진하는 기반이기 때문에 공적 지원을 크게 강조하고 있다. 20세기 중반 이후 전 세계적으로 기혼여성의 시장노동참여가 증가하고 있으며 이러한 상황에서 일-가정 양립을 위해 제도적으로 아동보육을 지원하고 있다. 더불어 이러한 기반 확충이 일정수준 이상의 출산율 확보를 위해 필수불가결하다는 사회적 공감대를 형성하면서 보육서비스에 대한 공적 지원의 필요성을 지속적으로 확대하고 있다. 이렇듯 아동보육에 대한 국가적 지원의 필요성은 크게 세 가지로 요약할 수 있다. 첫째는 아동의 건전한 발달 그 자체와 미래 인적 자본의 불평등 완화라는 아동복지 증진의 관점, 둘째는 기혼여성의 고용률 증진과 일-가정 양립 가능성의 증진과 같은 가족복지 증진의 관점, 그리고 마지막은 출산율의 증진과 장기적인 사회적 불평등의 약화와 같은 사회복지 증진의 관점이다.

한편 Daniels와 Trebilcock(2005)은 유아기 보육서비스에 대한 공적 지원의 정당성을 사회적 관점에서 통합적으로 분석하였다. 아동복지 관점에서의 효용과 가족복지 관점에서의 효용 모두 사회적 관점의 효용으로 통합할 수 있고, 보다 거시적인 관점에서 보육서비스의 효용을 분석하는 것은 공적 재원의 형평성 배분이라는 관점에서 정당성이 부여되기 때문에 의미 있는 작업이라고 판단된다. Daniels와 Trebilcock(2005)은 보육서비스에 대한 공적 개입 정당성을 다음과 같이 사회연대성과 평등권의 확보, 보육의 긍정적인 외부효과 존재, 정보실패의 존재, 보호주의의 필요성, 근로동기강화 등으로 나누어 제시하였다.

첫째, 사회연대성과 평등권의 확보를 위해 보육서비스에 대한 공적 지원은 반드시 필요한 것이라고 주장한다. 일정수준 이상의 보호와 교육을 제공함으로써 취학 준비를 모든 아동에게 제공하는 것이 삶의 출발선을 동등하게 하는 가장 기본적인 기회의 평등이라고 본다. 이러한 출반선의 동등화는 헌법에서 기본적으로 보장하는 평등권 실현을 위한 전제라고 할 수 있으며 사회연대성 확보를 위해 반드시 필요한 기초적 토대라고 할 수 있다.

둘째, 보육서비스가 갖는 상당히 광범위한 긍정적인 외부효과 또한 보육서비스에 대한 공적 개입을 정당화하는 중요한 요인이라고 할 수 있다. 적절한 보육서비스의 제공은 특별한 욕구가 있는 아동에게 평등성 증진, 빈곤감소, 범죄예방, 미래 고용률 증진, 사회응집력 확대, 경쟁력 있는 시민확보 등과 같은 다양한 긍정적인 외부효과를 발생한다고 본다(Friendly, 1997; Daniels & Trebilcock, 2005에서 재인용). 그런데 보육서비스가 사회적으로 긍정적인 외부효과를 내기 위해서는 일정 품질 이상의 보육서비스를 제공하여야 한다. 일정 품질 이상의 보육서비스에 투입되는 비용을 모두 개별 서비스 이용자에게 전가하는 경우 이를 감당할 수 있는 계층의 일부 집단을 제외하면, 현실적으로 많은 수가 상대적으로 저가의 낮은 품질의 보육을 선택할 수밖에 없다. 이렇게 되면 보육서비스는 사회적으로 광범위한 부정적인 외부효과를 가져다 줄 수 있고 이는 사회전체가 부담해야 하는 비용이 증진하게 된다.

이렇듯 양질의 보육서비스 제공으로 긍정적인 사회적 효과는 모두가 향유할 수 있는 것이기 때문에 그 비용을 서비스 이용자에게만 전가하는 것은 적절하지 않으며 이렇게 되면 결과적으로 긍정적인 외부효과가 발생하기 어렵다. 따라서 결과적으로 질이 낮은 보육서비스 제공으로 부정적인 외부효과를 사회적 비용으로 부담하기보다는, 양질의 보육서비스를 제공하여 사회전체가 긍정적인 효과를 향유하려는 의사결정을 하는 것이 사회 전체적으로 크게 이익이 된다는 점에서 보육서비스에 대한 공적 개입의 정당성이 확보된다고 할 수 있다.

셋째, 국가 개입이 없는 자유시장에서 보육서비스에 대한 개별 소비자의 선택이 이익극대화로 이어지기 위해서는 정보실패가 존재하지 않아야 한다.

즉 보육서비스의 여러 가지 측면에서 정보들을 쉽게 획득할 수 있어야 하고 또한 쉽게 이해할 수 있어야 한다. 특히 서비스 제공자와 서비스 이용자 간 정보 비대칭의 문제는 대인돌봄서비스 품질향상이라는 측면에서 본질적으로 가장 큰 어려움을 제공하는 것이다. 더욱이 보육서비스의 경우 직접적으로 서비스 수혜대상은 아동인 반면 서비스 품질을 평가하고 선택하는 대상은 부모이기 때문에 이 문제는 더욱 심각해질 수 있다. 부모에게 보육서비스 현장에서 서비스 품질을 평가하기에는 현실적으로 어렵고 또 보육관련 정보의 경우도 공급자가 선별하여 제공한 것만을 수집하기 때문에 정보실패 문제는 심각할 수 있다. 정보실패로 잘못된 보육서비스를 선택하는 경우, 아동발달에 있어서 잠재적으로 심각한 문제로 이어질 수 있으며, 부정적인 결과를 되돌리기 어렵다는 점에서 공적인 규제나 적극적인 관리감독과 지원이 필요하다.

넷째, 앞서 논의한 바와 같이 보육서비스의 일차적 수혜대상은 아동인 반면 이에 대한 모든 선택들은 아동의 대리인으로서 부모가 담당한다. 대개의 경우 부모는 아동에게 필요한 최선의 서비스를 선택할 것으로 가정하지만, 그렇지 않은 상황이 발생할 경우 부정적인 결과는 아동에게 전적으로 미치게 된다. 부모가 아동의 이익을 최우선으로 고려하지 않고 부모의 이익이나 편리를 추구하는 경우라도, 적어도 일정수준 이상의 보육서비스를 제공할 수 있게 공적으로 개입한다면 부정적인 영향력이 아동에게 미치는 정도를 최소화할 수 있을 것이다. 이러한 측면에서도 보육서비스에 대한 국가 개입은 정당성을 갖는다고 할 수 있다.

다섯째, 여성의 노동참여를 위해 반드시 필요하다고 할 수 있는 보육서비스에 대한 공적 지원이 없는 경우, 보육서비스가 필요한 여성들의 근로동기가 약화될 수 있다. 가정에서 자녀를 돌보는 경우 보육을 위해 추가적으로 부담해야 하는 비용이 전혀 없는 반면, 취업을 한 경우 근로소득에 대해 세금을 내고 동시에 보육서비스를 위해 추가비용을 지불해야 한다. 이렇게 되

면 취학 전 자녀가 있는 기혼여성의 근로 동기는 크게 약화될 것이며 이는 M
자 구조의 단절적 여성경력구조를 지속하는 가장 핵심적인 요인이 된다. 기
혼여성의 고용단절은 특히 취약계층의 영속적인 빈곤화에 중요한 요인이 된
다는 점에서 이는 아동빈곤의 문제와도 직결된다고 볼 때, 취업관련 비용을
줄이는 적극적인 장치가 필요하다. 여성의 취업관련 비용 중 가장 큰 비용이
보육비용이라는 점을 감안한다면, 국가의 적극적인 개입이 정당성을 갖는다
고 볼 수 있다.[30]

2. 보육서비스 지원 현황과 특성

보육서비스에 대한 국가 지원의 정당성과 필요성은 특히 최근 들어 출산
율이 세계 최저점에 달하고 있는 우리나라의 상황에서는 더욱 강조될 수밖
에 없다. 한국 사회에서 보육정책을 보다 적극적으로 확대할 수밖에 없는 환
경적 변화를 다음의 다섯 가지로 강조한다. 첫째, 출산율 하락과 고령화가
급속히 진행되면서 생산가능인구가 부족해지고 이는 여성의 경제활동 필요
성이 크게 증가하는 것을 의미하기 때문에 공공보육에 대한 수요가 비례적
으로 증가할 수밖에 없다는 것이다. 둘째, 소득수준이 지속적으로 증가하
면서 단순한 탁아의 기능이 아닌 양질의 보육과 교육, 그리고 다양한 형태의
보육지원에 대한 부모의 욕구가 크게 증가하고 있다는 것이다.

이러한 측면과 맞물리면서, 세 번째로는 전문적이고 질 높은 영유아 교육
과 보육에 대한 부모들의 욕구로서 자녀 1인당 양육비용과 교육비용이 크게
증가하여 가계에 큰 부담이 되고 있다는 것이다. 넷째, 한부모가족, 조손가
정, 다문화가정, 빈곤가정 등 가정의 형태가 다양화되고 증가함으로써 취약

---

30 앞서 제시한 사회복지서비스 특성 구분에 따르면 보육서비스는 민간부문의 참여를 인정하는 전문서
비스라는 사적재의 특성을 갖지만, 이상에서 논의된 바와 같은 사회적 목적 실현이 주된 정책목표로
제공되는 가치재라고 할 수 있다. 또 국가가 재정을 지원한다는 측면에서 공공재이며 일정 정도 본인
부담이 있다는 점에서 요금공공재 성격을 띤다고 할 수 있다.

<표 9-1> 아동에 대한 복지지원 중 보육지원이 차지하는 비중의 추이

(단위: %, 백만 원)

구 분		1996	2000	2004	2006
보육지원	보육시설	59.2	47.2	49.2	37.8
	보육료 지원	14.3	25.5	30.2	47.9
	소계(기타포함)	73.9	73.3	80	86.5
아동복지	아동시설	21.9	20.7	14.2	8.6
	아동생활	4.2	6	5.9	5.2
	소계	26.1	26.7	20	13.5
합계(%) 규모(백만 원)		100 149,306	100 199,131	100 504,981	100 915,158

※자료: 이재원 외(2007) 재구성.

계층에 대한 공적 지원의 필요성이 더욱 커지고 있다는 측면도 간과할 수 없다. 다섯째, 일-가정 양립에 대한 필요성이 보편적으로 인식되고 아동양육에 대한 사회적 책임을 강조하는 등 사회적 인식이 변화하고 있다는 것이다(보건복지부, 2010).

정책 환경의 변화로 최근 수년 사이에 국가의 공적 보육지원서비스는 큰 폭으로 증가하였으며 지원 내용도 다양하다. 우선 보육지원에 대한 예산 비중을 살펴보면 1990년대 후반과 비교해보아도 비중이 큰 폭으로 증가하였다. 2004년 이후에는 아동을 대상으로 하는 국가의 복지지원 중 보육지원의 비중이 3/4 이상 차지하였으며, 2006년에는 그 비중이 85% 이상을 차지하였다(<표 9-1> 참조).

(1) 보육지원 정책의 틀

현재 보육관련 국가 개입은 크게 규제와 품질관리, 보육예산지원으로 나

누어 볼 수 있다. 규제와 품질관리 개입은 보육서비스가 일정수준 이상의 품질을 유지할 수 있도록 공적 규제를 행하는 것으로서, 대표적으로는 보육종사자의 자격관리 및 보수교육과 양성교육 관리, 보육시설의 설립 및 운영 관리, 보육시설 평가인증 관리, 보육정보센터 운영을 통한 정보 관리 등을 들 수 있다.

(2) 보육시설 지원

국가의 보육서비스 예산지원은 보육시설에 대한 직접 지원과 아동의 보육료를 지원하는 아동별 지원으로 대별할 수 있다. 보육시설에 대한 재정지원은 첫째, 국공립보육시설의 설치 및 기타 보육시설 설치에 대한 지원, 둘째 특정 보육시설에 대한 인건비 및 프로그램 지원(국공립 및 법인시설의 인건비, 영아나 장애아, 시간연장형, 휴일, 방과후 보육 등 특수 보육프로그램 지원 등), 셋째 기본 보육료에 대한 시설지원, 넷째 보육시설의 차량운영비 및 교재·교구비 지원, 다섯째 보육시설의 기능보강비 지원으로 나눌 수 있다.

〈표 9-2〉 **보육관련 국가 개입의 틀**

규제 및 품질관리	보육예산지원	
	보육시설 지원	보육료 지원
· 보육종사자 관리 - 자격관리 - 양성교육 - 보수교육 · 보육시설 관리 - 등록, 설립관리 - 운영관리 - 평가인증 관리 · 정보관리 -보육정보센터 운영 -육아정보센터 운영 등	· 보육시설 설치지원 · 인건비 지원 · 프로그램 지원 · 기본보육료지원 · 차량운영비 지원 · 교재교구비 지원 · 기능보강비 지원	· 만 0~4세 차등보육료 지원 · 만 5세 보육료 지원 · 두 자녀 이상 보육료 지원 · 장애아 무상 보육료 지원 · 맞벌이 가구 보육료 지원 * 보육시설 미이용 아동대상 양육비 지원

〈표 9-3〉 보육시설에 대한 국가의 지원

종 류	주요 내용
보육시설의 설치 및 설치 지원	· 국공립 보육시설 설치 · 기타 보육시설 설치 지원
인건비 지원 및 프로그램 지원	· 국공립 및 법인 보육시설에 대한 인건비 지원 · 영아보육 프로그램 지원 · 장애아보육 프로그램 지원 · 장애아보육 프로그램 지원 · 시간연장형 보육 프로그램 지원 · 휴일 보육이나 방과 후 보육 프로그램 지원
기본 보육료 지원	· (정부지원시설 제외) 만 0~2세 영유아 보육시설 · (정부지원시설 제외) 장애아 보육시설
차량운영비 지원	· 농어촌 소재 보육시설 차량운영비 지원 · 정부지원 장애아동 전담보육시설 차량운영비 지원
교재교구비 지원	정부인건비지원시설 제외, 민간보육시설 교재교구비 지원
기능보강비 지원	보육시설의 증개축비 및 개보수비 지원

　　이러한 시설별 지원은 과거 국가의 보육료 지원에서 큰 비중을 차지하였
으나 예산집행 대비 서비스 이용대상의 혜택 체감도가 낮고 보육서비스의 품
질향상을 위한 정책 기제로서 한계를 노정하면서, 점차 아동의 보육료를 직
접 지원하는 아동당 보육비 지원을 강조하는 방식으로 변화하고 있다. 앞
서 〈표 9-1〉에서 나타난 바와 같이 1996년의 경우 전체 아동에 대한 공적
지원예산 중 보육시설을 지원하는 비중이 약 60%, 아동당 보육료를 직접 지
원하는 비중이 약 15% 선으로 보육시설 지원이 보육료 지원보다 약 4배 이
상 많았다. 그러나 10년이 지난 2006년에는 그 비중이 각각 약 38%, 48%
로 바뀌어 오히려 아동을 대상으로 보육료를 직접 지원하는 예산의 비중이
보육시설에 대한 지원예산보다 약 10% 정도 증가하였다(이재원 외, 2007).

(3) 보육료 지원

부모의 보육료 부담을 직접적으로 경감하기 위해 아동당 보육료를 지원하는 아동 보육지원은 보육시설을 이용하는 영유아에 대한 보육료 지원과 보육시설을 이용하지 않는 아동에 대한 양육수당 지원으로 또 다시 나눌 수 있다. 사실상 2009년 7월 이전까지는 보육시설을 이용하는 영유아에게만 보육료를 지원하였으나 2009년 7월 이후부터 보육시설을 이용하지 않는 아동에 대해서도 양육비용을 지원하고 있다. 과거 보육시설을 이용하지 않거나 이용하지 못하는 아동은 공적인 지원을 전혀 받을 수가 없다는 점이 문제라는 지적이 많았다(이선주 · 박선영 · 김은정, 2007). 즉 보육시설이 아닌 민간영리 보육서비스 이용 시 국가 도움을 받을 수 있는 제도적 장치가 없었던 것이다. 이는 아동양육과 관련하여 공적 지원 수혜에 있어서 형평성 부재라는 문제를 불러일으키는 요인이었다. 이에 차상위계층 이하(최저생계비의 120% 이하)의 소득 가정에서 만 1세 이하의 아동을 양육하는 경우에는 월 10만 원의 양육수당을 지급한다.

현재 보육료 지원은 크게 만 0~5세 영유아에 대한 보육료 지원과, 동일한 연령대에 보육시설이나 유치원을 이용하지 않는 영유아에 대한 양육수당으로 나누어진다. 만 5세 이하 영유아에 대한 보육료는 소득하위 70% 이하 가구의 자녀에게만 지원하는데, 만 4세 이하 영유아 보육료 지원과 만 5세 보육료 지원은 지원체계나 지원수준에 차별성이 있다. 만 4세 미만 보육료 지원의 경우 영유아의 연령별, 가구의 소득수준별로 정부 지원단가 비율에 차이가 있으나 만 5세 보육료 지원의 경우 정부지원율이 100%로 소득계층별 차이가 없다.[31]

---

[31] 보육료 지원대상 선정을 위한 소득계층 기준은 만 0~4세 차등보육료, 만 5세 보육료 지원, 두 자녀 이상 보육료 지원은 모두 소득하위 70% 이하이다. 소득하위 70% 이하에 해당되는 소득액은 2009년 현재 가구규모 3인까지 378만 원, 4인 436만 원, 5인 488만 원, 6인 534만 원이다(보건복지부, 2010).

<표 9-4> 아동별 보육료 지원의 종류 및 지원율(2009년 현재)

구분	소득계층	지원율	지원액 결정 시 추가 고려사항
만 0~4세 (차등보육료)	소득하위 50% 이하	100%	아동연령
	소득하위 60% 이하	60%	아동연령
	소득하위 70% 이하	30%	아동연령
만 5세 보육료	소득하위 70% 이하	100%(172만 원)	없음
장애아 보육료	고려하지 않음	100%(383만 원)	아동연령(만 12세 이하)
			아동의 장애여부
두 자녀 이상 보육료	소득하위 50~60%	40%를 추가지원	아동연령
	소득하위 60~70%	70%를 추가지원	아동연령
맞벌이 가구 보육료	두 소득 중 낮은 소득의 75%만 소득액으로 간주하고 다른 한 소득과 합산하여 보육료 지원대상 선정 여부를 결정함		

장애아의 경우 보육시설을 이용하는 만 12세 아동까지 무상보육료를 지원하는데, 가구소득수준과 무관하며 정부 지원단가도 모든 장애아동가구에 100%로 동일하다. 장애아 무상보육료의 경우 2009년 현재 383만 원 정액이 지급되는데 만 5세 미만 보육료 172만 원에 비해 2배를 약간 상회한다. 한편 두 자녀 이상 보육시설을 이용하는 경우 보육료를 추가로 지원하는 제도가 2010년 3월에 다소 확대 실시하였다. 두 자녀 이상 보육료 지원도 소득하위 70% 이하 가정의 아동에게만 적용하며 소득계층별, 아동연령별로 차등 지급한다. 맞벌이 가구의 경우 보육료 지원방식을 다소 차별화하는 방식이 2010년 3월부터 실시하였다. 부모가 모두 근로소득이 있는 경우 두 소득 중 낮은 소득의 75%만을 총액 소득으로 간주하고 이를 나머지 하나의 소득과 합산하여 보육료 지원여부와 지원액을 결정한다(보건복지부, 2010) (<표 9-4> 참조).

(4) 보육지원 정책의 특징

한편, 보육지원 정책에 있어서 변화가 두드러지는 부분은 2009년 9월부터 국가 보육예산 중 가장 큰 부분을 차지하는 아동당 보육료 지원금을 바우처로 지급하며, 서비스 이용자에게 직접 지원하는 방식으로 전환한 것이다. 이전까지는 국가의 보육료 지원은 시·군·구에서 보육시설 보조금을 제공하는 방식이었다. 즉 보조금을 아동 수별로 보육시설에 지원하는 방식을 택함으로써 묵시적 형태의 바우처 제도를 활용한 것으로도 볼 수 있다. 묵시적 형태의 바우처란 서비스 이용자에게 이용권이나 바우처 카드 등을 직접 제공하여 이를 가지고 공급기관을 선택하는 것이 아니라, 이용자는 공급기관에서 서비스를 제공받고, 공급기관은 국가에게 보조금을 신청하면 국가가 이를 지원하는 방식을 의미한다. 이러한 방식은 공급기관이 보조금을 직접 신청하고 이를 검토한 후에 비용을 공급기관에게 직접 제공한다는 점에서 공급자 바우처라고 불리기도 한다(강혜규 외, 2007; 김진, 2009). 2009년 9월 이전까지 아동당 보육료 지원은 묵시적 형태의 바우처 방식을 활용했다고 할 수 있다.

최근 들어서 묵시적 형태의 바우처 방식이 직접적으로 이용대상 가정에 전자바우처 카드와 같은 명시적 바우처를 제공하는 수요자 바우처 형태로 전환하였다. 명시적 바우처 방식에서는 바우처 관리기관이 서비스 이용자에게 직접적으로 바우처를 발급하면 이를 발급받은 서비스 이용자가 서비스 공급기관에 바우처 사용여부를 승인하며, 공급기관이 해당관리 기관에 결제를 요구하는 방식을 취한다. 이렇듯 국가의 재정지원 흐름이 서비스 이용 가정과 직접 연결될 수 있게 함으로써 재정지원방식의 틀을 과감히 개혁하였다고 할 수 있다.

이렇게 국가의 공적 재원을 시설이 아닌 서비스 이용자에게 보다 직접적으로 제공함으로써 서비스 이용자들의 서비스 선택권을 확대하고, 보육서비스의 품질을 향상하기 위해서는 무엇보다도 이용자들에게 필요한 정보를 제공할 수 있어야 한다. 이에 정부는 보육통합정보시스템을 개발하여 서비스 이용 부모들과 보육시설에 제공하던 기존의 정보망을 통합하고 바우처 정보와 행정지원 정보를 결합하여 서비스 이용 부모들이 필요로 하는 정보를 시스템적으로 연결하려는 시도를 하고 있다. 이를 통해 서비스 이용자들에게 통합적인 정보를 제공하는 것을 강조하고 있다. 국가의 보육서비스에 대한 규제적인 개입 현황에서 언급한 바와 같이 보육서비스 제공자 자격관리, 보육시설에 대한 품질평가를 통한 인증제도 실행, 보육정보들에 대한 적극적인 확산 등을 포함하여[32] 서비스 이용자들이 원하는 정보를 쉽게 획득할 수 있도록 시스템을 지원하는 노력은 사실상 보육서비스의 품질향상을 위해 반드시 필요한 작업이라고 할 수 있다.

보육지원 정책의 변화와 관련하여 또 다른 특징은 보육시설을 이용하지 않는 아동에 대한 양육수당의 지급이다. 양육수당과 같은 현금서비스도 이용자재정지원방식의 중요한 한 종류로서, 사용처를 제한한 바우처방식과 비교해볼 때 사용처 제한을 두지 않는 이용자재정지원방식이라는 점에서 특징적이다. 양육수당 제공과 같은 현금이전 방식은 아동양육 소비와 관련하여 부모에게 가장 큰 자율권을 제공하지만, 결과적으로 서비스 소비방식이 아동에게 최선의 결과를 낳는지에 대해서는 확신할 수 없다. 현금이전 방식의 수당은 질 높은 보육서비스 이외의 다른 수단으로 사용되지 않았다는 것을 정책적으로 확신하기 어렵기 때문에, 사실상 바우처 방식에 비해 더 나은 수단이라고 평가되지는 못한다(Daniels & Trebilcock, 2005).

---

[32] 보육서비스 품질향상을 위한 규제와 관리감독 기구는 보육자격관리사무국(www.ctcm.or.kr), 보육시설평가인증사무국(www.kcac21.or.kr), 육아정책개발센터(www.kicce.re.kr), 중앙보육정보센터(www.educare.or.kr) 등을 들 수 있다.

제3절 보육서비스에 대한 국가지원방식

최근 우리나라는 보육서비스에 대한 국가 재정지원을 보육시설 보조가 아닌 서비스 이용자에게 직접 제공하는 방식으로 변화하기 위해 노력하고 있다. 실제로 만 5세까지의 아동보육에 대한 국가 개입방식의 정도는 국가별로 큰 차이를 보인다.[33] 아동보육에 대한 국가 개입방식은 크게 세 가지 방식으로 대별할 수 있다.

1. 국가직접제공

첫째는 보육시설의 국공립화를 통한 국가의 직접 서비스 제공방식이다. 보육서비스를 사회연대성의 강화와 형평성 증진을 위한 핵심적인 공공서비스로 간주하는 북유럽의 국가들에서는 특히 만 3~5세 사이 아동들에게 일정수준 이상의 지적·사회적·정서적 자극이 필요하다고 보고 이에 대한 표준적 기준을 설정하여 국가가 직접 보육서비스를 제공하는 것을 원칙으로 하고 있다. 이러한 방식은 보육서비스에 대한 보편적인 접근을 가능하게 함으로써 취약집단에 대한 부정적인 낙인효과 등이 발생하지 않는다는 점에서 긍정적이지만, 보육서비스의 공공성에 대한 사회적 인식이 확산되지 않는 이상 재원마련이 어렵고 다양한 소수 집단의 보육서비스에 대한 특수욕구에 탄력적으로 대응하기 어렵다는 단점이 있다. 2000년대 초반의 통계에 따르

---

[33] 일반적으로 많은 나라에서 만 3세 미만 아동의 경우 가족이나 친지, 친구 등 비공식적인 관계망에서 보육서비스를 제공하는 경우가 많은데, 비공식적인 보육서비스에 대한 국가지원방식은 차이가 있다. 비공식적 보육서비스에 국가가 공식적으로 지원하는 경우는 보육서비스 품질 관리가 상당히 어렵고, 부정수급이나 기타 남용 등에 대한 규제가 어렵다는 점에서 공식적인 지원 체계를 포함하지 않는 경우가 많다. 특히 비공식적 보육서비스에 공적 지원을 하지 않는 경우 영유아 돌봄에서 형평성 문제를 불러일으킬 수 있다. 이에 유럽의 많은 국가에서는 영유아를 위한 다양한 양육수당이나 세금감면 방식과 같은 직접적인 현금을 지원하는 방식으로 보육비용을 지원하고 있다(이선주·박선영·김은정, 2007).

면 스웨덴의 경우 아동보육의 약 92%가 공공부문의 직접적인 서비스 제공으로 구성되고 있다(김은정, 2007).

2. 서비스 기관 재정지원

두 번째 방식은 국가가 보육서비스를 제공하는 서비스 기관에 대해 비용을 지원하는 방식이다. 이때 직접 보육서비스를 담당하는 기관은 많은 수가 비영리민간기관이나 교육기관이지만 국가에 따라서 영리부문의 참여가 많은 경우도 있다. 또한 서비스 기관에 대한 재정지원의 경우 일정 정도의 보조금을 제공하는 방식에서부터 일부 서비스에 대한 위탁, 보육서비스 전 과정에 대한 위탁계약까지 그 방식은 다양할 수 있다. 대개 재정을 지원하는 보육시설에 대해서는 품질이나 성과측면에서 국가의 규제나 관리가 이루어지고 이는 일정수준 이상의 품질을 담보해내는데 도움이 된다.

그러나 양질의 보육시설 접근성은 소득수준이 낮을수록 떨어질 수밖에 없기 때문에 저소득층에 대해서는 주로 자산조사에 근거하여 비용의 일부 혹은 전부를 보조받는 경우에만 가능하다. 이러한 점에서 국가가 보육서비스를 보편적으로 제공하는 첫 번째 방식에 비해 취약계층에 대한 낙인효과 등이 더 많이 발생할 수 있다는 단점이 있다.

3. 서비스 이용자재정지원

세 번째 방식이 서비스 이용자들에게 바우처나 돌봄수당이나 세금수당 등을 제공하여 이용자들이 보육기관을 선택하는 방식이다. 주로 미국과 캐나다 등 북미에서 보육서비스를 지원하는 방식으로 많이 활용한다. 영국의 경우 보육 바우처를 광범위하게 사용하고 있으며, 국가의 직접 제공은 약 18%인 반면 민간 비영리부문의 서비스 제공이 약 33%, 민간 영리부문의 제공이 약 49%를 차지한다. 묵시적 형태의 바우처 방식을 취했던 우리나라 경우도 공공부문의 보육서비스 직접 제공은 항시적으로 5% 미만이었으며 국가 보조금을 받는 민간부문의 보육서비스 제공 비중이 95%를 상회해왔다(김은정, 2007).

미국의 경우 보육서비스에 대한 공적 지원이 다른 국가들에 비해 상당히 미흡한 편인데, 공적 보육지원의 가장 큰 비중을 차지하는 것이 보육비용에 대한 세금공제이다(Daniels & Trebilcock, 2005). 그런데 세금공제나 감면방식은 일정소득 이상의 집단에만 의미가 있기 때문에 기본적으로 공적 재원의 형평성 분배라는 측면에서 문제가 있다. 또한 수당방식은 정책대상에 대한 목표효율성 측면에서 해당 아동의 적절한 보육서비스 수혜를 담보해내기가 정책적으로 불확실하다. 현금으로 지원하는 경우 이를 이용하여 공적인 보육서비스를 구매하기보다는 -가정에서 직접 아동을 돌보는 집단은 대개 적절한 보육환경을 제공하기 어려운 저소득 취약계층일 수 있다- 그 외의 것으로 소비될 가능성이 크다. 따라서 아동에게 일정수준 이상의 보육서비스가 반드시 제공될 것으로 기대한다면 직접 서비스를 제공하는 방식이나 보육서비스에만 사용가능한 바우처를 제공하는 것에 비해서, 정책대안으로서의 바람직성이 낮다고 할 수 있다.

바우처 방식과 같은 서비스 이용자재정지원 방식의 경우 서비스 이용자들에게 서비스에 대한 선택 가능성을 확보함으로써 구조적으로 서비스 공급기관 간 경쟁을 통한 품질향상을 기대할 수 있다. 바우처와 같은 수요측면 보조금 지원방식은 국가의 직접적인 보육서비스 제공방식보다 구조적으로는 서비스 품질향상에 더 긍정적인 공급환경을 만들어줄 수 있다는 점, 또 서비스 기관 재정보조방식이 갖는 주인-대리인 문제principal-agent problem를 발생하지 않아서 서비스 제공자가 이용자 욕구에 더욱 민감해질 수 있다는 점 등에서 정책적으로 선택 가능성이 높아진다. 그러나 서비스 이용자들의 선택 가능성 확보가 양질의 보육서비스 제공으로 이어질 수 있기 위해서는 바람직한 선택이 가능한 정보 제공, 서비스 공급자격에 대한 적절한 규제와 관리체계 확보 등과 같은 정책설계가 바탕이 되어야 한다. 그렇지 않다면 오히려 서비스 이용자는 더욱 질이 낮은 서비스를 선택할 가능성이 높기 때문이다.

제4절 보육서비스 이용자재정지원방식에 대한 분석

보육서비스에 대한 국가의 지원방식에서 바우처 방식이나 현금수당 제공과 같은 서비스 이용자재정지원방식이 과거에 비해 더 강조되고 있으며, 특히 우리나라의 경우 지난 2009년 7월부터 보육시설 이용자들에게 전자바우처 카드를 발급하여 이들에게 직접적으로 재정을 지원하는 방식을 실행하고 있다. 이용자재정지원방식은 서비스 이용자들로 하여금 서비스 선택에 있어 의사결정에 더 관심을 가질 수 있게 하고, 이로써 필요한 정보를 획득하거나 품질평가를 위한 나름의 자체적인 노력을 중진하게 된다. 그러나 시장실패의 경우와 마찬가지로 개인적인 노력만으로는 양질의 보육서비스를 제공할 수 없다. 보육서비스의 경우 아동에게 적절한 품질 이상의 서비스를 제공하지 않을 때, 보육서비스의 잠재된 부정적인 영향력은 사회 전체적으로 문제가 될 수 있다. 따라서 보육서비스에 대한 국가의 재정지원을 어떠한 방식으로 할 것인가를 결정하기 위해서는, 우선적으로 특정 재정지원방식이 품질향상에 기여할 수 있는 잠재적인 가능성 정도를 면밀히 분석하여야 한다.

정책적으로 다양한 요소들을 검토한 후에는 결정된 재정지원방식으로 가능한 비용-효과적인 서비스를 제공하려면 어떠한 정책적인 설계가 필요한가에 대한 다각적인 고민이 필요할 것이다. 아래에서는 보육서비스에 대한 이용자재정지원방식이 보육서비스 자체의 특성이나 서비스 이용자의 특성에 비추어 적합한지를 간략히 검토하고, 바우처 방식으로 서비스 이용자에게 재정을 지원하는 것이 바람직한 보육서비스 제공으로 이어지기 위해서 반드시 고려해야만 하는 정책적인 설계 내용을 논의하고자 한다.

1. 서비스 자체의 특성과 이용자재정지원방식

보육서비스에 대한 이용자재정지원방식의 정합성 문제를 논의함에 있어서 가장 우선적으로 고려해야 하는 것은 보육서비스 자체 특성으로 문화의 수준이나 표준화 가능성, 이와 관련하여 서비스 품질평가의 가능성, 그리고 서비스 교체로 인한 부대비용 등을 들 수 있다.

1) 서비스의 전문성 수준

우선 서비스 자체의 전문화 수준은 서비스 이용자에게 바우처를 제공하는 이용자재정지원방식의 정합성을 논의할 때 가장 우선적으로 고려해봐야 하는 특성이다. 서비스의 전문성 수준이 너무 높으면 서비스 공급자와 이용자 간의 정보비대칭 문제가 심각하게 발생할 수 있다. 즉 적절한 양의 정보를 제공한다고 해도 서비스 이용자가 주어진 정보를 충분히 해독할 수 없는 전문성이 높은 서비스인 경우에는, 바우처를 통한 서비스 선택권이 사실상 서비스 이용자에게는 실질적인 의미가 없다. 나아가 교육수준이 낮고 정보수집이나 해독에 많은 시간을 투여할 수 없는 취약계층의 경우 바우처를 통한 선택권이 오히려 질이 낮은 서비스를 선택할 가능성을 높이기도 한다(Newman et al., 2008). 이는 공공재원을 지원하는 공공서비스 부문 정책이 갖추어야 할 계층 간 형평성 확보라는 정책정당성을 확보하기 어렵게 만든다는 점에서 큰 문제가 된다.

보육서비스의 경우 서비스 전문성 측면에서는 재활이나 상담 등을 포함하여 의료적 서비스 등에 비해서는 전문성이 낮으나 일반적인 대인돌봄서비스와 비교하면 교육적·정서적 프로그램을 병행한다는 점에서 전문성이 높다고 할 수 있다. 보육대상 아동의 발달단계에 맞추어 교육적 지원프로그램이나 정서적 · 사회적 발달을 위한 프로그램을 제공하는지, 특히 아동 개개인에게 필요한 맞춤형 프로그램을 제공하는지를 적절히 이해하고 이에 맞는 양질의 서비스와 기관을 잘 가려내어 선택하기란 용이하지 않다고 할 수 있다. 즉 개별 보육서비스 기관의 품질을 서비스 이용자가 쉽게 평가하기가 용이하지 않다는 것이다. 따라서 보육관련 프로그램의 표준적 기준을 제공하고 보육서비스 기관별로 어떠한 방식으로 프로그램을 제공하는지에 대한 정보를 표준화하여 정리, 배포함으로써 이용자들이 이를 이해하고 적합한 서비스를 선택하는 것이 무엇보다도 중요하다.

2) 서비스 교체로 인한 부대비용

보육서비스를 이용자재정지원방식으로 제공하는 것이 적합한가를 분석함에 있어서 고려해야 할 또 다른 특성으로는 서비스 교체로 인한 부대비용이 얼마나 되는가 하는 점을 들 수 있다. 보육서비스 기관에 대한 선택권이 실질적인 의미를 갖기 위해서는 다른 기관으로 서비스 기관을 교체할 때, 서비스 교체와 관련된 부대비용이 높지 않아야 한다. 여기서 부대비용이란 경제적인 것과 정서적인 것 모두를 포함할 수 있는데, 일반적으로 단순한 신체적인 돌봄서비스나 정해진 가사서비스 등을 제공하는 재가 대인돌봄서비스의 경우 서비스 제공자만을 교체하면 되기 때문에 서비스 교체로 정서적 혹은 경제적 부대비용이 낮은 편이라고 할 수 있다.

한편 보육서비스나 교육서비스의 경우 서비스 기관 교체 시 아동이 새로운 환경에 적응해야만 하는 정서적 부대비용이 발생하며, 근거리에 있는 서비스 제공시설에서 원거리로 서비스 제공시설을 교체하기 어려운 점 등 서비스 교체 시 고려해야만 하는 점들이 더 많다. 따라서 이용자에게 서비스 선택권을 줌으로써 서비스의 품질을 높이고자 하는 정책적 의도가 적절히 실현될 가능성이 높지 않다고 할 수 있다. 이러한 점을 고려한다면 국가가 보육서비스를 표준화하여 직접 제공하는 북유럽 방식이 갖는 장점이 부각될 수 있다. 북유럽의 경우 모든 지역사회에서 근거리로 접근 가능한 보육시설을 대상으로 표준화한 보육서비스 제공이 가능하게 만들었고 국가가 이를 직접 관리하는 방식을 택함으로써 개별 서비스 이용자들이 사실상 더 나은 보육시설로 교체하려는 시도가 감소됐다고 할 수 있다.

2. 서비스 이용자 특성과 이용자재정지원방식

서비스 이용자에게 선택권을 제공함으로써 서비스의 품질을 향상하려는 방식이 정책적으로 효과적이기 위해서는 서비스 이용자가 현명한 선택을 할 수 있는 능력을 갖추어야 한다. 즉 서비스 이용자가 자신의 욕구를 정확하게 이해하고, 서비스 품질을 일정수준 이상 평가하고 이에 기반을 두어 비용-효과적인 구매 의사결정을 할 수 있어야 한다는 것이다(Savas, 1994; 강혜규 외, 2007에서 재인용).

최근 서비스 이용자의 선택권과 자율성을 강조하는 대인돌봄서비스의 경우 서비스 이용자가 주로 노인, 장애인, 아동 등 취약계층이기 때문에, 선택권과 자율권을 실현할 수 있는 이용자의 인지능력 등에 대한 고려가 정책적으로 필요하다는 점을 강조하고 있다(김은정, 2009). 인지능력에 손상이 있는 노인이나 장애인 등의 경우 서비스 선택권이나 통제권을 갖는 것이 오히려 그들의 복지에 부정적으로 작용할 수 있기 때문이다.

아동에 대한 가장 핵심적인 돌봄서비스인 보육서비스의 경우 서비스 선택에 관한 의사결정은 성인 보호자들에게 있다. 일반적으로는 부모는 보육서비스를 직접 이용하는 아동을 위해 최선의 선택을 하지만 아동은 노인이나 장애인 등 다른 돌봄서비스 이용자들과는 달리 손상가능성이 낮다. 따라서 서비스 이용자들의 인지능력이라는 측면에서는 보육서비스가 이용자재정지원방식과의 정책적 정합성이 높은 편이라고 할 수 있다. 한편 부모가 선택하는 보육서비스는 아동복지를 극대화하기보다는 단순히 비용이나 편의성 등으로 일방적인 결정이 될 수도 있다. 또한 여러 가지 상황적 제약으로 아동복지를 일차적으로 고려하지 못하는 상황도 충분히 발생할 수 있다는 점에서 일정수준 이상의 보육서비스의 품질 확보의 중요성을 다시 한 번 강조할 필요가 있다고 하겠다.

3. 이용자재정지원방식 실행의 전제조건

앞서 검토한 바와 같이 보육서비스의 경우 서비스 자체의 특성이나 이용자의 특성 등에 있어서 이용자재정지원방식과 정책적 정합성이 높은 측면도 있지만 그렇지 못한 측면도 있다. 사실상 공공성을 확보해야만 하는 사회적 서비스에 있어서 재정지원을 이용자에게 직접 제공하는 방식은 여러 가지 문제를 불러일으킬 수 있기 때문에 엄밀한 정책설계를 뒷받침할 필요가 있다. 정책적 설계가 적절히 이루어지고 정책실행 과정에서 관리가 제대로 이루어지는 경우, 바우처방식과 같은 이용자재정지원방식이 달성할 수 있는 정책의 긍정적인 효과는 커지고 부정적인 효과는 다소 감소할 수 있을 것이다.

아래에서는 보육서비스에 이용자에 대한 직접적 재정지원방식을 선택하는 경우, 정책적으로 확립해야만 하는 주요 전제조건들을 서비스 공급기관 자격관리체계 확립(시장진입 규제의 확립), 서비스 수급자격 관리체계 확립, 공급기관의 확대 가능성 확보(공급탄력성 확보), 정보관리체계의 확보, 이용자선별방지 방안 확보, 초과청구 방지 방안 마련, 적정 한계상환비율 유지, 비용효율성 확보로 나누어 간략히 살펴보고자 한다.

1) 서비스 공급기관 자격관리 체계 확립(시장진입규제의 확립)

사회서비스에 있어서 이용자에게 재정을 직접 지원하는 방식이 정책적으로 성공하기 위해서는, 가장 기초적인 제도적 인프라로서 서비스 기관에 대한 최소한의 품질인증과 같은 서비스 기관의 자격관리체계가 필요하다. 주요 이용자재정지원방식으로 바우처를 포괄적으로 활용하고 있는 미국의 경우에도 바우처제도 실행을 위한 주요 인프라로서 서비스 제공자의 인증을 강조한다(Haberken, 2003; 김은정, 2009에서 재인용). 특히 보육서비스 제공과 관련하여 품질인증을 적어도 일정수준 이상의 보육서비스만을 제공한다는 것을 확인받은 기관만이 국가가 지급하는 바우처를 활용할 수 있다고 주장한다(Daniels & Trebilcock, 2005; 정광호, 2005). 이러한 품질인증 제도의 확립과 이에 대한 지속적인 관리는 공적 비용의 증가를 필수적으로 수반하는데, 이러한 비용의 증가는 바우처 프로그램의 성패를 결정짓기 때문에 필수불가결하다고 본다.[34]

우리나라의 경우 보육시설 설치 및 운영관리의 기준이 보육시설의 유형별 규모, 기본시설, 시설 구조와 설비, 종사자 배치 및 자격 등으로 나뉘어 설정되어 있다(영유아보육법 시행령, 시행규칙 참고). 기본적으로 보육시설을 설립하기 위해 필요한 조건들은 보육서비스의 최소한의 품질 확보를 위해 제시하고 있지만, 실제로 보육서비스가 일정수준 이상의 품질을 유지하고 있는

---

[34] 사회서비스 기관에 대한 최소품질관리방식은 크게 서비스 기관의 자발적 참여인 품질인증방식과 모든 서비스 기관에 대한 등록관리, 최소품질준수평가 등 품질인증 적용방식으로 나눌 수 있다. 전자의 경우는 사회서비스 기관으로서 등록과 품질인증 수혜를 이분화하여 관리하는 방식으로서, 바우처나 국가의 보조를 받기 위해서는 정해진 품질인증조건을 갖추어야 한다. 대체로 서비스 품질인증 체계 참여 여부는 서비스 기관의 자발적인 의사에 결정되며, 미국 등에서 보육서비스를 포함한 사회서비스 기관의 품질관리방식으로 활용하는 방식이다. 반면 영국의 경우는 대인돌봄서비스를 사회적 서비스로 제공하는 모든 기관은 등록부터 품질표준준수 및 품질인증수혜까지의 전 품질관리과정에 적극적으로 참여해야만 한다. 모든 기관에 대해 품질관리기구의 품질평가가 이루어지며, 그 결과에 따라 품질등급이 매겨지고 이에 대한 정보를 모든 서비스 이용자들에게 공개하는 방식이다. 영국과 같은 방식은 국가주도적 품질관리체계 확보가 필요하며, 세심한 관리와 높은 비용을 요구하지만 사회서비스를 제공하는 모든 기관에 대한 품질정보를 이용자들이 획득할 수 있다는 점에서 한 단계 높은 품질관리방식이라고 할 수 있다.

지는 꾸준한 품질평가와 이에 근거한 품질인증을 통해 가능하다. 이에 2005년부터 보육시설에 대한 평가인증이 시범사업으로 실시하였으며, 2006년부터 보육서비스 품질평가인증을 확대 실시하고 있다. 평가인증은 보육시설의 자발적인 참여로 이루어지는 방식인데, 2008년 12월 현재 약 78%의 기관이 평가인증에 참여하고 있으며 전체 보육시설 중 인증을 받은 시설은 약 46%이다(한국보육진흥원 평가인증국, 2009).

품질평가인증은 신청, 보육시설의 자체점검 및 보고서 제출, 현장관찰 및 평가, 인증심의 등 인증결정의 4단계를 거쳐서 이루어지며, 인증결과는 인증과 인증유보로 구분한다. 인증유보를 받은 기관은 재참여의 기회를 통해 재심사를 받을 수 있다. 인증은 3년간 유효하며, 인증을 받은 보육시설의 경우 연차별로 자체 점검보고서를 제출하게 되어 있다. 인증 시 평가하는 내용은 크게 총정원 준수나 회계서류 구비여부, 보육시설의 설치기준이나 종사자 배치기준 등의 준수와 같은 기본적 항목에 대한 확인과 평가인증지표의 평가로 구성된다. 품질평가인증지표는 보육시설의 규모와 종류별로 다소 차이가 있으나 대략적으로는 보육환경평가지표, 보육과정의 평가지표, 상호작용이나 교수법관련 지표, 건강과 영양관리 지표, 안전관리 지표로 구성한다(보건복지부, 2010).

보육서비스 기관의 자격관리라는 측면에서 볼 때 평가인증제도의 실시는 바우처와 같은 이용자재정지원방식 설계 시 가장 중요한 부분이라고 할 수 있다. 국가의 재정지원을 받기 위해서는 적어도 일정수준의 품질을 확보해야만 한다는 것을 정책적으로 제도화하고, 보육서비스 제공의 장에 적어도 일정수준 이상의 보육서비스만이 존재함에 있어서 품질평가인증제도는 긍정적인 역할을 할 것으로 기대된다. 그러나 현재의 품질평가인증제도에는 개선되어야 할 많은 점들이 포함되어 있다.

가장 중요한 것으로는, 품질평가인증제도의 궁극적 목적을 재정립해야 한다는 것이다. 품질인증 결과가 서비스 이용자에게 서비스 선택 시 고려될 수 있는 중요한 정보가 된다는 것은 재론의 여지가 없지만, 궁극적으로는 현재 제공되고 있는 보육서비스 품질 모두를 일정수준 이상으로 끌어올리는 것이 품질평가인증제도의 목표일 것이다. 보육서비스에 대한 실질적인 수요자인 부모들의 입장에서는 보육서비스 품질도 중요하지만 거주지와 시설의 거리 등도 매우 중요한 고려점이기 때문에 현실적으로 가까이 있는 보육시설이 일정수준 이상의 품질을 제공하는 것을 가장 원하게 된다. 이러한 점을 감안할 때, 평가인증을 받은 기관에 대한 관리뿐만 아니라 인증을 받지 못한 기관에 대한 보다 적극적인 관리 계획을 수립해야 한다(정원주, 2007).

평가인증을 받은 기관에 대한 관리방식도 개선되어야 할 필요가 있다. 현재는 평가인증을 받은 기관에 대해서 연차별 보고서만을 연 1회 받는 것으로 품질관리를 대신하고 있으며 인증 후 특정한 문제가 발생한 경우에만 확인방문이 가능하도록 설계되어 있다. 인증을 위한 품질평가의 지표들을 보면 보육환경지표를 제외하고는 대다수의 지표들이 아동과 교사와의 상호작용, 아동에 대한 직접적인 관리 방식과 관련되는 것으로서 이것은 평가인증을 받은 시점을 기준으로 해서 이를 지속적으로 판단하기에는 어려운 점이 있다. 평가지표의 이러한 과정적 특성을 고려할 때, 정해진 확인방문 혹은 불시의 확인방문 등으로 서비스를 적절하게 제공하고 있는지 그 과정을 평가할 필요성이 크다. 이러한 사후품질관리가 철저해야만 평가인증이라는 것이 서비스 이용자인 부모들에게도 서비스 선택을 위한 중요한 정보가 될 수 있을 것이다.

2) 서비스 수급자격 관리체계 확립

보육서비스 지원 대상을 보편화할 것인가 자산조사 등에 근거하여 선별할 것인가는 보육정책 설계에서 가장 많은 논란이 되고 있는 부분 중의 하나이다. 급여대상의 자격결정은 예산 규모에 영향을 받지만, 보육서비스의 공공특성 등에 대한 사회적 합의에 영향을 받는다. Daniels와 Trebil-cock(2005)은 자산조사에 기초한 급여대상자의 선별은 정부의 재정지출을 감소하지만, 다음과 같은 이유로 보편적인 보육지원이 바람직하다고 본다. 첫째, 공식적인 교육체계에 진입하기 위해서는 만 5세 이전에 적절한 보육서비스를 받아야만 하는 아동들이 있는데, 사회경제적 지위가 낮은 가구의 아동들만 속하는 것이 아니라는 것이다. 즉 저소득가정의 아동들에게 영유아기 발달지원 프로그램이 필요한 것은 사실이지만 반드시 그런 것만은 아니라는 것이다. 둘째, 상대적으로 빈곤하여 부모가 모두 노동시장에 참여하는 가족들은 아동보육서비스를 반드시 필요함에도 불구하고 지원대상자로 선정하기 어려운 경우가 많다. 이러한 경우 부모 중 한 명은 아동 돌봄을 위해 노동시장에서 탈퇴해야만 하거나 아동에게 적절한 수준의 보육서비스를 제공하지 못한다.

우리나라의 경우 보육서비스 지원대상의 범위가 1990년대 후반부터 꾸준히 확대되고 있으며 보육서비스의 수요 또한 지속적으로 증가했다. 차등보육료 경우 지원을 받을 수 있는 소득수준을 상향 조정하고 있으며 만 5세 보육료의 경우 지원율에 있어서 계층별 차등을 없애고, 장애아 보육료는 소득수준과 관련없이 지원하고 있다. 또한 두 자녀 이상 보육료를 경감하는 등 공적 보육서비스 지원을 받을 수 있는 이용대상 범위를 확대하고 있다. 2009년 보육통계에 따르면 현재 보육시설을 이용하는 아동의 수는 약 113만 명으로 1990년은 4만 8천 명, 2000년의 68만 6천 명과 비교하면 크게 증가한 수치이다. 전체 영유아가 약 280만 명인 점을 감안하면, 전체 아동의 약 40%가 보육시설을 이용하고 있다고 할 수 있다(보건복지부, 2010).

하지만 여전히 보육지원이 일정 소득수준 이하 가정의 아동에게만 한정하고 있는 것이 한계이다. 앞서 언급한 바와 같이 적절한 양질의 보육서비스 제공으로 저소득가정 아동뿐만 아니라 모든 가정의 아동에게 적용하면 복지외부효과는 상승하게 된다. 즉 아동발달의 일정한 시기에 양질의 보육서비스 프로그램을 지원함으로써 사회는 장기적으로 긍정적인 효과를 볼 수 있기 때문에 소득수준과는 무관하게 보육서비스 지원이 필요하다고 보는 것이다. 뿐만 아니라 아동 입장에서는 그들이 처한 양육환경과 관련없이 일정수준 이상의 보육서비스를 제공받을 수 있는 것은 아동의 사회권 실현이라고 볼 수 있다. 이러한 맥락에서 보육서비스에 대한 사회적 지원을 보편화할 필요가 있으며 이것은 서비스 이용자에게 재정을 지원하여 서비스 선택권을 확대하고자 할 때 필요한 정책 기반이 될 수 있다.

특히 우리나라 경우 보육서비스 지원 대상 선정 시 가구 총소득을 고려할 뿐, 부모의 노동시장 참여상황을 고려하지 않기 때문에 결과적으로 가구소득수준에 따른 보육료 지원방식은 아동보육을 일차적으로 책임지고 있는 어머니들의 노동시장 참여를 막는 요인으로 작용하기도 한다. 이 문제를 해결하기 위해 2010년부터 맞벌이 가구 보육료 지원방식을 새롭게 적용하고 있지만(〈표 9-4〉 참조) 여전히 총 소득액이 일정수준 이하이어야 하는 현재의 구조에서는 부모 모두 취업하여 근로소득을 벌어들이는 것은 보육료 지원을 받는 데는 불리한 상황이다. 많은 국가들에서는 보육서비스 지원대상 선정 시 부모의 노동시장 참여여부를 일차적으로 고려한다는 점을 감안하면, 보다 적극적으로 맞벌이 부모에 대한 지원체계를 형성할 필요가 있다고 본다.

3) 서비스 공급기관의 확대 가능성

서비스 이용자에 대한 재정지원을 통해 이용자들의 서비스에 대한 선택권을 확보하겠다는 정책 실행에서 이용자가 선택할 수 있는 다수의 공급기관이 존재하는 것이라는 점에는 재론의 여지가 없다. 공적 재원의 투입을 통해 서비스 수요를 확대하는 경우에는 현재 충분한 수의 공급기관이 존재하지 않는다고 할지라도 서비스 수요 확대와 더불어 공급기관을 다수화할 수 있는 잠재적인 가능성이 있는가의 여부가 중요한 기준이 될 수 있다. 또한 새로운 공급기관이 진입함에 있어서 진입장벽이 높지 않아서 적정한 수준까지 공급기관 수를 증가할 수 있어야 하며, 기존 서비스 기관이 서비스 가격이나 내용 등에 담합을 형성할 수 있는 가능성이 낮아야 한다. 이렇듯 서비스 공급기관이 다수 존재하는가라는 기준은 서비스 수요의 보편화 정도와 서비스 공급기관의 시장진입 용이성 정도 모두에 영향을 받을 수 있다.

보육서비스 경우 2008년 12월 기준으로 서비스 공급기관의 수는 33,499개로 과거에 비해 상당히 큰 폭으로 증가하였다. 1990년의 경우 보육시설 수가 1,919개에 지나지 않았으나 2000년에는 19,276개로서 십 년 사이에 약 10배가 증가하였고 2008년에는 33,499개로 2000년에 비해서 거의 2배에 가까운 증가세를 보였다(보건복지부, 2009). 보육시설의 특성을 보면 국공립보육시설이나 법인보육시설은 그 비중이 그다지 높지 않은 반면 가정보육시설 등을 포함하여 공공이 아닌 민간이 주체가 되는 보육시설의 비중이 상당히 높은 편이다. 여성의 경제활동참여율의 증가, 아동보육에 대한 정책적인 관심의 증가 등으로 향후에도 보육료 지원 등을 포함하여 다양한 보육 관련 지원 확대가 예상되므로, 이는 사회적 보육서비스 수요를 더욱 확대할 가능성이 높다. 기본적으로 서비스 제공 시 환경적인 측면에서 보육서비스는 이용자재정방식이 적합하다고 할 수 있다.

한편 향후 보육지원의 대상을 더욱 확대하고 이것이 서비스 수요의 지속적인 증가로 이어질 때, 수요를 충족할 보육서비스 기관의 시장진입 용이성은 보육시설의 설치 및 운영기준의 엄격성 정도뿐만 아니라 실제로는 서비스 인력에 대한 고용과 훈련의 용이성 정도와 밀접한 관련이 있다. 시설의 설치나 운영기준, 그리고 서비스 제공인력 자격 관리는 보육서비스 품질관리에 있어서 기본적으로 매우 중요한 부분이기 때문에 일정수준 이상의 품질을 유지할 수 있는 엄격성이 요구된다. 그러나 동시에 보육서비스 공급기관의 원활한 시장진입에 결정적인 장애가 되어서는 안 된다는 점도 정책적으로 고려

(단위: 개, %)

	계	국·공립 보육시설	법인 보육시설	민간보육 시설	부모협동 보육시설	가정 보육시설	직장 보육시설
시설 수	33,499	1,826	1,458	14,275	65	15,525	350
비율(%)	100	5.5	4.4	42.6	0.2	46.3	1

* 자료: 보건복지부(2009), 보육통계.

해야만 한다. 바우처와 같은 이용자재정지원방식으로 서비스 기관 간 경쟁을 유도하여 품질향상을 정책적인 기제로 삼는 이상 공급기관 간 실질적인 환경을 만드는 것이 무엇보다 중요하기 때문이다.

결국 이용자재정지원방식을 확대하면서 서비스 수요가 보편화되면 공급량도 늘어나는 **공급탄력성**을 확보할 수 있는 정책적인 환경이 조성되어야만 서비스 이용자에 대한 재정지원이 효과적일 수 있다. 그렇지 않으면 공급자에 대한 보조금과는 구별되지 않을 수밖에 없다(Daniels & Trebil cock, 2005). 이렇듯 일정수준 이상의 품질을 유지하면서 동시에 시장진입의 장벽 또한 낮추어 일정수준의 공급탄력성을 유지할 수 있게 정책적인 균형을 잡는 일은 용이한 과제는 아닐 것이지만, 꾸준한 노력이 있어야 할 것이다.

4) 정보관리체계의 확보

이용자재정지원방식이 이용자의 복지증진으로 이어지기 위해서는 이용자가 적절한 선택을 할 수 있는 정보를 획득하고 이를 이해할 수 있어야 한다. 시민권의 관점에서 사회서비스는 공공재원을 투여하여 적어도 일정 품질 이상을 갖추어야 한다는 것을 전제로 할 때, 소득수준이나 교육수준, 연령 등에 있어서 취약한 계층이라 하더라도 선택을 위해 필요한 정보에 접근할 수 있도록 어려움 없이 인프라를 구축하는 것이 공공의 책임이라고 할 수 있다.

현재 보육서비스 경우 그 품질에 대한 정보를 가장 명확하게 제시하는 지표로 인증서를 발급하고 인증현판을 걸 수 있게 하고 있다. 이러한 품질인증에 대한 정보는 서비스 이용자들이 가장 기본적으로 활용할 수 있는 중요한 정보라고 할 수 있기 때문에 의미가 있다. 그러나 현재 보육시설 평가인증제도는 참여를 희망하는 시설에 한해서 적용되므로 모든 서비스 이용자가 보육시설 최소품질에 대한 인증정보를 활용할 수 있는 것이 아니라는 점에서 가장 기본적인 한계를 노정한다.

또한 인증관련 정보는 표준화된 평가지표에 근거하여 인증확인 여부만을 보여주고 있기 때문에, 보다 다면화된 정보들을 보육시설별로 수집하고 이를 적극적으로 확산해서 서비스 이용자들이 손쉽게 이용할 수 있도록 할 필요가 있다. 특히 품질인증의 경우 주로 전문가의 평가만을 포함하고 있고 실제로 서비스를 이용하는 이용자의 품질평가는 포함하지 않고 있다. 서비스 이용자가 관련 집단으로부터 다양한 정보를 수집하고, 수집된 정보가 다양한 방식으로 확산되는 정보관리의 중요성을 강조할 필요가 있다. 따라서 대인돌봄서비스에 기본적으로 내재하고 있는 서비스 공급자와 이용자 간의 정보비대칭 문제를 가능한 최소화하려는 적극적 노력이 필요하다. 또한 서비스 이용자들이 필요로 하는 정보를 쉽게 제공받을 수 있게 정보제공 창구를 다원화하고 특히 개별화된 상담이 가능할 수 있는 독자적인 상담창구를 마련하고 이를 관리해야 할 필요도 크다. [35]

5) 이용자선별 방지 방안 마련

공공부문이 주도하여 서비스를 직접 제공하는 방식이 아닌 경우, 서비스

---

35 현재 중앙보육정보센터(www.educare.or.kr)에서는 지역별로 보육정보센터에 대한 정보를 제공하고 있으며, 지역 보육정보센터 홈페이지로 가면 지역 내 보육시설에 대한 기본적인 정보(주소, 전화번호, 유형, 인가일) 등에 대한 정보를 보여준다. 그러나 개별 보육시설의 품질을 알 수 있는 추가적인 정보를 제공하고 있지 않으며 품질평가인증 기관에 대한 정보만 제공하고 있다.

이용자의 특성에 따른 선별 문제는 정책적으로 심각하게 고려해야만 하는 과제이다. 특히 서비스 제공자가 정한 원칙에 따라 서비스를 제공받는 상황이 아니라 이용자가 서비스 기관을 선택할 수 있도록 설계되어 있는 경우, 서비스 제공에 더 많은 어려움이 따르는 이용자에게 서비스 제공을 회피하려는 이용자선별 문제는 더 많이 발생할 수 있다.

공공재원을 투여하여 사회적 형평성 확대를 주된 정책적인 목표로 삼는 사회적 서비스영역에서는 이용자선별이 발생하지 않도록 매우 적극적인 조치가 요구된다. 왜냐하면 공공재원의 가장 일차적으로 투여되어야만 하는 가장 취약한 계층이 현실적인 서비스에서 배제될 가능성이 가장 커지기 때문이다. 보육서비스의 경우에는 대상 아동에 대한 선별이 발생하는 경우 잠재적인 문제는 더욱 심각할 수 있는데, 이것은 아동발달에 대한 결함으로 작용하여 중장기적으로 사회적인 비용이 발생할 수 있기 때문이다.

따라서 보육서비스를 이용하는 아동이 특별한 욕구를 갖는 경우 서비스 지원 단가가 이 부분을 반영해줄 수 있어야 한다. 장애가 있는 경우나 특별한 조치나 치료를 요구하는 아동인 경우, 또 만 2세 미만의 영아인 경우 등 강도가 높은 보육지원을 필요로 하거나 개별화된 전문 상담이나 치료서비스가 필요한 경우에는 이에 상응하는 바우처를 발급받을 수 있게 해야 한다. 또한 서비스 기관이 이용자를 선별할 수 없도록 기본적으로 서비스 신청을 하는 이용자들을 대기명단에 올리고 의무적으로 수용하는 방법도 이용자선별을 막을 수 있는 하나의 조치이다. 특히 특수한 보육서비스를 필요로 하는 부모들도 주거지로부터의 거리 등 접근성 문제를 중요하게 생각할 수밖에 없기 때문에, 비용조정뿐만 아니라 서비스 기관의 의무적 수용이 필요할 수 있다.

현재 우리나라 경우 아동 연령별, 장애유무별로 기본 보육료에 차이를 두고 있다. 이러한 보육료는 표준화되어 수납한도액이 정해져 있으며 서비스 기관에 추가청구가 불가능하게 되어 있다. 연령별로 표준보육료에 차이를 두는 것은 기본적으로 교사 대 아동의 비율이 연령이 낮을수록 높기 때문인데, 만 0세의 경우 1:3, 만 2세는 1:7인데 비해 만 4세부터는 1:20으로 비율이 낮아진다. 표준보육료의 경우 만 2세 이하까지는 모두 동일하나 만 3세 이상부터는 국공립보육시설과 민간보육시설, 가정보육시설별로 다소 차이가 있다. 장애아동의 경우 연령에 관계없이 만 0세 아동 보육료와 동일하게 책정하고 있다(보건복지부, 2010). 이상의 현황을 보면 서비스 이용아동의 장애나 연령 등을 고려하여 지원가격을 차별화함으로써 이용자선별을 감소하는 기본적인 기제를 확립했다고 할 수 있다.

그러나 영유아 특성별로 달리 책정된 표준보육료가 서비스 이용대상 아동에 대한 선별을 막을 수 있을 만큼 적절한가에 대해서는 더 많은 논의가 필요하다. 현재 만 2세 이하의 영유아 보육시설과 장애아동 보육시설에 대해서는 시설에 대한 직접적으로 보육료를 지원하고 있고 영유아 보육프로그램과 장애아동 보육프로그램에 대해서도 지원을 하고 있기 때문에, 서비스 기관 입장에서 만 2세 이하 영유아나 장애아동을 보육하는 것을 적극적으로 기피하는 유인이라고는 할 수 없다. 그러나 과연 그 지원액이 충분한가에 대해서는 더 많은 논의가 필요할 것이다.

특히 장애아동의 경우 보육시설에서 장애특성별로 적합한 맞춤형 프로그램을 이용하기 위해서는 보육지원 금액이 더 상향될 필요성도 있다. 이와 더불어 장애아동에 대한 보육시설이나 영아보육시설 등의 지역별로 균형 있는 안배가 되도록 정책설계를 하는 것도 사실상 이용자선별을 제도적으로 방지하는 매우 중요한 조치라고 할 수 있다. 서비스 기관의 이용자선별도 문제이지만 서비스를 제공받을 기관이 없어서 서비스를 이용하지 못하는 것도 제도적 차원에서 이용자선별의 한 형태라고 할 수 있기 때문이다. 뿐만 아니라 다양한 유형의 욕구에 부응할 수 있도록 시간연장 보육을 위한 지원 등 보다 적극적인 정책적 노력이 요구된다. 보육서비스의 공공성을 고려할 때, 보다 섬세한 보육지원정책이 설계되어 아동맞춤형 보육서비스를 제공받을 수 있도록 서비스 단가를 설정하고 이에 대한 공공재원을 지원하여야 할 것이다.

6) 추가청구 방지 방안 마련

서비스 기관에 의한 추가비용 청구 가능성도 이용자선별에 영향을 미칠수 있다. 추가비용 청구 가능성이 없는 경우 이용자선별 가능성은 잠재적으로 더 증가할 수 있다. 그러나 추가비용 청구 가능성이 커지게 되면 추가적으로 비용을 지불하는 가정의 아동과 지불하지 못하는 가정의 아동 간 서비스 차이가 발생하게 되고 이는 서비스 이용 시 형평성과 평등성이 손상될 수있다. 특히 보육서비스의 경우 형평성 손상의 문제는 중장기적으로 따른 대인 돌봄서비스에 비해 부정적인 효과가 더 커질 수 있으며, 긍정적인 외부효과를 갖는 공공재 특성이 강하다는 점에서, 서비스 기관의 추가비용 청구를 허용하지 않는 것이 바람직하다고 본다.

앞서 살펴본 바와 같이 현재 국가가 규제하는 표준보육료 체계에 따르면 서비스 이용아동의 장애나 연령별로 서비스 기관은 차별화된 재정지원을 받을 수 있어서 기본적으로는 서비스 기관의 이용자선별을 감소할 수 있는 기제를 확립하였다고 할 수 있고, 서비스 기관의 추가비용 청구를 불가능하게 제도화함으로써 최소한의 수준에서 보육서비스의 공공성 확보를 유지하고 있다고 할 수 있다.

7) 적정 한계상환율 유지

사회서비스에 대한 국가의 공적 지원은 사회적으로 꼭 필요한 서비스에 대해 개별 개인들이 가진 구매력의 불평등을 완화하기 위해 국가가 구매력을 일정수준까지 보장한다는 데 의미가 있다. 일반시장에서 구매하는 서비스나 재화의 경우 개인들의 구매력상의 불평등성이 심각하지만 이는 개인적인 선택과 관련된 영역이라고 간주하기 때문에 국가가 개입하지 않는다. 그러나 개인이 사회적으로 적어도 일정수준 이상의 복지를 누리기 위해 꼭 필요한 서비스라고 간주하는 경우에는 개인적인 구매력의 차이를 적극적으로 완화할 필요가 있고 따라서 사회권_social right_ 실현의 근간이 되는 사회서비스 경우 국가의 적극적인 지원을 정당화할 수 있다.

이에 Le Grand(2007)는 일반시장에서 사람들 간의 구매력 차이로 발생하는 불평등을 없앨 수 있는 **평등주의적 기제**로서 바우처 방식과 같은 이용자재정지원방식의 제도적 정당성을 강조하였다(양난주, 2009: 43). 따라서 바우처와 같은 이용자 재정지원방식은 개인이나 가족의 사적 자원 불평등 수준별로 한계상환율이 달리 책정되는 적절한 설계구조를 가져야 한다. 한계상환율_marginal reimbursement rate_이란 서비스 이용자가 지출하는 지출액 1원당 정부가 지원하는 지원액의 크기를 말한다(김진, 2007). 대개의 경우 일정소득 수준 가구까지는 한계상환율이 1이었다가 일정소득액 이상에서는 한계상환율이 0이 되도록 바우처 지원금액의 구조를 설정한다. 설계상 일차적으로 중요한 부분은 한계상환율을 1로 유지하는 소득계층의 선이 적절한가 하는 것이다. 너무 낮은 경우 개인의 자원불평등을 적극적으로 완화하려는 소득재분배정책으로서 사회서비스 지원정책 효과가 떨어지게 되고, 너무 높은 경우에는 불필요한 공적 자원의 낭비라는 문제에 직면하게 된다. 같은 맥락에서 한계상환율이 1에서 0으로 가는 단계가 가구 소득수준별로 적절한가, 그리고 한계상환율이 0이 되는 소득수준을 적정하게 책정하고 있는가 하는 것도 정책 설계 시 섬세하게 고려해야만 한다.

현재 보육예산 지원에서 만 4세 이하의 차등보육료 지원은 소득하위 50% 이하 가구는 한계상환율 1로 책정하고 있다. 이어서 소득하위 60% 이하인 경우 한계상환율이 0.6이며 70% 이하인 경우 0.3이다. 소득하위 70% 이상 가구의 경우 한계상환율을 0으로 책정하고 있다. 두 자녀 이상 보육료나 맞벌이 가구 보육료의 경우 한계상환율을 차별적으로 책정하고 있으며, 만 5세 보육료는 소득하위 70% 이하 가구 모두에 대해 한계상환율이 1, 이상 가구 모두는 한계상환율이 0으로 책정하고 있다. 장애아 무상보육료는 가구소득과 무관하게 장애영유아를 둔 모든 가정은 한계상환율이 1이다.

과거 기초생활수급가정 아동에 대해서만 한계상환율을 1로 책정하고 한계상환율의 차이를 소득계층별로 세분화하지 못했던 것에 비하면, 최근에는 한계상환율 1~0간의 소득계층 범위를 다소 확대하고 두 자녀 이상 가구, 맞벌이 가구 등 가구의 특성을 고려한 한계상환율 조정 등을 실행하려고 한다는 점에서 나아가 적정한 한계상환율 유지라는 점에서 정책적인 바람직성이 증가하고 있다고 평가할 수 있다. 그러나 저소득층 아동뿐만 아니라 일정소득 이상 가정의 아동도 보육서비스를 필요로 하며, 보육서비스가 사회적으로 긍정적 외부효과를 갖는 공공재라는 점을 감안하며 한계상환율을 0의 소득수준을 지속적으로 상향해야 한다고 할 수 있다.

8) 비용효율성 확보

특정한 사회서비스를 제공함에 있어서 국가가 직접 서비스를 제공하거나 서비스 기관에 재원을 지원하여 서비스를 제공하는 방식에 비해 바우처방식과 같은 이용자재정지원방식을 택하는 것이 정책적으로 정당성을 갖기 위해서는, 우선적으로 바우처방식의 행정비용이 다른 방식에 비해 낮아야 한다. 보육서비스의 경우 서비스 이용자들에게 바우처(묵시적 혹은 명시적)를 제공하는 방식을 과거부터 활용하였는데 이러한 선택이 행정비용에 대한 효율성 분석에 근거한 것인지를 알 수 없다.

기존의 보육료 지원사업은 바우처를 이용자에게 직접 제공하는 방식이 아니라 제공된 서비스 양에 따라 서비스를 공급한 보육시설에 보조금을 제공하는 묵시적 바우처 방식이었다. 묵시적 바우처의 경우 서비스 이용자 수나 제공된 서비스 시간에 따라 보조금의 액수를 결정하기 때문에 서비스 공급기관의 경우 서비스 이용자의 수나 제공시간을 과장하여 보조금 지급기관에 보고할 가능성이 존재한다. 또한 제공된 서비스 품질에 따라 보조금 액수를 결정하기에는 행정적 비용이 너무 많이 들기 때문에, 서비스 제공여부만으로 보조금 액수를 결정한다. 따라서 서비스 공급기관은 이용자가 평가하는 서비스 품질에 대해 예민하게 반응할 유인이 없다. 따라서 묵시적 바우처 방식을 선택하는 경우 재정지원 기관은 실제로 서비스 이용자들이 서비스를 이용했는지, 서비스 품질은 어떠했는지 지속적인 모니터링이 필요하다.

한편 최근 우리나라 보육지원 정책이 채택한 명시적 바우처 방식은 이용자에게 바우처 카드를 직접 발급하여 이용자가 이를 이용하여 서비스를 제공받는 방식이다. 이렇게 직접적으로 이용자에게 재정을 지원하는 방식이 종이 쿠폰이든 바우처 카드이든 이용권을 현금화하기 위해 전매할 가능성이 추가적으로 존재한다. 보육을 바우처로 지원하는 경우 만약 서비스 이용자들이 다른 용도로 지원을 전용하기 위해 현금화할 유인이 크나 현실적으로 현금화가 가능하다면 명시적 바우처를 적용하는 것을 심각하게 재고해보아야 한다. 일반적으로 종이 쿠폰에 비해 전자 바우처 카드의 경우 실시간 거래확인이 가능하고 부정사용을 다소 억제하는 긍정적인 효과가 있는 것으로 평가되지만(강혜규 외, 2007; 김진, 2007), 부정수급 자체를 근본적으로 막기는 어렵다.

보건복지부(2010)에 따르면 묵시적 바우처 지원을 명시적 바우처 지원으로 변화한 가장 주된 이유는 서비스 이용 부모들의 보육지원에 대한 인지도를 높이는 것에 있다. 또한 보육시설과 지자체의 보육료 신청과 지급업무 부담의 해소도 이루어질 수 있다고 보았다. 사실상 묵시적 바우처가 효율성이 높은 경우는 해당 서비스 기관과 보조금을 제공하는 관리기관 간 상호작용이 긴밀한 경우이다. 만일 보육시설과 지자체의 담당부서 간 업무연계가 크거나 긴밀한 상호작용이 일상적인 경우에는 묵시적 바우처 방식이 관리비용이 낮고 부정수급 등을 규제하기가 용이하다. 그러나 현실적으로는 이러한 상황이 발생하기 어렵기 때문에, 묵시적 바우처의 비용효율성이 그다지 높은 편이 아니었다고 할 수 있다.

묵시적 바우처 방식에서 보육서비스의 부정수급을 방지하기 위해서는 보육행정전산망인 **표준보육행정시스템**을 확보하고 보육서비스 품질을 모니터링하기 위해 다양한 노력들을 실시해왔는데, 사실상 명시적 바우처 방식으로 전환한다고 하더라도 지속적인 노력이 필요하다. 따라서 명시적 바우처 방식으로의 전환이 서비스 모니터링과 품질향상을 위해 요구되는 행정비용을 줄일 수 있는 것으로 기대하기 어렵다. [36]

다만 명시적인 바우처를 전환함으로써 추가적인 정책 효과를 기대할 수는 있을 것이다. 우선 이용자들이 바우처 카드를 직접 발급받고 이를 이용하는 방식들에 대해 관심을 가지게 되면서 현재 보육지원 정책의 이해도를 높이고 다양한 보육관련 정보들에 많이 노출될 가능성이 증가할 수 있다. 이를 위해서는 보다 적극적인 홍보와 행정지원이 필요할 것이다. 또 다른 효과로는 서비스 이용자들이 자신이 가진 선택권을 보다 가시적으로 인지함으로써, 선택권을 활용할 가능성이 증진될 수 있다. 이렇게 서비스 이용자들의 선택권을 증진하면 보육서비스 품질이 향상될 가능성이 다소나마 증가할 수 있다는 것이다. 그러나 이것 또한 이용자들의 실질적인 선택권을 보장할 수 있는 적극적인 정보망의 구축과 정보공개, 확산이 필요하다는 점에서 행정적인 노력을 추가해야 할 것이다.

---

[36] 뿐만 아니라 명시적 바우처로 현재와 같은 전자바우처 방식을 활용하는 경우, 이에 수반되는 금융결제비용, 바우처 카드 단말기 비용 등도 추가적으로 고려해야 한다.

제5절 소결

본 장에서는 사회서비스 핵심영역의 하나인 보육서비스를 재정지원방식 관점에서 분석하였다. 이를 위해 우선 보육서비스에 대한 국가의 공적 개입 정당성을 검토하고, 이러한 정당성 바탕 위에서 어떠한 개입 방식이 더 타당한가에 대한 논의하고자 하였다. 논의를 위해 현재 제공되고 있는 보육서비스 지원현황과 특성을 보육지원 정책의 틀, 보육시설에 대한 지원과 보육료 지원의 내용과 특징을 중심으로 고찰하였다.

이러한 고찰에 근거하여 보육서비스에 대한 이용자재정지원방식의 정책적 정합성과 재정지원방식 설계 시 고려해야 하는 점들을 분석하였다. 먼저, 전문성 수준이나 서비스 교체 시 부대비용의 정도 등과 같은 보육서비스 자체 특성을 볼 때 이용자재정지원방식이 적합한지를 검토하였다. 다음으로 보육서비스 이용자 인지능력 등이 이용자재정지원방식과 적절한 조화를 이루는지를 논의하였다.

나아가 보육서비스에 이용자재정지원방식을 적용하는 경우 어떠한 정책적인 제도화가 요구되는지를 검토하였다. 이용자 재정지원방식이 서비스 이용자들의 복지에 긍정적으로 기여하기 위해서는 서비스 공급기관에 대한 품질관리체계를 마련해야 한다고 보았으며, 서비스 수요자에 대한 적절한 자격관리도 필요하다고 분석하였다. 또 경쟁을 통해서 품질을 향상하고, 서비스 수요증가에 맞물려 공급이 증가되는 정책적 환경을 조성할 필요가 있다는 점도 지적하였다. 이용자선택권을 적절히 실현하기 위해 꼭 필요한 조건으로 정보관리체계의 구축도 요구된다는 점을 강조하였으며, 이용자선별을 방지할 수 있는 방안, 추가비용 청구를 막는 방안 등도 필요하다고 보았다. 또한 적절한 수준의 한계상환율을 유지하는 노력도 요구되고, 행정적인 비용 효율성을 증진하는 노력도 필요하다는 점을 지적하였다.

공공서비스로서 그 중요성이 더욱 증가하고 있는 보육서비스에 대한 국가의 개입방식은 다양할 수 있다. 북유럽의 많은 국가들은 여전히 국가의 직접 서비스 제공방식을 보육지원의 근간으로 유지하고 있으며, 서비스 기관을 보조하거나 이용자에게 바우처 등을 지급하는 방식도 여전히 존재한다. 우리의 현실을 보면 국가가 보육서비스를 직접 제공하는 정도는 상당히 낮으며 과거에는 서비스 기관의 재정보조가 가장 큰 비중이었으나 현재 그 비중이 줄어들면서 서비스 이용자의 보육료 지원 비중이 늘어나고 있다. 서비스 이용자에 대한 재정지원방식은 그 비중이 늘어나고 있을 뿐 아니라 명시적 바우처를 활용하는 등 방식 또한 변하고 있다. 보육서비스에 대한 이용자재정지원방식은 경쟁을 통한 서비스 품질향상이라는 정책적으로 의미 있는 목표달성을 위해 도입하였지만, 이러한 방식이 서비스 기관에 대한 보조방식이나 국가 직접 제공방식에 비해 반드시 우월하다는 실증적 증거들은 많지 않으며 이용자재정지원방식이 갖는 문제점들을 우려하는 목소리도 높다(Carnoy, 1998; Loader et al, 2007). 따라서 보육서비스에 대해 어떠한 재정지원방식을 설계하는 것이 적절할지에 대해서는 꾸준한 학문적 · 정책적 논의가 필요할 것이라고 판단된다.

제10장 결론

　　본 연구의 가장 중심적인 주제는 국민에게 사회복지서비스를 제공하는 방식에서 이용자재정지원방식을 선택하여 제공하는 경우 반드시 고려하여야 하는 정책방안은 무엇인가이다. 최근 정부는 사회복지서비스영역에서 다양한 사업 또는 서비스를 제공함에 있어서 이용자재정지원방식으로 급격한 방향선회를 하고 있으며 지불도구로 전자바우처를 활용하고 있다. 이용자재정지원방식은 국가직접제공방식과 제공자재정지원방식과 함께 고려할 수 있는 대표적인 서비스 공급방식이다. 현재 많은 복지국가들은 국가직접제공과 제공자재정지원방식에서 이용자 선택권을 강화하는 이용자재정지원방식을 고려하고 있고 그 도구로서 현금감면이나 직접지불 그리고 개인총예산제와 바우처 등을 도입하고 정책적인 함의를 분석하고 있다. 현 시점에서 국가의 정치, 사회 그리고 경제적인 특성을 모두 고려하여 어떤 재정지원방식이 사회복지서비스 공급에 가장 적합한가에 대한 정확한 대답을 내놓기에는 무리가 있다. 하지만 일반적으로 사회복지서비스를 제공하는 국가 목적은 사회적 위험으로부터 국민을 보호하여 국민의 삶을 향상하는 것이기 때문에 어떠한 재정지원방식을 선택한다고 하더라도 규범적인 정당성은 사회적 목적의 실현이라고 할 수 있다.

본 연구는 사회복지서비스사업을 이용자재정지원방식으로 시행하는 데 있어 국가가 반드시 고려하여야 하는 정책방안을 복지국가의 정당성이라는 측면에서 고찰하였다. 첫째, 사회복지서비스의 재화적 성격을 분석하였으며, 둘째 이용자재정지원방식으로 공급 가능한 사회복지서비스의 특성과 이용자 성격을 분석하였고, 마지막으로 이용자재정지원방식으로 사회복지서비스를 공급하기 위해 반드시 고려하여야 하는 전제조건을 분석하였다. 이용자재정지원방식은 다양한 수의 기관과 서비스가 존재하여야 가능한 방식이기 때문에 이를 위하여 내부시장을 확대하여 영리기관의 시장진입을 허용한다. 따라서 공공재로서 성격이 강한 서회복지서비스 이외에도 사적재도 내부 시장을 통해서 공급될 수 있다는 특징이 있다.

사회복지서비스의 재화적 성격은 이용자재정지원방식으로 서비스를 공급하는 사회복지서비스의 재화 특성을 구분하는 것으로 대부분의 사회복지서비스는 사회적 목적을 위해 제공하는 비순수사적재이면서 비순수공공재인 가치재 성격을 내포하고 있다. 때문에 순수사적재와 같은 정부 개입이나 규제를 최소화하고 시장의 역할만을 강조할 수 없으며 공급량과 정보공개, 이용자선별여부, 기관이나 서비스 내용, 품질관리 등 국가 개입이 필요한 서비스 자체의 재화 특성이 있다. 특히 비순수공공재이자 비순수사적재로서의 성격을 가진 사회복지서비스는 배제가 가능하며 경우에 따라서는 경쟁도 하는 성격을 가지고 있지만 무엇보다도 국가가 특정 목적을 실현하기 위하여 제공된다는 점에서 전체 공급량을 포함하여 서비스 내용과 품질 그리고 서비스 전달과정 전반에 대한 국가의 관리감독 기능은 매우 중요하다고 할 수 있다. 결국, 이용자재정지원방식을 활용하여 사회복지서비스를 제공하는 경우 사회복지서비스의 재화적 성격상 국가의 생산과 공급 그리고 서비스전달 전 과정에 대한 책임과 역할을 강화해야만 한다.

서비스 특성은 서비스의 전문성 정도와 부대비용의 정도를 통해 이용자재정지원방식의 적용 가능성을 분석하는 기준이다. 일반적으로 이용자재정지원방식은 전문성이 낮으면서 부대비용이 낮은 서비스에 적합한 것으로 알려져 있다. 이용자 성격은 이용자재정지원방식의 가장 큰 장점이라고 할 수 있는 선택권확대효과가 이용자들에게 나타날 수 있는가를 의미하며 일반적으로 자기결정능력이 없는 이용자에게는 이용자재정지원방식으로 서비스를 제공하여도 서비스 선택권확대효과나 자율성확대효과는 나타나지 않는다. 서비스 전제조건은 복지국가의 규범적 정당성이 어떠한 재정지원방식으로 사회복지서비스를 유지한다는 측면에서, 즉 국민의 보편적 권리, 사회통합과 연대, 분배적 정의 그리고 재정적 효율성이라는 원칙은 이용자재정지원방식으로 서비스를 제공하여도 반드시 고려해야 한다는 점에서 서비스 제공을 위한 전제조건이라고 할 수 있다. 구체적으로 위의 4가지 원칙을 고려할 수 있는 기준으로 정보비대칭, 이용자선별, 한계상환비율, 다양한 수의 기관, 수급자격(공급탄력성), 초과청구, 시장진입규제, 그리고 비용효율성 등의 구체적인 8가지 기준을 적용하여 현재 이용자재정지원방식의 서비스가 위의 조건을 어느 정도 사업내용에 반영하고 있는가를 분석하였다.

본 연구의 분석영역은 사회복지서비스영역이며 대상자별로 구분하여 노인, 장애인, 아동영역으로 분석영역을 제한하였고 대상사업은 이용자재정원방식의 기제가 많이 적용된 사업을 국한하여 분석하였다. 노인영역은 노인장기요양보험제도, 노인돌봄서비스가 분석대상이었으며 장애인영역은 장애인활동보조사업과 장애아동재활치료사업이 대상이었고 아동은 보육서비스가 분석대상이었다. 물론 더 많은 영역에서 다양한 서비스를 시행하고 있지만 연구의 한계상 대표적인 사업을 중심으로 분석을 시도하였다.

본 연구의 결론은 다음과 같다.

첫째, 노인복지서비스의 노인장기요양보험제도는 기관결정에 대한 선택권이 있으며 본인부담금 비율이 높고 초과청구가 가능하며 영리기관의 시장진입이 가능한 내부시장을 강화하는 기제를 활용하고 있는 대표적인 시장친화적인 제도로서 이용자재정지원방식의 특징이 살아있는 대표적인 제도이다. 본 연구를 통해 노인장기요양서비스는 추가청구 등으로 이용자선별을 막기 위해 기관의 규제, 무분별한 경쟁, 자격이 없는 기관의 시장 진입을 규제하고, 정보비대칭을 해소할 수 있는 정보관리체계구축이 필요한 것으로 분석되었으며 공급탄력성을 강화하여 보다 많은 노인들이 서비스 혜택을 받도록 하는 방안이 필요한 것으로 분석되었다.

둘째, 노인돌봄서비스의 경우 대표적으로 이용자재정지원방식을 적용하는 사업으로서 대상이 저소득층이고 노인부양점수가 있어 이용자 성격상 선택권확대효과를 기대하기 어렵고 정보비대칭이 일어날 수 있다. 노인돌봄서비스 특성으로서 전문성이 그다지 높은 편이라고 할 수는 없지만 사람과 사람사이의 관계지향적인 서비스로서 한번 관계를 맺으면 부득이한 경우를 제외하고는 기관과 인력을 교체하기가 어렵다. 서비스 제공 시에 노인의 개별적인 특성을 반드시 고려해야 한다는 측면에서 표준화된 서비스 내용과 품질측정에는 다소 무리가 있는 사업이므로 정부의 품질관리체계구축이 매우 중요한 것으로 나타났다. 또한 지역별 기관 수의 편차가 매우 심하여 특정 지역의 경우는 기관에 대한 선택권효과는 기대할 수 없어 이용자재정지원방식의 장점이 나타나기 어려운 것으로 분석되었다. 공급이 제한적이어서 이용자 수가 수요보다 적어 공급탄력성을 확대해야 하며, 소외되었던 노인들에게 서비스를 제공한다는 측면에서 사업 자체가 오용이나 남용 가능성이 적고 전자바우처에 투입되는 각종 부대비용이 높다는 측면에서 종이바우처나 직접지불 등 다른 지불방식으로 변경 필요성이 있는 것으로 분석되었다.

셋째, 장애인서비스의 장애인활동보조서비스의 경우 중증장애인이 서비스 대상으로 서비스 자체는 돌봄서비스이지만 전문적인 교육과 지식 그리고 기술이 필요한 영역으로 전문성이 높은 서비스 특성이 있어 품질측정이나 서비스 내용의 표준화는 제한적일 수밖에 없다. 그리고 한번 기관과 돌봄인력을 결정하면 돌봄인력은 대상자의 특성을 파악하고 서비스를 장기적으로 제공하여야 하며 관계지향적이기 때문에 인력이나 기관 교체 시 많은 부대비용이 소모된다. 일반적으로 중증장애인 자기결정권이 가족구성원에게 있는 경우가 많아 장애인들의 선택권확대효과나 자율권확대효과는 크지 않을 수 있다. 서비스 전제조건으로서 소득기준에 맞는 일부 장애인들에게만 서비스를 공급하여 공급탄력성은 매우 제한적이며, 장애인이 있는 저소득 가정의 경우 정보비대칭의 가능성이 높아 정부의 정보관리체계구축이 필요한 것으로 분석되었다. 또한 대부분의 지역에서 선택할 수 있을 정도로 기관이 다양한 경우는 드물어 선택권확대효과는 없었다.

넷째, 장애인서비스의 장애아동재활치료서비스의 경우 장애아동에 대한 재활치료가 중심으로 서비스 특성상 전문적으로 서비스를 제공하여, 서비스 내용을 표준화하는 것이 어렵고 교육서비스로서 단기간에 품질을 측정하기가 어렵다는 특징이 있었다. 단기적이라기보다는 중장기적인 치료서비스를 지속적이고 안정적으로 제공하는 것이 중요함으로 교체 시 부대비용이 발생하므로 제공인력이나 기관은 수시로 교체할 수 없다. 대부분 장애아동의 자기결정권은 가족구성원에게 있다. 서비스 전제조건으로 다양한 수의 기관이 존재하므로 사회적 목적을 실현하고 무분별한 경쟁을 막으며 기관들로부터 발생할 수 있는 초과청구가 가능한 경제적 부담이 있는 이용자들에 대한 이용자선별이 일어날 가능성을 제거하고 이용자선별을 막을 수 있는 방안과 정보공개를 회피하는 기관규제가 필요한 것으로 분석되었다. 공급탄력성의 측면에서는 다른 서비스와 마찬가지로 수요보다 공급이 제한적이므로 공급탄력성을 강화하여야 하는 것으로 분석되었다.

다섯째, 보육서비스의 경우 이용자재정지원방식이 서비스 이용자들의 복지에 긍정적으로 기여하기 위해서는 서비스 공급기관에 대한 품질관리체계를 마련해야 하며, 서비스 수요자에 대한 적절한 자격관리도 필요하다고 분석하였다. 경쟁을 통해서 품질이 향상하고, 서비스 수요증가에 맞물려 공급이 증가할 수 있도록 정책적 환경을 조성할 필요가 있다는 점도 지적하였다. 이용자선택권을 실현하기 위해 꼭 필요한 조건으로 정보관리체계의 구축도 요구된다는 점을 강조하였으며, 이용자선별을 방지할 수 있는 방안, 추가비용 청구를 막는 방안 등도 필요하다고 보았다. 또한 적절한 수준의 한계상환비율을 유지하는 노력도 요구되고, 행정적으로 비용효율성을 증진하는 노력도 필요한 것으로 분석되었다.

사회복지서비스는 최근 인구고령화와 저출산 등 신사회적 위험에 대한 돌봄서비스 필요성 증대와 함께 대부분의 복지국가들이 서비스를 확대해가는 영역이다. 또한 복지지출 증대로 보다 효과적인 재정지원방식을 찾기 위해 많은 복지국가들이 다양한 지불방식을 적용하고 있다. 우리나라는 2007년 이후 사회복지서비스사업을 확대하였으며, 복지 지출을 줄이기 위한 고민 또한 시작되고 있다고 할 수 있다. 특히, 아동, 노인, 장애인 등을 위한 다양한 사회복지서비스사업을 이용자재정지원방식으로 시행하고 있다. 하지만 사업을 시행하기 전 사업 자체의 특성과 이용자 성격을 고려하고, 서비스 제공을 위한 전제조건과 해결여부 등 다양한 정책적인 개선 노력 없이 사업을 진행하고 있지는 않는가 하는 우려가 제기되고 있는 것도 사실이다. 보다 많은 국민이 보편적인 서비스 혜택을 받아 풍성한 삶을 살기 위한 정책적인 노력을 중단할 수 없으며, 사업 자체의 개선이나 보완, 나아가 재정지원방식에 다양한 지불방식의 수정과 적용 등은 보다 효과적인 사회복지서비스 제공을 위하여 필요한 우리의 과업이라고 할 수 있다.

참고문헌

강혜규 · 김형용 · 박세경 · 최현수 · 김은지 · 최은영 · 황덕순 · 김보영 · 박수지(2007), 「사회서비스 공급의역할분담 모형개발과 정책과제」, 『한국보건사회연구원 연구보고서』, 한국보건사회연구원.

김진(2007), 「바우처제도 가격결정과 실행」, 한국조세연구원.

김은정(2007), 「사회서비스 확충과 지방화의 과제」, 『계명대학교 사회과학연구소 학술심포지엄 자료집』, 계명대학교 사회과학연구소.

______(2009), 「사회서비스 이용자재정지원 방식과 정책적 쟁점」, 『사회과학연구』 25(1): 119~144.

박종화 역(1994), 『민영화의 길』, 한마음사.

보건복지부(2007), 「장애인등록현황」, 보건복지부.

________(2009), 「보육통계 2009」, 보건복지부.

________(2009, 2010), 「예산개요」, 보건복지부.

________(2009), 「노인보건복지사업안내」, 보건복지부.

________(2009), 「노인돌봄서비스사업안내」, 보건복지부.

________(2010), 「기초노령연금사업안내」, 보건복지부.

________(2010), 「노인보건복지사업안내」, 보건복지부.

________(2010), 「2010년도 아동 · 청소년사업 안내」, 보건복지부.

________(2010), 「2010년 장애인복지사업안내」, 보건복지부.

________(2010), 「2010 보육사업 안내」, 보건복지부.

보건복지부 · 한국보건사회연구원(2008), 「2008년 장애인실태조사」, 보건복지부 · 한국보건사회연구원.

엄기욱(2008), 「노인장기요양보험제도의 서비스의 질 향상방안」, 『보건복지포럼 자료집』, 한국보건사회연구원.

양난주(2009), 「바우처 집행정책 사례연구: 노인돌보미 바우처를 중심으로」, 서울대학교 박사학위논문.

윤영진 · 장승옥 · 지은구 · 김은정(2009), 『사회복지서비스 재정지원방식』, 청목출판사.

정영순 역(2009), 『OECD 국가들의 적극적 사회정책 동향 및 도전과제』, 학지사.

이선주 · 박선영 · 김은정(2007), 「아동수당제도 도입에 관한 연구」, 『한국여성정책원 연구보고서』.

이영아(2006), 「영국의 직접 지불제도를 통한 이용자 선택권 확대」, 『국제사회보장동향』, 창간호: 105~111.

이재원 · 양기용 · 김은정(2007), 「사회투자를 위한 국가재정운용의 방향」, 『보건복지부 연구보고서』.

정광호(2005), 「육아바우처의 쟁점과 현황. 정책 & 제도 DB 바우처사례」, 한국정책지식센터.

정광호(2008), 「미국의 교육바우처 분석: 무작위실험연구를 중심으로」, 미발간 자료.

정완교 · 진양수(2008), 「노인장기요양보험제도의 문제점과 개선방향」, 『KDI정책포럼』, 재 202호. 한국
개발연구원.
정원주(2007), 「보육시설 평가인증제도의 문제점과 개선방안」, 『한국영유아보육학』51: 45~64.
지은구·장승옥(2009), 『사회서비스 사례조사연구』, 청목출판사.
지은구(2006), 『자본주의와 사회복지』, 청목출판사.
_____(2009a), 「사회복지민영화의 비판적 고찰」, 『상황과 복지』, 비판과 대안을 위한 사회복지학회.
_____(2009b), 「사회복지민영화와 노인장기요양보험제도」, 『한국사회정책』, 15(2).
통계청(2007), 「추계인구 기구자료」, 통계청.
폴 피어슨(2006), 박시종 옮김, 『복지국가는 해체되는가』, 성균관대학교 출판부.
한국보육진흥원 평가인증국(2009), 「평가인증 추진현황」.

Albelda, R., Drago, R., & Shulman, S. (1997). *Unlevel playing fields.* New York: McGraw-Hill.
A National Statistics Publication for Scotland(2008). Self-directed Support(Direct Payments),
Scotland.
Aronsson, C. H. (2007). The care of older people in Sweden. In Balloch, S., & Hill, M. (eds).
Care, Community and Citizenship. The Policy Press.
Ascolil, U. & C, Rancil(eds)(2002). *Dilemmas of The Welfare Mix.* New York: Kluwer Academic
/ Plenum Publisher.
Barr N. & Whynes D. (1993). *Introductory issues. In N. Barr and D. Whynes. (1993. Current is-
sues in the economics of the welfare.* St. Martin's Press: New York.
Bruce N. (2001). *Public Finance and the American Economic(2nd edn).* Boston: Addison Wes-
ley.
Buchanan, J. M. (1965). "Ethical rules, expected values, and large numbers". *Ethics.* 76: 1~13.
_____________(1970). *The Public Finances*(3rd edn). Homewood, IL: Irwin.
Burch, H. A. (1999). *Social welfare policy analysis and choice.* New York: The Haworth Press.
Caporaso, J. A. & Levine, D. P. (1992). *Theories of political economy.* Cambridge: Cambridge
University Press.
Carnoy, M. (1998). "National Voucher Plans in Chile and Sweden: Did Privatization Reforms
Make for Better Education?". *Comparative Education Review,* 42(3): 309~337.
Castles, F. G. (2004). *The future of the welfare state.* London: Oxford University Press.
Daniels, R. J., & Trebilcock, M. J. (2005). *Rethinking the Welfare State- The prospects for gov-
ernment by voucher.* Routledge.
Department of Health(UK)(2008). An Introduction to the Personalization Toolkit.
Dougherty, R. & Eggers, W. D. (1996). *Delivering Better Services for the Mentally Ill and De-
velopmentally Disabled: A Consumer Choice Model.* Policy Study. California: Reason
Public Policy Institute.
Drake, R. F. (2001). *The principles of social policy.* New York: Palgrave.
Evers, A. (1994). Payment for Care: a small but significant part of wider debate. In Ever, A., Pijl,
M., & Ungerson, C. (Eds), *Payments for Care: A comparative overview.* European Centre
Vienna, Avebury. pp. 19~41.
Friedlander, W. A. (1955). *Introduction of social welfare.* New York: Prentice Hall.
Gilbert, H. & Terrel, P. (2005). *Dimensions of social welfare policy(6th edn).* Boston: Allyn
and Bacon.
Glendinning, C. (2006). Direct Payment and Health. In J. Leece & J. Bornat(Eds). Development
in Direct Payments. Policy Press. pp. 253~268
Gregory, P. R. & Ruffin, R. J. (1994). *Micro economics,* NY: Harper Collins College Publishers.
Haberkern, R. M. (2003). *Using Vouchers to Deliver Social Services.* Welfare Information Net-
work.
HASCAS. (2006). An Evaluation of the Impact of the Social Care Modernisation. Programme on
the Implementation of Direct Payment.
Heikkila EJ. (2000). *The Economics of Planning.* New Brunswick. NJ: Center for Urban Policy
Research.

Holcombe RG. (1996). *Public Finance: Government Revenues and Expenditures in the United States Economy*. St. Paul, MN: West.

Hutchison, P., Lord, J. & Salisbury, B. 2006. North American approaches to individualized planning and direct funding, In Leece, J., & Bornat, J. (eds). *Development in Direct Payments*. The Policy Press.

Hyman DN. (2002). *Public Finance: A Contemporary Application of theory to Policy*(7th edn). Fort Worth, TX: Harcourt.

Johansson, L. & Sundstrom, G. 1994. Payment for Care: The case of Sweden. In Ever, A., Pijl, M., & Ungerson, C. (Eds). *Payments for Care: A comparative overview*. European Centre Vienna, Avebury. pp. 87~100.

Jones, P. (1994). *Rights*. London: Macmillan.

Kneck, S. & Keefer, P. (1997). "Dose social capital have an economic pay-off?: A cross country investigation". *Quarterly Journal of Economics*, 112: 1251~1288.

Knight, F. (1924). "Some fallacies in the interpretation of social cost". *Quarterly Journal of Economics*, 38: 582~606.

Leadbeater, C. (2004). *Personalisation through participation: A new script for public services*. DEMOS.

Le Grand, J. & Robinson, R. (1984). Privatization and the welfare state. London: George Allen & Unwin.

Ledyard, J. O. (1991). Market failure. In J. Eatwell, M. Milgate, and Peter, Newman, *The world of economics*. London: The Macmillan Press.

Le Grand, J. (1989). 'Markers, Welfare and Equality', in Julian Le Grand and Saul Eatrin(eds), *Market Socialism*. Oxford: Clarendon Press.

__________(1991a). "The Theory of Government Failure", *British Journal of Political Science*, 21: 423~442.

__________(1991b). "Equity in the Distribution of UK National Health Service Resources", *Journal of Health Economics*, 10(1) May: 1~9.

__________(1992). "The Distribution of Health Care Revisited", *Journal of Political Economics*, 10: 239~245.

__________(1995). "The Strategy of Equality Revisited: Reply", *Journal of Society*, 24(2): 187~191.

__________(1995). "The development of quasi markets in welfare provision on the U. K", *International Journal of Health Service*, 25(2): 203~218.

Le Grand, J. & Bartlett, W. (eds). (1993). *Quasi-markets and social policy*. Macmillan, London.

Le Grand, Julian & Vizard, Polly (1998). 'The National Health Service: Crisis, Change or Continuity?', in Howard Glennerster and John Hills(eds)(1998), *The State of Welfare*(2nd edn). Oxford: Oxford University Press, pp. 75~121.

Le Grand, J, Mays, Nicholas, & Mulligan, Jo-Ann. (1998). *Learning from the NHS Internal Market*. London: King's Fund.

Le Grand, J. & Nissan, David(2000). *A Capital Idea: Start-Up Grants for young people*, London: Fabian Society.

Loader B., Hardy, M., & Keeble, L. (2007). Wired for the Third Age: An evaluation of an electronic service delivery project for older people in Durham.

Marshall, T. H. (1950). *Citizenship and social class and other essays*. Cambridge: Cambridge University Press.

Marshall, T. H. (1982). *The right to welfare*. London: Heinemann.

Martin, Jr. G. T. & Zald, M. N. (eds)(1981). *Social welfare in society*. New York: Columbia University Press.

McNutt, P. A. (1996). *The economics of public choice*. Northampton, MA: Edward Elgar Publishing, Inc.

Munday, B. R. (2007). The United Kingdom's Approach to a Mixed Economy of Social Services. International Symposium of Social Service Provision System: The issues of public-private

partnership in Korea.
Musgrave RA. (1986). *Public Finance in a Democratic Society.* New York, University Press.
___________(1999). Fiscal tasks, In *Public Finance and Public Choice: Two Contrasting Vision of the State,* Buchanan JM, Musgrave RA. (eds). Cambridge, MA: MIT Press. pp. 63~82.
Newman, J., Glennding, C., & Hughes, M. (2008). "Beyond Modernisation? Social Care and the Transformation of Welfare Governance". *Journal of Social Policy,* 37(4):531~557.
OECD. (2007). Social expenditure data base, SOCX.
______ (2008). "Market mechanism in public service provision". *Working Paper.* 16.
Olson, M. 1965. *The logic of collective action.* Cambridge, MA: Harvard University Press.
Paul C. Trogen. (2005). *Public Goods. In Donijo Robbins.* Handbook of Public Sector Economics. London: Taylor & Rancis.
Pigou, A. C. (1920). *The economics of welfare.* London: Macmillan.
Pijl, M. (1994). When Private Care Goes Public: An analysis of concept and principles concerning payments for care. In Ever, A., Pijl, M., & Ungerson, C. (Eds), *Payments for Care: A comparative overview.* European Centre Vienna, Avebury. p. 11~18.
Popple, P. R. & Leighninger, L. (2002). *Social work, social welfare and American society* (5th edn). Boston, MA: Allyn and Bacon.
Reid, P. N. (1996). Social welfare history. In Richard L. Edwards(ed.). *Encyclopedia of social work(19th edn).* Washington D. C.: NASW Press.
Rescher, N. (1972). Welfare: *The social issue in philosophical perspective.* Pittsburgh, PA: The University of Pittsburgh Press.
Robbins, D. (2005). *Handbook of public sector economics.* London: Taylor and Francis.
Robert J. Eger III. (2005). Provision and Production of Public Goods. In Donijo Robbins. (ed.)(2005). *Handbook of Public Sector Economics.* London: Taylor & Rancis.
Rosen, H. (1995). *Public Finance.* New York: McGraw-Hill.
Rosener, P. G. (2003). *The economics of social policy.* Edward Elgar; Cheltenham, U. K.
Samuelson, P.A. (1954). "The pure theory of public expenditure". *Review of Economics and Statistics,* 36: 350~356.
Savas, E. H. (2000). *Privatization and public private partnerships.* New York: Chatham House Publishers.
Scottish Government. (2007). National Guidance on Self-directed Support.
Seldon, A. (1967). "Taxation and welfare". *Research Monograph, 14.* London: IEA.
_________(1977). *Charge.* London: Temple Smith.
_________(1990). Capitalism. Cambridge: Blackwell.
Steuerle. C. U., Peterson, G., Reischauer, R. D., & Ooms, V. D. (2000). *Vouchers and the Provision of Public Services.* Brookings Institution Press.
Stiglitz JE. (2000). *Economics of the Public Sector.* New York: W. W. Norton.
Suzanne Leland(2005). Fiscal Characteristics of Public Expenditures. In Donijo Robbins(ed.)(2005). *Handbook of Public Sector Economics.* London: Taylor & Rancis.
Taylor-Gooby, P. (1998). Choice and the policy agenda. In Peter Taylor-Gooby(ed.). *Choice and public policy: the limits to welfare markets.* London: Macmillan Press.
______________(2001). *Welfare state under pressure.* London: Sage.
______________(2004). *New risks, new welfare.* London: Oxford University Press.
Ulbrich HH. (2003). *Public Finance in theory* and practice. Mason, OH: south Western.
Walker, R. (2005). *Social security and welfare.* Open University.
Wickenden, E. (1965). *Social welfare in a changing world.* Washington D. C.: Department ofHealth, Education and Welfare.
William, Voorhees. (2005). Basic Economics of Fiscal Decentralization. In Donijo Robbins(ed.)(2005). *Handbook of Public Sector Economics.* London: Taylor & Rancis.

World Bank. (2000). Social capital for development. www.worldbank,org.
http://en.wikipedia.org/wiki/Quasi_market

www.kcac21.or.kr/home_new/A02/A0205_02
www.socialservice.co.kr.ptl.HtmlEditor.doj

찾아보기